Peter Selg

Marie Steiner-von Sivers

Peter Selg

Marie Steiner-von Sivers

Aufbau und Zukunft des Werkes von Rudolf Steiner

Verlag am Goetheanum

Studien zu esoterischen Schülern Rudolf Steiners
2. Band

Ita Wegman Archiv
für anthroposophisch-medizinische Grundlagenforschung
Pfeffingerweg 1A
CH–4144 Arlesheim

In Zusammenarbeit
mit dem

Rudolf Steiner Archiv
Zentrum für Dokumentation und Edition
des wissenschaftlichen und künstlerischen Werkes
von Rudolf Steiner
Rüttiweg 15
CH–4143 Dornach

Der Verlag am Goetheanum im Internet: www.VamG.ch

Einbandgestaltung von Gabriela de Carvalho

Satz: Höpcke
Druck und Bindung: Freiburger Graphische Betriebe

ISBN 978-3-7235-1278-4

Inhalt

Einleitung

> Nach meinem Tode soll Fräulein *Marie von Sivers* das Recht haben, in meinem Namen zu verfügen. Was sie so tut, soll in meinem Namen getan sein. Das wenige, was ich besitze, geht alles in ihre Hände über; sie soll alle Verfügungen treffen. Insbesondere soll sie an meine Eltern und Geschwister in Horn denken.
> Sie selbst soll meinen Tod als im Sinne höherer Mächte ansehen und ihn ja nicht als ein Rätsel ansehen. Die Dinge haben einen Zusammenhang, den man ehren muss, auch wenn man ihn noch nicht versteht.
> Marie von Sivers selbst wird aber immer bei mir sein. Unsere Einigung bleibt unlöslich.
>
> Rudolf Steiner, 19. 2. 1907[1]

Marie von Sivers (1867–1948), die im Winter des Jahres 1900 Rudolf Steiner in Berlin kennen lernte und sich zwei Jahre später vollständig und bis zu ihrem Lebensende für seine Arbeit einzusetzen begann, war der erste Mensch, der die Bedeutung und Wesenheit Rudolf Steiners erkannte – und den Aufbau und die Ausbreitung seines Werkes mit aller Kraft förderte, ja zu weiten Teilen geradezu ermöglichte *(«Dr. Steiner hat immer wieder gesagt, dass er ohne Fr. Doktors Hilfe und Mitarbeit weder die Anthroposophie noch die Gesellschaft hätte ins Leben rufen können.»[2]).*

Marie von Sivers kam von der rezitatorisch-dramatischen Arbeit und auf den Wegen einer spirituellen Suche zu Rudolf Steiner, als eine «Frau des Wortes». Sie erlebte die Logos-Kraft der Geistverkündigung Rudolf Steiners in unmittelbarer Weise und realisierte von Anfang an deren christologische Dimension; sie unterstützte daher mit absoluter Initiative die weitere Vortrags- und Schrifttätigkeit Rudolf Steiners, baute eine geistige Gemeinschaft europäischen Ausmaßes zur Verbreitung und Umsetzung seines Werkes auf und führte auf Wunsch Steiners auch ihre sprachkünstlerischen Arbeiten weiter; Arbeiten, die mit seiner Hilfe schließlich in die Kunst der anthroposophischen Sprachgestaltung[3] und Eurythmie[4] mündeten, aber auch an der Schaffung der Mysteriendramen und des Dornacher Baues – als einem «Haus des Wortes» und als Stätte einer neuen, durchchristeten Mysterienkultur – entscheidend beteiligt waren *(«Marie Steiner [...] ist die erste Persönlichkeit gewesen, die eine auf esoterischer Grundlage beruhende Schulung zur Wiedererweckung der Kräfte des Wortes begründet hat.»[5])*.

Die über zwei Jahrzehnte währende Arbeit an der Seite Rudolf Steiners war für Marie von Sivers (ab dem 24. 12. 1914: Marie Steiner-von Sivers) eine zutiefst beglückende, ja begnadete Zeit – trotz einer ununterbrochenen, entsagungsvollen und aufreibenden Tätigkeit *(«Die größte Lebensleistung von Frau Doktor war, dass sie von 1902 bis 1924/25 das Arbeitstempo Rudolf Steiners ausgehalten hat, das uns andere nach ein paar Wochen schon zermürbte.»*[6]) und trotz der in Überfülle erlebten Härten, die sich wiederholt aus dem äußeren (materialistisch-agnostischen) wie inneren (theosophisch-anthroposophischen) Widerstand gegen Rudolf Steiner ergaben. Marie von Sivers erlebte diesen Charakter ihrer unterstützenden Aufgabe an der Seite Rudolf Steiners nach kürzester Zeit und bejahte ihn in der ihr eigenen, kompromisslosen Entschiedenheit – «Man erkannte mit Schmerzen [...], dass man abzuschließen haben würde mit all dem, was der Willkür im Leben Raum lässt, dass man mit eiserner Notwendigkeit den Weg würde zu Ende gehen müssen, den man jetzt betreten hatte. Für die Gaben, die man entgegennahm, gab es keinen anderen Preis.»[7] Rudolf Steiner war Marie von Sivers für diese biographieprägende Entscheidung, die sie auch durch die schwere Zeit des Ersten Weltkriegs und die atemlosen Nachkriegsjahre bedingungslos hindurchtrug, bis zuletzt in tiefster Weise dankbar verbunden. *«Marie von Sivers selbst wird [...] immer bei mir sein. Unsere Einigung bleibt unlöslich.»*

*

Die vorliegende Studie beleuchtet das Zusammenwirken Rudolf Steiners und Marie Steiner-von Sivers' im lebensgeschichtlich-chronologischen Kontext und auf der Basis aller bisher publizierten Dokumente. Sie wendet sich darüber hinaus in ihrem abschließenden, epilogartigen Kapitel dem letzten Erdenjahr Marie Steiner-von Sivers' bzw. den in ihm ebenso klar wie wegweisend formulierten Intentionen für den künftigen Umgang mit Rudolf Steiner, der Anthroposophie und dem Dornacher Goetheanum zu.

Die Arbeit wurde im Kontext einer entstehenden Werkbiographie Rudolf Steiners niedergeschrieben, als zweiter Band einer Reihe von Monographien zu esoterischen Schülern und Mitarbeitern, die mit einer Veröffentlichung über Michael Bauer begann und durch Monographien über Edith Maryon, Christian Morgenstern und Assja Turgenieff fortgesetzt werden wird. Die Besinnung auf Marie Steiner-von Sivers aber hat einen besonderen und für das Verständnis Rudolf Steiners fundamentalen Charakter. Sie erhebt dabei keinen Anspruch auf die Eigenheiten einer konventionellen, psychologisch fundierten Lebensbeschreibung, sondern bringt vielmehr zentrale Werk- und Lebensvoraussetzungen Rudolf Steiners zum Vorschein, ihre Umstände und Entwicklungen *(«Aufbau und Zukunft des Werkes von Rudolf Steiner»)*. In dieser Ausrichtung vermag die Studie – meines Erachtens – auch jene Substanz anfänglich sichtbar werden zu lassen, aus der heraus Ita Wegman wenige Tage vor ihrem eigenen Tod – und im Hinblick auf überwundene Differenzen («die Tragik ist mit diesem Leben beendet») – von einem *«zukünftigen gemeinsamen Wirken für Rudolf Steiner»* sprechen konnte[8]:

> Aus freiem Entschluss vereinigen sich die wahren Schüler in der Lichtgestalt ihres Lehrers. (Michael Bauer[9])

Mein persönlicher Dank für die inhaltliche Ermöglichung der Arbeit gilt insbesondere Marie Savitch, Tatjana Kisseleff, Edwin Froböse, Fred Poeppig, Sergej O. Prokofieff, Wilfried Hammacher und Hella Wiesberger für die von ihnen veröffentlichten Beiträge über Marie Steiner-von Sivers.

Darüber hinaus sei Dr. Walter Kugler als Leiter des Rudolf Steiner Archivs (Dornach) für die Erlaubnis zur Faksimile-Wiedergabe vieler Dokumente von Herzen gedankt.

Arlesheim und Dornach *Peter Selg*
Pfingsten 2006

I. «Unsere Einigung bleibt unlöslich»

Die Zeit mit Rudolf Steiner (1902–1925)

Du begleitest mich mit Deinem Segen.
Und Dein Segen gehört zu unserem Werke.

Rudolf Steiner, 11.4.1905[10]

I. Die Jahre des Aufbaus

> Ich hatte die Dinge zu schreiben, die Vorträge zu halten, Frau Doktor organisierte die ganze Anthroposophische Gesellschaft [...].
>
> Rudolf Steiner, 15. Juni 1923[11]

Dreiunddreißig Jahre alt, begegnete Marie von Sivers im Winter 1900 Rudolf Steiner in Berlin.

Nach ihrer Kindheit und Jugend im Gouvernement Warschau, in Riga und in Petersburg, nach Jahren der beengten Selbstentfaltung und einer ununterbrochenen Suche, die sie zu sozial-pädagogischen Aktivitäten auf dem russischen Land, aber auch zu Sprach- und Schauspielstudien – u. a. in Paris und Berlin – geführt hatten, war Marie von Sivers von dem französischen Literaten und Mysteriendichter Edouard Schuré im Sommer 1900 auf die Theosophie aufmerksam gemacht worden. Schurés dramatische Stücke «Les enfants de Luzifer» und «La Sœur gardienne» waren im Frühjahr 1900 erschienen und hatten Marie von Sivers in ihrer Intention eines «Tempeltheaters der Zukunft» und damit einem spirituellen Neubeginn der Bühnenkunst nachhaltig berührt. Bereits zwei Jahre zuvor, 1898, hatte sie Schurés Werk «Die großen Eingeweihten» («Les grands initiés») studiert und in ihm den Begriff der «Esoterik» entdeckt; im Sommer 1900 und vom Baltikum aus, wo sie sich mit ihrer Schauspiel-Lehrerin und Freundin Maria von Strauch-Spettini bei ihrer Mutter befand, hatte Marie von Sivers dann eine große Korrespondenz mit Schuré begonnen, seine «Kinder des Luzifer» übersetzt und von seiner Mitgliedschaft in der Theosophischen Gesellschaft gehört[12] – darüber hinaus erneut von seiner Bemühung um das *«lebendige Wort»* und ein *«Theater der Einweihung»*[13], das ihren innersten Strebungen entsprach. In dieser Weise vorbereitet, war sie nach Berlin zurückgekehrt und dort – angeregt durch eine Zeitungsankündigung – in einen neu begonnenen Vortragszyklus Rudolf Steiners in der «Theosophischen Bibliothek» des Grafen Brockdorff gekommen: «Die Mystik im Aufgange des neuzeitlichen Geisteslebens und ihr Verhältnis zur modernen Weltanschauung»:

> Bei diesen Vorträgen erschien eines Tages als Zuhörerin Marie von Sivers, die dann durch das Schicksal ausersehen ward, die Leitung der bald nach Beginn meiner Vorträge gegründeten «Deutschen Sektion der Theosophischen Gesellschaft» mit fester Hand zu übernehmen. (Rudolf Steiner[14])

Marie von Sivers, um 1900

Erst wenige Monate zuvor, unmittelbar nach dem Tod Friedrich Nietzsches (25. 8. 1900), war Rudolf Steiner, der seit drei Jahren in Berlin lebte und vornehmlich publizistisch tätig war, von Graf und Gräfin Brockdorff um einen Gedenkvortrag über Friedrich Nietzsche gebeten worden, dem dann am Michaels-Tag ein esoterischer Abend über «Goethes geheime Offenbarung» in der «Theosophischen Bibliothek» gefolgt war[15], ehe Steiner die wöchentliche Vortragsreihe zur Mystik in der Moderne begann. An Rudolf Steiner, der bis zum April des Folgejahres 1901 in 26 Vorträgen über die «Mystik» sprach, erlebte Marie von Sivers die unvergleichliche *«Gabe des Wortes»*[16], auf dessen Suche sie seit vielen Jahren war – und zugleich eine spirituelle Größe eigener Güte und Ausrichtung. Bereits im Winter 1900 führte sie wiederholt Gespräche mit dem aus Österreich kommenden und lange Jahre in der Goethe-Forschung tätigen Geisteswissenschaftler – Gespräche über Kunst, Literatur und Sprache, aber auch über die Bedingungen eines spirituellen Wirkens in der Moderne. Marie von Sivers lernte Rudolf Steiner in Zusammenhängen der östlich geprägten Theosophischen Gesellschaft kennen, einer Gesellschaft, der Steiner selbst gar nicht angehörte und deren Mitgliedschaft oder gar verantwortliche Mitgestaltung[17] er zu diesem Zeitpunkt entschieden ablehnte:

> Niemals, so sagte er, könne er etwas anderes tun, als auf den Unterschied zwischen beiden Geisteswegen hinzuweisen und auf die Notwendigkeit, den Entwicklungsweg des Abendlandes zu betreten. Ein bloßes Zurückgreifen zur alten Weisheit könne es nicht geben, sondern nur mit Einbeziehung alles seitdem intellektuell Erworbenen ein Vorwärtsschreiten auf dem Wege historisch bedingter Zusammenhänge innerhalb der menschlichen Geistesentfaltung. Die Lebensweisheit des Orients verdiene alle Bewunderung und allen Einfühlungswillen, habe aber nicht das Element der fortschreitenden geschichtlichen Entwickelung als wesentlichen Bestandteil in sich; dies müsse nun das Abendland hinzufügen. Er müsse dies als seine Aufgabe betrachten, vor die er gestellt sei. Im Mittelpunkt seines Wirkens würde das von Orientalen und orientalisierenden Strömungen in seiner Bedeutung nicht erkannte Mysterium von Golgatha stehen. Dies habe ich oft aus seinem Munde gehört, schon im Herbst 1900, während eifrige Theosophen ihn bedrängten. Wer die Bestimmtheit dieser Worte vernahm, wusste, dass hier ein unbeugsamer Wille und eine geschichtliche Notwendigkeit sprachen.[18]

Rudolf Steiner, um 1900

Auch im Sommer des Jahres 1901 war Marie von Sivers bei ihrer Mutter in Estland und kehrte erst im Herbst nach Berlin zurück. Dort hörte sie wieder wöchentlich Vorträge Rudolf Steiners im Rahmen der Theosophischen Gesellschaft – der sie selbst im November des Vorjahres beigetreten war –, nun über das «Christentum als mystische Tatsache» und in seinem Verhältnis zu den alten, vorchristlichen Mysterien. Erneut kam es zu anschließenden Gesprächen zwischen ihnen; am 17. November fragte Marie von Sivers Rudolf Steiner im Verlauf einer solchen Unterredung, ob es nicht doch notwendig sei, eine geistige Bewegung in Mitteleuropa zu beginnen – seinen eigenen Erinnerungen zufolge sagte Rudolf Steiner daraufhin:

> Gewiss, notwendig ist es, eine geisteswissenschaftliche Bewegung ins Leben zu rufen; ich werde mich aber nur finden lassen für eine solche Bewegung, die an den abendländischen Okkultismus und ausschließlich an diesen anknüpft und diesen fortentwickelt. Und ich sagte in dieser Beziehung, dass angeknüpft werden müsse an Plato, an Goethe und so weiter.[19]

Gegenüber Johanna Mücke fügte Rudolf Steiner über ein Jahrzehnt später in Erinnerung an diese Situation kommentierend hinzu:

> Die Frage war mir [von Marie von Sivers] gestellt, und ich konnte, nach den geistigen Gesetzen, beginnen auf eine solche Frage die Antwort zu geben.[20]

Als Rudolf Steiner zwei Wochen später, Anfang Dezember 1901, offiziell die Leitung der theosophischen Arbeit in Berlin bzw. den Vorsitz des Berliner Besant-Zweiges angeboten bekam, sagte er unter der Bedingung zu, dass Marie von Sivers – die mittlerweile nach Italien gereist war – ihm bei dieser Arbeit zur Seite stehen würde. Gräfin Brockdorff wandte sich daraufhin nach Bologna an die junge, deutschstämmige Russin, die zahlreiche Sprachen beherrschte und am Aufbau einer theosophischen Loge in Bologna beteiligt war, insbesondere aber Kongressvorträge eines prominenten indischen Theosophen aus der englischen in die italienische Sprache übersetzte:

> Ich habe […] aus inneren Gründen manches schwer über die Lippen bringen können, stand bestürzt vor dem Satze, den ich auszusprechen hatte, so

materialisiert schien mir hier der Geist. Da musste ich oft zurückdenken an die Worte Rudolf Steiners über den Unterschied zwischen abendländischer und morgenländischer Mystik; und ich wusste: in dem, was er als Christusgeheimnis in sich trägt, liegt die Lösung.[21]

Obwohl Marie von Sivers Italien liebte und ein weiteres Logen-Angebot aus Florenz hatte, ging sie nach längerer Überlegung positiv auf die Berliner Anfrage ein. Rudolf Steiner erklärte sich seinerseits im Januar 1902 bereit, der Theosophischen Gesellschaft – als der «einzigen ernst zu nehmenden Institution, in der reales Geistesleben vorhanden war»[22] – beizutreten (*«ich trat nicht früher bei, als dass ich wusste, dass die geistigen Kräfte, denen ich dienen muss, in der T. G. sind.»*[23]) – und bekundete schließlich auch sein Einverständnis, nicht nur die Berliner Zweigarbeit geistig zu leiten, sondern das Generalsekretariat für eine zu gründende deutsche Sektion zu übernehmen. Er traf mit Marie von Sivers im Sommer 1902 zur Jahresversammlung der Europäischen Sektionen der Theosophischen Gesellschaft in London zusammen[24],

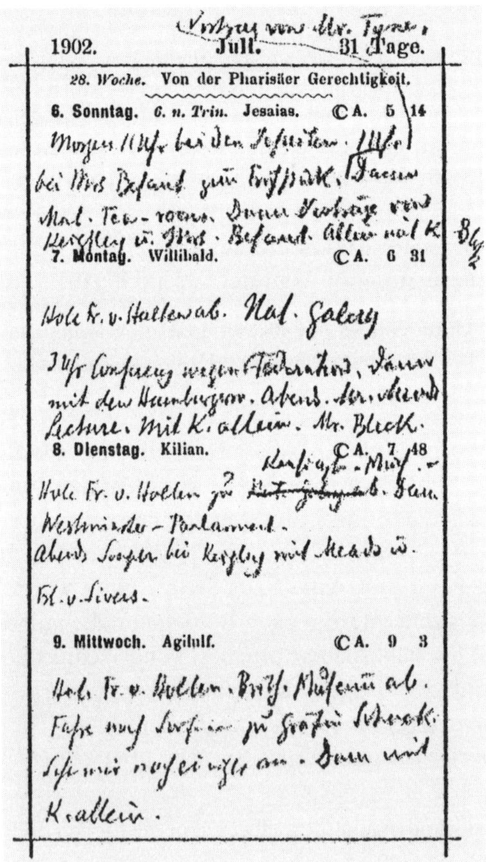
1902. Juli. 31 Tage.
28. Woche. Von der Pharisäer Gerechtigkeit.
6. Sonntag. 6. n. Trin. Jesaias. ☾A. 5 14
7. Montag. Willibald. ☾A. 6 31
8. Dienstag. Kilian. ☾A. 7 48
9. Mittwoch. Agilulf. ☾A. 9 3

Notizbucheintragung Rudolf Steiners, Juli 1902 (London)

sprach dort bereits selbst über die Aufgaben der einzelnen Landessektionen – und insbesondere Deutschlands[25] – und befreundete sich bald innig mit ihr. Mit Marie von Sivers zusammen begann Rudolf Steiner in London seinen Weg in soziale Zusammenhänge hinein, deren geschichtliche Berechtigung wie immanente Problematik er von Anfang an vor Augen hatte:

> Es ist ja das verhängnisvollste, wenn bei denen, die [in der Theosophischen Gesellschaft] tonangebend sein wollen, die starre Dogmatik alles ist und die grundlegende Gesinnung fast ganz fehlt. (20.8.1902[26])

*

Nach einem Kurzaufenthalt in Petersburg (auf dem Rückweg von London) übernahm Marie von Sivers wenige Tage nach ihrer Berliner Ankunft am 17. September 1902 die Geschäftsführung der Deutschen Theosophischen Gesellschaft und der Theosophischen Bibliothek – ihre künstlerische Lehrerin und Freundin Maria von Strauch-Spettini schrieb ihr zu diesem Beginn aus Petersburg:

> Nun bist Du schon mitten in der Arbeit, möge Deine Wirksamkeit gesegnet sein! Ich bewundere Deine Stärke und Deinen kräftigen Willen, mit dem Du mutig eine so große Arbeitslast bewältigen willst und wirst.[27]

Bereits wenige Tage darauf hieß es in einem Brief Rudolf Steiners an einen führenden Vertreter der Theosophischen Gesellschaft in Deutschland:

> Fräulein von Sivers waltet bereits ihres Amtes.[28] Sie ist wirklich eine glänzende große Erscheinung innerhalb der jetzigen Misere. Ich bin froh, dass sie da ist. In jeder Beziehung kann ich auf sie bauen.[29]

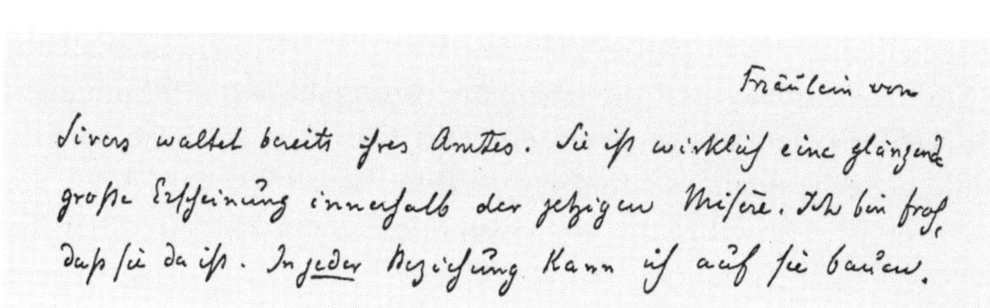
Fräulein von Sivers waltet bereits ihres Amtes. Sie ist wirklich eine glänzende große Erscheinung innerhalb der jetzigen Misere. Ich bin froh, daß sie da ist. In jeder Beziehung kann ich auf sie bauen.

Über zwanzig Jahre später sollte Rudolf Steiner in einem autobiographischen Rückblick formulieren:

> Marie von Sivers war *die* Persönlichkeit, die durch ihr ganzes Wesen die Möglichkeit brachte, dem, was durch uns entstand, jeden sektiererischen Charakter fernzuhalten und der Sache einen Charakter zu geben, der sie in das allgemeine Geistes- und Bildungsleben hineinstellte.[30]

*

Bei der Gründungsversammlung der Deutschen Sektion der Theosophischen Gesellschaft in den ehemaligen Brockdorff-Räumen zu Berlin-Charlottenburg (Friedrichstraße 54a) – dem jetzigen Wohnort Marie von Sivers – sprach Rudolf Steiner in der zweiten Oktoberhälfte über die «Zeichen der Zeit» und den Beginn einer neuen Geistesepoche[31]; er kündigte die Herausgabe einer eigenen Zeitschrift an[32], stellte Marie von Sivers als seine Mitarbeiterin in der Leitung der Gesellschaft vor und ließ Rezitationen durch sie zur Aufführung kommen. Es war Rudolf Steiners entschiedener Wunsch, dass Marie von Sivers die von ihr seit Jahren betriebene sprachkünstlerische Arbeit trotz der organisatorischen Gesellschaftsverpflichtungen weiterführen würde[33] – er selbst wollte dagegen anlässlich der Sektionsgründung über «Praktische Karmaübungen» sprechen, was jedoch auf größte Widerstände stieß und nicht in der intendierten Weise durchführbar war.[34]

Von vielen Repräsentanten der Theosophischen Gesellschaft wurde Rudolf Steiner als «Eindringling» betrachtet, dessen Wirken nur sehr bedingt in der Kontinuität der bisherigen Arbeit lag und nicht dem gewohnten Habitus entsprach; in der Tat verließ Rudolf Steiner zeitweise die Gründungsversammlung der Sektion und sprach im literarisch-philosophischen Kreis der «Kommenden» über «Anthroposophie» und die bestehende Aufgabe, der traditionellen Aufnahme orientalischer Weisheiten die Christus-zentrierte Spiritualität des Abendlandes entgegenzusetzen.[35] Zwei Wochen später, am 31. 10. 1902, schrieb Marie von Sivers an Edouard Schuré über die theosophische Situation in Deutschland:

Ich bin ziemlich geneigt anzunehmen, dass hier alles viel heißer zugehen wird als anderswo und dass eine wichtige Wendung des Weges hier geschehen wird. Niederlage oder Sieg – wer kann das wissen und was macht das schließlich? Momentane Niederlage vielleicht, für eine Generation, um den Weg für Nachfolgende zu befestigen.[36]

*

Marie von Sivers ergriff ihre Berliner Aufgabe an der Seite Rudolf Steiners mit «fester Hand» und absolutem Willenseinsatz («Alles Unbestimmte, Schwankende, Unausgesprochene und Unentschiedene war ihrem Wesen fremd, ja zuwider [...]»[37]). Bereits nach kurzer Zeit kam es nicht nur zu der Herausgabe der angekündigten Zeitschrift, sondern zum Anbeginn öffentlicher und gut besuchter Vortragsreihen Rudolf Steiners[38] – sowie intensiver interner Arbeiten und Schulungen.[39] Die von Rudolf Steiner gesetzten Akzente waren klar und eindeutig; bereits im ersten Jahrgang der «Luzifer»-Zeitschrift schrieb er grundlegende Artikel zur Initiation und Mysterienwissenschaft, zum Schicksals- bzw. Karmagedanken, auch im Hinblick auf das naturwissenschaftliche Denken («Reinkarnation und Karma, vom Standpunkt der modernen Naturwissenschaft notwendige Vorstellungen.» / «Wie Karma wirkt.») sowie zur sozialen Relevanz der geisteswissenschaftlichen Arbeitsansätze und Forschungsaspekte («Theosophie und Sozialismus»).

Der Beginn der Arbeit war von großem Enthusiasmus und selbstloser Liebe zur Aufgabe geprägt («[...] Der Apparat der Expedition [der ‹Luzifer›-Zeitschrift] wurde so besorgt, dass, nachdem eine Nummer geschrieben und gedruckt war, mir die Exemplare wiederum in großen Postpaketen in die eigene Wohnung geschickt wurden. Frau Doktor [Marie von Sivers] und ich selber klebten die Streifbänder darüber. Ich adressierte selbst, und dann nahmen wir jeder einen Waschkorb und trugen die Sachen zur Post.» Rudolf Steiner[40]), von einem großen, beseelten Elan, der von dem gemeinsamen Wohn- und Arbeitszentrum in der Motzstraße 17 ausging[41] und nicht zuletzt in den öffentlichen Berliner Architektenhaus-Vorträgen zum

No. 1
Juni 1903

LUZIFER

Zeitschrift für Seelenleben
und Geisteskultur

.... Theosophie ....

Herausgeber: **Dr. Rudolf Steiner**

In Commission bei C. A. Schwetschke und Sohn, Berlin.

«Luzifer». Erstausgabe (Juni 1903)

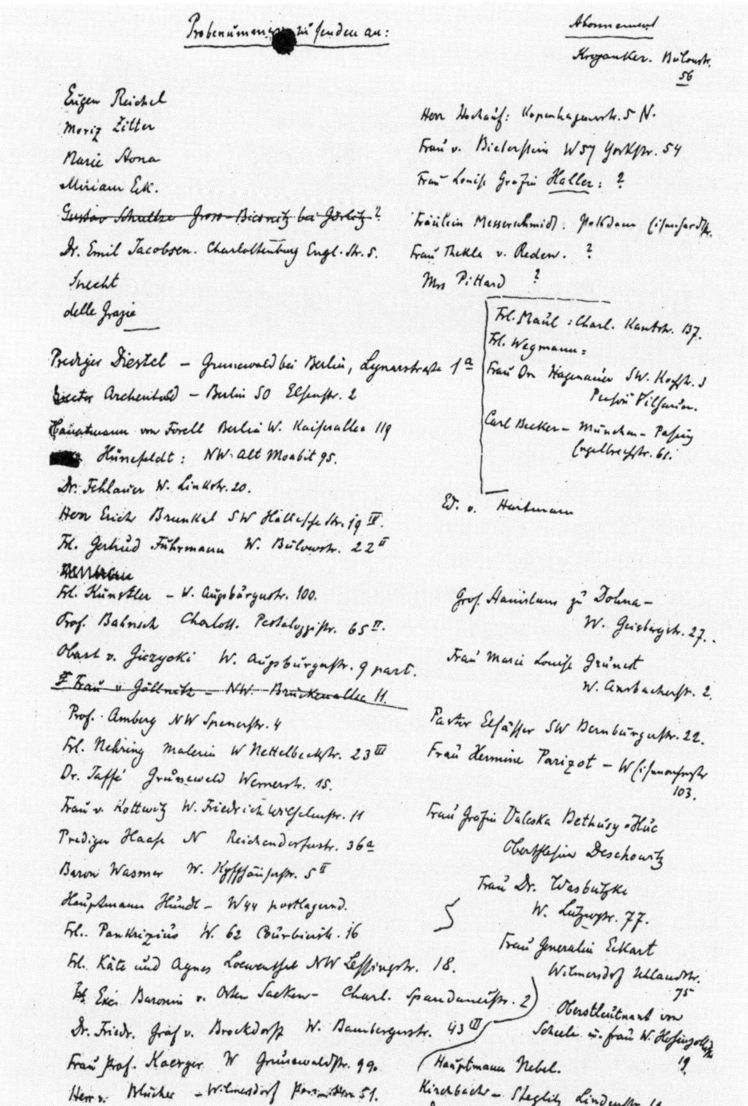

Probennummern zu senden an:

Eugen Reichel
Moriz Zitter
Marie Stona
Miriam Eck.
~~Gustav Schultze Gross-Biesnitz bei Görlitz~~ ?
Dr. Emil Jacobsen. Charlottenburg Engl. Str. 5.
Knecht
delle Grazie

Prediger Diestel – Grunewald bei Berlin, Lynarstraße 1a
Direktor Archenhold – Berlin SO Elsenstr. 2
Hauptmann von Forell Berlin W. Kaiserallee 119
[redacted] Hünefeldt: NW. Alt Moabit 95.
Dr. Fehlauer W. Linkstr. 20.
Herr Erich Brunkel SW Hallesche Str. 19 IV.
Frl. Gertrud Fuhrmann W. Bülowstr. 22 II
Frl. Künstler – W. Augsburgerstr. 100.
Prof. Babnick Charlott. Pestalozzistr. 65 II.
Oberst v. Gizycki W. Augsburgerstr. 9 part.
~~Frau v. Göllnitz – NW. Brückenallee 11.~~
Prof. Amberg NW Spenerstr. 4
Frl. Nehring Malerin W Nettelbeckstr. 23 III
Dr. Jaffé Grunewald Wernerstr. 15.
Frau v. Kottwitz W. Friedrich Wilhelmstr. 11
Prediger Haase N Reichenbergerstr. 36a
Baron Wasmer W. Kyffhäuserstr. 5 II
Hauptmann Hindt – W 44 postlagernd.
Frl. Pankrizius W. 62 Courbièrestr. 16
Frl. Käte und Agnes Loewenthal NW Lessingstr. 18.
Ihre Exc. Baronin v. Osten Sacken – Charl. Spandauerstr. 2
Dr. Friedr. Graf v. Brockdorff W. Bambergerstr. 43 III
Frau Prof. Kaerger W Grunewaldstr. 99.
Herr v. Blücher – Wilmersdorf Prinzregentenstr. 51.
Herr Adolf Danneschke – N. Arkonaplatz 8.
Herr Dr. Gustav Klitscher W. Elsholzstr. 8

Abonnement

Kryganker. Bülowstr. 56
Herr Hohlauf: Kopenhagenerstr. 5 N.
Frau v. Bielenstein W 57 Yorkstr. 54
Frau Louise Gräfin Haller: ?
Fräulein Messerschmidt: Potsdam Eisenhartstr.
Frau Thekla v. Reden. ?
Mrs Pittard ?
Frl. Maul: Charl. Kantstr. 137.
Frl. Wegmann:
Frau Dr. Hagenauer SW. Kochstr. 3 Pension Vilsmein.
Carl Becker – München-Pasing Engelbrechtstr. 61.
Ed. v. Hartmann
Graf Stanislaus zu Dohna – W. Geisbergstr. 27.
Frau Marie Louise Grunert W. Ansbacherstr. 2.
Pastor Elsässer SW Bernburgerstr. 22.
Frau Hermine Parizot – W Eisenacherstr. 103.
Frau Gräfin Valeska Bethusy-Huc Oberschlesien Deschowitz
Frau Dr. Wasbutzki W. Lützowstr. 77.
Frau Generalin Eckart Wilmersdorf Uhlandstr. 75
Oberstleutnant von Scheele u. Frau W. Hessingstr. 19
Hauptmann Nebel.
Kirchbach – Steglitz Lindenstr. 19.
Dr. Moser: W. Luitpoldstr. 30.

Probennummern und Abonnenten (Aufstellung Rudolf Steiners)

Vorschein kam *(«meine nächste exoterische Aufgabe ist, soviel ich nur kann, die Lehre zu verbreiten.»*[42]*)* – systematisch aufgebauten Vortragsreihen, die Rudolf Steiner zumeist im Wintersemester und vor stetig anwachsendem Publikum hielt, über 15 Jahre hinaus.[43] Auch öffentliche Theosophie-Vorträge außerhalb Berlins fanden bereits im Frühjahr 1903 statt; allein in Weimar, der Stätte seines langjährigen Goethe-Wirkens, hielt Rudolf Steiner 1903 zehn Vorträge und ermöglichte im April eine dortige Zweig-Gründung. Zeitgleich begann Rudolf Steiner die Arbeit an einer eigenen, systematischen Darstellung der theosophischen Geistesanschauung und schrieb das Buch *Theosophie. Einführung in übersinnliche Welterkenntnis und Menschenbestimmung,* das im Mai 1904 erscheinen sollte.[44]

Von Weimar aus erreichten Marie von Sivers im Frühjahr 1903 die ersten großen Reisebriefe Rudolf Steiners – Zeugnisse der bereits zu diesem Zeitpunkt bestehenden Nähe («Liebe vertraute Schwester! Der erste Vortrag ist also gehalten. Er war recht gut besucht. Es war mir oft, als ob ich Dich im Auditorium suchen müsste.»[45]), einer innigen Verbundenheit in Richtung des gemeinsam intendierten Zukunftsziels:

> Ich hoffe, dass wir vorwärts kommen, wenn ich alle solchen Erfahrungen fleißig verwerte. Wir, beide zusammenwirkend, dürfen hoffen, in Deutschland etwas zu erreichen.[46] Wir sind auch dann zusammen, wenn wir räumlich nicht nebeneinander sind.[47]

> Aus allem, was ich hier in bezug auf unsere Sache erlebe, darf ich hoffen, dass wir durchdringen werden, wenn wir Ausdauer und Wirkenskraft haben. Und Ausdauer müssen wir, Wirkenskraft werden wir haben, wenn wir nur den Geboten der innern Notwendigkeit folgen.[48]

> Nicht darauf kommt es an, wie viel wir da oder dort im ersten Ansturm erreichen, sondern ob wir das Richtige – das durch das Zeit-Karma Bedingte[49] – tun. Sogleich wenn ich nach Berlin komme, müssen meine drei Vorträge gedruckt werden.[50]

Immer wieder betonte Rudolf Steiner in seinen Briefen die Bedeutung der inneren, esoterischen Arbeit – *«ohne einen Grundstock von*

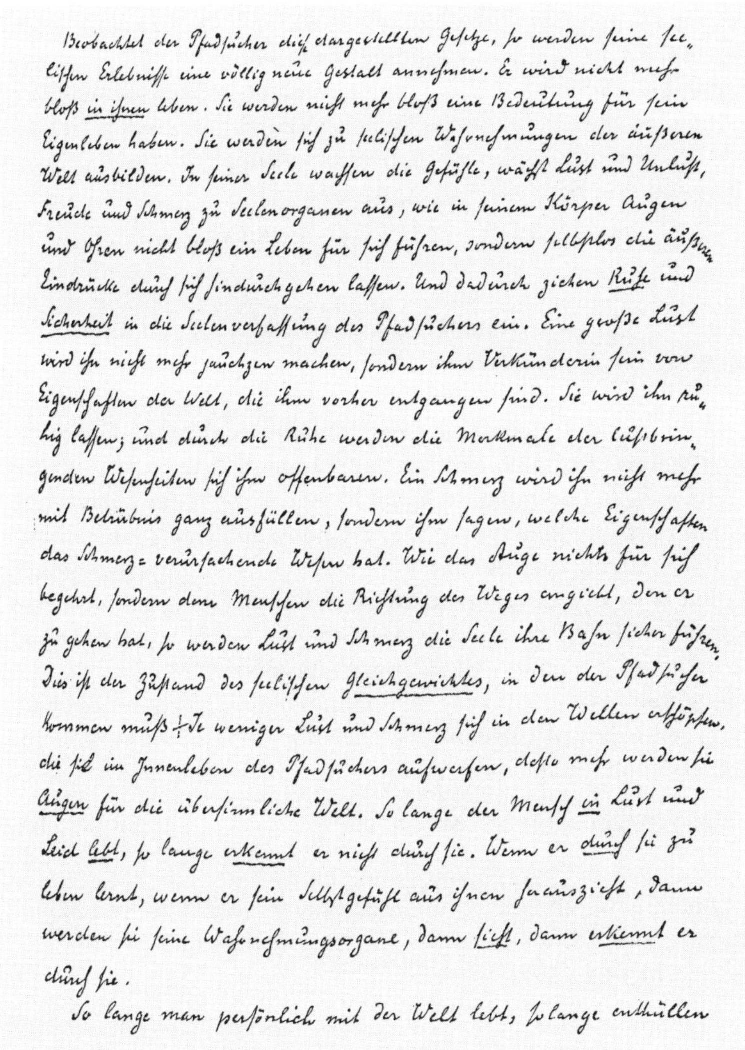

Beobachtet der Pfadsucher die dargestellten Gesetze, so werden seine seelischen Erlebnisse eine völlig neue Gestalt annehmen. Er wird nicht mehr bloß in ihnen leben. Sie werden nicht mehr bloß eine Bedeutung für sein Eigenleben haben. Sie werden sich zu seelischen Wahrnehmungen der äußeren Welt ausbilden. In seiner Seele wachsen die Gefühle, wächst Lust und Unlust, Freude und Schmerz zu Seelenorganen aus, wie in seinem Körper Augen und Ohren nicht bloß ein Leben für sich führen, sondern selbstlos die äußeren Eindrücke durch sich hindurchgehen lassen. Und dadurch ziehen Ruhe und Sicherheit in die Seelenverfassung des Pfadsuchers ein. Eine große Lust wird ihn nicht mehr jauchzen machen, sondern ihm Verkünderin sein von Eigenschaften der Welt, die ihm vorher entgangen sind. Sie wird ihn ruhig lassen; und durch die Ruhe werden die Merkmale der lustbringenden Wesenheiten sich ihm offenbaren. Ein Schmerz wird ihn nicht mehr mit Betrübnis ganz ausfüllen, sondern ihm sagen, welche Eigenschaften das Schmerz-verursachende Wesen hat. Wie das Auge nichts für sich begehrt, sondern dem Menschen die Richtung des Weges angiebt, den er zu gehen hat, so werden Lust und Schmerz die Seele ihre Bahn sicher führen. Dies ist der Zustand des seelischen Gleichgewichtes, in den der Pfadsucher kommen muß. Je weniger Lust und Schmerz sich in den Wellen erschöpfen, die sie im Innenleben des Pfadsuchers aufwerfen, desto mehr werden sie Augen für die übersinnliche Welt. So lange der Mensch in Lust und Leid lebt, so lange erkennt er nicht durch sie. Wenn er durch sie zu leben lernt, wenn er sein Selbstgefühl aus ihnen herauszieht, dann werden sie seine Wahrnehmungsorgane, dann sieht, dann erkennt er durch sie.

So lange man persönlich mit der Welt lebt, so lange enthüllen

Rudolf Steiner: «Theosophie» (1904). Manuskriptseite

wahren Theosophen, die in fleißigster Meditationsarbeit das Gegenwart-Karma verbessern, würde die theosophische Lehre doch nur halbtauben Ohren gepredigt».[51] Ein Jahr später, im Frühsommer 1904, sollte er seine esoterische Schule innerhalb der Deutschen Sektion der Theosophischen Gesellschaft begründen; an Marie von Sivers aber schrieb er bereits am 18. April 1903:

> Du wirst den Durchgang [zum Geiste] finden, weil Du dazu prädestiniert bist.[52]

Sie selbst berichtete Rudolf Steiner in dieser Zeit von ihren esoterischen Bemühungen *(«Heute war es mir zum ersten Mal, als ob ich etwas tiefer das Wesen der Meditation erkannte, das schöpferischer ist als Nach-Denken, Nach-Beten und -Empfinden.»[53])* und dankte ihm nach Weimar für seine fortlaufende Unterstützung *(«Dir [...] tausend Dank, du Guter, Bester, für das Meer von Licht, das Du mir gibst, und für Dein spirituelles Tragen.»[54]).* Rudolf Steiner ermutigte Marie von Sivers, trotz der zunehmenden äußeren Belastungen die innere Arbeit konsequent weiterzuführen *(«Ich weiß, Du wirst weiter kommen. Und ich weiß auch, dass Dich die besten Kräfte leiten. Fahre also fort.»[55])*, und bedeutete Marie von Sivers zugleich, welches Gewicht ihre wissende Unterstützung für seinen eigenen Lebensauftrag hatte, entgegen widrigen Umständen in der Theosophischen Gesellschaft und in der allgemeinen Zivilisation:

> Du verstehst mich; und das gibt mir Kraft, das macht mir die Flügel frei.[56]

In einem November-Brief aus Weimar, den Steiner anlässlich eines abermaligen Vortragsbesuches in der Goethe- und Schiller-Stadt schrieb, hieß es:

> Für uns ist ja das gemeinsame Ziel eine der Meister-Kräfte, denen gegenüber wir beide «lenksam» sein müssen in treuer, fester Waffenbrüderschaft. Der Mit-Glaube ist eine positive Kraft, die magnetisch für uns wirkt, und diese Mit-Glaubens-Kraft hast Du mir durch Dein Verständnis gebracht; und wir müssen sie uns gegenseitig geben.[57]

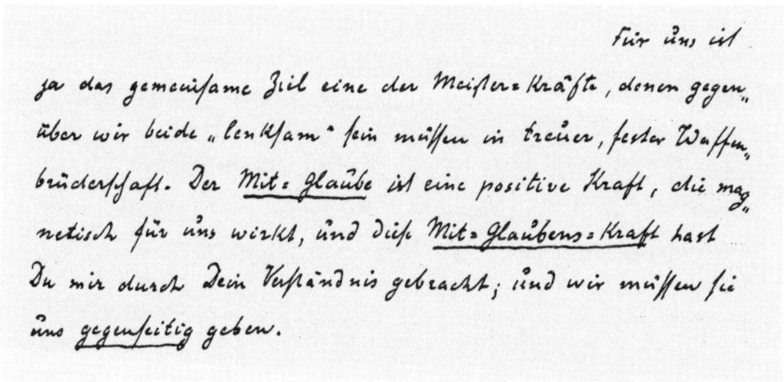

Für uns ist ja das gemeinsame Ziel eine der Meister-Kräfte, denen gegenüber wir beide „lenksam" sein müssen in treuer, fester Waffenbrüderschaft. Der Mit-Glaube ist eine positive Kraft, die magnetisch für uns wirkt, und diese Mit-Glaubens-Kraft hast Du mir durch Dein Verständnis gebracht; und wir müssen sie uns gegenseitig geben.

*

Während Rudolf Steiner und Marie von Sivers die Vortragstätigkeit schon im Frühjahr 1904 auf viele weitere, für die Zukunft der theosophischen Bewegung wesentliche Städte – wie Stuttgart und München – ausbauen konnten[58], in denen Rudolf Steiner vor Hunderten von Menschen sprach, vollzog sich ein Großteil der gemeinsamen Arbeit weiter im Stillen und Verborgenen. Sie gestaltete sich in überpersönlicher Weise und zugleich absoluter Bezogenheit aufeinander – einer Bezogenheit, die in tiefen Wesensschichten gegründet war und zu den Werdevoraussetzungen von Rudolf Steiners geistigem Werk gehörte. Am 8. April 1904 schrieb er an Marie von Sivers aus Stuttgart, ermutigte sie neuerdings zum spirituell-esoterischen Fortschreiten und betonte im Hinblick auf ihre persönlich-überpersönliche Beziehung:

> Ich denke in Liebe an Dich und alle Arten des Nahekommens sind bei uns nur Bestätigungen unseres tiefen geistigen Zusammenhangs. Du bist mir die Priesterin, als die Du mir entgegenblicktest, als ich Deine Individualität erkannt hatte. Ich schätze Dich in der Reinheit Deiner Seele, und nur deshalb darf ich Dir zugetan sein. Wir leben miteinander, weil wir innerlich zueinander gehören, und wir werden immer ein Recht haben, so zueinander zu sein, wie wir sind, wenn wir uns klar sind, dass unser persönliches Verhältnis eingetaucht ist in den heiligen Dienst der Geistesevolution. Ich weiß, dass der Augenblick nicht kommen darf, wo diese Heiligkeit auch nur im geringsten gestört würde.[59]

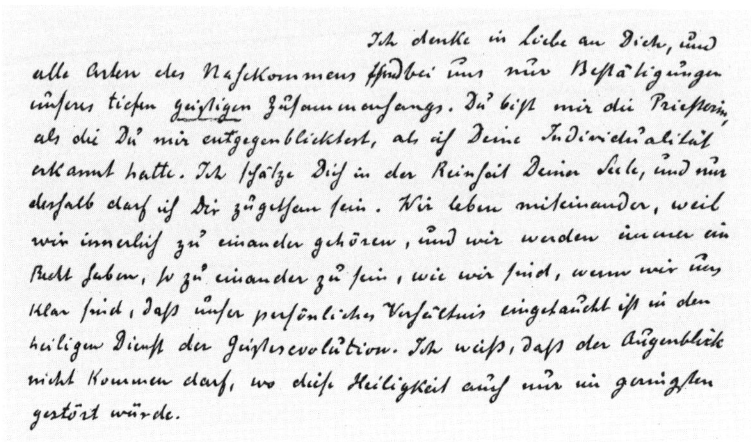
Ich denke in Liebe an Dich, und alle Arten des Nahekommens sind bei uns nur Bestätigungen unseres tiefen geistigen Zusammenhangs. Du bist mir die Priesterin, als die Du mir entgegenblicktest, als ich Deine Individualität erkannt hatte. Ich schätze Dich in der Reinheit Deiner Seele, und nur deshalb darf ich Dir zugethan sein. Wir leben miteinander, weil wir innerlich zu einander gehören, und wir werden immer ein Recht haben, so zu einander zu sein, wie wir sind, wenn wir uns klar sind, dass unser persönliches Verhältnis eingetaucht ist in den heiligen Dienst der Geistesevolution. Ich weiss, dass der Augenblick nicht kommen darf, wo diese Heiligkeit auch nur im geringsten gestört würde.

Rudolf Steiner sprach in der zitierten Weise vom Erkennen ihrer Individualität, einer Erkenntnis, die zu den Grundbedingungen seiner Zusammenarbeit mit ihr gehörte («Du bist mir die Priesterin, als die Du mir entgegenblicktest, *als ich Deine Individualität erkannt hatte.*»). Aber auch Marie von Sivers hatte bereits in der beginnenden Zeit ihres gemeinsamen Wirkens für die Deutsche Sektion der Theosophischen Gesellschaft tiefe Einblicke in Rudolf Steiners überzeitliches Wesen und damit in seinen höheren Werdegang genommen; wie sie im August 1907 rückblickend auf das erste Arbeitsjahr an der Seite Rudolf Steiners schrieb, war ihr beim Lesen eines Besantschen Buches über das «Esoterische Christentum»[60] unmittelbar und in der Weise einer geistigen Offenbarung deutlich geworden, dass Rudolf Steiners Individualität mit derjenigen Thomas von Aquins identisch war – *«Es ist mir wie eine Offenbarung gegeben worden, mit einer Sicherheit und einem Licht, die jeden Zweifel ausschließen, und ohne dass ich es gesucht hätte. […] Es hat zu mir gesprochen und es war so blendend, dass ich sogar die Hand vor die Augen halten musste.»*[61] Rudolf Steiner, so Marie von Sivers in ihrem Brief an Edouard Schuré – dem sie als einzigem Menschen diese Einsicht nach Jahren anvertraute –, sei über ihre Mitteilung «ganz erschrocken» gewesen, habe sie ihr jedoch sofort mit wenigen Worten bestätigt, um dann für Jahre nicht weiter expressis verbis auf die schicksalshaft-geschichtlichen Hintergründe seines Wirkens einzugehen – *«ausgenommen einige wenige Worte, die er mir bei dieser Gelegenheit sagte, spricht er niemals von diesen Dingen, die ihn betreffen, und niemals frage ich danach».*[62]

Der absolute Schwerpunkt des intentionalen Bewusstseins lag vielmehr auf der gegenwärtigen Aufgabe und in einer aufbauenden Zukunftsarbeit, die Rudolf Steiner mit gewaltigem Einsatz durchführte – in einer Dynamik des Aufbruchs, deren Ausmaß bald alle Vorstellungen übersteigen sollte:

> Ich verkürze so weit wie möglich die Zeit für den Schlaf, befinde mich aber doch in einem Zustande dauernder Hast. (Marie von Sivers[63])

Die innere Begleitung, ja Anwesenheit Marie von Sivers war für Rudolf Steiner dabei auch auf seinen Reisen von entscheidender Bedeutung – *«der Augenblick, in dem ich Deine Briefe lese, ist ein Feieraugenblick; und ich weiß, dass es so sein soll».*[64] *«Immer wurde die Zeit besetzt, in der ich schreiben sollte. Doch Du weißt, dass meine Gedanken Dich umgeben. Und die Deinigen begleiten mich. Eng, innen, verbunden sind wir.»*[65] Bereits 1904, drei Jahrsiebte vor seinem Tod, fixierte Rudolf Steiner eine erste testamentarische Verfügung in einem Notizbuch, in der es hieß: «Ich wünsche, dass alles Marie von Sivers verfügt, was nach meinem Tode zu verfügen ist. Sie hat alles zu tun. Rudolf Steiner.»[66]

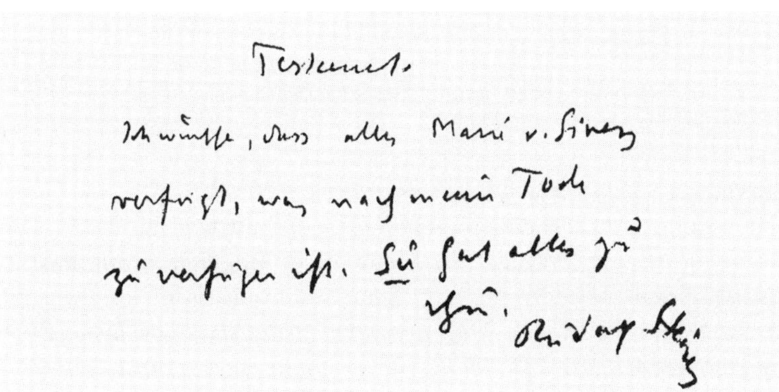

Notizbucheintrag Rudolf Steiners (1904)

Der Weg, den Rudolf Steiner gemeinsam mit Marie von Sivers in und mit der Theosophischen Gesellschaft gehen musste, war dabei von Anfang an dornenreich – von Widerständen, Unverständnis und Ablehnung aus führenden Kreisen, aber auch aus Teilen der Mitgliedschaft gekennzeichnet. In der Verwirklichung eines geistigen Auftrags bzw. *«bauend auf die geistigen Mächte, die hinter uns stehen»*, ließ Rudolf Steiner jedoch *«die Wellen rings herum branden»* und setzte seine Arbeit in vollständiger Positivität und mit absoluter Unterstützung Marie von Sivers fort:

> Ich werde mich mit Dir, meine Liebe, immer sicher fühlen. Du aber musst bei mir sein. [...] Wie viel wir auch missverstanden werden: daran liegt nichts; aber wir dürfen auch nicht im geringsten gebrochen werden.[67]

Marie von Sivers ermöglichte dabei nicht nur Rudolf Steiners expansive Reise- und Vortragstätigkeit in ihren äußeren Voraussetzungen, sondern nahm auch großen Anteil an der inhaltlichen Ausgestaltung derselben, korrigierte unter anderem seine Texte («Den Satz, der Dir nicht gefällt, habe ich noch einmal umgeformt.»[68]) und setzte sich für die Intentionen vieler Menschen ein, die auf Rudolf Steiner aufmerksam geworden waren, seinen Rat erbaten und ihn einladen wollten. Selbst eine kleine studentisch-theosophische Initiative in München um Ludwig Kleeberg ermutigte und förderte sie unermüdlich[69] – und trotz Rudolf Steiners perspektivischer Skepsis:

> Was für Berge von Hindernissen in deutschen akademischen Kreisen zu durchdringen sind für unsere Weltauffassung, das ahnt der nicht, der diese Kreise nicht ganz genau kennt. Aber ich möchte gern auf die Intentionen des jungen Mannes eingehen.[70]

Das ganze Sozialwesen der auf diese Weise sich vergrößernden Deutschen Sektion der Theosophischen Gesellschaft war mit Marie von Sivers' Berliner Zentrale verbunden, nicht lediglich in administrativer Hinsicht, sondern auch im Sinne einer geistig-seelischen Ausstrahlung[71]: *«Die Damen, Megerle, und auch die Studenten lieben Dich und alle senden Dir wirklich herzliche Grüße. Das tut mir so gut.»*[72]

*

Marie von Sivers' unterstützende Sorge für Rudolf Steiners Tätigkeit erstreckte sich auf alle Einzelheiten – auf die Umstände, Zeiten und Themen der Vorträge, auf die Zugverbindungen und -tickets, die Unterkünfte und vieles andere mehr:

> Ich mach den Impressario, damit das Programm ablaufen kann mit dem komplizierten Apparat von Daten, Stunden, Zügen, Ortschaften, Saalmieten und den ganzen Einzelwünschen.[73]

Rudolf Steiner reiste gerne und unkonventionell *(«ich muss mir jetzt fest vornehmen, die Gummischuhe nicht zu vergessen, die mir in München die Gräfin Kalckreuth ersetzt hat; die Deinigen sind in Regensburg weiter gefahren. Sie wollten sich beim Aussteigen nämlich nicht melden, sondern die Reise ohne mich fortsetzen. Mögen sie zu andern Füßen mehr Anhänglichkeit haben.»*[74] *«Jetzt aber muss ich packen: nach Deiner Meinung, mein Liebling, heißt das ja, ein wenig Unordnung machen in den Koffern.»*[75]*)*. Er war vollkommen unkompliziert, liebenswürdig und anspruchslos im Ertragen ungünstiger Vortrags-, Reise- und Wohnumstände und nahm nahezu alles in charmanter Weise und mit einem unerschöpflich scheinenden Kräftevorrat auf sich. Obwohl er im Winterhalbjahr in fast allen Privatunterkünften bei den Mitgliedern der Theosophischen Gesellschaft fror – worüber er sporadisch nach Berlin Bericht erstattete[76] –, vor keinen Gesprächswünschen, Privatbitten und -sorgen sicher war und tage- und nächtelang in überfüllten Zugwaggons saß, kam selten ein Wort der Klage oder des Vorwurfs über seine Lippen, vielmehr oft genug eine entschiedene Verteidigung der beteiligten Menschen: *«Es ist wirklich nicht Schuld der Menschen. Aber sie verstehen nichts von den Bedingungen der geistigen Arbeit.»*[77]

«Menschliches, Allzumenschliches, Persönliches, Allzupersönliches»[78] unter den Mitgliedern der Theosophischen Gesellschaft erfahrend und ertragend, vollzog Rudolf Steiner die notwendige, sich monatlich an Intensität und Dichte steigernde Aufbauarbeit. Marie von Sivers, die Rudolf Steiner ab 1905 zunehmend auf Reisen begleitete (aber bereits 1904 mit ihm unter anderem in der Schweiz, in Holland und zweimal in England gewesen war), sprach gegenüber Edouard Schuré von einem «wahren Aktivitätsfieber, das mir den Atem verschlägt, wenn ich nur zuschaue», betonte jedoch zugleich:

[...] Sein Geist bleibt stets ruhig und voller Selbstbeherrschung.[79]

Rudolf Steiner, 1904

Nach der unfreiwilligen, von gewerkschaftspolitischen Kräften Anfang 1905 erzwungenen Aufgabe seiner Lehrtätigkeit an der Berliner Arbeiterbildungsschule, die er seit 1899 ausgeübt hatte und die ihm wesentlich war (*«Du weißt, dass ich in dem Wirken in diesen Kreisen eine Mission sah. Es ist wirklich etwas zerstört, was ich nicht wollte zerstört sehen. [...] Wenn ich so sehe, in welche Hände allmählich die Bildung unserer Demokratie kommt! Es ist nichts Schönes.»*[80]), erweiterte Rudolf Steiner seinen Reise- und Vortragsradius permanent und kam auch zunehmend über Deutschland hinaus. Marie von Sivers organisierte nicht nur diese größeren Auslandsreisen, sondern wurde in verschiedenen Ländern Rudolf Steiners selbstlose Dolmetscherin in Gesprächen mit theosophischen Mitgliedern[81], die der deutschen Sprache nicht mächtig waren und in Englisch, Französisch, Italienisch oder Russisch mit Steiner Kontakt aufnehmen wollten («Er liest sie [diese Sprachen], aber er spricht sie niemals.»[82]). Zahlreiche dieser Begegnungen und Beratungsgespräche waren von großer Herzlichkeit, tiefen geistigen Fragen und ernsthaften Schulungsbemühungen bestimmt – oft aber erlebte Marie von Sivers in ihnen auch nachdrückliche Enttäuschungen, die ihr sehr zu schaffen machten:

> Es ist [...], als wenn alle Schleier von den menschlichen Seelen fallen würden. Sie geben sich, wie sie sind, und manchmal ist es wie der Ausbruch eines Vulkans. Nie hätte ich geglaubt, dass Menschen so kompliziert, so armselig und so unwissend in bezug auf sich selbst sein könnten; so sehr das Opfer ihrer eigenen Gefühle und das Spielzeug ihrer Illusionen. Ich hätte auch nie geglaubt, dass eine ziemlich starke Dosis Intelligenz, wie sie ja für unsere Zeit charakteristisch ist, infolge der Eigenliebe zusammengehen könnte mit dem völligen Mangel an wirklichem Verständnis, «Einsicht». Diese Einsicht findet sich eher noch bei den einfacheren Gemütern, denen die Eitelkeit nicht die Augen verschließt, wohingegen die Gescheitheit erstaunlich borniert sein kann und leicht zum Opfer ihrer eigenen Sprünge wird. Die Seelen sind wirklich wie Landschaften, und durch die Landschaften muss ich jetzt reisen.[83]

Die Theosophische Gesellschaft, der Marie von Sivers' ganze Liebe galt – in eins mit ihrer absoluten Verehrung für Helena Petrowna Blavatsky und Anni Besant, über die sie bereits im ersten Jahrgang der «Luzifer-Gnosis» eigene Artikel schrieb –, wurde wiederkehrend zu einem Quell herber Enttäuschungen, deren Ertragen nur im Angesicht Rudolf Steiners, seiner Haltung und Lebensaufgabe zu leisten war. Marie von Sivers fand sich als spirituell motivierte Künstlerin in Organisationsaufgaben eines Sozialzusammenhangs wieder, der nur bedingt der ihre war und dem sie doch alle ihre Kräfte widmen musste. In einem weiteren Brief an Edouard Schuré schrieb sie über den notwendigen «Trost» der Geisteswissenschaft, der es ihr ermögliche, das vorgefundene Kreuz des theosophischen Lebens zu tragen – und fügte erläuternd hinzu:

> Besonders ich, die ich mich der Organisation widmen muss, einer Sache, die meinem Geschmack am allermeisten zuwider ist und eine eigentliche Sisyphus-Arbeit darstellt, ich benötige diesen Trost am allermeisten. Es galt, ein Haus zu bauen mit vielfach kläglichem Material, wobei man das alte, das seine Untauglichkeit schon erwiesen hatte, mit neuem mischen musste. Das war nur möglich dank der Weisheit und der übermenschlichen Kraft von Herrn Steiner.[84]

An Rudolf Steiner erlebte Marie von Sivers, dass er die Arbeitszusammenhänge der Zweige (oder «Logen») trotz der keineswegs befriedigenden Qualität vollständig ernst nahm und nach Kräften unterstützte, andererseits aber über allen sozialen Schwierigkeiten und menschlichen Niederungen stand und sich von diesen in keiner Weise beirren ließ (*«Wenn wir die Logentreiberei als etwas anderes betrachten, denn ein notwendiges Übel, so treiben wir in einen philiströsen Sumpf hinein. Das Einzige, auf das es ankommt, ist, dass den Leuten geistiges Leben zugeführt wird. Was sie gegenseitig in den Logen schwatzen, ist nicht zu vermeiden, aber zu gar nichts nütze.»*[85]). Rudolf Steiner setzte auf die mögliche spirituelle Entwicklung in den Seelen der Theosophen – und dies trotz der offenkundigen Tatsache vieler gegenläufiger Tendenzen. Er sah und wusste um zahlreiche Fehlwege und Verirrungen, bis hin zur materialistischen Verzerrung bzw. Fehlinterpretation der originär theosophisch-geisteswissenschaftlichen Inhalte; dennoch führte er seine Arbeit ungebrochen und im Auftrag höherer Mächte fort – in einem erläuternden Brief schrieb er an Marie von Sivers am 9. Januar 1905 aus München:

In den Köpfen der so genannten Theosophen wird sich noch einmal aller Materialismus unseres Zeitalters am krassesten spiegeln. Weil die theosophische Gesinnung selbst eine so hohe ist, werden diejenigen, die nicht ganz von ihr ergriffen werden, gerade die schlimmsten Materialisten werden. An den Theosophen werden wir wohl noch viel Böseres zu erleben haben als an denen, die nicht von der theosophischen Lehre berührt worden sind. Die theosophische Lehre als Dogmatik, nicht als Leben aufgenommen, kann gerade in materialistische Abgründe führen. Wir müssen das nur verstehen. Sieh Dir einmal Keightley an. Der ist auf dem besten Wege, eines der schlimmsten Opfer der Theosophie zu werden. Ohne Theosophie wäre er ein schlichter, unbegabter, aber wahrscheinlich braver Gelehrter geworden. Durch die Theosophie wird er ein hochmütiger, neidischer, nörgelnder Streber. Das sind Erwägungen, denen der Okkultist immer wieder nachhängen muss, wenn er daran denken soll, die hohe Weisheit der heiligen Meister in das Publikum zu streuen. Das ist seine große Verantwortlichkeit. Das ist es, was uns die Brüder immer entgegenhalten, die im Okkultismus konservativ bleiben und die Methode des Geheimhaltens auch ferner pflegen wollen. – Und kein Tag vergeht, an dem die Meister nicht die Mahnung deutlich ertönen lassen: «Seid vorsichtig, bedenkt die Unreife eures Zeitalters. Ihr habt Kinder vor euch, und es ist euer Schicksal, dass ihr Kindern die hohen Geheimlehren mitteilen müsst. Seid gewärtig, dass ihr durch eure Worte Bösewichter erzieht.» Ich kann Dir nur sagen, wenn der Meister mich nicht zu überzeugen gewusst hätte, dass trotz alledem die Theosophie unserem Zeitalter notwendig ist: ich hätte auch nach 1901 nur philosophische Bücher geschrieben und literarisch und philosophisch gesprochen.[86]

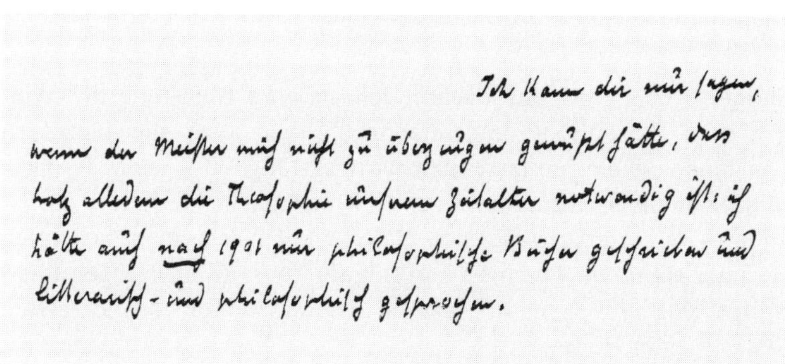
Ich kann dir nur sagen,
wenn der Meister mich nicht zu überzeugen gewußt hätte, dass
trotz alledem die Theosophie unserem Zeitalter notwendig ist: ich
hätte auch nach 1901 nur philosophische Bücher geschrieben und
litterarisch- und philosophisch gesprochen.

*

Auch in allen folgenden Jahren beruhigte Rudolf Steiner Marie von Sivers immer wieder über vorgefallene Veranstaltungs-«Pannen» durch Mitglieder der Theosophischen Gesellschaft. Obwohl Steiner angesichts des offenkundigen Widerstandes zahlreicher akademischer und publizistischer Kreise gegen seine Arbeit (*«Berge von Hass werden sich erheben – ja, sie erheben sich bereits.»* Marie von Sivers, 15. Mai 1905[87]) bereits in den Anfangsjahren seines geisteswissenschaftlichen Wirkens eine große und konsistente Unterstützung aus der Theosophischen Gesellschaft benötigt hätte, sah er mit großer Nachsicht und Güte über alle ihm persönlich widerfahrenen Schwierigkeiten von Seiten der Mitglieder hinweg – «Du musst nur bedenken, dass ja die Leute ungeschickt sind und nichts für ihre Ungeschicklichkeit können.»[88]. In ihren Erinnerungen sollte Marie von Sivers Jahrzehnte später schreiben:

> Nie trat in Rudolf Steiners tägliches Leben auch nur ein Anflug von Bitternis. Schmerz – ja, auch momentaner Unmut, wenn die Belästigungen zu aufdringlich wurden. Sorge – ja, die konnte ihre Schatten um seine Stirn werfen und sie verfinstern, Sorge, die das Karzinom der Zeit reifen sah und keinen genügend starken Gesamtwillen, auch von Seiten der Geistessucher nicht, um es zu überwinden. Sorge um die Zukunft. Um die Menschen Schmerz. Für alle, die ihm Böses taten, hatte er nur Mitleid, grenzenloses Mitleid. Als ich einmal in einem Falle, auf welchen das bekannte Beispiel der Schlange, die man am Busen wärmt und die dann sticht, allzu krass passte, äußerte: «Aber, das Mitleid hat doch auch irgendwo Grenzen.», erwiderte er ziemlich scharf: *«Nein, das Mitleid hat keine Grenzen.»*[89]

Steiner ertrug trotz der wachsenden äußeren Belastung die mangelhaften Rezeptionsvoraussetzungen, aber auch die einzelnen Umstände seiner umfassenden Vortragstätigkeit – und forderte Marie von Sivers, die anderes gewöhnt war und insbesondere *für ihn* anderes wünschte, zur gleichen Haltung auf. Nach einem besorgten Berliner Bahnhof-Abschied im Frühjahr 1905, als er in einen überfüllten Zug gestiegen war, schrieb Rudolf Steiner von der ersten Station seiner Reise:

> Sieh mal: die Sache war wirklich nicht schlimm. All die Menschen, die in Berlin in das Coupé eingestiegen sind, in dem ich saß, stiegen in Leipzig,

also etwa ½ 1 Uhr aus und dann war ich bis Nürnberg, also bis 8 Uhr ganz allein. Immer ist es besser, in solchen Dingen ein wenig gleichmütiger zu werden. Wenn Du Dir um mich immer Sorgen machst, so muss ich mir wieder Sorgen machen wegen Deiner Sorgen, und so kommen wir gar nicht zurecht. – Aber ich habe Dich doch so lieb. Und es wird mit uns beiden sicher alles gut werden. Bleibe mir sicher, gesund, frisch. Ich muss Dich so finden, wenn ich nach den Kreuz- und Querreisen nach Hause kommen werde.[90]

In seinen Reise-Briefen, die er mitunter im Zug verfasste, deutete Rudolf Steiner Marie von Sivers nur sporadisch Widrigkeiten an («Der Zug wackelt so, dass es ganz unmöglich wird weiterzuschreiben, und das Coupé ist von den allerschwätzendsten Leuten voll.»[91]) und legte im Übrigen Wert darauf, dass sie ihn in der Berliner Zweigarbeit realiter vertrat: *«[...] Gestern trugest Du wieder für mich vor. Ich bin so froh, dass es so weit ist und dass Du während meiner Abwesenheit auf meinem Platze sitzest. So gehört es sich ja doch. Wir werden in solcher Art immer weiter kommen.»*[92] Obwohl sie oft niedergeschlagen war, weil die expansive Arbeit und die zunehmenden sozialen Spannungen nur wenig Raum für die innere, meditative Arbeit ließen – respektive derselben nicht förderlich waren –, ermutigte Rudolf Steiner weiter alle entsprechenden Schritte Marie von Sivers', die wie niemand anderes seinen Weg und seine Forschungen begleitete:

Treibe Deine Meditation, so gut Du eben kannst. Der Glanz, der auf die intellektuelle Erfassung der okkulten Dinge fallen muss, geht ja doch von ihr aus. Selbst dann, wenn Du es nicht merkst. In den Meditationsformeln und Konzentrationsübungen, die Du jetzt hast, liegt der Schlüssel zu vielem. [...] Du musst Dir über Unvollkommenheiten der Meditation keine Sorge machen; aber stets bestrebt sein, alles zu tun, was in Deinen Kräften liegt.[93]

*

Am 13. April 1905 bat Marie von Sivers Rudolf Steiner, der erneut auf Vortragsreisen war, schriftlich um Erlaubnis, seine neun Vorträge über Friedrich Schiller, die er in den vorangegangenen drei Monaten an der Berliner Freien Hochschule gehalten hatte, veröffentlichen zu dürfen – *«Ich habe die Absicht, schleunigst die Schiller-Vorträge drucken zu lassen [...] und die Korrekturbogen Freitag vorzulegen. [...] Die Vorträge sind so schön. Dürfen wir?»*[94]. Gemeinsam mit Johanna Mücke, die Rudolf Steiner aus der Arbeiterbildungsschule kannte und den Weg in die Theosophische Gesellschaft mitgegangen war, hatte Marie von Sivers die eindrucksvollen Schiller-Vorträge auf ihren Knien und mit großer Mühe mitgeschrieben («Ich kann nicht mitstenographieren und die andere Dame auch nicht. Deshalb lassen wir das Beste immer aus; denn wenn das Gefühl angeregt wird, möchte der Gedanke verweilen, anstatt weiterzuspringen, und das Auge will die Lichtstrahlen einfangen, nicht aber sich an die Feder heften.»[95]). Rudolf Steiner gab sein Brief-Einverständnis zur Publikation der wegweisenden Schiller-Darstellungen[96] drei Tage später in zurückhaltender Weise («Wenn Du wirklich findest, dass die Schiller-Vorträge zu drucken gehen, so lasse sie immerhin drucken. Nur müsste natürlich auf dem Titelblatt stehen, dass es Vorträge sind.»[97]), und schrieb in der Vorrede des Buches:

> Der Abdruck [dieser Vorträge] ist erfolgt lediglich nach Notizen, die sich zwei Zuhörer während der Vorträge gemacht haben. Ich selbst war gar nicht in der Lage, die Aufzeichnungen durchzusehen. Nur einem dringenden Wunsche entspreche ich, wenn ich meine Einwilligung zur Drucklegung gebe. Eigentlich bin ich nicht der Ansicht, dass Vorträge gedruckt werden sollen. Was gesprochen wird, ist auf das Gehört-werden und nicht auf das Gelesen-werden zu stilisieren. Gesprochene Abhandlungen oder Bücher sind ein Unding. Und ebenso Bücher, die aus nachgeschriebenen Vorträgen entspringen. Wer Stilgefühl hat, wird mir recht geben. Ausnahmen von diesem Gesetze mögen in einzelnen Fällen gemacht werden. Eine solche Ausnahme liegt hier vor. Sie scheint mir die Regel zu bestätigen.[98]

Die Veröffentlichung der Schiller-Darstellungen war schließlich die erste Herausgabe einer Nachschrift von Vorträgen Rudolf Steiners, die unter dem Titel *Schiller und unser Zeitalter* mit einem ausführlichen Vorwort Marie von Sivers' im Selbstverlag des Anni Besant Zweiges erschien. Auf eine vorausgehende, erneute Nachfrage Marie von Sivers', ob er wirklich mit der Veröffentlichung einverstanden sei, hatte er ihr geantwortet:

Schiller und unser Zeitalter

Aufzeichnungen nach Vorträgen
gehalten vom Januar – März 1905

an der

Berliner „Freien Hochschule“

von

Dr. Rudolf Steiner

Berlin 1905
In Kommission „Besant-Zweig“ der „Theosophischen Gesellschaft“
Berlin W., Motzstraße 17

«Schiller und unser Zeitalter», Berlin, 1905

Tue, was Du nach Deinem Gefühl tun möchtest. Ich bin so und so damit einverstanden.[99]

Kurz darauf hieß es in einem weiteren Brief:

Mache Dir, mein Liebling, doch keine Sorge darüber, dass mir etwas nicht recht sein könnte. Was Du tust, entspringt schon immer den rechten Impulsen.[100]

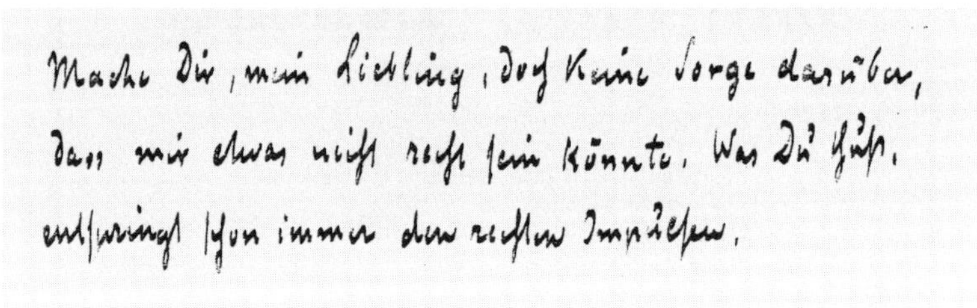
Mache Dir, mein Liebling, doch keine Sorge darüber,
dass mir etwas nicht recht sein könnte. Was Du tust,
entspringt schon immer den rechten Impulsen.

Marie von Sivers sah deutlich, welche Öffentlichkeit Rudolf Steiner benötigte und verdiente. Während die theosophischen Zweige in Deutschland bzw. die in ihnen versammelten Menschen ganz überwiegend nach Hilfestellungen und Inhalten für ihren persönlichen Schulungs- und Studienweg strebten, erkannte sie von Anfang an die zivilisatorische Bedeutung von Steiners geisteswissenschaftlicher Forschung und Lehre – und setzte alles daran, diese in angemessener Weise in die Öffentlichkeit gelangen zu lassen. Die Publikation der neun Schiller-Vorträge war ein erster Schritt; andere, größer angelegte Initiativen würden in der Zukunft notwendig sein («Marie von Sivers war *die* Persönlichkeit, die durch ihr ganzes Wesen die Möglichkeit brachte, dem, was durch uns entstand, jeden sektiererischen Charakter fernzuhalten und der Sache einen Charakter zu geben, der sie in das allgemeine Geistes- und Bildungsleben hineinstellte.»[30]).

Aufgerieben von der täglichen Arbeit und zugleich beglückt und beschenkt von Rudolf Steiners Forschungen, aber auch seiner Zuneigung und Nähe zu ihr, lebte Marie von Sivers in keiner einfachen Situation. Sie erkannte die Größe der Aufgaben, das notwendig zu Geschehende und die entgegenstehenden Widerstände; sie sah die eigene Schwäche und das Zurückbleiben der Theosophischen Gesellschaft, oft genug deren nahezu totale Ignoranz gegenüber Rudolf Steiners wahrer Wesenheit; sie stand Rudolf Steiner ausgesprochen nahe und doch staunend vor ihm. An Edouard Schuré schrieb sie im Oktober 1905:

> Sein inneres Schauen und seine kristallklare Wissenschaft umfassen Welten, an welchen der Gedanke nur mit Schrecken von ferne anrührt, so hoch sind sie. Sein Wissen hat keine Lücken und seine Kraft ist ebenso groß wie seine Güte. Es ist vielleicht ein schlechter Dienst, den wir ihm leisten, wenn wir so sprechen. Aber wir, die wir um ihn leben und das Wunder mit Augen sehen, können nicht ganz und gar darüber schweigen. Das Unbegreifflichste ist vielleicht, dass jemand von einer so zerbrechlichen Menschlichkeit wie ich von ihm gewählt wurde, um ihm in Arbeit und Muße Gefährtin zu sein. Es gibt Leute, die das irritiert.[101] Man wird in ihm das Allzumenschliche suchen. Nun, er wird wohl wissen, was er tut. Er hat einen Willen, welcher auch hier über das Persönliche hinausgeht.[102]

Der Eingeweihte ist ein solcher / der überwunden hat – aber er / muß für sich überwunden – / In der Vereinigung mit «Christus» / Das Reich G's ist mitten unter Euch / Der Mensch muß die Vollendung seines / Wesens vor sich sehen –

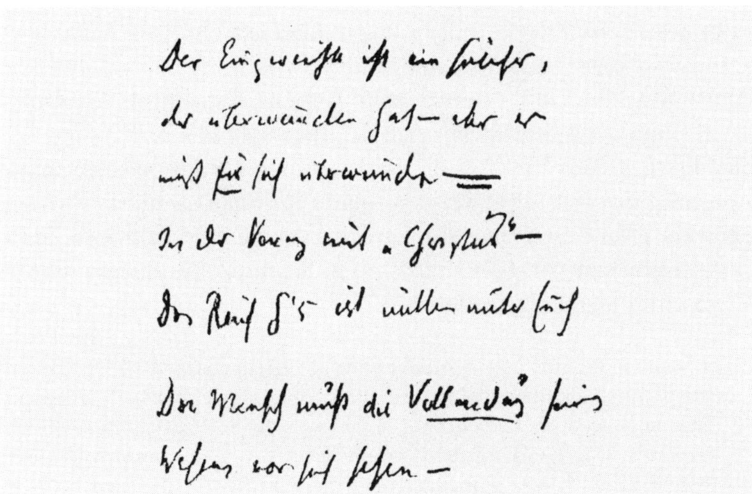

Notizbucheintragung Rudolf Steiners (1906)

Vier Monate später hieß es in einem weiteren Brief an Schuré:

> Man kann seinem (Rudolf Steiners) Geistes- und Ideenflug nicht folgen, wenn man nicht die Flügel der Ahnung und der Liebe hat. Jeder erlahmt unterwegs oder bleibt staunend stehen, die eigene Schwäche beklagend. Und ich, die ich folgen muss, hätte es schon tausendmal aufgegeben, wenn nicht dieses dauernde Einfließen von Kräften wäre, die einen wieder aufrichten, wenn man nicht mehr weiter kann.[103]

Marie von Sivers gegenüber sprach sich Rudolf Steiner wiederholt über die gegebene Kultur- und Zivilisationssituation aus *(«Wir haben in unserer Kultur eigentlich den neuen Einschlag schon darinnen; aber er hat noch nicht seine volle Entfaltung erlangt.»[104])* – damit auch über die unbedingte Notwendigkeit, die wissenschaftlich-akademischen Denkformen der Gegenwart überwindend zu durchdringen, insbesondere in spezifischen Fach- und Lebensgebieten («Peipers ist wenig entwickelt. Die medizinischen Studien haben den Armen eher in Verwirrung als zur Klarheit gebracht. Er will ja das Beste. Aber er hat noch kein inneres Zentrum gefunden. Das ist das schlimme bei den jetzigen offiziellen Studien, dass sie in den Menschen Gedankenformen schaffen, die einer höheren Erfassung der Dinge – selbst beim besten Willen – geradezu Widerstand leisten. Es ist unbedingt notwendig, dass gerade solche Studien wie die medizinischen von theosophischem Geiste durchtränkt werden. Denn darauf kommt es an, dass mit der Wissenschaft sich die theosophische Auffassung verbinde.» 28.4.1905[105]). Über die zivilisatorisch-kulturelle Notwendigkeit, trotz der vergleichsweise geringen Resonanz weitere Vorträge über die Evangelien und das Christus-Verständnis zu halten, hatte es zwei Wochen vor dem letztzitierten Schreiben in einem anderen Reise-Brief Steiners geheißen:

> In München schien es mir wieder ganz gut zu sein. Die Vorträge, die von etwas Christlichem handeln, wie der über den Apostel Paulus, finden allerdings noch weniger Ohren. Es gibt da zweierlei Schwierigkeiten. Einmal hat es der bisherige Gang der theosophischen Bewegung mit sich gebracht, dass die Leute Theosophie für etwas wesentlich Indisches halten. Sie glauben daher auch wohl, dass der Theosoph nichts über das Christentum zu sagen habe. Und dann tritt ja wirklich das offizielle Christentum heute in

einer Form auf, dass es schwer wird, an die von mir vorgetragene wahre Gestalt zu glauben. Es wird noch manches notwendig sein, um hier Klarheit zu schaffen. Der Katholizismus findet nicht mehr die Worte, um den «Christus» zu künden, weil er sich den modernen Denkformen entfremdet hat und dadurch eigentlich nur mehr von denen verstanden werden kann, die durch Unbildung nicht von diesen Denkformen berührt sind. Der Protestantismus ist auf dem Wege, durch den Rationalismus und Tatsachen-Historismus seiner Theologen, den «Christus» überhaupt zu verlieren und nur mehr den «Jesus von Nazareth» festzuhalten, den er als den «schlichten Mann» dem modernen Demokratismus nahe zu bringen sucht. Deshalb waren auch in Karlsruhe beim öffentlichen Vortrage die Nichttheosophen über das Christentum, von dem sie hörten, etwas verblüfft, die Theosophen zwar sympathisch berührt, aber doch auch etwas verwundert. Man konnte ihnen ablesen: «dass im Christentum solche Theosophie ist, haben wir bisher gar nicht geahnt.»[106]

Marie von Sivers musste schrittweise mit ansehen, wie sehr Rudolf Steiner mit seinem mitteleuropäisch-christologisch zentrierten Lehr- und Kulturauftrag wirklichen Erfordernissen des Zeitgeistes entsprach und zugleich größte Ablehnung und Unverständnis erfuhr, auch in den Reihen der Theosophischen Gesellschaft.

Marie von Sivers, 1906

Als einen «Sklaven der Theosophischen Gesellschaft» bezeichnete sie sich selbst im Februar 1906 gegenüber Edouard Schuré – fügte jedoch ergänzend hinzu: *«[...] Da die Gesetze des Okkultismus nunmehr verlangen, dass man die vorhandenen Institutionen so lange aufrecht erhält, wie noch ein Lebenskeim in ihnen ist, und Zerstörung untersagen, so muss man sich wohl an die Deichsel spannen und den Wagen weiterziehen.»*[107]

*

Marie von Sivers bekam von Rudolf Steiners weitverzweigten Vortragsreisen immer wieder umfängliche Briefe, die von Einzelheiten berichteten, aber auch zum Durchhalten und zum vorausgreifenden Wissen um die sich weiter steigernden Schwierigkeiten aufforderten:

> Wir müssen uns gemeinsam durch dieses Leben hindurchfinden. (7. 1. 1906[108])
> Alles wird aber noch kommen: böswillige Verfolgung, philiströse Lächerlichmachung usw. usw. Denn wir sind doch erst im Anfang. (9. 1. 1906[109])

Oft sorgte sich Rudolf Steiner in diesen Jahren um die Kräftesituation Marie von Sivers' und suchte nach Möglichkeiten ihrer zumindest teilweisen Entlastung (*«wenn ich Dich doch schon heraus hätte aus den kleinlichen Arbeiten und Dich so recht leben sähe in der geistigen Welt, die Dir doch bestimmt ist und der Du nur entrissen werden musstest für einige Zeit, weil es so schwer war in Deutschland für unsere Sache Menschen zu finden, die wirklich wissen können, worauf es ankommt.»* 25. 1. 1906[110]). Sie selbst schrieb im Februar 1906 an Schuré:

> Herr Steiner beklagt oft, dass ich mich so für all diese Leute in Stücke reißen und dabei mein eigenes geistiges Leben ganz vernachlässigen muss, diese «Entwicklung», die alle anstreben und für die er mich als prädestiniert bezeichnet. Aber gegenwärtig lässt sich nichts ändern. Es scheint mir vielmehr, dass ich alles zurückstellen muss, was mich abhalten könnte von den tausend Pflichten, dass ich versuchen muss, für die anderen eine Brücke zu sein und dass ich auf eine neue Inkarnation warten muss, wenn sich

vielleicht ein neuer pythagoräischer Garten auftut, wo man den rastlosen Ablauf der Stunden und das Getriebe der Hauptstadt vergessen kann.[111]

«Der rastlose Ablauf der Stunden und das Getriebe der Hauptstadt», ja die ganzen inneren und äußeren Umstände ihrer Berliner Existenz, aber gehörten zu den Wirkensbedingungen Rudolf Steiners, was Marie von Sivers absolut bewusst war. Sie gehörten – parallel zu Steiners humor- wie gemütvoller Lebensfreude, seinem Sinn für kleinste Details und seinem unerschöpflichen Optimismus – zu dem Versuch, inmitten der gegebenen zivilisatorischen Bedingungen eine «großangelegte geistige Bewegung» auf den Weg zu bringen:

> [...] Töricht wäre es zu glauben, dass etwas anderes als eine großangelegte geistige Bewegung irgendwie helfen könnte. Die geistigen Kräfte, von denen heute das offizielle Leben geführt wird, müssen dieses in den Sumpf führen. Und das «einzige» große Unrecht, das man gegenüber all dem begehen kann, ist, die Augen vor diesen Verhältnissen zu verschließen. Wer sehen will, kann überall «auf der Straße» mit Händen das Absurde greifen. (Rudolf Steiner[112])

*

Im April 1905, im 100. Todesjahr Friedrich Schillers und wenige Wochen nach dem Abschluss seiner Berliner Schiller-Vorträge, hatte Rudolf Steiner angesichts des deprimierenden Anblicks des Mannheimer Schiller-Denkmals an Marie von Sivers nach Berlin geschrieben: «Das alles ist eben Gegenwartskultur. Man frägt: haben denn unsere Plastiker ein jegliches *Form*gefühl verloren. Sieht man denn nur noch Masken und gar keine Seelen?»[113] Bereits ein halbes Jahr später hatte es dann in entschieden positiver Wendung geheißen:

> Dies sollte unser Ideal sein: Formen zu schaffen als Ausdruck des inneren Lebens. Denn einer Zeit, die keine Formen schauen und schauend schaffen kann, muss notwendigerweise der Geist zum wesenlosen Abstraktum sich verflüchtigen und die Wirklichkeit muss sich diesem bloß abstrakten Geist als geistlose Stoffaggregation gegenüberstellen. – Sind die Menschen imstande, wirklich Formen zu verstehen, z. B. die Geburt des Seelischen aus dem Wolkenäther der sixtinischen Madonna: dann gibt es bald für sie keine geistlose Materie mehr.[114]

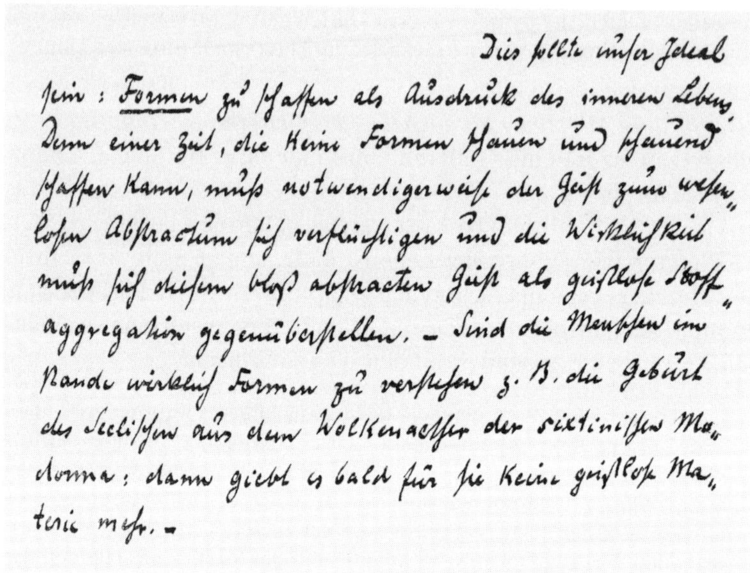
Dies sollte unser Ideal
sein: Formen zu schaffen als Ausdruck des inneren Lebens.
Denn einer Zeit, die keine Formen schauen und schauend
schaffen kann, muß notwendigerweise der Geist zum wesen-
losen Abstractum sich verflüchtigen und die Wirklichkeit
muß sich diesem bloß abstracten Geist als geistlose Stoff-
aggregation gegenüberstellen. – Sind die Menschen im
Stande wirklich Formen zu verstehen z. B. die Geburt
des Seelischen aus dem Wolkenacker der sixtinischen Ma-
donna: dann giebt es bald für sie keine geistlose Ma-
terie mehr. –

Die Dimension der Kunst in der theosophischen Bewegung rückte Rudolf Steiner schließlich im Mai 1906 in aller Deutlichkeit in den Mittelpunkt einer feierlichen Gestaltung zum Todestag Helena Petrowna Blavatskys. Bereits zur Begründung der Deutschen Sektion der Theosophischen Gesellschaft hatte Rudolf Steiner Marie von Sivers rezitieren lassen, ebenfalls im Herbst 1904, als die «Geheimnisse» von Goethe innerhalb einer theosophischen Veranstaltung sprachkünstlerisch erklangen.[115] Nun, im Mai 1906, sprach Rudolf Steiner über die in den alten Mysterienstätten – und insbesondere in Eleusis – realisierte Vereinigung von Wissenschaft, Kunst und Religion und bat Marie von Sivers, das Hegel-Gedicht «Eleusis. An Hölderlin» zum Vortrag zu bringen, ganz offensichtlich nach einer längeren Vorbereitungsarbeit an der künstlerisch-geistigen Kontur des Wortes und der Sprache. Das Mysterium von Eleusis müsse, so Steiner Jahre darauf in München, als eine *«Art von Sonne»* betrachtet werden, *«deren Strahlen, in unser Herz sich ergießend, uns von dem was, was eigentlich Geisteswissenschaft ist, die rechte Empfindung hervorrufen können»*[116]. – Über die Bedeutung einer «Wiederauferstehung» der Sprache und des Sprechens und im Rückblick auf den eigentlichen Beginn der rezitatorischen Tätigkeit Marie von Sivers' innerhalb der theosophischen Bewegung im Mai 1906 («Eleusis») sollte Rudolf Steiner in seinen Lebenserinnerungen ein Vierteljahrhundert später schreiben:

> Das «Wort» ist nach zwei Richtungen der Gefahr ausgesetzt, die aus der Entwickelung der Bewusstseinsseele kommen kann. Es dient der Verständigung im sozialen Leben, und es dient der Mitteilung des logisch-intellektuell Erkannten. Nach beiden Seiten hin verliert das «Wort» seine Eigengeltung. Es muss sich dem «Sinn» anpassen, den es ausdrücken soll. Es muss vergessen lassen, wie im Ton, im Laut, und in der Lautgestaltung selbst eine Wirklichkeit liegt. Die Schönheit, das Leuchtende des Vokals, das Charakteristische des Konsonanten verliert sich aus der Sprache. Der Vokal wird seelen-, der Konsonant geistlos. Und so tritt die Sprache aus der Sphäre ganz heraus, aus der sie stammt, aus der Sphäre des Geistigen. Sie wird Dienerin des intellektuell-erkenntnismäßigen und des geist-fliehenden sozialen Lebens. Sie wird aus dem Gebiet der Kunst ganz herausgerissen.
> Wahre Geistesanschauung fällt ganz wie instinktiv in das «Erleben des Wortes». Sie lernt auf das seelengetragene Ertönen des Vokals und das geistdurchkraftete Malen des Konsonanten hinempfinden. Sie bekommt Verständnis für das Geheimnis der Sprach-Entwickelung. Dieses Geheimnis besteht darin, dass einst durch das Wort göttlich-geistige Wesen zu der Menschenseele haben sprechen können, während jetzt dieses Wort nur der Verständigung in der physischen Welt dient.
> Man braucht einen an dieser Geisteseinsicht entzündeten Enthusiasmus, um das Wort wieder in seine Sphäre zurückzuführen. Marie von Sivers entfaltete diesen Enthusiasmus. Und so brachte ihre Persönlichkeit der anthroposophischen Bewegung die Möglichkeit, Wort und Wortgestaltung künstlerisch zu pflegen. Es wuchs zu der Betätigung für Mitteilung aus der Geistwelt hinzu die Pflege der Rezitations- und Deklamationskunst, die nun immer mehr einen in Betracht kommenden Anteil an den Veranstaltungen bildete, die innerhalb des anthroposophischen Wirkens stattfanden. Marie von Sivers' Rezitation bei diesen Veranstaltungen war der Ausgangspunkt für den künstlerischen Einschlag in die anthroposophische Bewegung. Denn es führt eine gerade Linie der Entwickelung von diesen «Rezitationsbeigaben» zu den dramatischen Darstellungen, die dann in München sich neben die anthroposophischen Kurse hinstellten.
> Wir wuchsen dadurch, dass wir mit der Geist-Erkenntnis Kunst entfalten durften, immer mehr in die Wahrheit des modernen Geist-Erlebens hin-

ein. Denn Kunst ist ja aus dem ursprünglichen traum-bildhaften Geist-Erleben herausgewachsen. Sie musste in der Zeit, als in der Menschheitsentwickelung das Geist-Erleben zurücktrat, ihre Wege sich suchen; sie muss sich mit diesem Erleben wieder zusammenfinden, wenn dieses in neuer Gestalt in die Kulturentfaltung eintritt.[117]

*

Nur wenige Monate nach der Eleusis-Rezitation bat Marie von Sivers bei einem Sommer-Besuch im Elsass Edouard Schuré um die Aufführungsrechte für sein «Heiliges Drama von Eleusis»[118], das Rudolf Steiner zu Pfingsten 1907 im Rahmen eines ersten theosophischen Kongresses in Deutschland inszenieren wollte:

> Herr Steiner will gar keine Theaterroutine, er wird selbst unser Regisseur sein und uns den tieferen Sinn unserer Rollen eröffnen. Da er ja alles kann, wird er auch das können. Er wird auch mit sicherem Blick diejenigen auszuwählen wissen, die besondere Fähigkeiten für bestimmte Rollen haben.[119]

Rudolf Steiner und sie, so Marie von Sivers in einem späteren Brief an Schuré aus München, hätten mittlerweile die Säle gemietet, den Plan für den Kongress entworfen und würden großen Wert auf ein Mysterien-Spiel auf der Bühne legen – bei Ablehnung Schurés müsste Rudolf Steiner nötigenfalls «selbst etwas im Sinne der antiken Mysterien verfassen»[120]. Edouard Schuré stimmte schließlich trotz seiner Bedenken der dringenden Bitte Marie von Sivers zu («Ich erwartete so wenig die Realisation dieses Projektes, dass ich meinte, es sei eine vorübergehende Phantasie von Ihnen.»[121] *«Ich verstehe Ihren Schrecken in Gedanken an die Unternehmung. Ich teile Ihre Befürchtung, nur habe ich den Eindruck, dass hier eine Notwendigkeit vorliegt.»*[122]), so dass erste Vorbereitungen für das große Ereignis (und Wagnis) getroffen werden konnten. Auf Wunsch Rudolf Steiners und entgegen ihren eigenen Persephone-Vorstellungen sollte Marie von Sivers dabei die Rolle der Demeter übernehmen:

> Ich hätte eher Persephone gewählt als die Göttermutter. Nur sagt Herr Steiner, dass diese Mutter etwas von einer Nonne haben muss, und dass sogar mein Mund für diese Rolle besonders geeignet ist, nicht jedoch

für die der Persephone. Ich kann nun nicht gerade die erste sein, die sich sträubt, nur finde ich, dass ich jetzt die schwierigste Rolle habe und zugleich die, von der am meisten abhängt.[123]

Bereits zu Anfang des dramatischen Arbeitsprojektes wurde deutlich, dass Rudolf Steiner an Schurés Text Verschiedenes neu gestalten wollte; zwar hatte Steiner bereits vor Jahren darauf hingewiesen, dass Schuré in der Lage gewesen sei, das eleusinische *«Urdrama»* – das *«geradezu am Ausgangspunkt aller Dramatik des Abendlandes überhaupt steht»*[124] – «mit hoher künstlerischer Anschauung und wahrer Intuition» nachzubilden[125]; dennoch ließ er keinen Zweifel daran, dass einzelne Aspekte von Schurés dramatischem Text aus realer Geistesforschung ergänzt oder korrigiert werden müssten. Am 20. Dezember 1906 und im Hinblick auf die Pfingstinszenierung im kommenden Jahr schrieb Rudolf Steiner an den französischen Literaten bezüglich der zentralen Demeter-Szene:

Ich sehe vor mir die Art, wie diese Szene auch noch in den späteren Eleusinien wirklich vor sich ging. Es war das Ganze in wunderbare symbolische Heiligkeit getaucht.[126]

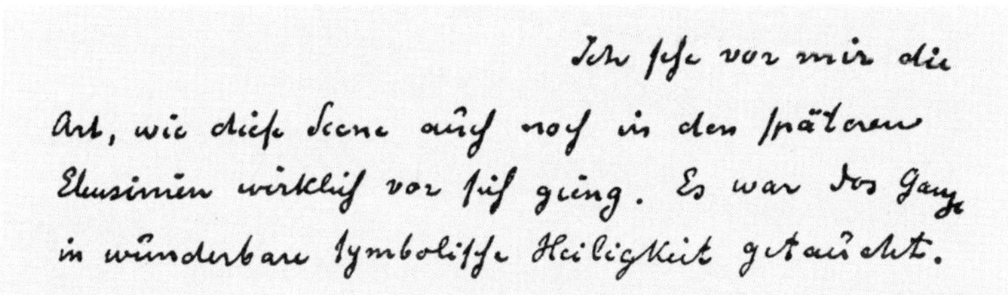
Ich sehe vor mir die Art, wie diese Szene auch noch in den späteren Eleusinien wirklich vor sich ging. Es war das Ganze in wunderbare symbolische Heiligkeit getaucht.

Drei Tage vor dem letztzitierten Brief an Edouard Schuré hatte Rudolf Steiner im Rahmen der Weihnachtsfeier des Berliner Zweiges erstmals Marie von Sivers eine neu geschaffene Spruchdichtung rezitieren lassen. Zu Beginn seines Vortrages über «Zeichen und Symbole des Weihnachtsfestes» – *«Im geistigen Sinne ist das Weihnachtsfest ein Sonnenfest, und als Sonnenfest wollen wir es heute kennen lernen»*[127] – hatte Rudolf Steiner Marie von Sivers gebeten, «die schönste Apostrophe an die Sonne» aus Goethes Faust erklingen zu lassen («Des Lebens Pulse schlagen frisch lebendig ...»), dann jedoch betont, dass es für ein Verständnis des Weihnachtsfestes notwendig sei, die geistige Wesenheit der Sonne in viel tieferer Weise zu erkennen und auf sich wirken zu lassen. In diesem Kontext war Rudolf Steiner auf seine eigene Sprachschöpfung eingegangen, einer nur vordergründig «neuen» «Dichtung», von der er sagte, dass sie eine reale geschichtliche Herkunft habe: *«Diese Worte ertönten vor den andachtsvoll lauschenden Schülern der Mysterien aller Zeiten, bevor sie in die Mysterien selbst eintreten durften.»*[128] Direkt im Anschluss daran sprach Marie von Sivers die Strophen:

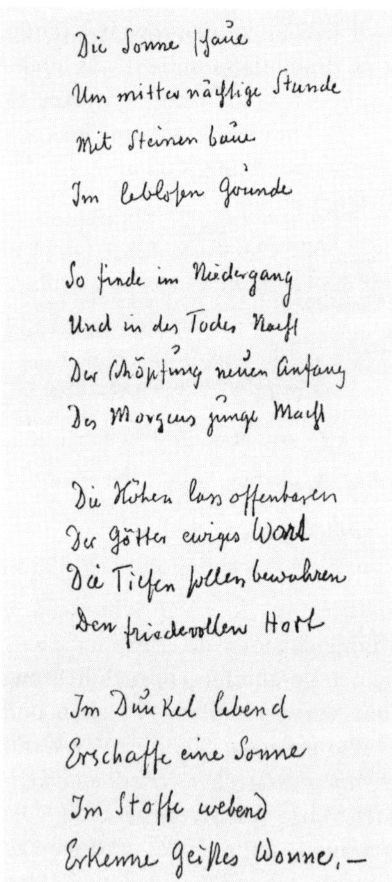

Die Sonne schaue
Um mitternächtige Stunde
Mit Steinen baue
Im leblosen Grunde

So finde im Niedergang
Und in des Todes Nacht
Der Schöpfung neuen Anfang
Des Morgens junge Macht

Die Höhen lass offenbaren
Der Götter ewiges Wort
Die Tiefen sollen bewahren
Den friedevollen Hort

Im Dunkel lebend
Erschaffe eine Sonne
Im Stoffe webend
Erkenne Geistes Wonne. –[129]

Im weiteren Fortgang des Vortrages berichtete Rudolf Steiner dann, andeutend, von den großen und kleinen Weihen bzw. Initiationsriten der alten Mysterienstätten, die zur Mitternachts-Weihnachtszeit stattgefunden hätten – «[...] Diese Handlungen wurden vorgenommen dann, wenn die Finsternis am größten ist, wenn die äußere Sonne am tiefsten steht: zur Weihnachtszeit, weil diejenigen, welche die geistigen Tatsachen kennen, wissen, dass zu diesem Zeitpunkt durch den Weltenraum Kräfte ziehen, die solcher Erweckung günstig sind. [...] Überall erlebten die Schüler dieser Mysterienschulen dasselbe um die mitternächtige Stunde der Weihe-Nacht»[130].

Marie von Sivers sollte in einer späteren, autobiographischen Erinnerung an ihre wegweisende Berliner Rezitation vom Dezember 1906 schreiben:

Es gehört zu den Wendepunkten, zu den Merksteinen meines Lebens die Stunde, da er mir zu Weihnachten seinen ersten gedichteten Wahrspruch gab: *«Die Sonne schaue um mitternächtige Stunde ...»* und ich die Kraft finden musste, die Fülle des Erlebens, diese Wucht des wie in Quadern gemeißelten Wortes in den tönenden Laut zu formen.
– Ein Wendepunkt nach innen. Denn außen hatte ja das Leben seinen ruhig oder bewegt fortschreitenden Gang im Dienst der Geisteswissenschaft genommen. Bevor dies geschehen war, hatte er einst als Einleitung zu den Vorträgen über das «Christentum als mystische Tatsache» so über die orphischen Mysterien gesprochen: so anklingend – weckend, dass die Schatten sich lösten und Lichtspuren wurden. Jetzt geschah es wieder in diesen wie in Granit gehauenen Worten, die zur Pyramide wurden, in deren dunkle Tiefen durch das nach oben gewendete Auge Osiris' Glanz und Isis' Schimmer fiel. – Lag nicht wie Hammerschlag in diesen Worten der klopfende Puls, die wogende Bildekraft des kosmischen Meeres? Werden und Vergehen, der Tod durch den Stoff, das Lebenswort? Es sprachen aus diesen Weltenworten Typhon und Osiris und der zum Leben erwachte Horus, – es regte sich Isis-Sophia, – es antworteten Ahriman und Christus. – Das materielle Weltenall konnte sich in Geist verwandeln vor dem Seelenblick, der Mensch das überirdische Christuswesen wieder wahrnehmen. – Dass wir mit vollem Bewusstsein wieder aufnehmen, was in den Mysterien instinktiv erklungen ist, das war die Arbeit Rudolf Steiners an uns.»[131]

*

Rudolf Steiner und Marie von Sivers, 1906

Als das «formenschaffende» künstlerische Prinzip sich in dieser Weise in der theosophischen Bewegung des 20. Jahrhunderts anfänglich geltend machte – und mit ihm der Keim einer neuen, zukünftigen Mysterien-Kunst gelegt wurde –, stand Marie von Sivers in ihrem 40. Lebensjahr; die mit diesem Keim veranlagten Prozesse gehörten zu ihrer innersten Lebensintention. Auf der Suche nach dem Mysterienspiel der Zukunft und seiner Fundierung in der Logos-Sprache des Menschen war Marie von Sivers nach Berlin gekommen und im Winter des Jahres 1900 Rudolf Steiner begegnet – nach schweren Enttäuschungen im Theaterbereich, den sie als profaniert und verfremdet erlebt hatte. Nun ging sie Ende des Jahres 1906 auf eine erste Mysterien-Inszenierung im kommenden Jahr zu, voller Freude und innerer Spannung – eine Inszenierung die trotz ihrer provisorischen Rahmenbedingungen einen realen Neubeginn markieren sollte. Zur Jahreswende überredete sie Rudolf Steiner zu einer Fahrt in den Süden, nach Venedig, aus Gründen des Rückzugs und der Erholung *(«wenn er jetzt ein paar Tage Ruhe haben will, so muss er bis an die Grenzen von Europa fliehen, und sein Aufenthaltsort muss ein striktes Geheimnis bleiben.»*[132]*)* – aber auch für eine Begegnung mit der italienischen Kultur, ihren geistigen Traditionen und Einflüssen, die Marie von Sivers seit vielen Jahren intensiv beschäftigten. Einundzwanzigjährig hatte sie Venedig, die Stadt des Evangelisten Markus, auf einer Auslandsreise erstmals mit ihrer Mutter im Jahre 1888 besucht; dreizehn Jahre später und unmittelbar vor ihrer Entscheidung für Berlin war sie dann erneut in der Lagunenstadt zu Gast gewesen. Nun kehrte sie mit Rudolf Steiner für wenige Tage dorthin zurück, überrascht und erschüttert zugleich:

> Es ist erstaunlich, wie ein Zeitraum von weniger als zwanzig Jahren den schnellen Gang der Zerstörung aufzeigt und den zernagenden Verfall, die unheilbare Dekadenz eines Volkes, das nicht mehr eine Einheit bildet mit seinem Kultus, das seinen lebendigen Glauben, seinen Gott verloren hat. Mehr als je habe ich hier verstanden, dass darin die zentrale Achse, die bewegende Kraft liegt, welche unsere Kulturen vorantreibt.
> Traurig, traurig sind die Kirchen, wenn die Feierlichkeit der Architektur zerstört wird durch das kleinliche Gehabe der Priester. Es ist, wie wenn sie mit kleinen Schrittchen vor ihren Aufgaben, die sie nicht mehr verstehen können, zurückweichen würden, mit ihren Priesterkleidern, die sie linkisch wie Frauenröcke umhüllen. Den Patriarchen von Venedig sahen wir gestikulierend, artikulierend, es war, wie wenn ein zweitklassiger Komödiant mit dem ganzen Temperament seiner Rasse eine lange Liebesromanze erzählen würde.
> Am Weihnachtsabend um Mitternacht fanden wir den Markusdom geschlossen. Wohl hörten wir die Glocken, aber wir fanden keine einzige Kirche offen. Und doch hat niemand diesen Priestern verboten, einen Gottesdienst abzuhalten![133]

Abgesehen von Spaziergängen in der Stadt und Museumsbesuchen – die ihm jedoch außerordentlich viel bedeuteten[134] – arbeitete Rudolf Steiner auch in Venedig unablässig; zugleich nahm er die wahrgenommene Kultur *und* den angetroffenen Verfall tief in sich auf. Marie von Sivers, die seit vier Jahren um den schicksalhaften Dominikaner-

Hintergrund Rudolf Steiners wusste, schrieb in einem bilanzierenden, geschichtsbewussten *und* zukunftsorientierten Reisebericht an Edouard Schuré:

> Ich bin doch froh, dass Dr. Steiner in diesem Leben ein Stück seines alten Italiens wiedergesehen hat und ich werde alles tun, damit er nächstes Jahr einen Monat inkognito in Rom verbringen und sich an Ort und Stelle darüber klar werden kann, deutlicher als es anderswo möglich wäre, wie seine Einstellung wird sein müssen gegenüber dem im Niedergang befindlichen Katholizismus.[135]

Die zitierten Zeilen erreichten Schuré in der zweiten Januarhälfte des Jahres 1907 bereits wieder aus Berlin[136] – im Anfang eines Jahres, das eine erste große Etappe des künstlerischen Neubeginnes mit sich bringen sollte. *So finde im Niedergang / Und in des Todes Nacht / Der Schöpfung neuen Anfang / Des Morgens junge Macht.*

*

2. Der Neubeginn einer Mysterien-Kunst

> Es gab eine wunderbare Persönlichkeit in den alten orphischen Mysterien; sie machte die Geheimnisse dieser Mysterien durch; die gehörte zu den allersympathischsten, zu den allerinteressantesten Schülern der alten griechischen orphischen Mysterien.[137]

Auch das Jahr der Pfingst-Inszenierung in München begann für Marie von Sivers in der gewohnten Weise – mit nahezu ununterbrochenen Aktivitäten Rudolf Steiners und seiner pausenlosen Inanspruchnahme durch Mitglieder der Theosophischen Gesellschaft:

> Er ist nun mal für die ganze Menschheit da. Und wie er das aushalten soll, das ist ein Gedanke, den ich nicht mehr aufkommen lassen darf, um nicht plötzlich den Boden unter den Füßen zu verlieren. Hier hilft nur das Vertrauen auf übermenschliche Kraft.[138]

In der zweiten Februarhälfte, vor seiner ersten Reise als Generalsekretär der Deutschen Sektion der Theosophischen Gesellschaft in seine österreichische Heimat, setzte Rudolf Steiner ein Testament auf – und schrieb:

> Nach meinem Tode soll Fräulein Marie von Sivers das Recht haben, in meinem Namen zu verfügen. Was sie so tut, soll in meinem Namen getan sein. Das wenige, was ich besitze, geht alles in ihre Hände über; sie soll alle Verfügungen treffen. Insbesondere soll sie an meine Eltern und Geschwister in Horn denken.
> Sie selbst soll meinen Tod als im Sinne höherer Mächte ansehen und ihn ja nicht als ein Rätsel ansehen. Die Dinge haben einen Zusammenhang, den man ehren muss, auch wenn man ihn noch nicht versteht. Marie von Sivers selbst wird aber immer bei mir sein. Unsere Einigung bleibt unlöslich.[139]

Obwohl Rudolf Steiner gegenüber Marie von Sivers weiter keinen Zweifel daran ließ, dass er die Theosophische Gesellschaft in vielen Aspekten nicht nur für wenig handlungs- und zukunftsfähig, sondern

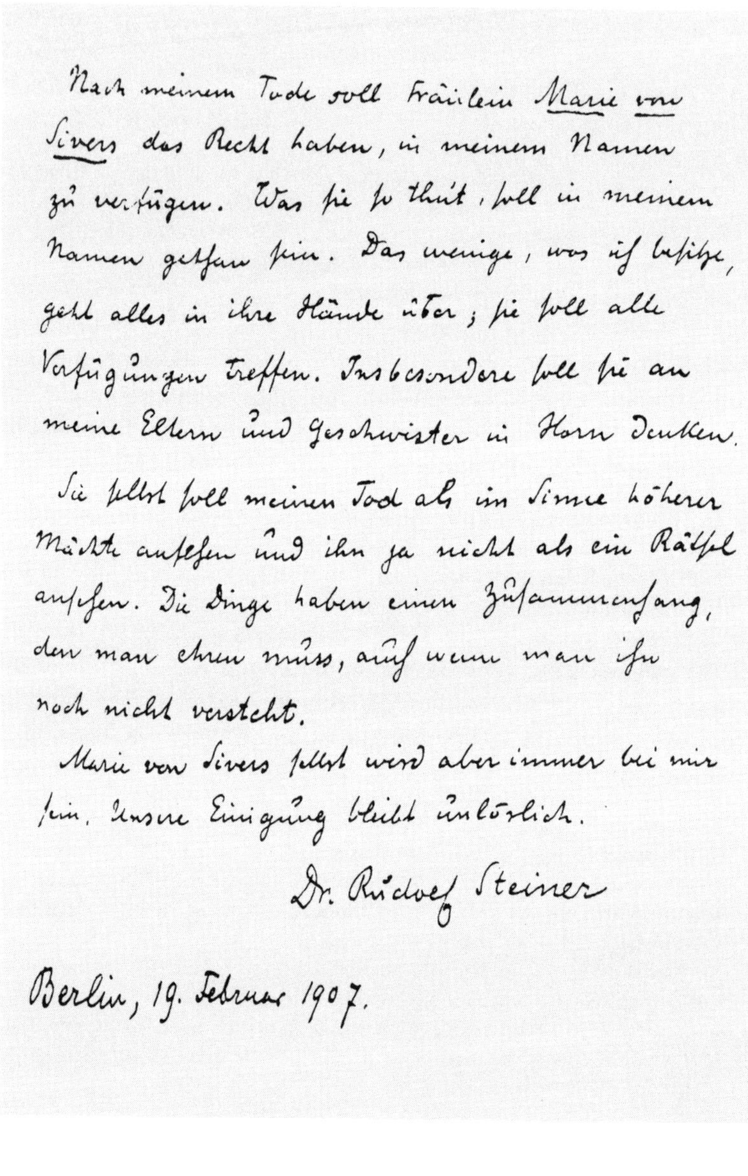
Nach meinem Tode soll Fräulein Marie von
Sivers das Recht haben, in meinem Namen
zu verfügen. Was sie so thut, soll in meinem
Namen gethan sein. Das wenige, was ich besitze,
geht alles in ihre Hände über; sie soll alle
Verfügungen treffen. Insbesondere soll sie an
meine Eltern und Geschwister in Horn denken.

Sie selbst soll meinen Tod als im Sinne höherer
Mächte ansehen und ihn ja nicht als ein Rätsel
ansehen. Die Dinge haben einen Zusammenhang,
den man ehren muss, auch wenn man ihn
noch nicht versteht.

Marie von Sivers selbst wird aber immer bei mir
sein. Unsere Einigung bleibt unlöslich.

Dr. Rudolf Steiner

Berlin, 19. Februar 1907.

Testament Rudolf Steiners. Berlin, 19. 2. 1907

– zumindest in ihren Führungsgremien – realiter für verfallend hielt, betonte er unvermindert das notwendige Durchhalten innerhalb ihrer Zusammenhänge – *«Ob Sinnett oder Olcott; das ändert übrigens nichts. Wir müssen vorwärts.»*[140] Neben großen spirituellen Problemen in Adyar, dem indischen Zentrum der Theosophischen Gesellschaft, die er selbst gegenüber Marie von Sivers nur andeutend thematisierte, beschrieb Rudolf Steiner in verschiedenen Briefen des Jahres 1907 den – von ihm so genannten – «Wissensdünkel» vieler Mitglieder, die ein Anhören öffentlicher Vorträge Rudolf Steiners in ihrer Stadt nicht für notwendig erachteten – sowie die negative Rückwirkung sozial-sektiererischer Verhaltensweisen auf seine eigenen Tätigkeits- und Wirkensmöglichkeiten. Oft half nur der Blick aus den Fenstern des Zugabteils – *«Die Natur zu beiden Seiten der Eisenbahn ist groß und schön; aber die Menschen ...»*[141].

Anfang April begannen dann für sechs Wochen die künstlerischen Arbeiten in München, unmittelbar vor dem internationalen Pfingstkongress; sie vollzogen sich mit absolutem Einsatz und in «fiebriger Hast», mitunter auch nachgerade «wie in einem Ameisenhaufen» (Marie von Sivers[142]). In fünf Ateliers wurde unter Rudolf Steiners Anweisung an der Ausstattung des Raumes, der Bühne und der künstlerischen Akteure gearbeitet; wesentliche Schauspieler erkrankten und mussten noch zuletzt durch andere Laien ersetzt werden; die komponierte Musik für das Mysterienspiel wurde erst wenige Tage vor der Aufführung – partiell – fertig, und Rudolf Steiner selbst verwandelte unter bedrängten Arbeitsbedingungen die vorliegende Prosa-Übersetzung des Schuré-Stückes (von Marie von Sivers) eigenhändig in freie Rhythmen:

> Unter welchen Schwierigkeiten! Ständig wurde er unterbrochen, man verlangte ihn dauernd. Er ging weg, kam wieder für fünf Minuten, setzte seine dichterische Arbeit fort und ging dann wieder, von einem andern gerufen. Er hat in allen Künsten und in allen Handwerken gearbeitet, alle angeleitet: Maler, Bildhauer, Musiker, Schreiner, Tapezierer, Schauspieler, Schneiderinnen, Theaterarbeiter, Elektriker ...[143]

Noch die Generalprobe der Inszenierung verlief – Marie von Sivers zufolge – katastrophal; selbst die versagenden Beleuchtungstechniker aber setzten auf Rudolf Steiners Mitwirkung an der nachfolgenden Premiere: *«Morgen haben wir ja den Doktor unter uns.»*[144] – Tatsächlich war die Uraufführung der «Kinder des Luzifer» – mit Marie von Sivers als Demeter und vor 600 Zuschauern am Pfingstsonntag – ein künstlerischer wie spiritueller Erfolg[145], in einem Raum,

Marie von Sivers in der Rolle der Demeter, München 1907

der erstmals von Rudolf Steiner gestaltet worden war und die spirituelle Intention seiner Arbeit klar zum Ausdruck brachte.[146] Aber auch die Spannungen des theosophischen Kongresses und das Befremden vor der Kunst, vor dem Neuen, Ungewohnten und Aufbrechenden – namentlich jedoch vor der mitteleuropäisch-christologischen Eindeutigkeit Steiners – traten in München eindeutig zu Tage – und Rudolf Steiner trennte seine eigene esoterische Schule von derjenigen Anni Besants, nach einem längeren, im Beisein Marie von Sivers' geführten Gespräch.[147] Aufgrund dieser «tiefeinschneidenden Änderung»[148] konnte Rudolf Steiner in seiner esoterischen Schule von nun an alleinverantwortlich tätig sein[149] und aus dem von ihm gelehrten christlich-rosenkreuzerischen Weg heraus wirken.

Marie von Sivers verlangte der theosophische Pfingstkongress alles ab («[...] Ich, die ich folgen muss, hätte es schon tausendmal aufgegeben, wenn nicht dieses dauernde Einfließen von Kräften wäre, die einen wieder aufrichten, wenn man nicht mehr weiter kann.»). Nach der offiziellen Beendigung des Kongresses blieben noch über 200 Teilnehmer für einen unmittelbar anschließenden Vortragskurs Rudolf Steiners über die «Theosophie des Rosenkreuzers» – Menschen, von denen viele persönliche Fragen und Anliegen an Rudolf Steiner hatten, Privatgespräche wollten und bekamen, Mitglieder, *«die uns in Stücke rissen»*, wie Marie von Sivers an Edouard Schuré schrieb. Über das Ende der Münchner Tage hieß es in ihrem Brief:

> Es war sehr schwierig abzureisen. Die letzten Tage hatten wir um neun Uhr abends noch zehn Personen, die darauf warteten, empfangen zu werden.
> Wenn wir, wie auch in diesem Falle, den Morgenzug nehmen, so packen wir unsere Koffer zwischen zwei und sechs Uhr morgens, ohne ins Bett zu gehen. Direkt vom Zuge ging Herr Steiner dann zu einem öffentlichen Vortrag in Leipzig, ein andrer folgte am nächsten Tage. Ich blieb einen Tag lang wie tot auf meiner Chaiselongue.[150]

Obwohl Marie von Sivers gegenüber Schuré die rastlose und exzessive Arbeit dieser Monate, ja ihrer ganzen Tätigkeit skizzierte *(«diese fiebrige Hast, aus der normalerweise unser Leben besteht»[151])*, selbst ihre Berliner Wohnungsveränderungen mit zahlreichen Wanddurchbrüchen zur Erweiterung der Arbeitsmöglichkeiten in die Hand nehmen musste und unter der seelisch-geistigen Daueranspannung im Unterschied zu Rudolf Steiner außerordentlich litt *(«[...] Herr Steiner ist immer ruhig und konzentriert, selbst inmitten der nervenzerreibendsten Hetze. Und ich muss zweifellos durch diese Schule gehen.»*[152]*)*, so war sie doch von der sinnvollen Ausrichtung des eingeschlagenen Weges absolut durchdrungen, gerade auch im Hinblick auf den initiativen Dramen-Beginn in München:

> Ich möchte, dass unsere Bewegung so stark wird, dass wir jedes Jahr an den Kongressen «Festspiele» haben können.[153]

Weiter schrieb sie an Schuré, der der Inszenierung fern geblieben war:

> Einmal werden wir ein solches Fest gemeinsam feiern; die Dinge kommen langsam, aber sie kommen. Ist man aber einmal in der Strömung der Theosophie, so beschleunigt sich der Schritt. Man realisiert es, wenn man einen Blick zurück wirft.[154]

*

Im Sommer 1907 realisierte Marie von Sivers dann ihren zur Jahreswende gefassten Plan, mit Rudolf Steiner erneut nach Italien zu reisen. Von Rom aus schrieb sie am 18. August ausführlich an Edouard Schuré, der dort viele Verbindungen besaß und in großer Faszination an der Stadt hing, ja ihr selbst einen langen Brief mit Besichtigungshinweisen und -empfehlungen gesandt hatte. Marie von Sivers berichtete von ihrer Begeisterung für die geschichtliche Metropole, die derjenigen Schurés zumindest partiell verwandt war («Es ist eigentümlich, wie meine Art des Enthusiasmus der Ihrigen gleicht.»), fuhr dann jedoch bezüglich Rudolf Steiners fort:

> Mit Herrn Steiner ist die Art zu sehen noch ein wenig anders. Es ist wie wenn der Blick des Sehers beim Innern des Kernes, beim Mark des Knochens beginnt und von da aus auf einmal die ganze Sphäre erfasst, den ganzen Umkreis ergreift. Die schönen Schleier der Maja mit ihren berauschenden Wundern brauchen sich nicht einer um den andern zu entfalten – er erschaut sie in ihrem Wesen und mit ihnen einen Teil der Zukunft. Wovon Herr Steiner in Italien besonders beeindruckt ist, im Winter wie

auch jetzt wieder, das ist die Aura des Volkes. Er sieht darin Zeichen einer unheilbaren Dekadenz – er hätte gewünscht, dass es anders wäre. Oft gibt ihm dies sogar ein tragisches Aussehen. Er sagt, die wunderbare Entfaltung Italiens sei ein Ergebnis gewesen des Zusammenwirkens der schon erschöpften lateinischen Elemente mit den germanischen, und es sei wie eine höchste und letzte Blüte, erzeugt durch den Genius des alten und die Kraft des neuen Volkselements, aber jetzt sei die Lebenskraft versiegt. Es bräuchte ein ganz anderes Volk, um aus dem Boden Italiens eine neue Kultur zu erschaffen, die jetzige sei in Verfall. Ich, die ich nicht so tief sehe, kann mir allerdings sagen, dass es ein Unglück für ein Land ist, in solchem Maße von fremden Touristen überlaufen zu sein; dies entwürdigt das Volk und nimmt dem Land seine Physiognomie, indem es ihm das Ansehen eines Museums gibt. Alles was jetzt auf den Ruinen gebaut wird, ist, obwohl prunkvoll, parasitisch und künstlich (ein Hotel neben dem andern) – und vielleicht braucht es kein Jahrhundert, bis alles englisch ist, wie es jetzt schon in der Tendenz und im Ursprung ist. Wenn ich Italienerin wäre, würde ich mich vor Traurigkeit verzehren; und selbst so betrübt es mich. Herr Steiner hat mir gesagt, dass er glücklich gewesen wäre, wenn er die Zustände hätte anders antreffen können.[155]

Im Zusammenhang dieser Passage berichtete Marie von Sivers – wenn auch mit großem inneren Zögern *(«Man erzählt diese Dinge nicht, aber in bestimmten Augenblicken und zu intimen Freunden kann man sie sagen, die Last einer großen Verantwortung empfindend, wie ich sie empfinde.»[156])* – von dem letzten Inkarnationshintergrund Rudolf Steiners, der ihr knapp fünf Jahre zuvor deutlich geworden war. Ihre Schilderung der Italien-Impressionen Rudolf Steiners und den Hinweis auf Thomas von Aquin und die Geschichte ihrer Entdeckung sandte sie dann jedoch über eine Woche nicht ab; erst am 25. August begann sie eine Nachschrift, die dem Schreiben beigefügt wurde, zur Absendung des Gesamtbriefes führte und mit den Worten begann:

So wenig leicht ist es mir, dieses Stück aus der Seele zu reißen, dass ich bis jetzt gezögert habe, den Brief abzusenden. Und doch fühle ich, dass ich es Ihnen sagen soll. Aber es ist, wie wenn man sich ein Glied ausreißen würde. Es muss wohl verstanden sein, dass dies nur für Sie gesagt ist. Und ich bitte Sie sogar, diesen Brief zu vernichten. Einmal, wie nebenbei, haben Sie mich auf einem Spaziergang danach gefragt und da konnte ich Ihnen nicht antworten.[157]

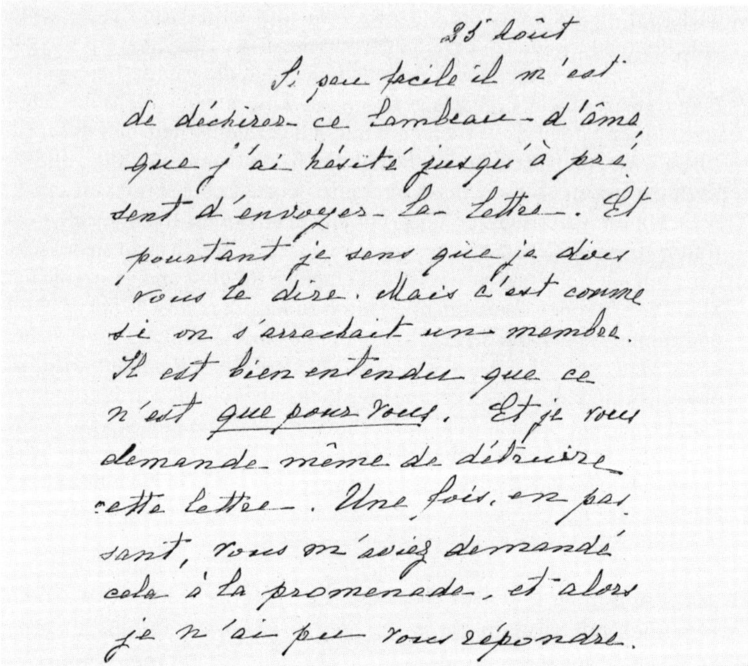

25 Août
Si peu facile il m'est
de déchirer ce lambeau d'âme
que j'ai hésité jusqu'à pré-
sent d'envoyer la lettre. Et
pourtant je sens que je dois
vous le dire. Mais c'est comme
si on s'arrachait un membre.
Il est bien entendu que ce
n'est <u>que pour vous</u>. Et je vous
demande même de détruire
cette lettre. Une fois, en pas-
sant, vous m'aviez demandé
cela à la promenade, et alors
je n'ai pu vous répondre.

Briefnachschrift Marie von Sivers' an Edouard Schuré. Rom, 25.8.1907

Weiter fuhr sie im Hinblick auf Rudolf Steiner fort:

> Schon äußerlich ist der Zeitpunkt am ungünstigsten, um den Wert dieser Inkarnation zu verstehen. In protestantischen Ländern können sich absurde Spekulationen daran anschließen. Und die Theosophen, zu sehr indisch, würden das Gespenst des Katholizismus wittern. Was die Größe dieses spirituellen Schrittes bedeutet, wer ist denn da, um es zu verstehen. Wenn Sie es nicht sind, vielleicht.
> Die vollkommene Synthese aller Wissenschaften zu sein, verstandesmäßig alles zu umfassen, was vom Verstand erfasst werden kann, es dann in die reinste Spiritualität zu erheben, es dort niederzulegen wie in einen edlen Kelch, es ist dies ein Ton, der in dieser Vollkommenheit auch nur einmal angeschlagen werden kann.[158]

Erneut arbeitete Rudolf Steiner im Verlauf dieser Italienreise nahezu ununterbrochen.

*

Im Folgejahr 1908 waren Rudolf Steiner und Marie von Sivers erstmals in Skandinavien, wo Rudolf Steiner unter anderem im norwegischen Kristiania (Oslo) einen großen Vortragskurs über «Theosophie im Anschluss an das Johannes-Evangelium» hielt[159] – und eine vermögende Malerin aus Holland, Mieta Waller, die den Münchner Pfingstkongress 1907 besucht hatte, Marie von Sivers an einem Abend anbot, für Rudolf Steiners Wort «einen Tempel zu stiften». Rudolf Steiner lehnte den «Tempel»-Begriff in der Folgezeit kategorisch ab, nicht aber die Grundidee[160]; Marie von Sivers zeigte Mieta

Marie von Sivers, 1908

Waller ihrerseits die Schwierigkeiten des Projektes auf, verständigte sich mit der holländischen Künstlerin jedoch auf eine weitere Mysterien-Inszenierung im kommenden Jahr, die sie gemeinsam vorbereiten wollten: «Die Kinder des Luzifer» – und damit auf jenes Stück Edouard Schurés, das Marie von Sivers im Sommer 1900 gelesen und übersetzt hatte und das 1905 mit einem Vorwort Rudolf Steiners bei Max Altmann in Leipzig erschienen war.

Für das «Wort» Rudolf Steiners aber begründete Marie von Sivers bereits wenige Wochen nach der Rückkehr aus Kristiania einen eigenen Verlag, gemeinsam mit Johanna Mücke. Sie kaufte die Restbestände von Rudolf Steiners Weimarer Buchpublikationen *Wahrheit und Wissenschaft*, *Philosophie der Freiheit* und *Goethes Weltanschauung* und rettete diese Bücher de facto vor ihrem völligen Verschwinden in der Konkurswelt des Verlegers Emil Felber.[161] Ausgehend von den 1905 publizierten Schiller-Vorträgen – der «Keimzelle» des Philosophisch-Theosophischen Verlages[162] – schuf Marie von Sivers ein für Rudolf Steiner passendes, seinen Werkvoraussetzungen angemessenes Verlags-Instrument und organisierte bereits nach kurzer Zeit die Herausgabe hektographierter und von ihr durchgesehener Nachschriften seiner theosophischen Vorträge – als eine zentrale Schutzbemühung für das Vortragswerk Rudolf Steiners, das in fehlerhaften, illegalen Notizen und Mitschriften seit Jahren unter den Mitgliedern der Theosophischen Gesellschaft kursierte *(«Mir wäre es am liebsten gewesen, wenn mündlich gesprochenes Wort mündlich gesprochenes Wort geblieben wäre.»*[163]*)*. Marie von Sivers setzte auch für diese Initiative ihre ganze Kraft ein – eineinhalb Jahre nach Beginn des Unternehmens, im Dezember 1909, schrieb sie an ihre Freundin Sophie Stinde nach München:

> Es ist eine heillose Arbeit, erfordert Maschinen, Räumlichkeiten, Schränke, Tische, Regale ... Arbeitskräfte in größerer Zahl ... eine ganze Kapitalanlage. Natürlich wäre das Drucken einfacher und billiger, aber es ist nicht möglich. Denn wenn Dr. Steiner alles das durchlesen sollte, könnten wir nie etwas erhalten, ... und nur in dieser Form ist es möglich, Vorträge, die er nicht durchgesehen hat, herauszugeben.[164]

In der Tat gelang Rudolf Steiner nur in den seltensten Fällen die Durchsicht jener Vortragsmitschriften[165], die seinen eigenen Intentionen widersprachen, auch wenn sie ihn partiell erfreuten *(«Ich habe beim Durchlesen [des Vortrages «Das Wesen der Künste»] gesehen, dass er ganz außerordentlich viel enthält, was aufklärend wirken kann.»*[166]*).*

Marie von Sivers suchte und fand schließlich auch die ersten guten Stenographen der theosophischen Bewegung, die dazu in der Lage waren, Rudolf Steiners Vorträgen inhaltlich und zeitlich folgen zu können, setzte sich jedoch auch mit Menschen auseinander, die Steiners Werk popularisierend verflachen und vermarkten wollten. An ein Münchner Gesellschaftsmitglied, den Drucker und Verleger Carl Kuhn, der entsprechende Sekundärliteratur-Bemühungen betrieb, schrieb sie unter anderem:

> Ich kann [...] nicht die Logik dessen einsehen, dass Mitglieder, die nicht Zeit haben, Dr. Steiners Bücher zu studieren, weil sie anderes zu tun haben, just deshalb die kurze Zeit, die ihnen zur Verfügung steht, auf das Lesen sogenannter Hilfsbücher verwenden sollen.[167]

Rudolf Steiner ergänzte Marie von Sivers' Brief an Carl Kuhn um die eigenhändig niedergeschriebene, dem Gesamtbrief integrierte Passage:

> Sie liefern mit Ihren Worten, die noch so gut gemeint sein können, die allerabfälligste Kritik des Dr. Steiner'schen Wirkens, indem Sie seine

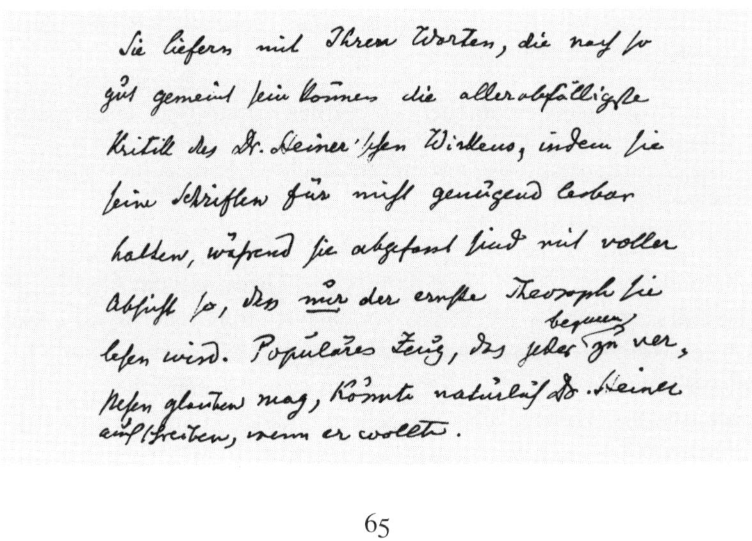

Sie liefern mit Ihren Worten, die noch so gut gemeint sein können die allerabfälligste Kritik des Dr. Steiner'schen Wirkens, indem Sie seine Schriften für nicht genügend lesbar halten, während sie abgefasst sind mit voller Absicht so, dass nur der ernste Theosoph sie lesen wird. Populäres Zeug, das jeder bequem zu verstehen glauben mag, könnte natürlich Dr. Steiner aufschreiben, wenn er wollte.

Schriften für nicht genügend lesbar halten, während sie abgefasst sind mit voller Absicht so, dass nur der ernste Theosoph sie lesen wird. Populäres Zeug, das jeder bequem zu verstehen glauben mag, könnte natürlich Dr. Steiner auch schreiben, wenn er wollte.[168]

*

Trotz der sich in dieser Weise von Jahr zu Jahr steigernden Arbeit für Rudolf Steiners Werk – mit immer weiter zunehmenden Vortragsverpflichtungen, Beratungen, Reisen und einer nahezu exponentiell ansteigenden Zahl von hektographierten und gedruckten Vortragsnachschriften – führte Marie von Sivers auch ihre künstlerische Tätigkeit energisch fort. Am 26. Oktober 1908, drei Monate nach der Rückkehr aus Kristiania, rezitierte sie innerhalb einer theosophischen Veranstaltung auf Bitten Rudolf Steiners erstmals Novalis' «Hymnen an die Nacht» – nach einer intensiven und entdeckungsreichen Vorbereitungszeit:

> Ich versuchte [...] mich zu Novalis durchzuringen. Ich teilte ihm mit, dass es mir nicht leicht würde, dass ich den Schlüssel zu Novalis noch nicht gefunden hätte. Er gab mir den Rat, mich in die Stimmung der heiligen Nonnen hineinzuversetzen. Die Nonnen halfen mir nicht. Im Gegenteil. Ich wusste nichts Rechtes mit ihnen anzufangen. Da auf einmal hellte es sich auf. Raffaels Gestalten umstanden mich. Das Kind leuchtete auf den Armen der Mutter mit seinen weltentiefen Augen. «Ich sehe dich in tausend Bildern, Maria, lieblich ausgedrückt ...» Tönendes Weltmeer ringsherum, Farbenharmonien.
> Ich sagte zu Rudolf Steiner: «Die Nonnen haben's nicht getan. Aber ein anderer hat geholfen: Raffael. Jetzt ist mir Novalis ganz durchsichtig.» Ein Leuchten ging über Rudolf Steiners mildes Antlitz.
> Einige Tage später gab er uns zum erstenmal das Novalis-Raffael-Johannes-Elias-Geheimnis.[169]

Im Folgemonat November gelang in Ostberlin die Einrichtung eines ersten «Kunstzimmers» – und damit eines Ortes, an dem Ausstellungen und Rezitationen, aber auch Vorträge Rudolf Steiners und später (ab 1910) auch Aufführungen der Oberuferer Weihnachtsspiele stattfinden konnten. Über die Atmosphäre dieser sozial-künstlerischen Initiative, die ursprünglich von Sophie Stinde und Pauline von Kalckreuth in München ausgegangen war[170] und sich nicht primär an das

Marie von Sivers mit der Novalis-Büste von Fritz Schaper

gehobene Bürgertum der Theosophischen Gesellschaft, sondern an jene Menschen und Gesellschaftsschichten wandte, die Rudolf Steiner ab 1899 in der Berliner Arbeiterbildungsschule mit großem Elan unterrichtet hat, schrieb Marie von Sivers in einem Rückblick:

> Es darf vielleicht erwähnt werden, dass es nach den Anstrengungen des Tages nicht immer leicht war, bei Nacht und Nebel die weiten Wege in den Osten Berlins mit Untergrundbahn oder Tram zurückzulegen und zuletzt in abgelegenen dunklen Straßen im Schnee zu stapfen. Doch das tägliche Beispiel des unermüdlichen Schaffens Dr. Steiners wirkte anfeuernd. Und man lernte aus eigener Erfahrung die Bedeutung des Kontrastes kennen, wenn man aus der trostlos steinernen Umgebung öder Arbeiterquartiere in die warme Umhüllung eines in gedämpftem Rot erstrahlenden Raumes trat und das Auge auf Kunstwerke fiel, die den Blick fesselten und das Herz erfrischten, so dass es in Sammlung dem Gebotenen in Wort und Ton folgen und sich von der Last des Alltags einigermaßen befreien konnte. In bescheidenem und kleinem Rahmen war es doch Nahrung für die Seelen der Geistsuchenden aus der arbeitenden Bevölkerung. In diesem Sinne war ja so manches in Briefen zum Ausdruck gekommen, die Rudolf Steiner erhalten hatte, als er noch in der Arbeiterbildungsschule Berlins wirkte. Ihm wurde dafür gedankt, dass er den Glauben habe, der Arbeiter brauche auch das geistige Brot, nicht nur das physische.[171]

Wie Marie von Sivers hervorhob, vollzog sich die Initiative «in bescheidenem und kleinem Rahmen», gewissermaßen in Miniaturgestalt; dennoch brachte sie etwas von dem zum Vorschein, was zur zentralen Wirkensintention der geisteswissenschaftlichen Bewegung gehörte und mit der – über die Innenkreise der Theosophischen Gesellschaft hinausweisenden – sozialen Sphäre der Kunst verbunden war.

*

Gemeinsam mit Rudolf Steiner und Mieta Waller, die in die Motzstraße 17 einzog und seit dieser Zeit nicht nur in ihrer nächsten Nähe lebte, sondern auch eng mit ihr befreundet war, bereitete Marie von Sivers dann die Münchner Schuré-Inszenierung des Jahres 1909 vor – diesmal mit größter innerer Beteiligung des französischen Literaten und Freundes:

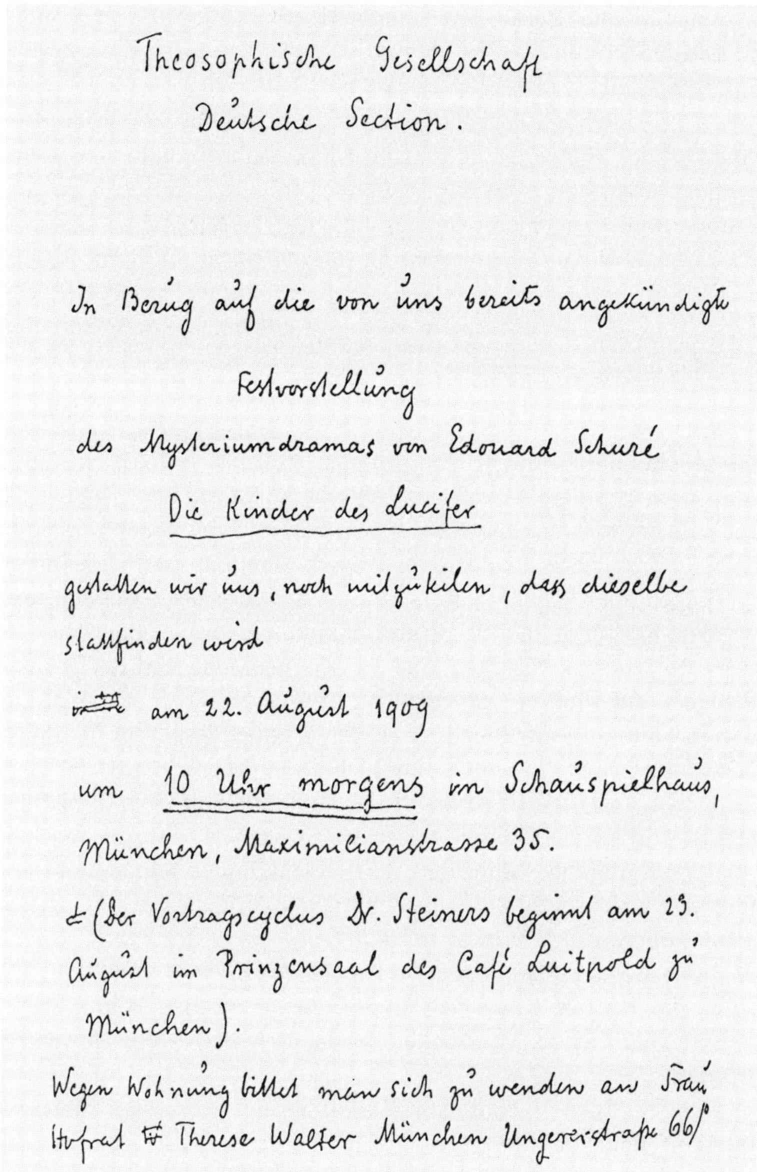

Theosophische Gesellschaft
Deutsche Section.

In Bezug auf die von uns bereits angekündigte

Festvorstellung

des Mysteriumdramas von Edouard Schuré

Die Kinder des Lucifer

gestatten wir uns, noch mitzuteilen, dass dieselbe
stattfinden wird

am 22. August 1909

um 10 Uhr morgens im Schauspielhaus,
München, Maximilianstrasse 35.

(Der Vortragscyclus Dr. Steiners beginnt am 23.
August im Prinzensaal des Café Luitpold zu
München).

Wegen Wohnung bittet man sich zu wenden an Frau
Hofrat Therese Walter München Ungererstraße 66/I

Programmentwurf Rudolf Steiners (1909)

> Wenn ich daran denke, dass dieses Werk, das ich nicht einmal versucht habe, in Frankreich zur Aufführung zu bringen, nun in Deutschland durch einen Meister des Rosenkreuzes realisiert werden wird, so glaube ich, in einer Traumwelt zu leben [...].[172]

Auch bei der Münchner Aufführung war Edouard Schuré anwesend, nachdem ihm Marie von Sivers ein noch früheres Eintreffen zu den Proben höflich, aber entschieden untersagt hatte *(«Sie würden vor Zweifel und Sorge sterben, wenn Sie mit uns wären, und Ihre Ängste würden sich auf unsere Gemüter übertragen und wären vielleicht ein Keim der Auflösung. Unter der starken Hand von Herrn Steiner und der Macht seines Blickes reißt sich alles zusammen und nimmt Form an.»*[173]*)*.

Die zweimonatige, erneut von größter Intensität und Arbeits-Konzentration geprägte Münchner Zeit war für Marie von Sivers eine zentrale Entwicklungsepoche auf dem Weg zu einer neuen Initiaten-Kunst[174] – zugleich aber wurde deutlich, dass die künftigen Inszenierungen über Schurés antike Dramen hinausweisen müssten und würden. Rudolf Steiner überlegte, im kommenden Sommer des Jahres 1910 Goethes Märchen von der schönen Lilie und der grünen Schlange aufzuführen, das nicht nur am geschichtlichen Ursprung der mit ihm verbundenen spirituellen Bewegung an der Jahrhundertwende stand[175], sondern im Lichte der anbrechenden Michaels-Christus-Zeit zu Ende des 18. Jahrhunderts von Goethe bildlich erfasst worden war.[176] Obwohl sich Marie von Sivers Sorgen machte, ob der ausgreifende Münchner Betrieb von Sophie Stinde und Pauline von Kalckreuth wirklich alljährlich zu tragen war *(«[...] Vor allem kommt es [darauf] an, dass Ihr nicht unter der Arbeit zusammenbrecht, und deshalb müsst Ihr rückhaltlos Euch aussprechen.»*[177]*)*, sollte die zentrale Kunst-Initiative in der bayrischen Metropole in diesem Sinne nach Möglichkeit fortgeführt und weiterentwickelt werden.

Das Jahr 1910 brachte dann Rudolf Steiners gewaltige Vortragstätigkeit über das kommende Christus-Ereignis im Ätherischen – eine Vortragstätigkeit, die im Januar in Stockholm begann[178] und ihn und Marie von Sivers bis nach Palermo (aber auch zum Monte

Cassino, dem Ort Benedikt von Nursias und der Schulstätte Thomas von Aquins[179]) führte, ganz Europa in seiner nord-südlichen Achse durchquerend. Acht Tage nach der Stockholmer Vortragsdarstellung über das Kommen des ätherischen Christus hatte Rudolf Steiner am 20. Januar in Berlin in einem öffentlichen Architektenhaus-Vortrag erstmals in grundlegender Weise über die Sprache des Menschen und damit über das Lebensthema Marie von Sivers' referiert («Die Geisteswissenschaft und die Sprache») – drei Jahre später sollte er dann erneut in Stockholm sagen:

> Je weiter die Menschheitsentwickelung vorschreitet, um so abstrakter wird das Wort, es wird nur zum Zeichen dessen, was es ausdrücken soll. Die Sprache wird immer unorganischer, immer arabeskenartiger, immer fremder dem Menschen. Woher kommt das? In diesem Fremdwerden der Sprache von der inneren Bedeutung der Worte werden bloßgelegt diejenigen Kräfte, die früher dazu verwendet wurden, die Sprache auszubilden, Das hängt wiederum damit zusammen, dass bald eine geistige Wahrnehmung kommen wird von dem Christus-Wesen, eben weil der Mensch die sprachbildende Kraft frei bekommt. In älteren Zeiten war die Sprache eng verwachsen mit dem menschlichen Organismus, jetzt beginnt sie sich von diesem zu emanzipieren. Dadurch wird die sprachbildende Kraft frei und wird verwendet werden für das Wahrnehmen des Weltenwortes, des geistigen Christus.[180]

*

In der Mitte des Jahres 1910 inszenierte Rudolf Steiner schließlich in München nicht Goethes ursprüngliches Märchen, sondern ein erstes eigenes Mysteriendrama. Gefragt, ob sich sein Rosenkreuzer-Mysterium «Die Pforte der Einweihung» aus dem Goetheschen Märchen herleite, antwortete Rudolf Steiner:

> Es ist umgekehrt: Goethes Märchen hat seinen Ursprung im Rosenkreuzer-Mysterium, indem Goethes Genie etwas erfassen konnte von dem, was sich in der geistigen Welt um die Wende des 18. und 19. Jahrhunderts abspielte.[181]

Steiners Text entstand in München, parallel zur beginnenden Inszenierung – *«Es wäre ja ein Unsinn, ein Drama zu schreiben, bevor es sich um eine Aufführung handelt.»*[182]. Zu den Proben brachte Rudolf

Steiner sein Heft mit, in dem er nachts weitergeschrieben hatte, und las die neuen Szenen den Schauspielern vor.[183] Ihren letzten Dialog erhielten Marie von Sivers und Mieta Waller, denen Rudolf Steiner die Hauptrollen der Maria und des Johannes Tomasius zugewiesen hatte[184], erst unmittelbar vor der Hauptprobe – in einer Arbeitsatmosphäre kaum mehr zu überbietender Spannung. Über die betriebsame Situation im Gesellschaftshaus Stinde/Kalckreuth, in dem sie und Rudolf Steiner wohnten, schrieb Marie von Sivers später:

> Ununterbrochen wurden Bestellungen entgegengenommen, Bücher geführt, Briefe geschrieben, Wege gemacht. In der Woche vor der Aufführung ließ die durch die Zureisenden in Bewegung gesetzte Klingel nicht locker, während wir Probenden in dieser letzten Woche mit Spannung entgegensahen unseren letzten Reden, die noch nicht niedergeschrieben waren. Unterdessen aber wurden die anderen Szenen gedruckt; ruhigen Schlaf gab es nicht mehr: um eins, um vier Uhr nachts wurde energisch geklingelt, um sieben Uhr morgens wieder, Manuskriptbogen wurden abgeholt, Korrekturen zurückgebracht. […] Endlich in den allerletzten Tagen vor der Generalprobe bekamen Mieta Waller und ich als die letzten unsere abschließenden Reden und mussten schauen, wie wir sie unserem Gedächtnis einprägten. Zu gleicher Zeit kam der Drucker. Zwei Tage vor der Aufführung war das Buch fertig zum Verkauf da.[185]

Am 14. August wurde erneut Edouard Schurés Stück «Die Kinder des Luzifer» zur Darstellung gebracht, am Tag darauf erfolgte die Uraufführung der «Pforte der Einweihung» im großen Münchner Schauspielhaus. Noch neun Tage zuvor, am 6. August, hatte Marie von Sivers an ihre treue Verlagsmitarbeiterin Johanna Mücke in Berlin geschrieben: *«Denken Sie: nicht eine Woche bleibt uns mehr, u. 4½ Akte habe ich noch gar nicht als Text erhalten.»*[186]

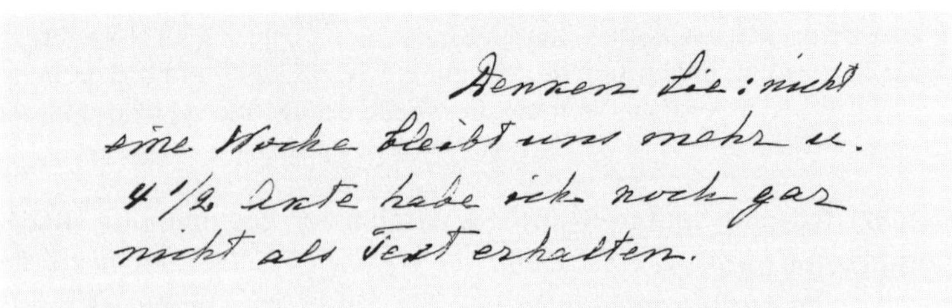
Denken Sie: nicht
eine Woche bleibt uns mehr u.
4 1/2 Akte habe ich noch gar
nicht als Text erhalten.

Die Münchner Inszenierung, die Uraufführung des ersten Mysteriendramas im Theater am Gärtnerplatz und am Tage von Maria Himmelfahrt, aber gelang im Duft der Rosen[187] und in großer, weiterwirksamer Gestalt, nach langen Proben und Schauspiel-Übungen,

Die Pforte der Einweihung
(Initiation)
Ein Rosenkreuzermysterium
durch
RUDOLF STEINER.

Berlin 1910
Philosophisch-Theosophischer Verlag, Berlin W., Motzstr. 17.

die Rudolf Steiner persönlich geleitet hatte («Einen ganz besonders starken Eindruck machte es, wenn Dr. Steiner einzelne Rollen vorspielte […].»[188]). Alexander Strakosch sollte in seinen Erinnerungen an Rudolf Steiner festhalten, wie sehr die Spiritualität der Aufführung schließlich nicht zuletzt von Marie von Sivers' Leistung und Ausstrahlung abhängig war. Im Einzelnen hieß es bei ihm:

> Man erlebte Marie von Sivers nicht als Schauspielerin im gewöhnlichen Sinne, sondern als die Künstlerpersönlichkeit, durch welche die Geistgestalt der Rolle leiblich vor uns hingetreten ist, so dass diese Aufführungen wahren Mysteriencharakter annehmen konnten. Durch ihre Mitwirkung konnten die Anregungen Rudolf Steiners so mitreißend verwirklicht werden, dass auch die übrigen Darsteller gleichsam über sich selbst hinauswuchsen und Erstaunliches leisteten, wenn man dabei bedachte, dass ihnen Vorbildung und Bühnenerfahrung fehlten. Man vermisste aber gar nicht die «Routine»; denn hinter jedem gesprochenen Worte stand das volle Erleben der strebenden Persönlichkeit. Es waren keine bloß zu memorierenden und mit den hergebrachten künstlerischen Mitteln darzustellenden Inhalte, es waren nicht Darsteller, welche, bloß berufsmäßig interessiert, eine solche Rolle lernten, wie irgendeine gleichgültige andere. Hier war jeder Satz ein Meditationsstoff, und was die Persönlichkeit sich daran erarbeiten konnte, das durchwärmte und belebte die Darstellung, das schuf Mysterienstimmung.[189]

Jahre nach der ersten Mysterienaufführung berichtete Rudolf Steiner, dass Marie von Sivers' Lehrerin, Förderin und Freundin Maria von Strauch-Spettini, die in den Heiligen Nächten des Jahres 1904 – wenige Monate nach einem Besuch bei Marie von Sivers und Rudolf Steiner – überraschend in Petersburg verstorben war, der Münchner Arbeit aus der geistigen Welt helfend beigestanden hatte. Nach ihrem letzten Besuch in Berlin hatte Maria von Strauch-Spettini im Herbst 1904 an Marie von Sivers geschrieben: «Ich muss fort, denn ich muss all das Empfangene verarbeiten, sonst würde ich daran sterben. Es ist zu groß; würde ich den Menschen erzählen, was er ist, sie würden mich für verrückt halten, denn man kann ja so etwas nicht glauben, man muss es erleben.»[190] – nun unterstützte ihre tätige Geistwesenheit die Ausgestaltung einer neuen, initiierten Bühnenkunst, die ihr zeitlebens Hoffnung und innerstes Anliegen gewesen war:

Sie hatte einige Zeit sich durchzuringen in der geistigen Welt nach dem Tode zu dem, was sie eigentlich war. Und noch nicht 1907, aber von unseren Spielen in München, den Mysterienspielen von 1909 ab, dann immer steigend durch die folgenden Zeiten, da war es diese Seele, die immer hinter demjenigen schützend und klärend stand, was ich vornehmen durfte für unsere Münchner Festspiele. Was diese Seele durch ihre Anlage in bezug auf Schönheit für die künstlerische Verwirklichung unserer geistigen Ideale geben konnte, das wirkte herab aus der geistigen Welt wie von dem Schutzengel unserer Mysterienspiele kommend, so dass man Kraft in sich fühlte, diejenige Initiative zu ergreifen, die notwendig war, weil, wie im Physischen unsere Muskelkraft uns unterstützt, so die geistige Kraft, die aus den geistigen Welten herunterströmt, in die eigene geistige Kraft hineinfloss. So wirken die Toten mit uns. So sind sie mit uns.[191]

Rudolf Steiner, 1910

Auch in den Münchner Festspielwochen des Sommers 1910 hielt Rudolf Steiner im unmittelbaren Anschluss an die Aufführungen wieder einen großen Zyklus mit elf Vorträgen und wurde von unzähligen Menschen zu Privatgesprächen aufgesucht. Rastlos ging es in diesem Tempo weiter – nach Bern und Basel, wo christologische Vorträge folgten und von wo Marie von Sivers am 20. September an Johanna Mücke nach Berlin schrieb: «Der Dr. hat fortwährend Audienzen; ich kann mit nichts mehr an ihn herankommen.»[192] Nicht einmal die notwendigsten Andeutungen – darunter die dringend benötigten Themen für die Berliner Vortragskurse im Winterhalbjahr – könne sie von ihm «erhaschen», so Marie von Sivers[193]. – Zwischen seiner Berliner Ankunft im Oktober, den dort wiederbegonnenen Vorträgen, und bis zu seinem Jahreswendekurs in Stuttgart über *«Okkulte Geschichte. Esoterische Betrachtungen karmischer Zusammenhänge von Persönlichkeiten und Ereignissen der Weltgeschichte»*, der fulminante zwölf Arbeitsmonate beschließen sollte, sprach Rudolf Steiner noch in Nürnberg, Dresden, Bremen, Hamburg, Kassel, Eisenach, Weimar, München und Hannover, während Marie von Sivers die Berliner Fäden wieder vollständig in ihre Hand nahm.

Das Jahr 1910, Marie von Sivers' neuntes Arbeitsjahr mit Rudolf Steiner, war eine weitere große Entwicklungsetappe der anthroposophischen Bewegung, das Jahr der ätherischen Christus-Verkündigung – der kommenden Zeiten –, aber auch des karmischen Rückblicks. In Rudolf Steiners Mysteriendrama «Die Pforte der Einweihung», das in München entstanden und auf die Bühne gebracht worden war, hatte die Christus-Seherin Theodora nicht nur prophetisch in die Zukunft geblickt, sondern auch das dramatische Schicksals-Geschehen, den aus der Vergangenheit in die Gegenwart reichenden Karmastrom der Einzelnen gewissermaßen erweckt. Wie Rudolf Steiner in verschiedenen Vorträgen ausführte, ist das ätherische Christus-Ereignis mit der Dimension der Schicksalsordnung und des Gewissens- und Gedächtnisvollzuges immanent verbunden; Steiner hatte zur Pfingstzeit dieses Jahres in Hamburg daher auch in bisher einzigartiger Ausführlichkeit über die «Offenbarungen des Karma» – und damit über die typologische Werdegesetzlichkeit der menschlichen Lebens-Geschichte – gesprochen, am Jahresende in Stuttgart folgten erstmals ausführliche

Darstellungen individueller Entwicklungsverläufe mit menschheitlicher Bedeutung. Bereits in seinem ersten Stuttgarter Vortrag vom 27. 12. thematisierte Rudolf Steiner dabei nicht nur die großen karmischen Schicksale zweier Individualitäten, die in Eabani und Gilgamesch sowie in Aristoteles und Alexander dem Großen (und später in Thomas von Aquin und Reginald von Piperno) lebten, sondern ging auch ausführlich auf eine weitere, zentrale Individualität ein, deren frühgriechische Mysterieninkarnation er mit den Worten einführte:

> Es gab eine wunderbare Persönlichkeit in den alten orphischen Mysterien; sie machte die Geheimnisse dieser Mysterien durch; die gehörte zu den allersympathischsten, zu den allerinteressantesten Schülern der alten griechischen orphischen Mysterien.[194]

Rudolf Steiner zog in seinem Vortrag die Linien dieser Individualität zu der hochbedeutsamen Hypathia-Inkarnation in Alexandrien im 4. Jahrhundert, in seinen Notizbucheintragungen weiter zu Albertus Magnus, dem Lehrer und Freund Thomas von Aquins.[195] Mit Marie von Sivers besuchte Rudolf Steiner regelmäßig die St. Andreas-

Marie von Sivers, 1910

Kirche in Köln und den dortigen Sarkophag von Albertus Magnus – *«Erinnern Sie sich noch an die Zeit unseres damaligen Wirkens?» «Wir haben unseren Bund erneuert.»*[196]

Am Jahresende 1910, in den Heiligen Nächten des Jahres der Verkündigung des kommenden Christus-Wesens im Ätherischen und des Schicksalsdramas «Die Pforte der Einweihung», thematisierte Rudolf Steiner damit erstmals weiterwirksame Karmakonstellationen der anthroposophischen Bewegung, mithin ganz offenbar an zentraler Stelle das Schicksal Marie von Sivers' selbst – in den Tagen der Grundsteinlegung des Stuttgarter Zweighauses, des ersten eigenen Hauses für die Anthroposophie, die am 3. Januar 1911 vollzogen wurde *(«Die spirituelle Strömung wird erst die neue Kultur, die sie zu bringen berufen ist, heraufführen können, wenn es ihr vergönnt sein wird zu wirken bis hinein in das rein physische Gestalten, selbst der Mauern, die uns umgeben.»*[197]*)*, fünf Monate nach der Münchner Gründung eines «Theosophisch-künstlerischen Fonds» zur Finanzierung der weiteren Mysterien-Inszenierungen und zur Errichtung eines Baues für das Zukunfts-Wort Rudolf Steiners (Mieta Waller).[198]
Noch im Januar 1911, nach der Rückkehr von Stuttgart nach Berlin, erkrankte Marie von Sivers, vierundvierzigjährig, schwer – *«Ich bin infolge des beständig gehetzten Lebens und der fortwährenden Reisen doch nun ernstlich erkrankt und muss eine lange Pause in der Arbeit machen.»*[199]. Rudolf Steiner war in großer Sorge; er sah die bedrohliche Natur des Leidens, kümmerte sich um jede mögliche Hilfe und wechselte bei einer Abszesskomplikation selbst täglich die Verbände. Im März reiste er mit Marie von Sivers über Prag – wo er den fundamentalen Vortragszyklus über «Eine okkulte Physiologie» und zahlreiche Ärzteansprachen hielt und wo Ludwig Noll Marie von Sivers behandelte – nach Portorose, den «Hafen der Rose», an die Adriaküste. Die Malerin Imme von Eckhardtstein hatte dort ein entsprechendes Quartier organisiert, erhielt jedoch schwere Vorwürfe von der Vermieterin nach dem Eintreffen Rudolf Steiners und Marie von Sivers' *(«von Exzellenz und ihrem Doktor»):*

> Sie haben mir von einer erholungsbedürftigen Dame gesprochen und Sie bringen mir eine Sterbende! In drei Tagen ist sie tot und das schädigt den Ruf meines Hauses.[200]

Marie von Sivers aber starb nicht, sondern erholte sich langsam – am Ende der ersten Aprilwoche begleitete sie bereits wieder Rudolf Steiner nach Bologna, in die Reliquienstadt Thomas von Aquins, wo Steiner an einem philosophischen Kongress über *«Die psychologischen Grundlagen und die erkenntnistheoretische Stellung der Theosophie»* bzw. über das dynamische Wesen des menschlichen Ichs referierte, in konsequenter Fortführung und Steigerung der scholastischen Anthropologie. Dann kehrte Marie von Sivers wieder bis in die zweite Junihälfte nach Portorose zurück, gemeinsam mit Mieta Waller und Rudolf Steiner; Rudolf Steiner blieb bei ihr – er erfüllte zwar von Portorose aus einige Vortragsverpflichtungen (in Österreich, Deutschland und Dänemark), unternahm jedoch die geplante große Vortrags-Reise nach Finnland nicht ohne Marie von Sivers *(«Ersetzt werden kann ja Fräulein v. Sivers durch niemand, wenn das auch*

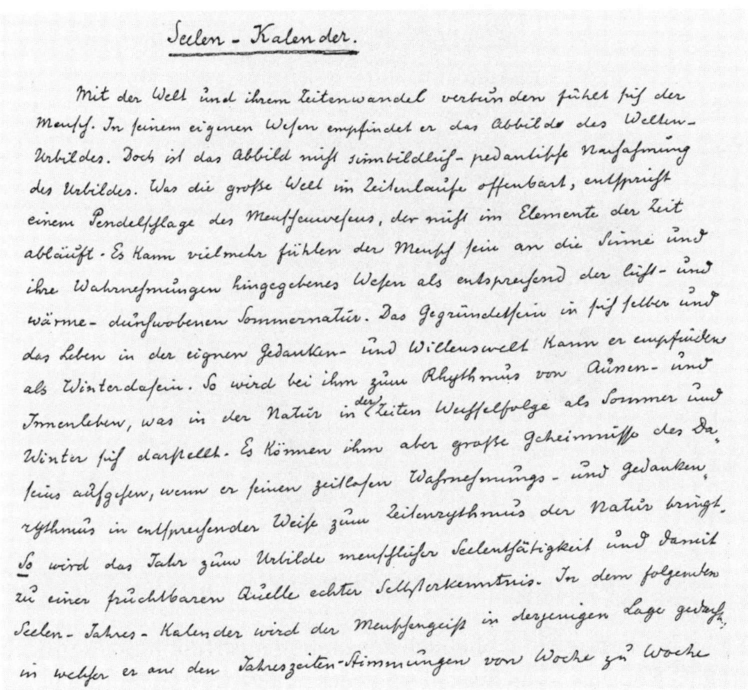
Seelen - Kalender.

Mit der Welt und ihrem Zeitenwandel verbunden fühlt sich der Mensch. In seinem eigenen Wesen empfindet er das Abbild des Welten-Urbildes. Doch ist das Abbild nicht sinnbildlich-pedantische Nachahmung des Urbildes. Was die grosse Welt im Zeitenlaufe offenbart, entspricht einem Pendelschlage des Menschenwesens, der nicht im Elemente der Zeit abläuft. Es kann vielmehr fühlen der Mensch sein an die Sinne und ihre Wahrnehmungen hingegebenes Wesen als entsprechend der licht- und wärme-durchwobenen Sommernatur. Das Gegründetsein in sich selber und das Leben in der eignen Gedanken- und Willenswelt kann er empfinden als Winterdasein. So wird bei ihm zum Rhythmus von Aussen- und Innenleben, was in der Natur in der Zeiten Wechselfolge als Sommer und Winter sich darstellt. Es können ihm aber grosse Geheimnisse des Daseins aufgehen, wenn er seinen zeitlosen Wahrnehmungs- und Gedankenrhythmus in entsprechender Weise zum Zeitenrhythmus der Natur bringt. So wird das Jahr zum Urbilde menschlicher Seelentätigkeit und damit zu einer fruchtbaren Quelle echter Selbsterkenntnis. In dem folgenden Seelen-Jahres-Kalender wird der Menschengeist in derjenigen Lage gedacht, in welcher er an den Jahreszeiten-Stimmungen von Woche zu Woche

Rudolf Steiner: Vorwort zum Seelenkalender, 1911

nicht ganz für Außenstehende leicht einzusehen ist.»[201]) und arbeitete in Portorose an schriftlichen Werken, so unter anderem am *Seelenkalender*, an dem Buch *Die geistige Führung des Menschen und der Menschheit* und an einem zweiten Mysteriendrama. Marie von Sivers vertiefte sich nach ihrer schrittweisen Kräftigung dagegen erneut in Edouard Schuré, dessen «Heiligtümer des Orients» sie in Portorose übersetzte («ich war [...] gar nicht tot nach drei Tagen, sondern hatte in Portorose eine sehr schöne Zeit; meist lag ich auf der Terrasse vor einer wundervollen Landschaft und diktierte Fräulein von Eckhardtstein die Übersetzung von Schurés «Sanctuaires d'Orient.»[202]).

Marie von Sivers, 1911

Am 9. Juli kehrte sie schließlich zusammen mit Rudolf Steiner nach München zurück – zur Inszenierung des neuen Mysteriendramas, zur Wiederaufführung der «Pforte der Einweihung» und des «Heiligen

Dramas von Eleusis» (Schuré) sowie zur Abhaltung eines nächsten großen, von Eleusis ausgehenden Vortragszyklus' Rudolf Steiners («Weltenwunder, Seelenprüfungen, Geistesoffenbarungen»). Damit trat Marie von Sivers nach annähernd halbjähriger Abwesenheit wieder in den Gesamtumfang ihrer Aufgaben an der Seite Rudolf Steiners ein – und stand bereits wieder ganztägig als «Demeter» und «Maria» auf der Bühne («Die Darstellungen der Mysteriendramen begannen jeweils um zehn Uhr vormittags und dauerten bis gegen sechs Uhr abends. Mittags war eine einstündige Pause.»[203]), in nicht nur von Edouard Schuré bewunderter Weise[204]. Rudolf Steiners zweites Mysteriendrama «Die Prüfung der Seele» brachte erstmals in szenischen Bildern den Zusammenhang verschiedener Erdenleben auf der Bühne zur Darstellung – «er nannte es *‹das erste Drama in der Menschheitsgeschichte, worin die Reinkarnationsidee konkret erscheine›*»[205]. In einem anderen Zusammenhang sagte Rudolf Steiner: *«Wenn Menschen das erkennen und herausholen würden, was als Esoterik in die Mysteriendramen hineingelegt ist, so würden sie keine andere esoterische Anleitung brauchen.»*[206] – Anfang September waren Rudolf Steiner und Marie von Sivers dann erstmals wieder in der Berliner Motzstraße, an jenem Ort, an dem Rudolf Steiner Marie von Sivers kurz vor dem Aufbruch in der zweiten Märzhälfte zu ihrem 45. Geburtstag den Spruch geschenkt hatte:

Die Welt im Ich erbauen
Das Ich in Welten schauen
Ist Seelenathem

Erleben des All
In Selbst-Erfühlung
Ist Weisheitpuls

Und Wege des Geistes
Im eignen Ziel beschreiben
Ist Wahrheitsprache

Und Seelenathem dringe
In Weisheitpuls, erlösend
Aus Menschengründen
Die Wahrheitsprache
In Lebens-Jahres-Rhythmen.[207]

15. März 1911

für die liebe Marie von Sivers

Die Welt im Ich erbauen
Das Ich in Welten schauen
Ist Seelenathem

Erleben des All
In Selbst-Erfühlung
Ist Weisheitpuls

Und Wege des Geistes
Im eignen Ziel beschreiben
Ist Wahrheitsprache

Und Seelenathem dringe
In Weisheitpuls, erlösend
Aus Menschengründen
Die Wahrheitsprache
In Lebens-Jahres-Rhythmen.

Rudolf Steiner

Nach ihrer Genesung ging die Arbeit Marie von Sivers' an der Seite Rudolf Steiners nicht nur in vollem Umfang weiter, sondern steigerte sich von Monat zu Monat. Nach lediglich drei Berliner Wochen erfolgte der gemeinsame Aufbruch zu christologischen Vorträgen im Tessin und in Norditalien (Mailand), zu den Christian-Rosenkreutz-Darstellungen zur Michaels-Zeit in Neuchâtel, der Basler Darstellung über die «Ätherisation» des Blutes am 1. Oktober, dem anschließenden großen Kurs «Von Jesus zu Christus» in Karlsruhe, der Einweihung des neuen Zweighauses in Stuttgart – und zu vielem anderen. Mit großer Energie wurde von zahlreichen Freunden das Projekt eines eigenen Baues für die Mysterien-Inszenierungen in München bewegt; Ende November sprach Rudolf Steiner erstmals über eine beabsichtigte Stiftung einer Gesellschaft «für theosophische Art und Kunst» im Namen von Christian Rosenkreutz, deren Kurator Marie von Sivers sein sollte[208] («Daher soll Ihnen in diesem Augenblicke verkündet werden, dass unter denjenigen Menschen, die sich in entsprechender Weise dazu finden werden, gestiftet werden soll eine Arbeitsweise, welche durch die Art und Weise der Stiftung zum direkten Ausgangspunkt hat diejenige Individualität, die wir seit den abendländischen Vorzeiten mit dem Namen Christian Rosenkreutz belegen.»[209]); im Dezember folgten Besprechungen über einen zu gründenden, von Carl Unger und Adolf Arenson initiierten und von der Theosophischen Gesellschaft unabhängigen «Bund für anthroposophische Arbeit», in welchem Rudolf Steiner das Lehramt übernehmen sollte. Die Auseinandersetzungen um die christliche Lehre Rudolf Steiners nahmen in diesen Monaten dramatisch zu, nach jahrelangen «esoterischen» Skandalen, schweren menschlichen Verfehlungen und perfiden Intrigen in Adyar, dem indischen Zentrum der Theosophischen Gesellschaft. Trotz aller Angriffe und aller offensichtlichen Verfallserscheinungen – zu denen auch die von Anni Besant proklamierte Ankunft des «Lord Maitreya», ja die Wiederkehr des «Weltenlehrers» Christus in einem Hinduknaben gehörte[210] – hielt Rudolf Steiner aber weiterhin an jener Theosophischen Gesellschaft fest, deren deutsche Organisationsarbeit in den Händen Marie von Sivers' lag – und sagte am 14. Dezember in Berlin noch einmal verdeutlichend:

Für mich ist das Maßgebende: es besteht bei den Individualitäten, welche die führenden unserer theosophischen Bewegung sind, die Meinung, dass man die Gesellschaft so lange halten soll, als es nur irgend geht. Und das ist es, was es mir schwierig macht, irgendeine unmittelbare Initiative anzuempfehlen zu irgendeinem Zerstören der Gesellschaft.[211]

*

Das Jahr 1912, in dem Marie von Sivers 45 Jahre alt wurde, brachte nicht nur Vortragsreisen kreuz und quer durch Europa (so unter anderem nach Finnland, Dänemark und Norwegen sowie zweimal nach Italien), sondern auch biographische Ereignisse und richtungsweisende Veränderungen, die das Lebensschicksal der folgenden Jahre prägen sollten. Im April trat Marie von Sivers ihrer russischen Heimat erneut nahe, in vielen Gesprächen, Begegnungen und Eindrücken eines Vortragskurses im finnischen Helsingfors, zu dem zahlreiche russische Mitglieder und geisteswissenschaftlich orientierte Freunde gekommen waren. Vier Wochen später fanden die jungen Russen Assja Turgenieff und Andrej Belyj ihren Weg zu Rudolf Steiner und wurden von Marie von Sivers empfangen, übersetzt und begleitet – in der Dominikaner-Stadt Köln, am Vorabend des Todestages von Helena Petrowna Blawatsky, auf den Rudolf Steiner zum letzten Mal in feierlicher Form einging. Im Sommer pflegte Marie von Sivers in München – parallel zu den gesamten Inszenierungsarbeiten für die Wiederaufnahme des «Heiligen Dramas von Eleusis», der «Pforte der Einweihung» und der «Prüfung der Seele» sowie des uraufgeführten dritten Mysteriendramas «Der Hüter der Schwelle» – ihre todkranke Mutter, die schließlich dort noch im August starb und beigesetzt wurde.

Es war ein Jahr des biographischen Abschieds und des Neubeginns, der kommenden, wenn auch vielfältig erschwerten Zukunft. Der beabsichtigte Baubeginn in München wurde von städtischer Seite wiederholt verhindert und verunmöglicht, obwohl während des Münchner Sommerzyklus' bereits ein Modell des Doppelkuppelbaus im Vorsaal gestanden hatte – Anfang Oktober aber waren Rudolf Steiner und Marie von Sivers erstmals in Dornach, nach intensivsten

Vortrags- und Arbeitswochen in München und Basel, mit Hunderten von persönlichen Konsultationen[212], aber auch mit dem Beginn einer neuen, zukunftsweisenden Kunst, die Rudolf Steiner einer jungen Frau in Basel-Bottmingen in einer besonderen Schicksalssituation lehrte («Man nimmt dasjenige, was Karma fordert, auf, und gibt so viel, als gerade die Gelegenheit dazu da ist. [...] In der anthroposophischen Bewegung hat man nicht eine Tendenz, Reformgedanken zu haben, man hat nicht die Tendenz, eine Idee in die Welt zu setzen, sondern man hat das Karma vor sich.»[213]). Dieser Kunst gab Marie von Sivers, die «Frau des Wortes», am 24. September den Namen *«Eurythmie»*:

> Als Dr. Steiner etwas nachdenklich und wie sich besinnend sagte: «Nun müssen wir auch noch einen Namen finden für unsere Sache», – sprach Fräulein von Sivers ganz spontan und selbstverständlich das Wort «Eurythmie» aus und Dr. Steiner stimmte sofort lebhaft zu.[214]

*

Die Begegnung mit Dornach, wohin Rudolf Steiner und Marie von Sivers zur kurzen Erholung und schriftstellerischen Arbeit Anfang Oktober von Basel aus gekommen waren[215] *(«hoffentlich bleiben wir da versteckt, um einiges ausarbeiten zu können.»[216])*, war trotz des strahlenden Herbstes[217] angreifend und erschütternd für Rudolf Steiner, in einem für Marie von Sivers zu diesem Zeitpunkt schwer verständlichen und erst im Nachhinein ahnbaren, ganz offenbar tragisch konfigurierten Sinne:

> [...] Am andern Morgen [nach der Ankunft] erwachte Rudolf Steiner wie nie zuvor. Verstört, wie zermalmt, ganz umdüstert; es lag eigentlich kein Grund dazu vor, und so etwas geschah ihm nie, dem trotz ewiger Hetze in ewiger Harmonie Lebenden.[218]
>
> Er sagt, dass er so mürbe ist wie zerhacktes Fleisch und in der Stille ihm starke Schmerzen kommen.[219]
>
> Merkwürdiges muss Dr. Steiner dort in einer Nacht erlebt haben, denn er trat wie verstört aus seinem Zimmer und es war klar, dass er Schweres von seiner Seele abschütteln musste. Wie mit Anstrengung strich er die düsteren Schatten von seiner Stirne weg.

> Wir gingen dann hinaus ins Freie zu einem langen Spaziergang, um von der Höhe herab die Gegend in uns aufzunehmen. Nur mit Mühe bewältigten wir die sehr abschüssigen, manchmal pfadlosen Hänge, um spät abends erschöpft heimzukehren.[220] Alles das geschah in so merkwürdig eindringlicher, bildhafter Art, die etwas Symbolisches an sich hatte.[221]

Ein großes, nahezu unberührtes Gelände wurde Rudolf Steiner von anthroposophischen Freunden hier in Dornach für einen Bau überraschend zur Verfügung gestellt («Wenn Sie das Land brauchen, ist es ja da.»[222]).

Ende Dezember 1912 erfolgte dann der faktische – im Januar 1913 rechtskräftig werdende – Ausschluss der Deutschen Sektion aus der Theosophischen Gesellschaft und die zukunftsgestaltende Begründung einer eigenständigen Anthroposophischen Gesellschaft in Köln[223], dreiunddreißig Jahre nach dem Beginn des «Michael-Zeitalters» (R. Steiner). Der destruktive Verfall der Theosophischen Gesellschaft – und damit die Nichtwahrnehmung bzw. Verfremdung ihrer spirituellen Zukunftsaufgabe («Eine Theosophie, welche nicht die Mittel hat, das Christentum zu begreifen, ist für die gegenwärtige Kultur völlig wertlos.»[224]) – war für Rudolf Steiner ein qualvoller, zivilisatorisch folgenreicher Prozess – *«nur um nicht sentimental genannt zu werden, sage ich nicht, es sei ein Martyrium.»*[225] *«Ich selbst empfinde mit schwerem Herzen diesen Ausschluss.»*[226] Unabhängig davon – oder vielmehr in bewusster Umkehr der Verfremdung – aber sprach Rudolf Steiner in seinem Kölner Vortragskurs in positivster Weise über die «Bhagavadgita und die Paulusbriefe» und damit über die konvergente Bedeutung des östlichen und mitteleuropäisch-rosenkreuzerischen Weges[227] – und sagte am ersten Tag des Jahres 1913 und am Abschluss des Kölner Kurses:

> Man sollte fühlen, dass die Anthroposophische Gesellschaft ein Ergebnis tiefster menschlicher Bescheidenheit sein soll. Denn aus dieser Bescheidenheit wird quellen der höchste Ernst gegenüber den heiligen Wahrheiten, in die sie eindringen soll, wenn wir uns auf dieses Gebiet des Übersinnlichen, des Spirituellen begeben. Fassen wir daher die Aufnahme des Namens «Anthroposophische Gesellschaft» in wahrer Bescheidenheit, in wahrer Demut auf und sagen wir uns: Was noch an Unbescheidenheit, an Eitelkeit und Ehrgeiz, an Unwahrhaftigkeit der Name Theosophie hat

bewirken können, das möge ausgetilgt werden, wenn man – im Zeichen und unter der Devise der Bescheidenheit – beginnt, bescheiden hinaufzusehen zu Göttern und Götterweisheit, dafür aber pflichtgemäß ergreift den Menschen und Menschenweisheit; wenn man sich andachtsvoll der Theosophie nähert und pflichtgemäß sich in die Anthroposophie versenkt. Diese Anthroposophie wird uns zu Göttlichem und zu Göttern führen. Und wenn wir durch sie im höchsten Sinne demütig und wahr in uns selber zu schauen lernen, und wenn wir vor allen Dingen lernen, in uns selber zu schauen, wie wir ringen müssen gegenüber aller Maya und gegenüber allem Irrtum in strenger Selbsterziehung und Selbstzucht, so stehe über uns wie in eine eherne Tafel eingeschrieben: Anthroposophie! Und das sei uns eine Mahnung, dass wir vor allen Dingen durch sie Selbsterkenntnis suchen, Selbstbescheidung, und dass wir auf diese Weise den Versuch unternehmen können, ein Gebäude zu errichten, das auf Wahrheit begründet ist, weil Wahrheit nur erblüht, wenn Selbsterkenntnis mit höchstem Ernst in der menschlichen Seele sich festsetzt. Woraus stammt alle Eitelkeit, woraus stammt alle Unwahrhaftigkeit? Sie stammen aus Ermangelung der Selbsterkenntnis. Woraus nur kann Wahrheit sprießen, woraus nur kann echte Andacht gegenüber Götterwelten und Götterweisheiten sprießen? Sie können nur aus wirklicher Selbsterkenntnis, Selbsterziehung, Selbstzucht sprießen. Dazu möge denn das, was da strömen und pulsieren soll durch die anthroposophische Bewegung dienen. Aus diesem Grunde ist auch an den Ausgangspunkt dieser anthroposophischen Bewegung gerade dieser Vortragszyklus gesetzt worden, der den Beweis liefern soll, dass es sich nicht um etwas Enges handelt, sondern dass wir gerade mit unserer Bewegung unseren Horizont ausdehnen können über jene Weiten, die auch das morgenländische Denken erfassen. Aber demütig müssen wir es in anthroposophischer Weise selbsterziehend und den Willen in uns aufnehmend zur Selbsterziehung und zur Selbstzucht. Wenn Anthroposophie, meine lieben Freunde, von Ihnen so unternommen wird, dann wird sie zu dem gedeihlichen Ende führen, wird ein Ziel erreichen, das jedem Einzelnen und jeglicher menschlichen Gesellschaft zum Heil gereichen kann.[228]

Wiederholt hatte Rudolf Steiner in den «Bund»-Besprechungen des Jahres 1912 darauf hingewiesen, dass das Prinzip der Karma-Erkenntnis von zentraler Bedeutung für das Zustandekommen einer neuen spirituellen Gemeinschaft sein müsse *(«dieses würde etwas sein, was heute eine Gruppe von Menschen zusammenhalten könnte, ungeachtet der äußeren Verhältnisse, in denen diese Menschen sind»*[229]*)* – im

Es hört der Mensch das Schöpfungswort
Wenn er reinen Herzens horcht
Wie Weltengeister durch die Seele
Sich musikalisch sinnvoll offenbaren

Cöln, 29. Dec. 1912 Dr. Rudolf Steiner

inneren Anschluss an seine großen Stuttgarter Darstellungen aus der «okkulten Geschichte» zur Zeit der Jahreswende 1910/1911, die ganz offensichtlich erste und zentrale Verständniselemente für Entwicklungsströmungen einer anthroposophischen Bewegung und Gesellschaft auf der Ebene des – gemeinschaftsstiftenden – Karmaerwachens eröffnen sollten. Am 29. Dezember 1912 und im Anschluss an die Begründung der neuen Gesellschaft bat Rudolf Steiner Marie von Sivers in Köln erneut, Gedichte von Novalis zu rezitieren, und betonte in seiner anschließenden Ansprache:

> Wir dürfen gerade im jetzigen Augenblick unseres Strebens, da wir auf der einen Seite die Anthroposophische Gesellschaft begründen, die alle menschlichen Rätsel in sich schließen soll, in dem gegenwärtigen Augenblick, in dem wir auf der anderen Seite betrachten wollen im Zusammenhang mit dem Christus-Impuls das Licht, das aus dem Orient herüber so glanzvoll strahlt, wir dürfen uns in diesem Augenblick verbinden mit dem, was als Ausdruck des Christus-Impulses in dieser Seele des Novalis lebte.[230]

Mit dem christlich-johanneischen Schicksalsgang der Novalis-Individualität, der von Marie von Sivers' in künstlerischer Intuition zumindest partiell wahrgenommen worden war, hatte Rudolf Steiner seine Ausführungen zu individuellen Karmareihen vier Jahre zuvor eröffnet[231]; in diesen, von Ost nach West wandernden Logos-Strom stellte er nun die neugeschaffene Anthroposophische Gesellschaft, die in aller Bescheidenheit zu einem Schicksals-Erwachen führen und dieses im Sinne einer neuen Sozialkultur auf Erden realisieren sollte.

*

In der ersten Januarwoche des Jahres 1913 kehrten Rudolf Steiner und Marie von Sivers dann nach Berlin zurück – in ihre Wohnung im dritten Stock der Motzstraße 17.

Die durch und durch aktive Atmosphäre dieses unscheinbaren Hinterhauses, in dem neben Rudolf Steiner und Marie von Sivers mittlerweile zahlreiche Anthroposophen auf verschiedenen Etagen lebten und wirkten[232], hielt der russische Dichter Andrej Belyj in seinen Erinnerungen in verschiedenen Einzelheiten fest. Belyj war mit Assja

Turgenieff Anfang des Jahres 1913 nach Berlin gekommen und hatte dort Wohnung genommen – um immer wieder seine Schritte in die Motzstraße für Gespräche mit Rudolf Steiner und Marie von Sivers zu lenken. Er schilderte in seinen autobiographischen Aufzeichnungen die vorgefundene Situation des Hauses im Jahre 1913 und das unkonventionelle Zusammenleben und Zusammenwirken Rudolf Steiners mit Marie von Sivers[233] – unter anderem hieß es dort:

> All [die] Hausbewohner unter und über Steiner hasteten in ständiger Eile von Stockwerk zu Stockwerk, mit Papieren und Durchschlägen, klapperten auf Schreibmaschinen und telephonierten. Mein Eindruck: die Wohnung Steiners steht immer offen; sie wirkt wie die Zelle einer Kommune, wo man keinen Wert auf Komfort legt; jede Minute ist verplant; und Aufgaben – Aufgaben – Aufgaben – Aufgaben. Hier wird Korrektur gelesen, dort werden Eintrittskarten für einen Vortrag verteilt, dort Bücher ausgegeben, hier wird die Korrespondenz erledigt und zwischendurch etwas richtiggestellt oder jemand geholfen. Das ganze Treppenhaus gehört zur Wohnung des Doktors; und umgekehrt: in seiner Wohnung sind mehrere Wohnungen.
>
> Und an diesen verflochtenen, aufgeschreckten Wohnungen vorbei, die atemlosen jungen Damen bei der Arbeit aufhaltend, strömen, strömen und strömen all jene, die sich zu einem Gespräch mit Steiner angemeldet haben, Menschen, die diesem brodelnden Leben eigentlich fremd sind. Aber jeder von ihnen kommt mit einer Frage, die ihm wichtiger als alles ist: manche kommen zum ersten Mal; sie kommen wie zur Beichte, in höchster Aufregung, und die meisten sind überrascht: statt der erwarteten Feierlichkeit empfängt sie lautes brodelndes Leben, das ihnen zeremoniellwidrig vorkommt; sie klingeln mit Herzklopfen – aber die Tür steht offen; sie werden nicht von dem Hausmädchen empfangen, es gibt überhaupt kein Hausmädchen, sondern von jemand, der gerade zufällig da ist: Waller, Lehmann, manchmal von Marija Jakovlevna [Marie von Sivers] persönlich. Sie werden in ein kleines Wartezimmer geführt, wo sämtliche Polsterstühle von Wartenden besetzt sind. Das Zimmer ist klein: ein Tischchen, ein kleiner Schrank, Stühle, zwei Türen hinter kaffeebraunen Portieren, ganz schlicht und alles andere als neu; die eine Tür führt in den Flur und in den Korridor, von da gelangt man in ein kleines Esszimmer und ein noch kleineres, etwa drei Schritte im Quadrat messendes Nebenzimmerchen mit einem großen Sofa, wo Marija Jakovlevna [Marie von Sivers] mit mir unter vier Augen zu plaudern pflegt; vermutlich ist das der «Salon»; die andere Tür ist hier, direkt vor der Nase; dahinter erklingt ab und zu eine tiefe Stimme; der Besucher,

Berlin, Motzstraße 17 (Hinterhaus)

der zum ersten Mal zur «Beichte» kommt, fährt unwillkürlich zusammen: wie, der Doktor ist hier, gleich hinter der Wand? Man stellt sich den persönlichen Empfang bei dem «Lehrer» in einem gewissen feierlichen Rahmen vor; aber hier herrscht Einfachheit und eine dieses Lehrers und des beichtenden Schülers fast unwürdig alltägliche Atmosphäre intensiver Arbeit, wo für Feierlichkeiten kein Raum ist; in einem der Hinterzimmer stehen wahrscheinlich die offenen, unausgepackten Koffer herum – er kam gestern aus der Schweiz zurück und fährt morgen nach Hannover – und irgend jemand richtet sein Gepäck für eine neue Reise. Und plötzlich, direkt vor der Nase, wird die Tür dieses «geheimnisvoll» einfachen Zimmers blitzschnell geöffnet, völlig geheimnislos; und es erscheint der Doktor, ein wenig zerzaust, mit müdem und blassem

Gesicht, und geleitet, vollendeter Kavalier, charmant und weltmännisch, eine Dame – «Nun ja», «Es wird schon gehen», oder «Auf Wiedersehen» –, grüßt mit erhobener Hand von der Schwelle des Zimmers, falls er sie nicht persönlich in den Flur geleitet, wo er das Licht anknipst, ihr in den Mantel hilft und eigenhändig die Tür hinter der Dame schließt; und dann geht er schnell über den Korridor am Wartezimmer vorbei, steckt den Kopf durch die Portièren, mit einem lächelnden «einen Moment», und geht, statt zu den Besuchern, weiter ins Esszimmer: vielleicht um eine Tasse Kaffee zu trinken – seine Sprechstunden dauern stundenlang, er kommt weder zum Essen noch zum Trinken. Der Besucher dieser Wohnung ist bestürzt: alles ist mehr als einfach, mehr als nüchtern, mehr als bescheiden. Besonders verwunderlich das rasche Tempo des Doktors, die Ungezwungenheit, mit der er seinen Kopf in das Zimmer steckt, sein «weltmännisch» liebenswürdiger Ton. Manchmal ist es ihm nicht zum Lachen zumute, er geht eilig durch das Wartezimmer, sogar ohne aufzublicken, mit ernsten, strengen, traurigen Augen, um sofort wiederzukommen: «Wer ist der nächste?» und sich mit dem nächsten zurückzuziehen: manchmal für sehr lange, manchmal für fünf Minuten. Zuweilen ist der Besucher ein Ausländer und spricht kein Wort deutsch; dann holt Steiner schnell Marija Jakovlevna [Marie von Sivers]; sie ist gleich zur Stelle; sie, die viele Sprachen spricht, ist seine ständige Dolmetscherin [...].[234]

*

Anfang Februar 1913 fand in Berlin dann die erste, konstituierende Generalversammlung der neugegründeten Anthroposophischen Gesellschaft statt, auf der Marie von Sivers – gemeinsam mit Michael Bauer und Carl Unger – in den Zentralvorstand eintrat, nicht jedoch Rudolf Steiner, der Ehrenpräsident, aber kein Mitglied wurde – und sein Verhältnis zu der neugegründeten Gesellschaft und ihrem Zentralvorstand in schriftlich-vertraglicher Weise niederlegte.[235] Auf der Generalversammlung erinnerte Rudolf Steiner unter anderem an seinen frühen «Anthroposophie»-Vortrag im Jahre 1902 im Kreis der «Kommenden», für den er die theosophischen Sektionsveranstaltungen verlassen hatte, aber auch an die inhaltliche Kontinuität der bisher durchgeführten und weiter durchzuführenden Arbeit («Unsere Arbeit wird in demselben Geiste fortschreiten, denn wir haben es nicht mit einer Sachänderung, sondern nur mit einer für uns notwendig gewordenen Namensänderung zu tun.»[236]) – man stehe nun, so Steiner, am Anbeginn einer bedeutungsvollen, jedoch keinesfalls neuen Arbeit, ja am *«Ausgangspunkt einer bedeutungsvollen Anstrengung zur Befestigung und Erweiterung der alten Arbeit»*[237]. Erstmals – und nach schweren, persönlichen Anschuldigungen von Seiten der Theosophischen Gesellschaft – referierte Rudolf Steiner in seinem Vormittags-Vortrag vom 4. Februar seinen eigenen Werdegang («Ich frage Sie, ob Sie anhören wollen in den nächsten Tagen eine kurze Skizze, einen kurzen Auszug meines Lebensweges? [...] Ich möchte Ihnen aber [...] nicht diesen Bericht aufdrängen, deshalb bitte ich Sie mir zu sagen, ob Sie zu einer geeigneteren Zeit in diesen Tagen anhören wollen meine so kurz wie möglich zusammengedrängten Memoiren?»[238]); im Übrigen aber führte er die spirituelle Ost-West-Thematik seiner Kölner Ausführungen weiter und sprach in der ersten Februarwoche allabendlich über «Die Mysterien des Morgenlandes und des Christentums». Auch der in München geplante Johannes-Bau als künstlerisches und geistiges Zentrum der Anthroposophischen Gesellschaft wurde in den Berliner Gesellschaftstagen unter spirituell-architektonischen Gesichtspunkten weiterbewegt, die Rudolf Steiner anhand einer Baukunstbetrachtung am 5. Februar eröffnete.

Während Alexander von Bernus Rudolf Steiner am 27. Februar – Steiners 52. Geburts- bzw. Tauftag – eine Bauoption auf seinem Grundbesitz bei Stift Neuburg offerierte, verzögerten sich die noch immer betriebenen Münchner Anstrengungen in den nächsten Wochen ständig weiter. Selbst die intendierten Mysterien-Inszenierungen im Sommer waren vorübergehend in Gefahr; am 14. März schrieb Marie von Sivers aus München, wo Rudolf Steiner Vorträge hielt, an Edouard Schuré:

> Diesen Sommer können wir in München kein Theater bekommen. Das Gärtnerplatz-Theater wird umgebaut, und die anderen sind viel zu klein oder anderweitig in Anspruch genommen. Es wäre schade, wenn dieser Rhythmus diesen Sommer unterbrochen werden müsste, aber vielleicht würde das den notwendigen Impuls geben, um sofort irgendwo anders zu bauen, wenn es hier nicht geht. München wird wieder einmal seine Chance verpassen wegen seiner konservativen Stadtväter.[239]

Genau acht Wochen später, nach weiteren Vorträgen in verschiedenen deutschen Städten und einem großen Vortrags-Kurs in Holland, den er nach Jahren der dortigen Ausgrenzung von Seiten der Theosophischen Gesellschaft hatte halten können[240], bestimmte Rudolf Steiner Mitte Mai den unverzüglichen Baubeginn in Dornach und damit die endgültige Aufgabe der Münchner Pläne. Der Bau sollte nun in der Nachbarschaft von Basel und damit knapp hinter der Schweizer Grenze ab dem Herbst zügig errichtet bzw. «schnell zustande gebracht» werden – *«ich betone das Wort schnell nicht ohne Absicht, meine lieben Freunde».*[241]

*

Nach einem weiteren Kurs im finnischen Helsingfors mit vielen russischen Zuhörern, darunter auf Bitten Andrej Belyjs auch des Philosophen Nikolai Berdjajeff, begannen in München Mitte Juli 1913 zum letzten Mal zweimonatige künstlerische Arbeiten. Neben seinem vierten Mysteriendrama «Der Seelen Erwachen» wollte Rudolf Steiner auch erstmals das Stück «La sœur gardienne» (Die Seelenhüterin) von Edouard Schuré zur Aufführung kommen lassen, entgegen dem entschiedenen Votum Marie von Sivers', die eine zweifache Neuinszenierung nicht für leistbar hielt. Am 27. Juli schrieb sie an Johanna Mücke nach Berlin:

> Ich habe gefleht und gefleht, dass wir das französische Stück bis zum nächsten Jahre aufschieben. Aber der Doktor ist ja nicht der Mann, der irgendetwas aufgibt, was in Aussicht genommen ist. Wenn er es wäre, wäre er ja auch nicht der, der er ist.[242]

Marie von Sivers litt unter der hohen, ja übergroßen Beanspruchung dieser Münchner Zeit sowie den paralellen Verlagsverpflichtungen und Arbeiten in Berlin – mehr aber noch sorgte sie sich um Rudolf Steiner selbst. In bemerkenswerten und rätselvollen Briefschilderungen hieß es zu Beginn der zweiten Augustwoche erneut an die vertraute Johanna Mücke:

> Ich habe dem Doktor vorhergesagt, dass wir nichts als Katastrophen haben werden, wenn wir die Zeit so bepacken und zwei neue Stücke aufstellen, neben allen sonstigen extraordinairen und ordinären Arbeiten. Nur des-

Einladung zu den Festveranstaltungen (Rudolf Steiner, 1913)

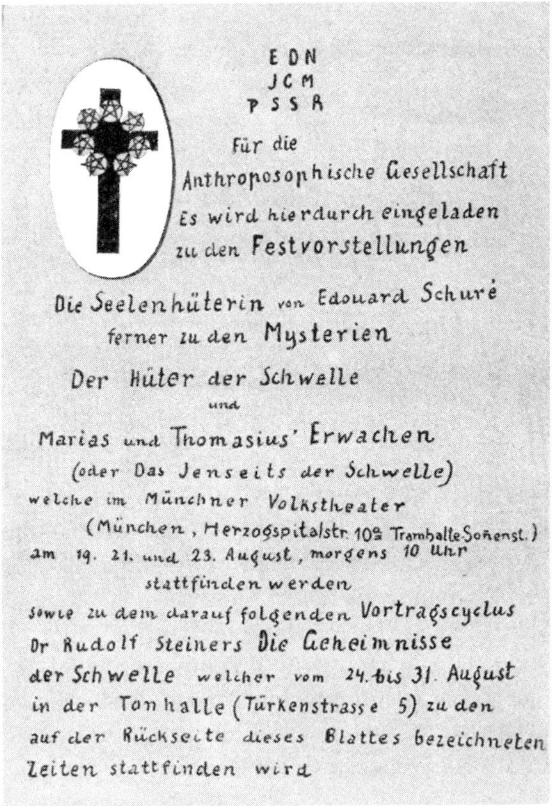

EDN
JCM
PSSR

Für die
Anthroposophische Gesellschaft
Es wird hierdurch eingeladen
zu den Festvorstellungen

Die Seelenhüterin von Edouard Schuré
ferner zu den Mysterien
Der Hüter der Schwelle
und
Marias und Thomasius' Erwachen
(oder Das Jenseits der Schwelle)
welche im Münchner Volkstheater
(München, Herzogspitalstr. 10a Tramhalte Sonnenst.)
am 19. 21. und 23. August, morgens 10 Uhr
stattfinden werden
sowie zu dem darauf folgenden Vortragscyclus
Dr Rudolf Steiners Die Geheimnisse
der Schwelle welcher vom 24. bis 31. August
in der Tonhalle (Türkenstrasse 5) zu den
auf der Rückseite dieses Blattes bezeichneten
Zeiten stattfinden wird

halb schrieb ich Ihnen von seinem Aussehen und seinen unmenschlichen Arbeiten, damit Sie mich entschuldigen, wenn ich es Ihnen nicht recht machen kann innerhalb des Bereiches unserer gemeinsamen Pflichten. Wir müssten dann beide das Unabwendbare hinnehmen und uns sagen, dass alle Kränkungen, Ansprüche usw. der anderen nichts sind neben der Tatsache, dass der Dr. überhaupt noch unter uns weilt.
Was soll ich denn tun? Noch heute sagte mir der Dr., als er merkte, dass es mir recht schwer ums Herz war: «Dann sterbe ich –.»
Wollen wir uns jetzt gegenseitig Festigkeit und Gelassenheit zusprechen, des Doktors wegen. Ich fand, dass ich verpflichtet bin, *nur Ihnen* gegenüber zu sagen, dass er sich müder fühlt als je und es jeden Morgen ausspricht. Er sieht auch so traurig aus, wie sonst nie! Mir und Ihnen gegenüber müsste er auch das aussprechen dürfen. Den anderen gegenüber

dürfen wir nichts sagen. Er müsste sich auf uns stützen können. Vielleicht ist dieser Monat der allerschwerste.[243]

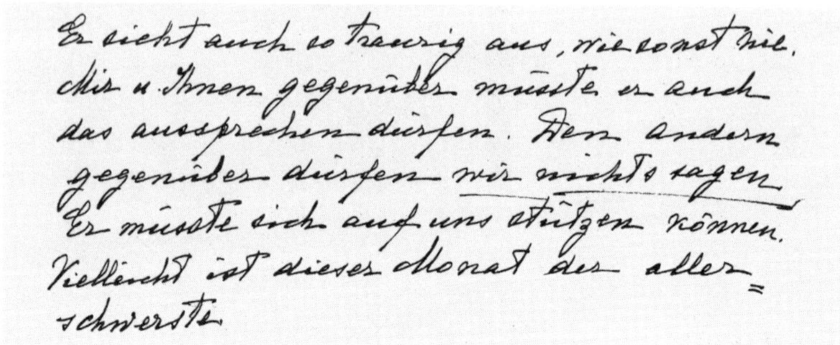

Er sieht auch so traurig aus, wie sonst nie.
Mir u. Ihnen gegenüber müsste er auch
das aussprechen dürfen. Den andern
gegenüber dürfen wir nichts sagen.
Er müsste sich auf uns stützen können.
Vielleicht ist dieser Monat der aller=
schwerste.

*

Das Stück von Edouard Schuré kam letztlich nicht zur Aufführung in München, obwohl es bereits in den «Mitteilungen aus der Anthroposophischen Gesellschaft» angekündigt worden war und die Proben begonnen hatten.[244] Das vierte Mysteriendrama von Rudolf Steiner «Der Seelen Erwachen» sowie «Der Hüter der Schwelle» wurden dagegen aufgrund der immens hohen Besucherzahlen zweimal gespielt – mit größtem Einsatz aller Schauspieler, darunter auch Marie von Sivers', die – wie all die Jahre zuvor – die mit im innersten Zentrum der Mysterienspiele stehende Gestalt der Maria verkörperte[245]; ebenso musste Rudolf Steiner die Vorträge seines anschließenden Kurses «Die Geheimnisse der Schwelle» zweimal halten, vormittags und abends. Zusätzlich gab es am 28. August, an Goethes Geburtstag, eine erste Eurythmie-Aufführung in der Münchner Tonhalle, die Rudolf Steiner mit einer tiefsinnig-humorvollen Ansprache einleitete und später mit den Worten kommentierte: *«Ich glaube, Goethe hat sich über dieses Geburtstagsgeschenk gefreut!»*[246] Auch in der Inszenierung von «Der Seelen Erwachen» waren bereits eurythmische Elemente durch Rudolf Steiner integriert worden[247] – zu einem Mitspieler sagte Rudolf Steiner in diesen Tagen: «Sie werden einmal erfahren, was die Eurythmie für die Erneuerung der Schauspielkunst bedeuten wird.»[248]

Die zwei Monate von München – das faktische Ende der *«teueren fünf Jahre, wo in München die Mysterienspiele möglich waren»* (Steiner[249]) – waren erneut außerordentlich dicht und eindrucksvoll verlaufen; zugleich notierte eine Besucherin, Assja Turgenieff, fragend:

> Wie tragisch war der Schluss des letzten Mysteriendramas: Alles, was eine neue Gemeinschaft gründen sollte, fiel auseinander. Nur die Fähigkeit, Ahriman zu erkennen, blieb Benediktus' Schülern. War das die Zukunft?[250]

*

Unmittelbar nach dem Ende der Veranstaltungen arbeitete Rudolf Steiner in der bayrischen Hauptstadt weiter an architektonischen Fragen des Johannes-Baus; am 14. September reisten er und Marie von Sivers dann nach Dornach, wohnten erneut im Landhaus des anthroposophischen Zahnarztes Emil Grosheintz und kümmerten sich um die nächsten Schritte. Zwei Tage nach ihrer Ankunft legte Rudolf Steiner die genaue Lage des Baues fest und unternahm am Abend den Spatenstich zur Aushebung der Grundstein-Grube – an Alexander von Bernus, der erneut eine Baumöglichkeit auf Stift Neuburg angeboten hatte, schrieb er:

> Das Karma hat so deutlich auf diesen Punct [hier] gewiesen, dass ich in dieser Zeit nicht mehr wagen würde, dem Johannes-Bau-Verein einen anderen Rat zu geben, als da zu bauen, ganz abgesehen davon, dass eine Änderung der diesbezüglichen Dispositionen schon seit Mai nicht mehr möglich ist. Und ich muss sagen, mit jedem Tag treten mir mehr spirituelle Gründe vor die Seele, welche den uns gewissermaßen aufgedrängten Punct als den richtigen erscheinen lassen. So kann ich auch nichts mehr dagegen haben, morgen hier – nach Sonnenuntergang – den Grundstein zu legen. Und dies bedeutet für mich in occ. Beziehung eine Verantwortung, die mir recht schwer auf der Seele lastet. [251]

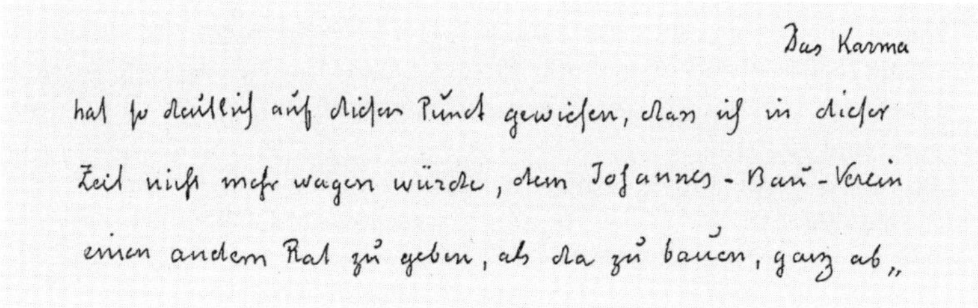
Das Karma
hat so deutlich auf diesen Punct gewiesen, dass ich in dieser
Zeit nicht mehr wagen würde, dem Johannes-Bau-Verein
einen andern Rat zu geben, als da zu bauen, ganz ab-

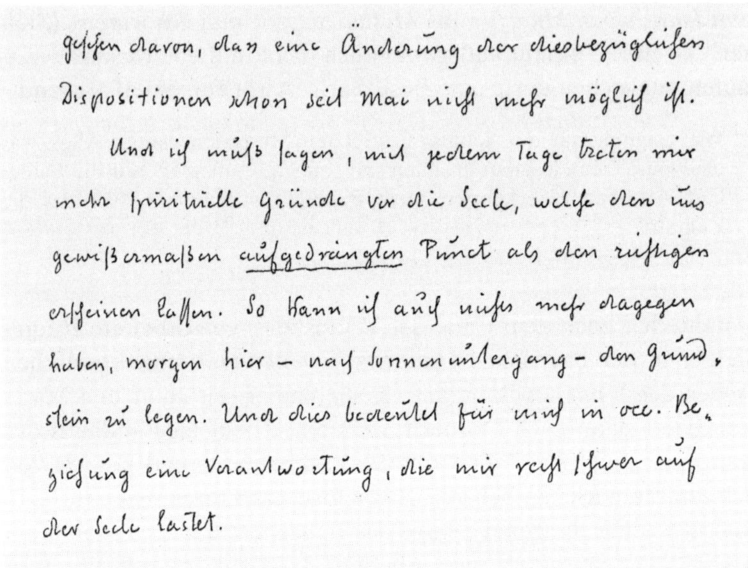

gesehen davon, dass eine Änderung der diesbezüglichen Dispositionen schon seit Mai nicht mehr möglich ist.

Und ich muss sagen, mit jedem Tage treten mir mehr spirituelle Gründe vor die Seele, welche den uns gewissermassen aufgedrängten Punct als den richtigen erscheinen lassen. So kann ich auch nichts mehr dagegen haben, morgen hier – nach Sonnenuntergang – den Grundstein zu legen. Und dies bedeutet für mich in occ. Beziehung eine Verantwortung, die mir recht schwer auf der Seele lastet.

Am Abend des 20. September vollzog Rudolf Steiner dann die Grundsteinlegung an dem schicksalhaften Ort *(«Wir stehen, durch Karma geführt, in diesem Augenblicke an dem Orte, durch den durchgegangen sind wichtige spirituelle Strömungen.»*[252]*)*, den er ein Jahr zuvor erstmals näher kennen gelernt hatte und in dessen Boden er nun den Grundstein versenkte. In den Worten Marie von Sivers':

> Die Elemente hatten sich gleichsam verschworen: der Wind sauste, der Regen strömte, die Füße versanken im Lehm, viele konnten nur noch einen Schuh herausziehen aus dem weglosen, lehmigen Boden, den andern ihm überlassend.[253] Die großen Fackeln, welche die Grube beleuchteten, in die der Stein versenkt wurde, ließen fortwährend Flammenstücke ihres Leibes in sie hineinfallen: eine Szene von ungeheurem, düsteren Ernst und ungeahnter Größe. Denn das Wort Rudolf Steiners übertönte den Aufruhr der Elemente, erscholl klar, groß, schicksaltragend und gewaltig.
>
> Wir waren ein Häuflein armer Menschen. Unter uns ein Großer, wie ihn die Geschichte nur in ganz weiten Abständen an die Wendepunkte der Zeit hinstellt; der seinen Willen dem Geistwillen untergeordnet hatte; der da wusste, dass er zu einer Zeit sprach, in der die Übel walten.[254]

In seiner Ansprache wandte Rudolf Steiner den Blick zurück zur Zeitenwende *(«Versuchen wir daran zu denken, wie einstmals einzog in unsere Erdenevolution die große Kunde und Botschaft, das urewige Evangelium göttlich-geistigen Lebens, wie es hinzog über die Erde, als die göttlichen Geister selber die großen Lehrer der Menschheit noch waren.»*[255]*)*, beschrieb die seit dieser Zeit eingetretenen Veränderungen in der geistig-seelisch-physischen Konstitution des Menschen und der Menschheit *(«[...] Versuchen wir zu begreifen, was über unsere Erdenevolution seither gezogen ist an luziferischen und ahrimanischen Einflüssen. Versuchen wir uns klarzumachen, wie aus der Menschenseele gewichen ist der Zusammenhang mit dem göttlichen Weltendasein, mit dem Wollen, mit dem Fühlen und mit dem göttlich-geistigen Erkennen.»*[256]*)* – und sprach von der Not der Gegenwart, dem «Sehnsuchtsruf der Menschheit nach dem Geiste»[257] sowie von den Zivilisationsaufgaben der anthroposophischen Bewegung:

> Versucht in Eure Seelen Euch zu schreiben das Große des Augenblicks, den wir durchmachen am heutigen Abend. Wenn wir hören können den Sehnsuchtsruf der Menschheit nach dem Geiste, und errichten wollen den Wahrbau, von dem aus verkündet werden soll immer mehr und mehr die Botschaft von dem Geiste, wenn wir dieses fühlen im Leben dieser Welt, dann verstehen wir uns an diesem Abend richtig. Dann wissen wir – nicht in Hochmut und nicht in Überschätzung unseres Strebens, sondern in Demut, in Hingabe und Opferwilligkeit –, wissen wir, dass wir sein müssen in unserem sich bemühenden Streben die Fortsetzer jener Geistesarbeit, die im Abendland ausgelöst worden ist im Laufe einer fortschreitenden menschheitlichen Entwickelung, die aber endlich dazu führen musste durch die notwendige Gegenströmung der ahrimanischen Kräfte, dass heute die Menschheit an einem Punkte steht, wo die Seelen verdorren, veröden müssten, wenn jener Sehnsuchtschrei nach dem Geiste nicht erhört würde. Fühlen wir, meine lieben Schwestern und Brüder, diese Ängste! So muss es sein, wenn wir weiter kämpfen dürfen in jenem großen geistigen Kampf, der ein Kampf ist, durchglüht vom Feuer der Liebe [...].[258]

Erstmals berichtete Rudolf Steiner in seiner Ansprache vom konkreten inneren Gehalt eines «Fünften Evangeliums» und sprach ein großes, aus diesem Evangelium stammendes Mantram, ein *«makrokosmisches Vaterunser»*.[259] – Gegen Ende der Ansprache hieß es dann erneut im Hinblick auf das Zeitgeschehen und die Aufgabe des künftigen Baues:

> Durch alle Erdenzeiten hindurch und in alle Menschenseelen hinein wirkt aus dem starken Menschenwillen, der sich erfüllt mit dem Sinn des Daseins und dem Sinn der Erde, eine Verstärkung durch die kosmische Kraft, welche die Menschheit heute sich erfleht, unbestimmt hinrichtend den Blick zu einem Geiste, den sie erhofft, aber nicht erkennen will, weil in die Menschenseele Ahriman eine ihr unbewusste Furcht gesenkt hat überall da, wo heute vom Geiste gesprochen wird. Fühlen wir das, meine Schwestern und Brüder, in diesem Augenblick. Fühlet dieses, so werdet Ihr Euch zu Eurem Geisteswerk rüsten können und Euch als Geisteslichtes Offenbarer *«gedankenkräftig auch noch dann bezeugen, wenn über voll erwachter Geistesschau der finstere Ahriman, die Weisheit dämpfend, des Chaos Dunkelheit verbreiten will»*[260]. Erfüllet, meine Schwestern und Brüder, Eure Seele mit der Sehnsucht nach wirklicher Geist-Erkenntnis, nach wahrer Menschenliebe, nach starkem Wollen. Und versucht in Euch rege zu machen jenen Geist, der da vertrauen kann der Sprache des Weltenwortes, die uns entgegenhallt aus Weltenfernen und aus Raumesweiten, hereinklingend in unsere Seelen. Das ist, was der wirklich fühlen muss am heutigen Abend, der den Sinn des Daseins erfasst hat: Die Menschenseelen sind an einem Rand ihres Strebens. Fühlet in Demut, nicht in Hochmut, in Hingabe und Opferwilligkeit, nicht in Überhebung Eures Selbstes, was werden soll mit dem Wahrzeichen, zu dem wir den Grundstein heute gelegt haben. Fühlet die Bedeutung der Erkenntnis, die uns werden soll dadurch, dass wir wissen können: Es muss in unserer Zeit in den Raumesweiten die Hülle der geistigen Wesenheiten durchstoßen werden, wenn die geistigen Wesenheiten kommen, uns zu sprechen von dem Sinn des Daseins. Allüberall im Umkreis werden aufnehmen müssen Menschenseelen den Sinn des Daseins. Höret, wie an den verschiedenen Geistesorten, wo von Geisteswissenschaft, von Religion und Kunst gesprochen und ihr Sinn behandelt wird, höret, wie immer öder werden die Strebenskräfte der Seele, fühlet, dass Ihr lernen sollt, diese Seelen, diese Strebenskräfte der Seele zu befruchten aus den Geistes-Imaginationen, den Inspirationen und Intuitionen heraus. Fühlet, was der finden wird, der da richtig hören wird den Ton der schöpferischen Geistigkeit.[261]

Marie von Sivers hatte die von Rudolf Steiner verfasste Urkunde für den Zentralvorstand der Anthroposophischen Gesellschaft unterschrieben und auf den Grundstein – unmittelbar vor seiner Eindeckung mit Erde – einen Strauß mit zwölf roten und einer weißen Rose gelegt.

Mitgliedskarte des Johannesbau-Vereins (1913)

Drei Tage später verließen Rudolf Steiner und sie Dornach und brachen nach Kristiania auf, zu einem großen Kurs über das «Fünfte Evangelium».

*

Rudolf Steiner hatte bereits im Frühjahr 1913 in einem Brief an seine Mutter vom kommenden Krieg gesprochen und drängte in Dornach von Anfang an auf ein hohes Arbeitstempo – *«Im Juli 1914 müssen wir fertig sein. Im Juli 1914 muss der Bau fertig dastehen.»*[262]. Auch seine Darstellungen aus dem «Fünften Evangelium» hatten einen intensiven zeitgeschichtlichen Bezug, obwohl sie in keiner direkten Weise mit den politischen Geschehnissen verbunden waren.[263] Die von Marie von Sivers in München erlebte und ganz offensichtlich tiefgreifende Erschütterung Rudolf Steiners war Ausdruck seiner inneren Bewegungen und Sorgen. Rudolf Steiner sah den europäischen Krieg in größtem Ausmaß kommen; gleichwohl projektierte er ein immenses Bauprojekt für eine Mysterienstätte der Moderne, an einem geschichtsträchtigen und partiell tragischen Ort – und war überdies mit subtilen geisteswissenschaftlichen Forschungen über das Erdenleben und das Martyrium des Christus Jesus beschäftigt, die ihn existentiell forderten[264] und in diametralem Gegensatz zu den Aktivitäten der Theosophischen Gesellschaft, aber auch der positivistischen Naturwissenschaft und Theologie standen.[265] In München war Marie von Sivers über Rudolf Steiners Aussehen und seine morgendlichen Worte erschrocken *(«dass er sich müder fühlt als je und es jeden Morgen ausspricht. Er sieht auch so traurig aus, wie sonst nie!»)* – in München aber hatte Rudolf Steiner auch den überraschenden Kurs über das «Fünfte Evangelium» und damit über seine jüngsten Forschungsarbeiten bekanntgeben lassen.[266] – Die auf Rudolf Steiner lastenden Aufgaben und Verantwortungen schienen zunehmend jedes Maß zu übersteigen, elf Jahre nach dem Beginn der Berliner Arbeit und in einer ständig weiter steigenden Intensität des Geschehens. Wie bewegend die Kristiania-Vorträge über das «Fünfte Evangelium» dann tatsächlich waren – und wie ergriffen Marie von Sivers von ihnen war – dokumentieren Augenzeugenberichte Andrej Belyjs und Assja Turgenieffs[267]; dennoch ging es auch nach der Beendigung dieses einzigartigen Kurses unmittelbar weiter, zu Vorträgen in Kopenhagen und Berlin, Bau-Besprechungen in Dornach, Zweigvorträgen in zahlreichen deutschen Städten und künstlerischen Proben für die Aufführung des Oberuferer Weihnachtsspieles, das am 23. Dezember in Berlin gespielt werden sollte.

*

Vier Wochen zuvor, am 24. November, hielt Rudolf Steiner in Stuttgart nicht nur erneut Vorträge über das «Fünfte Evangelium», sondern sprach in Anwesenheit Christian Morgensterns über dessen Dichtkunst – und ließ Marie von Sivers zahlreiche Morgenstern-Gedichte rezitieren. Trotz all ihrer weitläufigen Aufgaben und Verpflichtungen hatte Marie von Sivers künstlerisch ununterbrochen weiter gearbeitet, in der ihr eigenen, tief mit ihrem Schicksal verbundenen Sphäre der Wort- und Sprachkunst, deren Werde- und Auferstehungsbedingungen sie fortwährend beschäftigten. Christian Morgenstern dankte es ihr von Herzen; noch am Abend der Rezitation, vier Monate vor seinem Tod, formulierte er in einem Brief, den Rudolf Steiner später als «erschütternd» bezeichnen sollte:

Hochverehrtes Fräulein von Sivers, es war vor mehreren Wochen, als ich beim Herausziehen geeigneter Stücke aus meinen verschiedenen früheren Sammlungen von einem Gefühl überwältigt wurde, das mir im Augenblick sehr nahe ging. Ich sagte mir – in Hinsicht auf den Verlust meiner Stimme und in Hinsicht darauf, dass gerade jetzt Aufforderung nach Aufforderung an mich herantritt, öffentlich zu lesen –, dass diese kleinen Lieder und Rhythmen nun wohl niemals so vor Menschenohren gelangen werden, wie sie von mir empfunden worden waren. Denn ich erlebte noch einmal die wunderliche Seligkeit, in der jede wirklich lebensvolle dieser Strophen ins Dasein hatte treten dürfen, und sagte mir: dieser Zustand der Seele wird, da nicht mehr von ihr, von niemandem mehr wiederheraufzubeschwören sein. Ich vergaß damals, wie so oft, das liebevolle Verständnis verwandter Seelen, die einen ähnlichen Zustand in sich zu schaffen vermögen einfach aus Wärme für das Kunstwerk, um das es sich handelt, und der durch sie bewirkten Hellfühligkeit für die Regungen, aus und unter denen es sich gebildet haben mag. Für jene arge Vergesslichkeit haben Sie mich, liebes herzlich verehrtes Fräulein von Sivers, an diesem unvergesslichen 24. November 1913 in der allerzartesten Weise bestraft. Denn da war jemand in jenen isolier-

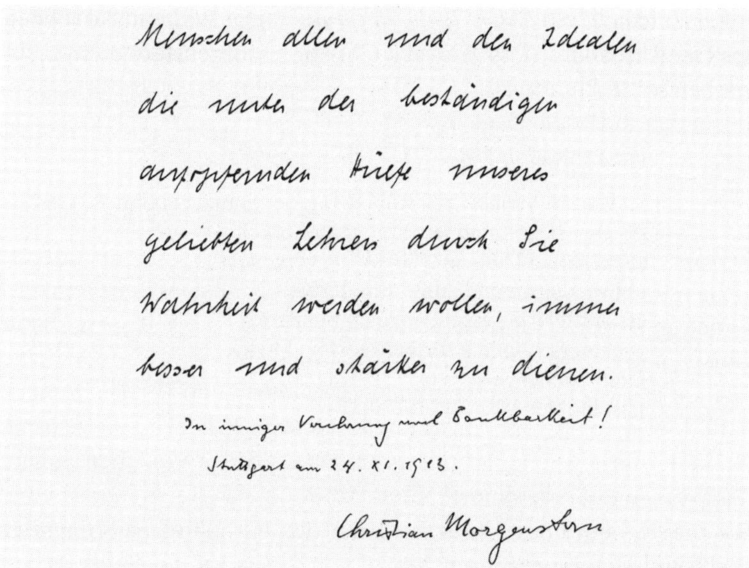
Menschen aller und den Idealen
die unter der beständigen
aufopfernden Kräfte unseres
geliebten Lehrers durch Sie
Wahrheit werden wollen, immer
besser und stärker zu dienen.
In inniger Verehrung und Dankbarkeit!
Stuttgart am 24. XI. 1913.
Christian Morgenstern

Letzte Seite des Briefes (Handschrift Margareta Morgenstern, Schluss und Unterschrift von Christian Morgenstern)

ten Kreis getreten, von dem unser lieber Herr Doktor sprach, war dem «Einsamen» auf sein Eiland willig gefolgt und konnte nun gleichsam mit dessen eigener Stimme die kunstlosen Weisen wiedergeben, die sich dort vorfanden und darboten.[268]
Ich darf fortan getrost sein, dass dies und das meiner bescheidenen Hervorbringungen auch als lebendiger Klang den Menschen wird nahe kommen dürfen – seit ich sie von Ihnen zum zweiten Mal empfing und damit einen Gruß meiner Jugend, und anderseits eine Mahnung, Ihnen reinen und hohen Menschen allen und den Idealen, die unter der beständigen aufopfernden Hilfe unseres geliebten Lehrers durch Sie Wahrheit werden wollen, immer besser und stärker zu dienen.
In inniger Verehrung und Dankbarkeit!
Stuttgart am 24. XI. 1913. *Christian Morgenstern*[269]

Auch am letzten Tag des Vorkriegsjahres 1913 rezitierte Marie von Sivers Gedichte Christian Morgensterns in Leipzig, in seiner Gegenwart – aus Morgensterns abschließender, Rudolf Steiner gewidmeten Sammlung «Wir fanden einen Pfad» und innerhalb einer großen Vortragsveranstaltung Rudolf Steiners: *«Christus und die geistige Welt – von der Suche nach dem heiligen Gral.»*[270] Die Widmungsstrophen des Gedichtbandes, dessen Druck Christian Morgenstern nicht mehr erleben sollte, lauteten:

Für Dr. Rudolf Steiner

So wie ein Mensch, am trüben Tag, der Sonne vergißt, –
sie aber strahlt und leuchtet unaufhörlich, –
so mag man Dein an trübem Tag vergessen,
um wiederum und immer wiederum
erschüttert, ja geblendet zu empfinden,
wie unerschöpflich fort und fort und fort
Dein Sonnengeist
uns dunklen Wandrern strahlt.[271]

*

Bis zum Sommer des Jahres 1914, der den europäischen Kriegsausbruch mit sich brachte, war Marie von Sivers an der Seite Rudolf Steiners noch einmal zu Vortragsreisen in Skandinavien, in Wien und Prag, aber auch in Paris – von wo aus sie Ende Mai gemeinsam mit

Edouard Schuré die Kathedrale von Chartres besuchten: «Wir hatten lange im rechten Seitenschiff der Kirche gestanden. Er hatte sich ziemlich still verhalten. Als wir dann hinaustraten, erzählte er mir wunderbare Dinge über Johannes, über das Johannes-Evangelium und ging dann plötzlich zurück zu Plato und Aristoteles. Ich konnte mich des Eindrucks nicht erwehren, als wäre er diesen Gestalten da drinnen wieder begegnet.» (Schuré)[272]

Auch in Deutschland fanden zahlreiche Vorträge Rudolf Steiners, aber auch wiederholte Besprechungen statt, unter ihnen die zweite Generalversammlung der Anthroposophischen Gesellschaft Mitte Januar in Berlin. In ihrem Verlauf gab es endlose Diskussionen auf teilweise bizarre Anträge, die unter anderem eine Rechtfertigung Marie von Sivers' für die vermeintlich hohen Kosten der Proben und Mysterienaufführungen im Sommer 1913 in München verlangten. Im Verlauf ihrer empörten «Verteidigungsrede» sagte sie:

> […] Es gehört zu den tiefsten Ironien, die ich erfahren habe in meinem an Erfahrungen so reichen Arbeitsleben innerhalb der Theosophischen Gesellschaft, dass dasjenige möglich geworden ist, wovon hier in diesem Antrag gesprochen worden ist. Also es wird aus den reinsten selbstlosesten Beweggründen ein Geschenk gemacht, eine persönliche private Gabe. Würden nicht zwei Monate im Jahre ausgesondert werden zu diesen Aufführungen, könnten, bei den Ansprüchen, die die Mitglieder an Herrn Steiners Zeit stellen, die Mysterien wahrscheinlich überhaupt nie geschrieben werden. Und nie könnte man in dieser dennoch so kurzen Zeit eine Aufführung zustande bringen, wenn man erst die Gesellschaft fragen müsste, ob ein Arbeiter 50 Pf. mehr oder weniger an Trinkgeld bekommen dürfte, ob ein Künstler in dieser oder jener Weise entschädigt werden könnte. Wer nur etwas weiß, was alles in Betracht kommt bei einem Unternehmen, der würde unter solchen Bedingungen von vornherein die Sache aufgeben. Aus persönlicher Initiative entstand die Sache, und es wurde nicht einmal daran gedacht, die Gesellschaft zu Beiträgen aufzufordern. Wie kann man denn von einem Defizit reden, wo nur mit Auslagen gerechnet wird …
>
> Aus reiner Begeisterung für die Kunst, um etwas zu ermöglichen, was als ein Geschenk betrachtet wird, nicht nur für die Gesellschaft, sondern für die ganze Menschheit, werden die Mittel hergegeben.
>
> Viele von uns sind der Überzeugung, dass diese Dramen noch länger leben werden als ein Gebäude von Holz und Stein.[273]

Ungeachtet dieser unerfreulichen Gesellschaftsereignisse – aber möglicherweise mit Blick auf ihre kleinhorizontige Enge – hielt Rudolf Steiner in den Berliner Tagen seine grundlegenden Vorträge über den «menschlichen und den kosmischen Gedanken» und sprach in einer Versammlung des Johannesbau-Vereins über die architektonischen und sozialen Notwendigkeiten in Dornach bzw. über die «Herzensangelegenheit» des Johannes-Baues («denn für die Beantwortung der Frage, ob in einem gewissen weiteren Sinne Anthroposophie heute verstanden wird, hängt außerordentlich viel von einer Antwort ab, die wir nicht mit Worten geben können, die nicht wir mit Gedanken ausdrücken können, sondern davon, dass wir zur Tat übergehen [...].»[274]), ehe er sich Ende Januar mit Marie von Sivers zu anstehenden Modellarbeiten an die Baustelle in der Schweiz aufmachte.

*

Wenige Tage nach ihrer Ankunft schrieb Marie von Sivers an Mieta Waller über ihre Lebens- und Arbeitssituation in Dornach unter anderem:

> Jetzt muss ich Inspiratrice sein, wie es der Dr. nennt, d. h. stumme Figur neben ihm, wenn er schafft. Ich kann nicht gut meine Schreibereien mitnehmen an all die entlegenen Orte, – Korrekturen [der Vortragszyklen] konnte ich diesmal in der Eile mir nicht schaffen, so muss ich mich eben mit der Rolle der stummen Inspiratrice bescheiden. Es war schon hübsch, die paar Stunden, in denen man alleine saß, aber meistens ist's doch ein Geschwirre in der Werkstatt, dass einem der Kopf mitschwirrt, und eine Dampfheizungsglut, die recht unerträglich ist. Die anderen Inspirationsstunden verbringe ich im Modell drin; da ist's wie in einem Keller. Unter der einen Kuppel schafft der Dr. emsig. In Wachs verdichtete Lebenswellen gehen aus einer Form in die andere über; unter der anderen Kuppel sitze ich recht unbequem mit Hamerlings Hymnen und inspiriere bis ich steif werde. Heute habe ich mich etwas davon emanzipiert und einige Briefe geschrieben. Gestern saßen wir unter den Kuppeln bis 12 Uhr nachts. Sonst haben wir jeden Abend schrecklich langweilige Bureausitzungen, heute auch wieder. Draußen ist den Tag über wunderschöne Sonne und blendend weißer Schnee. Ich finde das Wetter reizend; der Dr. bleibt dabei, dass hier das Klima sehr anstrengend ist und das Arbeiten erschwert.[275]

Innnenmodell des Johannes-Baues

Rudolf Steiner bat Marie von Sivers, bei seinen Arbeiten am Innenmodell des Baues ständig in seiner nächsten Nähe und damit bei der Ausgestaltung eines Werkes präsent zu sein, von dem Assja Turgenieff sagen sollte, dass seine spätere Ausführung «trotz jahrelang dauernder Bildhauerarbeit nicht im entferntesten erreicht werden konnte»[276]. Aber auch an den zahlreichen Bau- und Finanzierungsgesprächen nahm Marie von Sivers ununterbrochen teil – *«Es legt sich auch ein bisschen lastend die Sorge auf die Schultern, wenn man bei jedem Besuch erfährt, dass die Voranschläge so bedeutend hinter den wirklichen Kosten zurückstehen. Ahriman ist doch ein unheimlicher Geselle. Wird man mit ihm fertig, wenn man sich mit ihm einlässt?»*. Weiter schrieb sie im letztzitierten Brief an Mieta Waller vom 18. Februar 1914 jedoch in entschieden positiver Wendung:

> So bewege ich einige Sorgen in meinem Herzen und kann doch nicht anders als glauben, dass alles zu schönster Erfüllung dränge, wenn ich die herausquellenden Linien sehe, die werdenden Gestaltungen. Wenn ich höre, was schon fertig im Geiste ruht und auf uns wartet, damit wir ihm lebendigen Ausdruck verleihen! Diese Art von Glück hat doch niemand gehabt in dieser Weise.[277]

Die künstlerischen Arbeiten am Johannes-Bau hatten mittlerweile mit größter Intensität begonnen – junge Anthroposophen (wie Assja Turgenieff und Andrej Belyj) waren in großer Zahl nach Dornach gekommen und beteiligten sich unter Rudolf Steiners Führung am werdenden Werk. Im Verlauf des Februars wurde bereits die kleine Kuppel mit Holz verschalt und in der Schreinerei konnten die Säulen sowie ihre Sockel und Kapitelle so weit gefertigt und vorbereitet werden, dass es in der zweiten Märzwoche zum Beginn der Schnitzarbeiten kam. Rudolf Steiner war an allen Arbeitsorten helfend und lehrend präsent, kümmerte sich um jedes künstlerische Detail *(«Bei Regen in hohen Stiefeln, an heißen Tagen in Sandalen, einen weißen Arbeitskittel über seinem Gehrock, freundlich grüßend vorbeieilend, mit einem Skizzenblock, einem plastischen Modell in der Hand.»[278])*; er beschäftigte sich aber auch mit der Darstellung des Unternehmens gegenüber der Schweizer Öffentlichkeit – Ende Februar erschien sein Aufsatz «Was soll die Geisteswissenschaft» im Tagblatt der Birseck-Region. Steiner war nahezu pausenlos unterwegs, gewährte dennoch zahllose Einzelgespräche und -beratungen[279] und trug sämtliche Lasten, unterstützt von Marie von Sivers:

> Ich muss – abgesehen von meiner übrigen Arbeit – Herrn Steiner bei allen Ausgängen begleiten. Es bedeutet dies für ihn eine große Hilfe, und da dies nun einmal mein Schicksal ist und ich durch meine Anwesenheit das Gewicht, das er tragen muss, ein wenig erleichtern kann, so würde mich nichts von einer so teuren Pflicht zurückhalten.[280]

Ihre «eigene Arbeit» bestand für Marie von Sivers weiter in vielen administrativen Gesellschaftsaufgaben (mit Organisation von Vortragsreisen Rudolf Steiners nach Süddeutschland, Berlin, Wien, Prag und erneut Berlin), in der Durchsicht, Korrektur und Herausgabe von Vortragsnachschriften – und in künstlerischen Tätigkeiten. Marie

Der Johannes-Bau, Februar 1914

von Sivers plante nicht nur die nächsten Festspielveranstaltungen, die im Sommer in München stattfinden sollten, sondern setzte sich intensiv für die junge, «*christbegabte*»[281] Kunst der Eurythmie ein.[282] Ein Jahr zuvor, Ende April 1913, hatte sie gemeinsam mit Rudolf Steiner eine Probeaufführung der ersten Schüler in Düsseldorf besucht, vier Monate vor der offiziellen Mitglieder-Darstellung am 28. August 1913 in München.

Nun bat Marie von Sivers Rudolf Steiner, die russische Künstlerin Tatjana Kisseleff nach Dornach zu bitten, um dort die Eurythmie weiter auszubilden. Kisseleff war vierzehn Jahre jünger als Marie von Sivers, war ebenfalls in Warschau und Sankt Petersburg groß geworden und Rudolf Steiner und Marie von Sivers Ende 1911 erstmals begegnet; sie hatte eine Einführung in die Eurythmie von Lory Smits in Düsseldorf erfahren, ehe sie dann von Marie von Sivers nach Berlin geholt worden war, um die Eurythmie dort unter den Anthroposophen bekannt zu machen. Als Rudolf Steiner sie im Frühjahr 1914 auf Vorschlag Marie von Sivers' tatsächlich nach Dornach berief, war die dreiunddreißigjährige Russin anfangs verunsichert, ob sie der damit verbundenen Aufgabe gewachsen sein würde – Rudolf Steiner aber sagte zu ihr:

> Wenn Sie die Leitung der Eurythmie hier übernehmen, so habe ich die Gewissheit, dass die Eurythmie vor der Seelenlosigkeit bewahrt wird; denn ihr drohen große Gefahren, besonders die der Veräußerlichung. Sie werden ihr den kosmisch-sakralen Hintergrund geben und erhalten können.[283]

Am 30. März 1914, elf Jahre vor Rudolf Steiners Tod, traf Tatjana Kisseleff daraufhin in Dornach ein – bald danach begann ihre künstlerische Arbeit, anfangs in einem Gasthof, dann in «Haus Hansi» – in das Rudolf Steiner und Marie von Sivers Ende Mai eingezogen waren[284] –, später im «Weißen Saal» des Johannes-Baues. Die eurythmische Arbeit, die eng von Rudolf Steiner und Marie von Sivers begleitet wurde («[…] Keine seiner Schöpfungen hat Rudolf Steiner so geliebt wie die Eurythmie, die ja der unmittelbare Ausdruck jener ätherischen Schöpferkräfte ist, die allem Weltenschaffen

Die Wandelhalle im Erdgeschoss, April 1914

zugrunde liegen und durch das *Wort* zur sichtbaren Auferstehung gelangen.»[285]), war für die künstlerische Gestalt des entstehenden Baues von größter Bedeutung – umgekehrt wurde sie von Rudolf Steiner in innerer Korrespondenz mit diesem selbst entwickelt: *«Wahrscheinlich hätte die Eurythmie nicht ohne die Arbeit am Bau gefunden werden können. Vor dem Baugedanken war sie nur in ihren ersten Anfängen vorhanden.»*[286]

*

Künstlerische Werk- und Aufbruchsstimmung herrschte im Frühling und Frühsommer 1914 in Dornach, eine initiative Stimmung der Freude, verbunden mit einem ahnenden Wissen um die eingegangene Verantwortung: der baulichen Errichtung einer neuen Mysterienstätte in den Kämpfen und Auseinandersetzungen des 20. Jahrhunderts. Anlässlich der Einweihungsfeier des Glashauses, die nach nur zehnwöchiger Bauzeit am 17. Juni stattfinden konnte, sagte Rudolf Steiner zu Beginn seiner Ansprache:

> Meine lieben Freunde, indem wir uns sozusagen in diesen Räumlichkeiten hier fühlen, die als ihren nächsten Zweck den haben, für unseren Bau die Glasfenster zu liefern, darf und muss uns eigentlich der Gedanke bewegen, wie wir dem, was wir mit diesen Baulichkeiten zu leisten haben, eigentlich mit unserem menschlichen Können, mit dem, was wir vermögen, doch nicht gewachsen sind. Und ich glaube, dass es eine gute, heilsame Empfindung ist, wenn wir die Empfindung des Nichtgewachsenseins durch alle unsere Arbeit weiter forttragen werden. Denn nur so werden wir dasjenige erreichen, was sozusagen das Möglichste von uns zu Erreichende ist. Wir werden die Anfänge einer künstlerischen Umhüllung unserer geisteswissenschaftlichen Arbeit in der Weise zu Ende führen, wie es in unserer Zeit und mit unseren Mitteln möglich ist, wenn wir eben immer das Gefühl haben: der eigentlichen Aufgabe sind wir dabei doch wirklich recht wenig gewachsen. Jedesmal, wenn wir unseren Bauplatz betreten, fühlen wir uns, ich möchte sagen, ganz wie umgeben von dem Fluidum, das uns überall einflößt: Tue dein Möglichstes, wozu deine Kräfte und dein Können ausreichen, denn in bezug auf das, was geleistet werden soll, kannst du nicht genug tun; und tust du dein Möglichstes, so ist es eben noch lange, lange nicht genug.[287]

Das Atelier für die Glasradierungen (1914)

Am Tag vor dem Baubeginn des Dornacher «Glashauses» war in Meran Christian Morgenstern gestorben, am 31. März. Vier Tage später, am 4. April, hatte Rudolf Steiner mit großer innerer Bewegung zur Trauerfeier des Freundes in Basel gesprochen, am Vortag seiner Abreise nach Wien, zum dortigen Osterkurs: *«Inneres Wesen des Menschen und Leben zwischen Tod und neuer Geburt.»* Am Karfreitag hatte Rudolf Steiner auch in Wien an den geistigen Lebensgang Morgensterns erinnert; erneut waren von Marie von Sivers seine Gedichte rezitiert worden – so, wie sich Morgenstern dies gewünscht hatte. Christian Morgenstern, der 1871, nach dem deutsch-französischen Krieg, geboren worden war, hatte die mitteleuropäische Erde nur wenige Monate vor dem nächsten Inferno verlassen, als ein Apostel und Zeuge des Friedens.

In Basel sprach Rudolf Steiner am 1. Juni – kurz nach seiner Rückkehr aus Paris und Chartres – zum letzten Mal über die «Vorstufen des Mysteriums von Golgatha» und betonte eindringlich die notwendige *«Kultur der Selbstlosigkeit»*, die der Zukunft angehöre, ja diese erst eigentlich ermögliche.[288] Sechs Wochen später hielt er seine letzte Esoterische Stunde vor dem Ersten Weltkrieg im schwedischen Norrköping – in einer zunehmenden Vorkriegsstimmung, die Europa erfasste. In der Wiener Osterzeit hatte Rudolf Steiner bereits bekannt gegeben, dass die Fertigstellung des Dornacher Baues bis zum Sommer nicht gelingen würde – und auch die dramatischen Aufführungen in München abgesagt. Am 1. August fuhren Rudolf Steiner und Marie von Sivers dann noch einmal nach Bayreuth für eine Parzival-Aufführung – acht Jahre nach ihrer ersten gemeinsamen Parzival-Reise dorthin – und kamen nur mit großer Mühe über die Grenzen in die Schweiz zurück, wo die allgemeine Mobilmachung begann:

> Hinter uns versank eine Welt in Not und Jammer, ihrem dunkelsten Geschick entgegen.[289]
>
> Es war der schwerste Tag im Leben Rudolf Steiners. So niedergedrückt hatte ich ihn noch nie gesehen.[290]

*

3. Der Weltkrieg und die Nachkriegszeit

> Und innerlich das Gefühl: als bestünde die Welt gar nicht mehr, in der man gelebt hat. (6.2.1918)[291]
>
> Mit dem Doktor kann ich überhaupt kaum mehr ein Wort sprechen, er wird buchstäblich zerrissen. (19.2.1921)[292]
>
> Viel denke ich an Dich und an alles, was Du der Welt gibst; es ist so unsagbar, dass man mit den Gedanken darüber gar nicht zu Ende kommt. (15.10.1924)[293]

Bereits unmittelbar nach dem Beginn des Weltkrieges sagte Rudolf Steiner in einer Ansprache zu den in Dornach arbeitenden und lebenden Mitgliedern der Anthroposophischen Gesellschaft:

> In friedlichen Gedanken und in friedlicher Arbeit ragt unser Bau empor. In diesen Zeiten, wo alles erschüttert zu sein scheint, wollen wir uns doch bestreben, eine Schar zu sein, die Frieden und Harmonie in eines jeden Herzen hegt und pflegt, so dass ein jeglicher über einen jeglichen die besten Gedanken hat, ohne Neid, ohne Zwietracht. Das wird das Einzige sein, das es bei dem Hereinragen der schmerzlichen Ereignisse möglich macht, das fortzuführen, was fortgeführt werden muss. Denn es muss und wird fortgeführt werden unser Werk, trotz allen Sich-Auftürmens von Hindernissen. Es wird geschehen, was geschehen muss im Sinne unserer Bewegung.[294]

Am selben Tag begann Rudolf Steiner mit Hilfe der ukrainischen Ärztin Henrietta Ginda Fritkin einen Verbandskurs in Dornach abzuhalten – «Es ist ja durchaus möglich, dass mancher von uns in die Lage kommen kann, diesem oder jenem Menschen zu helfen»[295].

Die Schicksale der internationalen Anthroposophen-Kolonie in Dornach, die nun abgeschnitten von ihren kriegführenden Heimatländern waren, verliefen 1914 und in den kommenden Jahren wechselvoll – gemeinsam, über alle Sprach- und Ländergrenzen hinweg, wurde die große Friedens-Arbeit fortgesetzt; dennoch gab es Krisen, Spannungen und Konflikte, die nicht zuletzt Marie von Sivers schwer zu schaffen machen würden, ja tief in ihr Leben eingriffen.

*

Noch in der zweiten Hälfte des Jahres 1914 reiste Marie von Sivers mit Rudolf Steiner, der weiterhin einen außerordentlich angegriffenen Eindruck machte[296], wiederholt nach Deutschland, zu internen und öffentlichen Vorträgen, in denen sich Steiner insbesondere zu den mitteleuropäischen Aufgaben und zur Wesenheit einzelner Volksseelen äußerte, in einer weitreichenden Bemühung, ein tieferes Verständnis des geschichtlichen Geschehens zu eröffnen. Ununterbrochen beriet Rudolf Steiner auf seinen Reisen einzelne Menschen, formulierte jedoch auch überpersönliche Mantren zum Umgang mit Leiden und Tod, die er den Mitgliedern der Anthroposophischen Gesellschaft in Fortsetzung des Dornacher «Samariter»-Kurses zur Verfügung stellte, beginnend mit einer Berliner Ansprache vom 1. September. Ende August und Anfang September arbeitete Rudolf Steiner in der Motzstraße 17 auch in schriftlicher Weise weiter – in den beginnenden Kriegswochen schrieb er das letzte Kapitel des 2. Bandes seines Werkes *Rätsel der Philosophie*, das den Titel «Skizzenhaft dargestellter Ausblick auf eine Anthroposophie» trug und den methodischen Entwicklungsweg zu einer realen Geisteswissenschaft aufwies; auch verfasste er in der deutschen Hauptstadt ein Vorwort für die Neuauflage seines Schulungs-Buches *Wie erlangt man Erkenntnisse der höheren Welten?* und beendete die Arbeiten an der Neuauflage seiner *Theosophie.* Die beiden letzten Schriften erschienen erneut in dem Philosophisch-Anthroposophischen Verlag Marie von Sivers' und Johanna Mückes, der seit nunmehr sechs Jahren in Berlin arbeitete und in dieser Zeit unzählige Titel verlegt hatte, obwohl Marie von Sivers und Johanna Mücke räumlich oft getrennt gewesen waren («Wie wird es schön sein, wenn wir Hauptarbeiter zusammen in Dornach an einem Platze sind. Es ist doch gar zu schwer, so zerrissen zu sein.»[297]) und wichtige Angelegenheiten brieflich verhandeln mussten.[298] – Zu Beginn der zweiten Septemberwoche reiste Rudolf Steiner dann von Berlin zu seiner Familie nach Horn, sprach in München und kehrte nach Dornach zurück, zu weiteren künstlerischen Arbeiten und Vorträgen. Am Ende des Jahres – am 24. Dezember 1914 – schlossen Rudolf Steiner und Marie von Sivers, einem seit lange bestehenden Entschluss folgend, dort die Ehe.

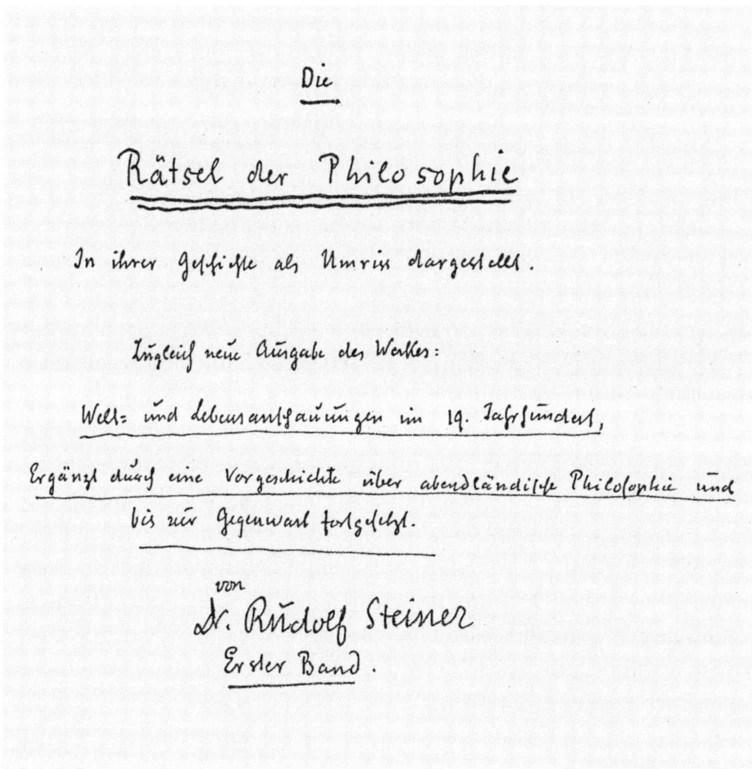

Die

Rätsel der Philosophie

In ihrer Geschichte als Umriss dargestellt.

Zugleich neue Ausgabe des Werkes:

Welt- und Lebensanschauungen im 19. Jahrhundert,

Ergänzt durch eine Vorgeschichte über abendländische Philosophie und bis zur Gegenwart fortgesetzt.

von

Dr. Rudolf Steiner

Erster Band.

Die Verheiratung Rudolf Steiners mit Marie von Sivers kam für die Menschen in Dornach vollkommen überraschend – auch wenn die jungen Russen Assja Turgenieff und Andrej Belyj, die gegenüber der «Villa Hansi» wohnten, das Ereignis auf ihre Weise mitvollzogen hatten:

> Schwer erkältet, träumte ich eines Nachts von einem russischen Hochzeitszug im Schneegestöber, mit Glöcklein am Schlitten und bändergeschmückten Pferden. Was sollte das heißen? Am nächsten Tag fuhr Bugajeff [Belyj] unvermittelt nach Basel, um für Fräulein von Sivers einen prächtigen Strauß weißgelber Rosen zu kaufen. Als wir die Rosen überreichten, konnte Frau Dr. Steiner uns kaum glauben, dass wir von ihrer an diesem Tag vollzogenen Eheschließung mit Rudolf Steiner nicht gewusst

hatten. Das kam aber auch für alle unerwartet. Bald darauf wurden wir ins Haus Hansi eingeladen, und in seiner Verwirrung stotterte Bugajeff: «Fräulein ... Frau ... Fräulein von Dr. Steiner!» schoss es plötzlich aus ihm heraus zur allgemeinen Erheiterung ...
Auch anderen passierte ein ähnliches Missgeschick. Die Gewohnheit, Frau Dr. Steiner Fräulein von Sivers zu nennen, hatte sich weiter fortgesetzt, vielleicht manchmal mit einer leisen Betonung, bis Dr. Steiner den Kreis seiner älteren Mitarbeiter einlud und jedem einzelnen seine Frau – Frau Dr. Steiner – vorstellte. Seitdem machte man den Fehler nicht mehr.[299]

Die sprachlichen Ungeschicklichkeiten Andrej Belyjs waren harmlos – die Wellen aus Neid und Eifersucht, Hysterie, Verzweiflung und Verleumdung, die Marie Steiner-von Sivers (und Rudolf Steiner) jedoch von zahlreichen Mitgliedern in Dornach am Ende des ersten Kriegsjahres entgegenschlugen[300], waren von verstörender, wenn nicht zerstörender Wirkung, obgleich Marie Steiner-von Sivers anfangs über sie lachte («Ich erinnere mich, wie Frau Marie Steiner herzlich lachte über die gegen sie erhobenen Anschuldigungen.» Margarita Woloschina[301]). Am 30. Dezember sagte Rudolf Steiner, indirekt auf die Stimmungswogen und Gerüchte Bezug nehmend, am Ende eines Vortrages über künstlerische Motive des Johannes-Baus und die mit ihnen verbundenen Initiationswege:

So sehen wir, was an Umwandlungsimpulsen auch für das künstlerische Auffassen im geisteswissenschaftlichen Erkennen liegt. So sehen wir, wie wir ahnen können, wenn wir uns einlassen auf dieses geisteswissenschaftliche Erkennen, die Kräfte, von denen die Geisteskultur der Menschheitszukunft beherrscht sein muss. In der Tat, wir dürfen es glauben, dass niemand, ohne dass sein eigenes Wesen tief innerlich umgewandelt wird, an die Geisteswissenschaft wirklich herankommt. Wir dürfen glauben, dass die Geisteswissenschaft etwas ist, was den Menschen tief innerlich erfassen kann, was hinausführt über die engen Zusammenhänge des nur physischen Lebens. Wenn man ein solches Ideal der Geisteswissenschaft im Sinne hat, gewissermaßen etwas im Sinne hat, was, indem die Geisteswissenschaft betrieben wird, schon in eine andere Sphäre führt als die Sphäre des gewöhnlichen Erlebens, dann bedeutet es jedesmal etwas Ungeheures, wenn bei irgend jemandem gesehen werden kann, der innerhalb dieser geisteswissenschaftlichen Bewegung steht, dass er wirklich den Funken in sich entzündet, der ihn hinausführt über das gewöhnliche, eng persönliche Erleben. Das ist das Einzige, was wir heute gewissermaßen schon wie beseligend durch die geisteswissenschaftliche Strömung erleben können, dass durch diese geisteswissenschaftliche Strömung Menschen unter uns auftauchen können, welche wirklich den Weg finden hinaus aus ihrer Persönlichkeit in diejenigen Sphären, wo nicht mehr das Persönliche vorhanden ist. Im Alltäglichen müssen wir das Persönliche pflegen, aber insofern wir als Geisteswissenschaftler beisammen sind, verwandelt sich alles persönliche Wollen und Fühlen, wenn wir die Geisteswissenschaft richtig ergreifen, in etwas Unpersönliches, und jeder Sieg über das persönliche Fühlen, über die persönliche Schwere des Lebens ist von unendlicher Bedeutung, von unendlichem Wert. Aber es ist zugleich das, was zu den bittersten Enttäuschungen gehört, wenn dasjenige, was im Verlaufe der geisteswissenschaftlichen Bestrebungen rein geistig gewollt wird, wiederum hereinrückt in das persönlich-menschliche Wollen und in die persönlich-menschlichen Absichten, wenn das Persönliche anfängt, eine Rolle zu spielen innerhalb jener Gesellschaft, welche uns im Streben nach der Geisteswissenschaft umschließen soll. Ich möchte nicht die paar Sätze, welche ich am Schluss gesprochen habe, genauer ausführen, ihre Bedeutung genauer umschreiben, weil ich glaube, dass so mancher unter Ihnen sein wird, der vielleicht vieles in diesen Sätzen verstehen wird […].[302]

*

Trotz Rudolf Steiners deutlichen Worten am Ende des Jahres 1914 aber beruhigten sich die Dornacher Emotionen nicht; bereits in der ersten Januarwoche des Jahres 1915 rief Steiner daraufhin eine eigenständige Versammlung ein, in der er in ungleich drastischerer Weise – und außerhalb eines geisteswissenschaftlichen Vortragszusammenhanges – zu den Geschehnissen Stellung nahm. Eine Teilnehmerin erinnerte sich an Rudolf Steiner und Marie Steiner-von Sivers in dieser Situation später mit den Worten:

Die Versammlung, welche Rudolf Steiner einberief, gehört zur schmerzlichsten Erinnerung meines Lebens. Seine Augen flammten. Seine Stimme dröhnte. Marie Steiner saß, weiß bis in die Lippen, den ganzen Abend reglos erstarrt. Nachdem er in der schärfsten Weise alles zurückgewiesen hatte, was durch seine Trauung entfesselt worden war, *«es ist meine Privatsache, die niemand etwas angeht»*, kam er auf die Missstände am Bau. *«Draußen wird von der blinden Autoritätsgläubigkeit der Anthroposophen gefaselt! In Wirklichkeit ist es so, dass ich nur etwas zu sagen brauche, und es geschieht das Gegenteil davon!»* Es war wie Blitz und Donner im Raum. Er sprach von Vergiftung der Arbeit, von Gewissenlosigkeit vor der geistigen Welt. Dann, nach einer Totenstille (er hatte sich neben Marie Steiner niedergesetzt) stand jemand auf (ich erinnere mich nicht, wer es war) und suchte stammelnd nach Worten der Entschuldigung, der Reue und sagte endlich, Herr Doktor werde doch von allen so hoch verehrt. Da schoss schon Rudolf Steiner hoch und rief mit einer Stimme, die von Zorn, ja von Verzweiflung schwang: *«Ich will nicht verehrt werden! Ich will verstanden werden!»* Ein Abgrund schien aufgerissen! Keiner erhob mehr den Blick. Keiner sprach ein Wort. Rudolf Steiner verließ mit Marie Steiner den Raum ohne Gruß. Lautlos schlich alles auseinander.[303]

Marie Steiner-von Sivers 1915

Wie Marie Steiner-von Sivers berichtete, bestand zum Zeitpunkt des beginnenden Johannes-Baues keineswegs die Absicht, die ganze anthroposophische Bewegung auf Dornach zu zentrieren – vielmehr sollten die zivilisatorisch und kulturell wirksamen Aktivitäten in den deutschen Großstädten mit Nachdruck weitergeführt werden. Durch den Ausbruch des Krieges aber war nun eine inselhafte Abgeschiedenheit in Dornach entstanden, auf engstem Raum und unter angespannten Verhältnissen.[304] Über 200 Anthroposophen aus siebzehn Nationen lebten inzwischen in der Umgebung der Baustelle, aus ihren bisherigen Lebensverhältnissen herausgerissen, im Hinblick auf das Weltkriegsgeschehen tief gespalten und in oft schwierigen seelischen Lagen sich befindend, wie dies insbesondere von Andrej Belyj dokumentarisch festgehalten wurde.[305] Die von Anfang an innerhalb der Theosophischen und später Anthroposophischen Gesellschaft vorhandenen Persönlichkeits- und Oppositionstendenzen steigerten sich in diesem, durch den Militarismus weiter verfremdeten Klima zu exzentrischen und partiell ausgesprochen grotesken Formen – Marie Steiner-von Sivers, in ihrer herausgehobenen Position und besonderen Wesensart[306], befand sich mit im Zentrum der verletzenden Angriffe und litt unsäglich unter den Verhältnissen einer Anthroposophischen Gesellschaft, deren Aufbau sie ihre größte Lebensenergie geopfert hatte. Dennoch fuhr sie in ihrer ureigenen künstlerischen Arbeit fort und stand Rudolf Steiner nach wie vor ungebrochen zur Seite:

> Wie viel wir auch missverstanden werden: daran liegt nichts; aber wir dürfen auch nicht im geringsten gebrochen werden.

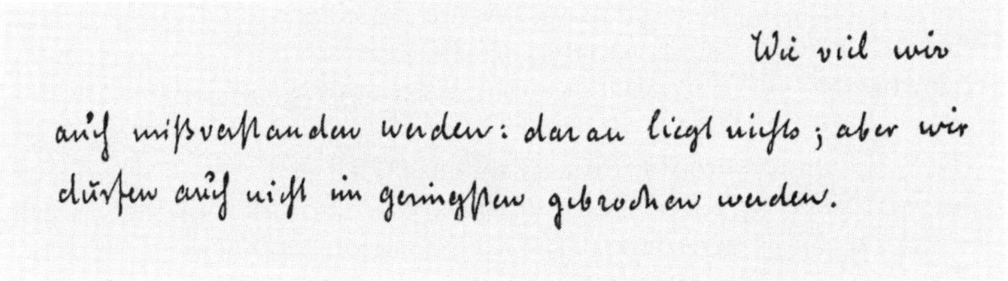
Wie viel wir
auch mißverstanden werden: daran liegt nichts; aber wir
dürfen auch nicht im geringsten gebrochen werden.

*

Zu den von Marie Steiner-von Sivers 1915 mit Intensität betriebenen Arbeiten gehörten unter anderem die eurythmisch-dramatischen Proben und Aufführungen aus Goethes Faust, die im Frühjahr einsetzten und von Faust-Vorträgen Rudolf Steiners begleitet waren. Marie Steiner-von Sivers hatte ein Bühnenpodium in der Schreinerei errichten lassen, organisierte Vorstellungen an Sonntagnachmittagen und arbeitete intensiv an der Methodik der Eurythmie-Rezitation – auch Rudolf Steiner ließ es sich nicht nehmen, den Mitwirkenden ihre Faust-Rollen persönlich vorzulesen und zahlreiche schauspielerische Anweisungen zu geben[307], in weiterhin engstem Zusammenwirken. In seinen autobiographischen Aufzeichnungen über Rudolf Steiner hielt Andrej Belyj diesbezüglich fest:

> Er liebte die Bühne und kannte die Bühne. Für ihn war es eine Erholung, wenn er den Problemen einer Aufführung sich widmen konnte, ob für die Öffentlichkeit oder für einen internen, fast familiären Abend bestimmt, für wenige, für den engsten Kreis [...]. Wo immer die Idee einer Aufführung geboren wurde, da tauchte, sobald er nur konnte, auch der Doktor auf und kniete sich sofort in die Arbeit. Ich hatte das Glück, 1915–1916 wiederholt den Proben zu «Faust» auf der Dornacher Bühne beizuwohnen; und ich war Zeuge seiner unerschöpflichen Einfälle an Details, Gesten, Intentionen. Bei solchen Proben gab es keine gespannte Atmosphäre, kein überfülltes Auditorium, keine Gaffer, es gab keine «Tanten» und «alte Damen», hier dominierte das künstlerische Element – Marija Jakovlevna, Fräulein Waller, die Mitwirkenden [...]. Hier herrschte eine völlig andere Atmosphäre: nicht streng, nicht «vortragsmäßig», am wenigsten – okkult. Der Geist Goethes herrschte hier, und diese Proben erinnerten mich an «Wilhelm Meister»; keine Spur von Akademismus, aber auch keine Spur von Modernismus; hier wehte ein Etwas, das wahrhaft neu war, nach eigener Form strebend, und gleichzeitig uralt in des Wortes höchster Bedeutung; hier wehte ein Hauch des frühen 19. Jahrhunderts: Idealismus, Romantik; der Stil Goethes und Herman Grimms ging bei diesen Proben eine eigenartige Verbindung mit dem Stil Steiners ein.
>
> Doktor Steiner wurde bei diesen Proben einfach zum «lieben Herrn Doktor», lustig, gütig, zum Scherz aufgelegt, aber auch fordernd und pedantisch – wenn es nötig war; der «Doktor» wurde zu einem zugänglichen Regisseur und Künstler. In seiner Gegenwart konnte man übermütig werden, ungeniert herumlaufen und von ihm von allen Seiten Erklärungen verlangen. Wenn man beobachtete, wie jemand ihn im Eifer des Gefechts

am Ärmel packte und mit sich zog, dann staunte man, dass dieser einfache Mann ein tausendköpfiges Auditorium in Furcht und Zittern versetzen konnte. So gutmütig und einfach sah er dann aus.
Aber auch dann hatte man Respekt vor ihm: man hatte Respekt vor dem Regisseur – nicht vor dem «Lehrer». [...]
In den Proben erstand in Dornach eine andere, eine reine, unbeschwerte und sinnerfüllte Welt, vom Geist Goethes durchweht.[308]

Über Marie Steiner-von Sivers und die Eurythmie-Arbeit mit ihr, die sich parallel zu den «Faust»-Proben vollzog, schrieb dagegen Belyjs Lebensgefährtin Assja Turgenieff in einer Wintererinnerung:

Da die Schreinerei wenig oder gar nicht geheizt werden konnte, übten wir in langen Mänteln und Hüten. Frau Doktor ermunterte uns, indem sie lange Proben hindurch in der Kälte aushielt und uns unermüdlich rezitierte. Sie wollte, dass wir an ihrer Rezitation durch uns selbst vorwärts kämen. Ratschläge zu geben scheute sie sich. Und tatsächlich lernten die Eurythmistinnen, instinktiv der Dynamik des gesprochenen Wortes zu folgen. Es war, wie wenn ihre Stimme im Raume Bewegungen hervorriefe, in die hinein man seine Gebärde legte.[309]

Wenn andere rezitierten, war da auch so etwas wie Raumformen; die waren manchmal sogar sehr kompakt, und man musste ihnen ausweichen. Frau Doktors Formen waren aber gleichsam «weniger» als räumlich, sie übten keinen Zwang aus. Es war für uns ein langer, mühseliger Weg, von den unbeholfenen Bewegungen zum Ausdruck des im Raum erfühlten Wortklanges zu kommen.

Viel später sagte mir einmal Frau Doktor, dass sie es für berechtigt halte, die Schüler in der Sprache zu korrigieren und zu verlangen, dass sie so sprächen, wie sie es vormache. Die Sprache hat mit dem Bewusstseinsmäßigen zu tun; darin ist der Mensch frei. Bei der Eurythmie aber kommt es auf die Bewegung an, auf das Willensmäßige. Da ist immer eine Gefahr der Beeinflussung vorhanden. Darum habe sie sich nie erlaubt, Bewegungen vorzuschreiben.

Waren wir auch im Gestalten der Laute nur auf uns selbst angewiesen, so verfolgte Frau Doktors scharfes Lorgnon umso strenger eine choreographisch misslungene Kurve, eine schiefe Aufstellung in die gegebene Form, und mit unendlicher Geduld wiederholte sie eine missglückte Zeile, bis sie korrekt herauskam.

Das alles vollzog sich in kalten, staubigen, schlecht gelüfteten Räumen.[310]

Zusammen mit Tatjana Kisseleff brachte Marie Steiner-von Sivers Mitte Juli 1915 auch Einzelheiten aus dem ersten Mysteriendrama Rudolf Steiners «Die Pforte der Einweihung» zur Darstellung, wobei sie selbst die Worte der Maria auf der Bühne rezitierte, Tatjana Kisseleff dagegen die Seelenkräfte Philia, Astrid und Luna eurythmisch darstellte. So entfaltete sich unter gänzlich provisorischen Bedingungen und Umständen die neue Mysterien-Kunst weiter.

*

Mit Rudolf Steiner war Marie Steiner-von Sivers auch 1915 oft zu Vortragsreisen in Deutschland – wiederum in Berlin verfasste Steiner im Sommer eine neue, in das Zeitgeschehen hineinwirkende Schrift: *Gedanken während der Zeit des Krieges – Für Deutsche und diejenigen, die nicht glauben, sie hassen zu müssen.* In Dornach hatte Rudolf Steiner im Herbst 1914 seine plastische Arbeit an der Christus-Statue gemeinsam mit der englischen Bildhauerin Edith Maryon begonnen, die – nahezu zeitgleich mit Tatjana Kisseleff, Assja Turgenieff und Andrej Belyj – zu Beginn des Jahres 1914 an die Baustelle des Johannes-Baues gekommen war. Die Christus-Statue zwischen den ahrimanisch-luziferischen Widersachermächten sollte den – so Steiner – «Mittelpunkt» bzw. die «Krönung» des Johannes-Baues bilden und dem Menschen die zentrale Orientierung seines Strebens in bildlicher Weise entgegenbringen:

> […] Diese Beziehung des Christus-Impulses zu dem Luzifer-Impuls und dem Ahriman-Impuls wird immer mehr und mehr in der nächsten Zukunft durch die Menschheit verstanden werden können. Luzifer-Kräfte und Ahriman-Kräfte durchwalten die Welt, und der Mensch muss durch sein Christus-Bewusstsein werden wie ein Wesen, das wie in einem Boote sitzt, das zwar immer in den Stürmen, die Luzifer und Ahriman erregen, schaukeln muss, das aber seinen Weg findet durch das Meer, dessen lebendige Substanz aus Luzifer und Ahriman besteht, durch das aber der Mensch sein Christus-Boot dennoch hindurchtreibt.[311]

Im Sommer 1915 wies Rudolf Steiner nun in Berlin darauf hin, dass der intendierte Mittelpunkt der neuen Mysterienstätte in Dornach zugleich auch den mitteleuropäisch-christlichen Auftrag zum Aus-

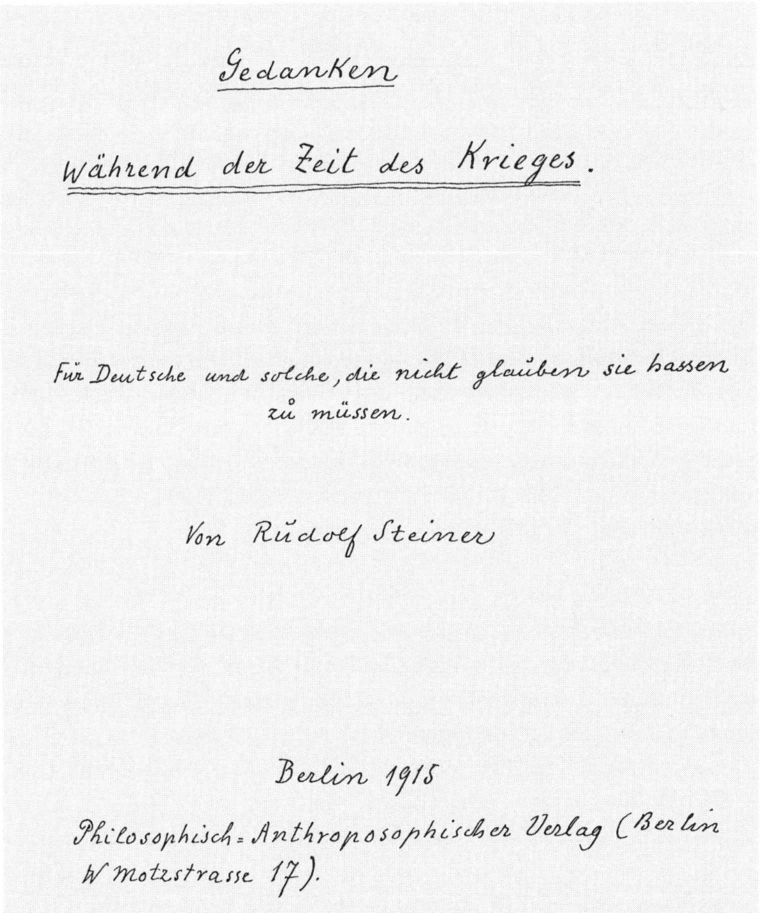
Gedanken

während der Zeit des Krieges.

Für Deutsche und solche, die nicht glauben sie hassen zu müssen.

Von Rudolf Steiner

Berlin 1915

Philosophisch=Anthroposophischer Verlag (Berlin W Motzstrasse 17).

druck bringe, in dessen Wirkrichtung Steiner 1902 sein Amt als Generalsekretär der Deutschen Sektion der Theosophischen Gesellschaft angetreten hatte. Am 10. Juni sagte er in der Stadt, in der seine Arbeit mit Marie von Sivers begonnen hatte:

> Es ist einmal Aufgabe Europas, den Ausgleich zu bringen zwischen dem Osten und dem Westen nach der anderen Seite. Uns in Europa kommt es nicht bloß zu, etwa die Affen des Ostens oder die Affen des Westens zu sein, sondern uns kommt es zu, ganz selbständig auf dem eigenen Boden

> zu stehen und die Berechtigung des einen wie die Berechtigung des anderen voll anzuerkennen. Das ist ausgedrückt in unserer Gruppe. Und so hängt das, was an besonderem Orte unseres Baues aufgestellt ist, auch in geographischer Weise mit unserer Aufgabe zusammen. Es ist aufgestellt nach dem Osten, aber mit dem Rücken nach dem Osten, es blickt nach dem Westen, aber es steht im Gleichgewicht da, trägt in sich das, was es auf langer Wanderung im Osten erfahren hat, und lässt sich nicht genügen an dem, was der Westen an rein ahrimanischer Kultur über die Menschheit bringen kann.[312]

Bei jedem Aufenthalt in Berlin arbeitete Marie Steiner-von Sivers über viele Monate intensiv mit einigen Eurythmistinnen – so, wie sie das zur Weiterentwicklung der «christbegabten Kunst» auch in der neutralen Schweiz tat. Dort, in Dornach, wurden zu Weihnachten 1915 in der Schreinerei zum ersten Mal die Oberuferer Weihnachtsspiele aufgeführt, im Umraum der entstehenden Mysterienstätte und ihrer zentralen Christus-Plastik.

*

In Berlin hielten sich Rudolf Steiner und Marie Steiner-von Sivers auch die ganze erste Hälfte des Jahres 1916 auf, fernab von Dornach. In zahlreichen Vorträgen und einer schriftlichen Arbeit *(Vom Menschenrätsel – Ausgesprochenes und Unausgesprochenes im Denken, Schauen, Sinnen einer Reihe deutscher und österreichischer Persönlichkeiten)* widmete sich Rudolf Steiner der Darstellung der geistigen Mission Mitteleuropas und insbesondere Deutschlands und Österreichs («Der Verfasser dieser Schrift hofft, man werde aus ihr seine Empfindung erkennen, dass liebevolles erkennendes Vertiefen in die seelische Eigenart einer Volkheit nicht führen müsse zur Verkennung und Missachtung des Wesens und Wertes anderer Volkheiten.»[313]). Genau dieses aber wurde Rudolf Steiner und Marie Steiner-von Sivers mit aller Schärfe von einem ehemaligen Freund und Weggenossen entgegengehalten; am 30. März (Rudolf Steiners späterem Todestag) teilte Edouard Schuré Marie Steiner-von Sivers in einem ausgesprochen aggressiven Schreiben mit, dass er aus der Anthroposophischen Gesellschaft mit sofortiger Wirkung austrete[314]:

Die Christus-Plastik, 6. Entwurf (1915)

«Trotz unvergesslicher Erinnerungen und einer Zusammenarbeit, die ich ungemein geschätzt habe, bin ich gezwungen, meinen Austritt als Mitglied der Anthroposophischen Gesellschaft zu vollziehen. Weder als Elsässer noch als Franzose noch als freier Geist kann ich Mitglied einer Gesellschaft sein, die, neben ihrer esoterischen Aufgabe, das Ziel einer allgemeinen Germanisation verfolgt.»[315] An Marie Steiner-von Sivers schrieb Schuré, der Rudolf Steiner einer pangermanischen Agitation bezichtigte[316] und nach seinen eigenen, späteren Worten in den Gewalt-Sog einer «Kriegspsychose» geraten war[317], in direkter Wendung weiter:

> Sie hatten sich eingebildet, aus mir ein Werkzeug des Deutschtums im Elsass machen zu können, ein geschmeidiges und gehorsames Instrument in Ihren Händen. [...]
> Diese Tatsache hat mir so klar wie das Sonnenlicht zum Bewusstsein gebracht, dass trotz Ihrem außerordentlichen Raffinement und der Überlegenheit Ihres Geistes, trotz der hohen Einweihung, die Sie erhalten haben, die Herrschsucht bei Ihnen unvergleichlich viel stärker ist als die christliche Liebe, dass Sie mit einem Wort eine tadellose Preußin sind.[318]

Nach der Lektüre dieses Briefes, den sie erst in der letzten Juliwoche nach der Rückkehr in die Schweiz vorfand, lag Marie Steiner-von Sivers drei Tage regungslos zu Bett und erlitt seelisch bedingte Lähmungserscheinungen, die in späteren Jahren wiederkehrten und zur Folge hatten, dass sie zeitweise im Rollstuhl gefahren werden musste.[319]

Edouard Schurés Werk hatte Marie von Sivers an der Jahrhundertwende zu Rudolf Steiner geführt – ihm, Schuré, dem *«Bannerträger der esoterischen Richtung des Abendlandes»*[320], *«einem Schriftsteller, dem man unendlich nahe stand»* (Steiner)[321], war sie im Innersten verbunden gewesen, hatte mehrere seiner Werke übersetzt und zur Aufführung gebracht, in der gemeinsamen Intention eines Mysterientheaters der Zukunft. Schurés «Heiliges Drama von Eleusis» hatte den Beginn der Münchner Spiele markiert, die schließlich von der Schöpfung der Steinerschen Mysterien- und Karma-Dramen gekrönt gewesen waren. Nur Edouard Schuré hatte Marie Steiner-von Sivers ihre Einsicht in den Inkarnationshintergrund Rudolf Steiners vertraulich mitgeteilt – nun brach Schuré in dieser Weise mit ihr, Rudolf

Steiner und der Anthroposophie, in den zerstörerischen Wirren des Krieges und ihres nationalen Fanatismus.

*

Nachdem Schurés Attacke auch eine gezielte Pressekampagne in der Schweiz gegen Rudolf Steiner und das Goetheanum mitermöglicht hatte, zudem die emotionale Stimmung in Dornach von verschiedenen Angriffen durchsetzt und in keiner Weise dazu angetan war, Marie Steiner-von Sivers zu schützen, verkündete Rudolf Steiner nur wenige Wochen nach ihrer gemeinsamen Dornacher Rückkehr aus Berlin den Rücktritt Marie Steiner-von Sivers von allen ihren Gesellschaftsämtern:

> Frau Dr. Steiner [...] wird, so schnell es sich machen lässt, nunmehr ihren Entschluss ausführen und von ihren Posten im Zentralvorstand zurücktreten, damit auch sie nur als Privatperson, wie ich selber, innerhalb dieser Bewegung stehe. Sie wird ihren Aufgaben, die ihr als Privatperson gestellt sind durch ihre geistige Potenz, sie wird ihren Aufgaben voll genügen, wird alles tun, was sie tun kann; aber sie wird ein Amt, sobald es überhaupt sein kann, nicht mehr haben, nach keinerlei Richtung mehr ein Amt haben, sondern nur noch als Privatperson, wie ich selber, innerhalb der Anthroposophischen Gesellschaft stehen.
> Ich möchte sagen: Der Worte sind genug gewechselt. Sitzungen sind genug gehalten worden über allerlei Dinge; geredet ist genug geworden. Vielleicht wirkt es mehr, wenn einmal eine Tat sein wird. Die nächste Tat soll sein, dass Frau Dr. Steiner auf meinen Rat zurücktritt. Das Maß ist voll desjenigen, was in der letzten Zeit von allen Seiten her an Attacken gerade auch gegen sie gerichtet worden ist. Es vergeht keine Woche, wo nicht irgendwoher, aus irgendeinem Winkel heraus, die unglaublichsten Attacken kamen. Durch solche Dinge würde mindestens dasjenige untergraben, was ein wirkliches gedeihliches Arbeiten nötig macht. Fortgearbeitet wird nur werden können, wenn wir beide als Privatpersonen innerhalb dieser Gesellschaft stehen. Man wird sehen, ob dann auch noch immer Personen da sein werden, die die Möglichkeit finden werden, von allerlei Agitationsabsichten und allerlei Herrschaftsgelüsten zu sprechen.[322]

Über sich selbst, seine eigene Situation und Position sagte Rudolf Steiner in diesem Zusammenhang:

Meine lieben Freunde, ich kann rechnen mit der Tatsache, dass ich niemals in diesem Bau lehren werde! Ich kann rechnen mit der Tatsache, dass ich dasjenige, was ich beigetragen habe, nur für das Zustandekommen der Formen beigetragen habe. Ich, meine lieben Freunde, *kann* nur nicht irgendeine Konsequenz ziehen über diese Dinge. Was soll ich denn für eine Konsequenz ziehen? Ich hätte noch eine andere Konsequenz ziehen können aus all dem, bevor der Bau begonnen worden ist. Der Bau ist dadurch zustande gekommen, dass doch eine große Anzahl von Menschen ihre Opfer gebracht haben, wie ich glaube, unter der Voraussetzung, dass der Bau – in einer gewissen Weise – mit mir verbunden bleibt, solange ich lebe. Ich bin gezwungen, weil im Vertrauen auf diese Tatsache die Menschen ihre Opfer gebracht haben, heute nicht die Konsequenz zu ziehen, die gezogen werden müsste, damit der eine Standpunkt völlig klar wird, damit kein Mensch die Möglichkeit findet, diejenige, die als am nächsten an meiner Seite arbeitet, so zu bezeichnen, dass er sie beschimpft als diejenige, die nicht irgendetwas anderes will als Herrschaftsgelüste befriedigen oder dergleichen. – Ich kann nicht zurücktreten [vom Ehrenpräsidium der Gesellschaft]. Ich muss die Verpflichtung beibehalten, seit der Bau angefangen worden ist, nicht zu enttäuschen diejenigen, die ihre Opfer eben im Hinblick darauf gebracht haben, dass wir mit diesem Bau in Verbindung bleiben. Reale Verpflichtungen hält man. Deshalb sagte ich neulich: Mich wird nichts dazu bringen, freiwillig dasjenige zu lockern, was mit dem Bau mich verbindet. Glauben Sie nicht, dass ich unbedacht und ohne den Ernst der Situation ins Auge zu fassen diese Worte spreche. Aber das muss einmal ganz klar sein. Ich werde ausharren, Berater zu sein, und ich werde sehen, ob man einsehen wird bei einer genügend großen Anzahl von Menschen, welche Art von Verlogenheit dann gesagt wird, wenn von irgendwelchen Herrschaftsgelüsten oder dergleichen gesprochen wird, die tötend sind für alles dasjenige, was innerhalb unserer Bewegung liegt. Und wenn solche Lügen vorgebracht werden, wie sie nunmehr vorgebracht werden, da kann unsere Bewegung nicht weiter bestehen.[323]

Rudolf Steiner fühlte sich an den Johannes-Bau gebunden – an sein Versprechen gegenüber den Menschen, die der anthroposophischen Bewegung, ja Rudolf Steiners geistigem «Wort» eine Stätte erbauen wollten und dafür all ihre Mittel eingesetzt hatten. Seine Dornacher Ausführungen ließen erkennen, dass er sich zu dieser Zeit möglicherweise von der Anthroposophischen Gesellschaft vollständig zurückgezogen hätte, wenn der Dornacher Bau nicht bereits weit

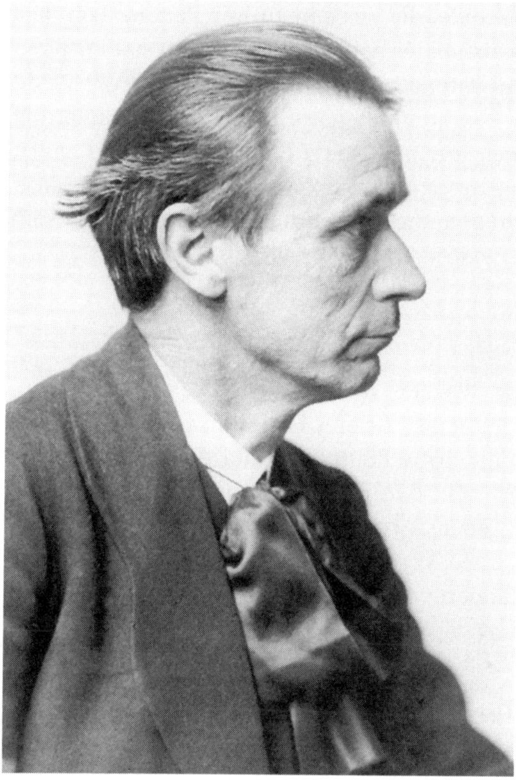

Rudolf Steiner, 1916

fortgeschritten gewesen wäre. Obgleich die überwiegende Mehrzahl der in Dornach Arbeitenden – sowie nahezu die gesamte Anthroposophische Gesellschaft – zu Rudolf Steiner und Marie Steiner-von Sivers standen, vermochten sie nicht, wirksam für die Wahrheit der Verhältnisse und in kämpferischer Weise für das Werk Rudolf Steiners einzutreten – und verstrickten sich in Passivität und private Angelegenheiten. Nach seiner Rückkehr von Berlin hatte Rudolf Steiner sehr erfreut die Fortschritte der Dornacher Bau-Tätigkeit zur Kenntnis genommen – die Anthroposophische Gesellschaft aber, die Marie Steiner-von Sivers ab 1902 aufgebaut hatte[324], versagte nahezu vollständig. Ein wirkmächtiger, wenn auch unauffälliger Mensch wie Sophie Stinde, die zusammen mit Pauline von Kalckreuth die gesamte Münchner Arbeit geleitet, die Mysterienspiele mitorganisiert, den Bau initiativ vorangetrieben und den Vorsitz des Johannesbau-Vereins übernommen hatte[325] – in Dornach unermüdlich wirkte und dort auch intensiv gegen emotionale Ausnahmezustände und Verleumdungen vorgegangen war –, hatte bereits Mitte November 1915 vollkommen unerwartet die Schwelle des Todes überschritten, *«eine unserer ersten Arbeiterinnen»*. (R. Steiner)[326]

*

Noch wenige Wochen vor ihrer Rückkehr nach Dornach und vor dem Auffinden seines Briefes Ende Juli 1916 hatte Rudolf Steiner in Berlin auch die dritte deutsche Auflage der – von Marie von Sivers übersetzten – «Großen Eingeweihten» Edouard Schurés mit einem neuerlichen, ebenso ruhigen wie weitsichtigen Vorwort versehen. Steiner hatte die Vorworte der Ausgaben von 1909 und 1911 dem Buch unverändert vorangestellt, und dann in seinem dritten Vorwort ausgeführt:

> Mit den vorangehenden Worten [der Vorworte von 1909 bzw. 1911] erschien 1909 die erste und 1911 die zweite Auflage des Buches Edouard Schuré's «Die großen Eingeweihten» in deutscher Übersetzung. In dieser schicksaltragenden Zeit wird die dritte Auflage notwendig. Französische Schriftsteller finden heute schlimme Urteile über deutsches Geistesleben aus der aufgewühlten Leidenschaft heraus. Ich glaube, dass innerhalb des deutschen Geisteslebens kein wirklich Urteilsfähiger Anstoß nimmt, wenn gegenwärtig dieselben Worte unverändert wieder am Anfange dieses Buches erscheinen, die in der Zeit des Friedens aus dem Gefühle des Zusammenwirkens deutschen und französischen Geistes geschrieben sind. Aus dem Gefühle heraus, dass Edouard Schuré dem deutschen Geistesleben nahe steht, schrieb ich 1911, dass die Gedanken seiner «Großen Eingeweihten» an die Entwickelungsströmung anklingen, die an Herder und Goethe anknüpft. Ich empfinde vieles Deutsche in dem Elsässer Edouard Schuré. Oft erschien mir beim Durcharbeiten der «Großen Eingeweihten» mancher Gedanke wie aus dem deutschen Anschauen übersetzt. Ich musste daran denken, dass Schuré als eines seiner ersten Bücher geschrieben hat «Histoire du Lied», eine Entwickelungsgeschichte der deutschen Lyrik. Er empfand, indem er für die deutsche lyrische Schöp-

Vorwort zur dritten deutschen Auflage.

Mit den vorangehenden Worten erschien 1909 die erste und 1911 die zweite Auflage des Buches Edouard Schuré's „Die großen Eingeweihten" in deutscher Übersetzung. In dieser schicksaltragenden Zeit wird die dritte Auflage notwendig. Französische Schriftsteller finden heute schlimme Urteile über deutsches Geistesleben aus der aufgewühlten Leidenschaft heraus. Ich glaube, daß innerhalb des deutschen Geisteslebens kein wirklich Urteilsfähiger Anstoß nimmt, wenn gegenwärtig dieselben Worte unverändert wieder am Anfange dieses Buches erscheinen, die in der Zeit des Friedens aus dem Gefühle des Zusammenwirkens deutschen und französischen Geistes geschrieben sind. Aus dem Gefühle heraus, daß Edouard Schuré dem deutschen Geistesleben nahe steht, schrieb ich 1911, daß die Gedanken seiner „Großen Eingeweihten" an die Entwickelungsströmung anklingen, die an Herder und Goethe anknüpft. Ich empfinde vieles Deutsche in dem Elsässer Edouard Schuré. Oft erschien mir beim Durcharbeiten der „Großen Eingeweihten" mancher Gedanke wie aus dem deutschen Anschauen übersetzt. Ich mußte dann denken, daß Schuré als eines seiner ersten Bücher geschrieben hat „Histoire du Lied", eine Entwickelungsgeschichte der deutschen Lyrik. Er empfand, indem er für die deutsche lyrische Schöpfung das Wort „Lied" nicht durch einen französischen Ausdruck wiedergab, wie die deutsche Lyrik in gewisser Hinsicht einzigartig aus der Tiefe deutschen Wesens geflossen ist. Auch hat Schuré ein Buch über Richard Wagners Geistesart und Kunst geschrieben. Man kann bemerken, daß, was ihn an Ideen zu diesem Buche begeistert hat, vielfach wieder anklingt auch in dem vorliegenden Buch. — Sicher gehört aber der Inhalt von Schuré's Buch zu jenen allgemein-menschlichen Geisteswerten, die über dem stehen, was Völker trennt.

Berlin, im Juli 1916.

Dr. Rudolf Steiner.

> fung das Wort «Lied» *nicht* durch einen französischen Ausdruck wiedergab, wie die deutsche Lyrik in gewisser Hinsicht einzigartig aus der Tiefe deutschen Wesens geflossen ist. Auch hat Schuré ein Buch über Richard Wagners Geistesart und Kunst geschrieben. Man kann bemerken, dass, was ihn an Ideen zu diesem Buch begeistert hat, vielfach wieder anklingt auch in dem vorliegenden Buch. – Sicher gehört aber der Inhalt von Schuré's Buch zu jenen allgemein-menschlichen Geisteswerten, die über dem stehen, was Völker trennt.[327]

Wenig ist bis heute darüber bekannt, welchen inneren Umgang Marie Steiner-von Sivers mit dem vernichtenden Schreiben Schurés nach Abklingen der ersten Schock-Erlebnisse fand; vieles aber veränderte sich in diesen Tagen, Wochen, Monaten und Jahren in ihr, bis in die leibliche Physis hinein. Als die aus Petersburg stammende Marie Savitch nach ihrer ersten Begegnung mit Marie von Sivers 1913 in Finnland Marie Steiner-von Sivers nach dem Ende des Weltkrieges in Dornach wieder erblickte, war sie erschüttert von den Prozessen, die sich in ihr in den letzten sieben Jahren ereignet hatten:

> Ihre Gestalt belastet von Schwere. Ihr Antlitz, das das Zarte, Anmutige verloren hatte, war von einer klaren, strengen Form, hatte etwas Machtvolles im Ausdruck, aber beschwert, – ein leiser Zug des Schmerzes über den Augen.[328]

Die gesamte Veränderung Marie Steiner-von Sivers', die nun im Rollstuhl von «Villa Hansi» zu den Proben in der Dornacher Schreinerei gefahren werden musste, darüber hinaus unter ständigen Kopfschmerzen und einer permanenten Übermüdung litt, war für Marie Savitch völlig «unbegreiflich»:

> Ich stand betroffen und folgte gebannt dieser Gruppe [mit dem Rollstuhl], bis sie um eine Ecke des Weges bog und vor meinen Augen verschwand. Ich konnte ein Schmerzgefühl nicht überwinden. Was ist geschehen? Das war die Frage, die in mir auftauchte. Ich hatte wieder das frühere Bild von Marie von Sivers vor mir. Bei der ersten Gelegenheit fragte ich eine der Damen, die ich um Marie Steiner gesehen hatte: «Ist Frau Dr. Steiner krank?» Ein aufmerksam-prüfender Blick traf mich, – langes Schweigen – man fühlte, wie sich ihr die Antwort entrang. Sie sagte: «Nein, das ist sie nicht; aber die Überanstrengungen, Erschütterungen und die Last der Sorgen während der Kriegsjahre haben ihre Kräfte zu stark in Anspruch

genommen. Die Füße können sie nicht mehr tragen. Sie muss in Schienen gehen. Den Weg von ‹Villa Hansi› da unten bis zum Goetheanum herauf muss man sie jetzt im Rollstuhl fahren.»[329]

*

Zu Beginn des Herbstes 1916, in den Tagen von Rudolf Steiners bitteren Worten über den Zustand der Anthroposophischen Gesellschaft, verließ Andrej Belyj Dornach und kehrte – zum Kriegsdienst einberufen – nach Russland zurück; im Januar 1917 reisten mit Margarita Woloschina und Trifon Trapeznikov zwei weitere hochbegabte russische Künstler ab, die dem Bau zuinnerst verbunden waren. Von den ursprünglich mehr als 100 Mitarbeitern konnten aufgrund der militärischen Einberufungen bald nur noch wenige bleiben – nach Assja Turgenieff waren es im Winter 1916/17 nur noch «vier bis fünf» Frauen, die die Schnitzarbeiten weiterführten:

> Von weitem hörte man den einsamen Hammerschlag des einen oder anderen Mitarbeiters in dem kalten, von Gerüsten abgedunkelten Bau. Die Fenster waren mit Brettern zugeschlagen.[330]

Ihre Schwester Natalie Turgenieff-Pozzo, die ebenfalls noch vor Ort tätig war, erinnerte die damalige Situation mit den Worten:

> Es war […] im Winter, in Kälte und Schmutz. Dr. Steiner kam zu unserer Arbeit, kletterte wie gewöhnlich auf die Leiter und die geschichteten Kisten, die ein wackeliges Gerüst bildeten, antwortete auf unsere Fragen, entzifferte uns die Bewegung der Formen, aber kümmerte sich diesmal hauptsächlich darum, dass wir wahrscheinlich kalte Füße hätten. Er schickte uns elektrische Öfen. Er sorgte für Gesunde und Kranke, schickte einen Arzt, erkundigte sich, besuchte manchmal selber die Kranken. Schweigsam und in Arbeit vergingen die Jahre. In der Ferne hörten wir die Kanonen.[331]

Marie Steiner-von Sivers aber führte mit den verbliebenen Künstlern um Tatjana Kisseleff ihre eurythmisch-rezitatorischen Arbeiten unverändert fort *(«Sie wird ihren Aufgaben, die ihr als Privatperson gestellt sind durch ihre geistige Potenz, sie wird ihren Aufgaben voll genügen, wird alles tun, was sie tun kann […].»)* und war nach wie vor stets an der Seite Rudolf Steiners. So hörte sie im Dezember seine Vortragsbetrachtungen über die Zeitlage («Zeitgeschichtliche Betrachtungen») und erlebte Rudolf Steiners gesamte Präsenz in den Auseinandersetzungen um das Weltkriegsgeschehen. Im Januar 1917 sagte Rudolf Steiner in einem Interview zu dem französischen Journalisten Jules Sauerwein über den Krieg und die Vorkriegssituation:

> Es ist ein Gesundungsprozess durch Gewaltmittel des geistigen Organismus unseres Planeten. So wie der physische Organismus durch Fieber […] auf unerträgliche Vergiftungen reagiert, so wie das Feuer, das unter der Erdrinde schwelt, zu plötzlichen vulkanischen Entladungen führt, so führt auch der ungesunde und anormale Gebrauch von Energie zu Kriegen. Regierungen und Völker haben dann unter einem ihnen unbegreiflichen Druck den Verstand verloren.[332]

Gemeinsam reisten Rudolf Steiner und Marie Steiner-von Sivers im Februar 1917 dann für ein weiteres halbes Jahr – bis zur Michaels-Zeit – nach Berlin. Von Berlin aus hielt Rudolf Steiner nicht nur erneut zahlreiche Vorträge in deutschen Großstädten über die zeitgeschichtliche Situation, die er intensiv und bis in alle Details verfolgte, sondern formulierte – auf entsprechende Nachfragen – weiterführende Gesichtspunkte zu einer wirklichen Gesundung des sozialen Organismus im Sinne einer dreigegliederten Gesellschaftsordnung. Marie Steiner-von Sivers erlebte, wie Rudolf Steiner seine diesbezüglichen Ideen anthroposophischen Freunden – wie Otto Graf Lerchenfeld und Ludwig Graf Polzer-Hoditz – im Einzelnen erläuterte, aber auch bereit war – und keine Mühe dafür scheute –, sie politisch einflussreichen Menschen in persönlichen Gesprächen nahe zu bringen. Zugleich besuchte Rudolf Steiner mit ihr Theater- und Opernaufführungen in Berlin, schrieb in der Motzstraße 17 sein Buch *Von Seelenrätseln* mit grundlegenden Studien über die anthroposophische Erkenntnismethodik – unter Einschluss einer ersten Schrift-Darstellung der physiologischen Dreigliederung des Menschenwesens –, mithin Aufsätze und Ausführungen, die durch den Fortgang seiner geisteswissenschaftlichen Forschungen, aber auch durch weitere öffentliche Angriffe veranlasst worden waren. Das Vorwort des von

Rudolf Steiner, 1917

Marie Steiner-von Sivers in Berlin verlegten Buches *Von Seelenrätseln* endete mit den Sätzen:

> Es könnte wohl scheinen, als ob in der gegenwärtigen Zeit die Interessen des Menschen nach anderer Richtung gehen müssten als diejenige ist, in welcher die folgenden Betrachtungen sich bewegen. Doch glaube ich, dass man nicht nur nicht abgezogen von den ernsten Pflichten dieser unmittelbaren Gegenwart gegenüber durch solche Betrachtungen wird, sondern dass, was in ihnen liegt, gerade *dieser* Gegenwart dient durch Impulse, die vielleicht weniger unmittelbar hervorstechende, aber dafür umso stärkere Beziehungen zu dem Erleben dieser Gegenwart haben.[333]

In diesem Sinne veröffentlichte Rudolf Steiner auch in Alexander von Bernus' neugegründeter Zeitschrift «Das Reich» im Herbst 1917 einen ersten Aufsatz über «Die chymische Hochzeit des Christian

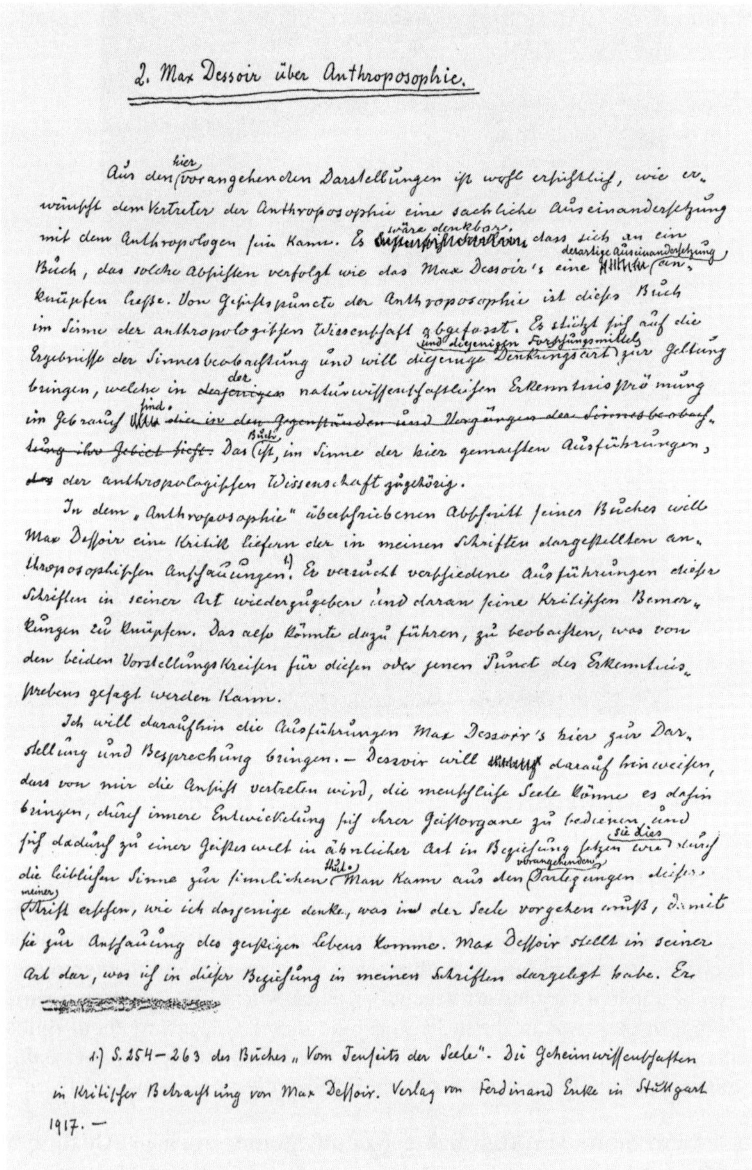

2. Max Dessoir über Anthroposophie.

Aus den hier vorangehenden Darstellungen ist wohl ersichtlich, wie erwünscht dem Vertreter der Anthroposophie eine sachliche Auseinandersetzung mit dem Anthropologen sein kann. Es wäre denkbar, dass sich an ein Buch, das solche Absichten verfolgt wie das Max Dessoir's eine derartige Auseinandersetzung anknüpfen liesse. Vom Gesichtspuncte der Anthroposophie ist dieses Buch im Sinne der anthropologischen Wissenschaft abgefasst. Es stützt sich auf die Ergebnisse der Sinnesbeobachtung und will diejenigen Forschungsmittel und diejenige Denkungsart zur Geltung bringen, welche in der naturwissenschaftlichen Erkenntnisströmung im Gebrauch sind. Das Buch ist, im Sinne der hier gemachten Ausführungen, der anthropologischen Wissenschaft zugehörig.

In dem „Anthroposophie" überschriebenen Abschnitt seines Buches will Max Dessoir eine Kritik liefern der in meinen Schriften dargestellten anthroposophischen Anschauungen.1) Er versucht verschiedene Ausführungen dieser Schriften in seiner Art wiederzugeben und daran seine kritischen Bemerkungen zu knüpfen. Das also könnte dazu führen, zu beobachten, was von den beiden Vorstellungskreisen für diesen oder jenen Punct des Erkenntnisstrebens gesagt werden kann.

Ich will daraufhin die Ausführungen Max Dessoir's hier zur Darstellung und Besprechung bringen. – Dessoir will darauf hinweisen, dass von mir die Ansicht vertreten wird, die menschliche Seele könne es dahin bringen, durch innere Entwickelung sich ihrer Geistorgane zu bedienen und sich dadurch zu einer Geisteswelt in ähnlicher Art in Beziehung setzen, wie sie dies durch die leiblichen Sinne zur sinnlichen tut. Man kann aus den vorangehenden Darlegungen dieser meiner Schrift ersehen, wie ich dasjenige denke, was in der Seele vorgehen muss, damit sie zur Anschauung des geistigen Lebens komme. Max Dessoir stellt in seiner Art dar, was ich in dieser Beziehung in meinen Schriften dargelegt habe. Er

1.) S. 254–263 des Buches „Vom Jenseits der Seele". Die Geheimwissenschaften in kritischer Betrachtung von Max Dessoir. Verlag von Ferdinand Enke in Stuttgart 1917. –

«Von Seelenrätseln», Beginn des 2. Kapitels (1917)

Rosenkreutz» und schrieb in seinem Begleitbrief vom 21. September an den Herausgeber:

> Ich musste viel Sorgfalt darauf verwenden, gewisse Wahrheiten, die Sie in diesem Aufsatz finden werden, so zu fassen, dass die Veröffentlichung überhaupt möglich ist. Es gibt Okkultisten, welche bisher der Meinung waren, dass solche Dinge, wie der Hinweis auf Täuschung, Altern (Tod) und Bewusstsein, nicht veröffentlicht werden dürfen. Doch haben diese für unsere Zeit vor einer besseren okkultistischen Einsicht unrecht. Aber ich musste eben durch die Fassung das rechte Maß für die Veröffentlichung treffen. Es ist jetzt gerade die rechte Zeit, diese Sachen zu sagen.[334]

Sieben Tage darauf, am Vormichaelstag des Jahres 1917, kehrten Rudolf Steiner und Marie Steiner-von Sivers dann wieder nach Dornach in die «Villa Hansi» zurück – für lediglich vier Monate.

*

Nachdem der Herbst und der Winter 1917 – neben öffentlichen Vorträgen in Zürich («Anthroposophie und akademische Wissenschaften») und in anderen Schweizer Städten – von eurythmisch-rezitatorischen Arbeiten und Aufführungen am Goetheanum (unter anderem von Dichtungen Rudolf Steiners und Schillers sowie von Szenen der «Klassischen Walpurgisnacht» aus Faust II) geprägt gewesen waren, Rudolf Steiner die Thematik der Christus-Plastik und der «Doppelgestalt des Bösen» in Wort und künstlerischer Tat weitergeführt, vieles baukünstlerisch veranlagt und wiederum unzählige Mitgliedergespräche geführt hatte – aber auch Mieta Wallers Vorschlag auf der Generalversammlung des Johannesbau-Vereins erfolgt war, den «Johannes-Bau» in «Goetheanum» umzubenennen[335] –, reisten Rudolf Steiner und Marie Steiner-von Sivers am 20. Januar 1918 für weitere acht Monate nach Berlin. Wie aus einem Brief Marie Steiner-von Sivers' vom 19. Dezember 1917 hervorgeht, hatten beide ursprünglich beabsichtigt, bereits wieder zur Weihnachtszeit 1917 *«zu Hause in Berlin»*[336] zu sein – ein Vorhaben, das aufgrund der vielen Arbeit Rudolf Steiners am Goetheanum nicht realisiert werden konnte. In dem genannten Schreiben informierte Marie Steiner-von Sivers ihre «getreue» Johanna Mücke über die spätere Berliner Ankunft – und gab zugleich einen Einblick in ihre Dornacher Arbeits- und Lebenssituation:

> [...] Nun scheint es doch, dass wir über Weihnachten hinaus bleiben und vielleicht erst am 15. Januar in Berlin eintreffen. Der Dr. hatte so viel an der Gruppe in Holz und in der Kuppel zu tun und wie sehr er auch hoffte früher fertig zu werden – es ging nicht.[337] – [...] Mit den Vorträgen [dem Korrekturlesen der Vorträge für den Druck] bleibe ich stecken, wenn es mir nötig scheint, eine Frage an den Dr. zu stellen. Beim Lukas-Evangelium hätte ich nichts zu fragen gebraucht. Warum ich wohl das nicht kriegen kann, sondern immer nur Matthäus! Wir hätten sonst einen neuen Zyklus fertig und für Matthäus hätte ich mehr Ruhe gebraucht und Möglichkeit, an den Dr. heranzutreten. [...]
> Wie tut es mir leid, dass so viel Krankheit in der Motzstraße gewesen ist und noch ist! Hier bin ich nun auch etwas ängstlich für den Dr., der in der eiskalten Kuppel stundenlang malt. Während der Vortragsreisen hat er sich glücklicherweise ganz gut gehalten, wird nur immer magerer.[338]

Im Philosophisch-Anthroposophischen Verlag Marie Steiner-von Sivers' und Johanna Mückes erschienen im Jahr 1918 acht zentrale Schriften Rudolf Steiners in überarbeiteter und teilweise erweiterter Form – *Die Philosophie der Freiheit, Goethes Weltanschauung, Theosophie, Wie erlangt man Erkenntnisse der höheren Welten?, Goethes Geistesart, Ein Weg zur Selbsterkenntnis, Die Schwelle der geistigen Welt und Die Rätsel der Philosophie.* Mit absoluter Hilfe und Unterstützung Marie Steiner-von Sivers' und Johanna Mückes war damit Rudolf Steiners geisteswissenschaftliches Schrift-Werk in der Endphase des Krieges und zu Beginn der Nachkriegszeit öffentlich präsent – in einer revolutionären Zeit fundamentaler Umbrüche. Im März 1918 stellte Rudolf Steiner darüber hinaus in Berlin auf Bitten des Stuttgarter Zigarettenfabrikanten Emil Molt – der bereits den *Seelenkalender* seinen Zigarettenschachteln an die Front beigelegt hatte – noch eine weitere Textsammlung für deutsche Kriegsgefangene zusammen: *Durch den Geist zur Wirklichkeits-Erkenntnis der Menschenrätsel.* So tat Rudolf Steiner alles in seiner Macht stehende, um dort zu helfen, wo es gebraucht und gewollt war.

*

Rudolf Steiners' von Berlin aus unternommene Vortragsreisen zu den anthroposophischen Zweigen in München und Stuttgart (Februar), Leipzig (Mai), Wien (Juni) und Hamburg (Juni) waren 1918 stets mit internen Eurythmie-Aufführungen verbunden, die Marie Steiner-von Sivers leitete und zu denen sie rezitierte. Erstmals war sie dabei Ende Mai/Anfang Juni mit Rudolf Steiner mehrere Tage in Wien und besuchte am 4. Juni seine Familie in Horn, dreieinhalb Jahre nach der Eheschließung in Dornach. Anschließend reisten sie gemeinsam weiter auf das Gut des Grafen von Polzer-Hoditz in Tannbach, wo Rudolf Steiner eine kultische Rosenkreuzer-Handlung vollzog, sowie nach Prag und zur Burg Karlstein.

Nach seiner Rückkehr Anfang Juli informierte Rudolf Steiner in Berlin die Mitglieder der Anthroposophischen Gesellschaft ausführlicher über die laufende Arbeit in Dornach und zeigte Lichtbilder der «Christus-Gruppe»; Mitte August kehrten er und Marie Steiner-von Sivers dann wieder nach sechsmonatiger Abwesenheit zum Bau zurück. Dort sagte Rudolf Steiner am 20. September, sechs Jahre nach seinem ersten Betreten des Dornacher Hügels und fünf Jahre nach der Grundsteinlegung, einleitend:

> Im Besonderen heute Gedanken an die Fünfjahrfeier der Grundsteinlegung unseres Baues zu knüpfen, ist ja nicht nötig. Es ist insbesondere nicht nötig innerhalb desjenigen Kreises, der durch diese fünf Jahre hindurch mit dem Bau mehr oder weniger räumlich verbunden war. Auch ist in dieser katastrophalen Epoche wahrhaftig nicht die Zeit zu besonderen Feierlichkeiten, und es soll auch nicht gerade das Gedenktagfeiern ein Gebrauch innerhalb unserer Bewegung sein. Nur ein paar Worte seien heute zu Ihnen gesprochen.
>
> Der Bau, er konnte nicht in der Zeit vollendet werden, in der es sich vielleicht mancher vorgestellt hat, der dazumal die Grundsteinlegung mitgemacht hat, oder an der Grundsteinlegung irgendwie in Gedanken[339] oder sonst beteiligt war. Aber das ist ja zunächst nicht das Wesentliche. Das Wesentliche ist bei diesem Bau, auch wenn er heute noch unfertig vor uns steht, dass er überhaupt da ist. Selbst wenn er noch unfertiger wäre, wäre das Wesentliche, dass er da ist, und dass man aus seinen Formen sieht, aus welchem Geiste heraus er da sein soll. [...] Dass der Bau da ist, das wollen wir aber gründlich verzeichnen für uns selber als eine Tatsache, als eine Tatsache, die uns in einer gewissen Weise auch verpflichtet. Es ist eben doch nicht ein und dasselbe, ob diese letzten fünf Jahre die Anthropo-

Johannes-Bau, Nordseite der kleinen Kuppel

sophische Gesellschaft oder unsere geisteswissenschaftliche Bewegung ohne diesen Bau bestanden hätte, oder ob sie mit diesem Bau besteht. Es ist nicht dasselbe, ganz und gar nicht dasselbe. Dieser Bau ist vor allen Dingen ein Wahrzeichen für diese Bewegung. Dieser Bau ist dasjenige, was in gewissem Sinne den Menschen weithin sichtbar macht, dass eine solche Bewegung in der Welt zu sein hat. Dass der Bau uns verpflichtet, zeigt uns ja auch das Verhalten der Außenwelt zu diesem Bau. Diese Außenwelt wäre weit weniger auf unsere ganze Bewegung aufmerksam geworden, wenn dieser Bau nicht da wäre. Es ist in der heutigen Zeit, abgesehen von allem Übrigen, schon einmal so, dass das sichtbare Zeichen für die Menschen heute viel bedeutet. Bei dem Umstande, dass ja wohl ein gut Stück des Wirkens für die geisteswissenschaftliche Bewegung in der nächsten Zeit Kampf sein wird gegen feindliche Bewegungen, muss gar wohl bedacht werden, dass der Bau als Tatsache nicht wenig dazu beiträgt, dass in kräftiger Weise feindliche Bewegungen da sind. Man würde sich weniger um uns kümmern, wenn dieser Bau nicht da wäre. Daher genügt es nicht, wenn wir eine gewisse Befriedigung darüber haben, dass der Bau hat entstehen können, sondern es ist notwendig, mit dieser Befriedigung auch das Gefühl zu verbinden, dass es, wie der Südpol zum Nordpol oder der Nordpol zum Südpol, zu dem Hinschauen auf diesen Bau als unsere Sache gehört, dass wir in der rechten Art für die anthroposophische Sache eintreten. Ich möchte sagen, wir dürften eigentlich keine Freude, keine Befriedigung haben an dem Bau, wenn wir nicht zu gleicher Zeit alle Kraft daransetzen würden, für die anthroposophische Sache einzutreten. Denn der Bau würde die Veranlassung sein für die Zerstörung unserer Sache, wenn sich nicht genügend verteidigende Kraft finden würde.[340]

*

Wöchentlich fanden im Herbst 1918 Eurythmie-Aufführungen in der Schreinerei statt, während Rudolf Steiner weiter in der Kuppel malte, an der Christus-Figur schnitzte[341] und erneut große zeit- und entwicklungsgeschichtliche Vorträge hielt – «Geschichtliche Symptomatologie» und «Entwicklungsgeschichtliche Unterlagen zur Bildung eines sozialen Urteils». – So endete der Erste Weltkrieg in Dornach und in jenem Bau, der ab dem 3. November 1918 offiziell als «Goetheanum, Freie Hochschule für Geisteswissenschaft» bezeichnet wurde und von dem Rudolf Steiner in eindeutiger Zukunftsorientierung sagte:

[...] Ich brauche selbstverständlich Ihnen nicht zu versichern, dass der Bau und alles, was mit diesem Bau zusammenhängt, von mir in ehrlicher, aufrichtiger Weise als etwas angesehen wird, das ganz im Wesentlichen als ein wirklicher Faktor zusammenhängt mit den Bestrebungen, die eigentlich die Bestrebungen unserer Zeit im weitesten Umkreise werden müssten. Ich habe nie in diesem Bau etwa nur gesehen die Liebhaberei oder etwas Ähnliches von einzelnen Gruppen oder dergleichen, sondern ich habe immer gesehen in diesem Bau und woraus er hervorgeht, auf Grund dessen er sich aufbaut, etwas, was das Kulturferment unserer Zeit sein muss, namentlich der Zukunft werden muss. [...] Gewiss, der Bau ist nach jeder Richtung ein erster Versuch. Aber, wenn die Menschheit wiederum in dem Menschen erlöst werden soll, wenn das, was heute mit Füßen getreten wird, in der Menschheit wiederum gepflegt werden soll, dann werden Kräfte notwendig sein, die so geartet sind wie diejenigen, die mit unserem Bau gemeint sind, und dem, was mit unserem Bau zusammenhängt. [...] Dieser Bau soll eine Art von – lassen Sie mich den philiströsen Ausdruck gebrauchen – Markstein sein, der da scheidet ein Altes, das endlich wird einsehen müssen, dass es ein Altes ist, von einem Neuen, das da werden will, weil es werden muss, wenn die Menschheit nicht in immer katastrophalere Verhältnisse hineinkommen soll. Es wird schon einmal auch die Zeit kommen, wo man es bereuen wird, dass man das, was mit diesem Bau gewollt ist, vielfach als Narretei angesehen hat. Denn diese Katastrophe

Rudolf Steiner, 1918

> der Menschheit wird eben auch das zur Folge haben, dass man manches wird einsehen, was man ohne diese Katastrophe nicht würde eingesehen haben. Denn sie spricht mit sehr, sehr deutlichen Zeichen.[342]

Über die Arbeitssituation Rudolf Steiners und ihre eigene Befindlichkeit hieß es dagegen drei Monate nach dem Ende des Ersten Weltkriegs in einem Brief Marie Steiner-von Sivers' an Johanna Mücke nach Berlin:

> Es ist mir ganz schrecklich, dass ich Ihnen so lange nicht geschrieben habe. Jeder Tag brachte ein Pensum, das absolviert werden muss, mit den Überraschungen und unerwarteten Dingen, wie sie unser Gesellschaftsbetrieb mit sich führt. Dazu immer der Gedanke: nächste Woche fahren wir [nach Berlin], vielleicht kommt der Brief nicht vor uns an, – und so ist Woche nach Woche verstrichen.
> Und innerlich das Gefühl: als bestünde die Welt gar nicht mehr, in der man gelebt hat.
> Von meinen Angehörigen habe ich nichts vernommen. Wahrscheinlich sind sie nicht mehr am Leben.
> Nun hält der Dr. die Vorträge, die er in Berlin halten sollte, in verschiedenen Schweizer Städten. Die Vorträge in Zürich waren sehr stark besucht. Auch unsere Eurythmisten sollen wieder versuchen, jetzt wo die Grippe etwas abgeflaut ist, sich in die Öffentlichkeit zu stürzen. Aber so furchtbar viel Hemmnisse gibt es bei solch einem Unternehmen in heutigen Zeiten, dass es mich wundern sollte, wenn es glückt.[343]

*

Rudolf Steiner hatte Johanna Mücke fünf Wochen vor dem letztzitierten Brief Marie Steiner-von Sivers', am 24. 12. 1918 mitgeteilt, dass er die ursprünglich für Berlin vorgesehenen Vorträge über die soziale Frage nach entsprechenden Anfragen aus Basel lieber in der Schweiz halten wolle – *«Unter Umständen ist das sehr viel wichtiger auch gerade für das deutsche Wesen als die wohl auch jetzt noch verhallenden Vorträge dort [in Berlin]»*[344]. Rudolf Steiner sprach daraufhin in der ersten Februarhälfte des Jahres 1919 viermal in Zürich und je zweimal in Basel und Bern – und legte Wert darauf, dass die Eurythmie nun, nach dem Ende des Krieges, an die größere Öffentlichkeit gebracht werde. Wie auch Marie Steiner-von Sivers war

Rudolf Steiner sich vollkommen bewusst, dass die von ihm intendierten Aufführungen auf breiten Widerstand stoßen würden – «Die Eurythmie sollte […] von Anfang an als ein Gegensatz, als Polarität zu der akzeptierten Kunst auftreten.» (Savitch[345]); dennoch hielt er an der unbedingten Notwendigkeit fest, die künftige Gestalt der mitteleuropäischen Kultur – und damit Seelenverfassung – durch den sinnlich-übersinnlichen Charakter der neuen Mysterienkunst mit zu formen (*«In der anthroposophischen Kunst sah er die Brücke zu einer neuen esoterischen Gesinnung.»* Marie Steiner-von Sivers[346]). So fand am 24. Februar 1919 in Zürich die erste öffentliche Eurythmie-Aufführung statt, als Anbeginn einer Aufführungspraxis, die in den folgenden Jahren unter Führung Marie Steiner-von Sivers' weiterentwickelt wurde und in zahlreichen Großstädten Deutschlands, Hollands, Englands und der Schweiz trotz einer negativen Pressekampagne entfaltet werden konnte *(«Wenn in unserer Zeit die Eurythmie von der Presse gelobt wird, dann ist bei uns etwas nicht richtig.»* R. Steiner[347]). Über die sich herausbildende Aufführungssituation in den städtischen Theatern schrieb die Eurythmistin Marie Savitch Jahrzehnte später im Rückblick:

> Nach dem Ersten Weltkriege waren die großen, alten Theater nicht zerstört. Noch prangten sie in Gold- und Sammet-Verzierungen. An den Seiten der Bühne hingen die großen Logen, besonders ausgebaut und prunkvoll. In diese Atmosphäre sollte hineingestellt werden dasjenige, was das Modernste war: die Kunst der Eurythmie, – eine junge Kunst in einen Raum, der alt und verstaubt war, der gar nicht angepasst war den Erfordernissen dieser Kunst. Die Eurythmie braucht eine bestimmte Raumgestaltung; der Rezitator muss in einem bestimmten Verhältnis zum Bühnenraum stehen. Es muss auch das Verhältnis von Bühnen- und Zuschauerraum so sein, dass der Zuschauer die feine Gliederung in den Raumbewegungen der Eurythmie-Formen verfolgen kann. In den alten, großen Theatern war die Bühne sehr abgetrennt vom Zuschauerraum durch die Tiefe des Orchesterraumes, und hoch oben, getrennt von der Bühne, schwebte die feierliche Loge der ersten Theater-Ränge der früheren Honoratioren. Diese Loge aber war noch das Einzige, was gebraucht werden konnte für die Sprecher, weil sie wenigstens nahe an der Bühne und akustisch möglich war. So musste Marie Steiner von dort aus für die Aufführungen rezitieren: eine nie da gewesene, auch nicht irgendwie aufeinander abgestimmte Situation, die leider befremdend wirken konnte.

Dadurch war Marie Steiner dem Publikum sehr exponiert. Die Eurythmisten waren wenigstens durch die Rampenlichter (damals gab es in allen Theatern eine Rampe) vom Publikum getrennt. Marie Steiner war von der Rezitationslampe hell beleuchtet und dadurch den Blicken und Stimmungswellen des Publikums ausgeliefert. Sie wirkte in dieser großen Theaterloge ungeheuer einsam und allein; dabei doch so entfernt, dass ihr Antlitz, ihre Würde, die gewinnende Schönheit, die Majestät, die ihr eigen war, nicht sichtbar waren. Das Publikum sah nur eine Gestalt in schlichtem Stola-Kleide mit einem hohen Kragen. Als ihre Stimme bei der ersten Rezitation erklang, war es meistens so, dass das Publikum nicht auf die Eurythmie auf der Bühne schaute, sondern sich zu ihr hinwandte und sie anschaute – umso mehr, als ihre Sprache als unerwartet und fremd erlebt wurde, da ihre Rezitation nicht nur durch den Klang der Stimme, sondern durch ihre Intensität von Leben und Bewegung, die sie erfüllte, wirkte. Doch viele im Publikum verstanden von Anfang an «das Neue» zu hören. [...]

Marie Steiner ertrug sehr schwer, wenn Blicke auf sie gerichtet waren. In einer ruhigen Atmosphäre, z. B. in einer Probe, wenn jemand zu ihr hinschaute, reagierte sie sofort und ihre Augen waren wie Schutz-suchend. Und hier – der ganze Saal schaute zuerst auf sie. – Dann allmählich wandte sich das Publikum der Bühne zu. Aber zunächst war da nichts besonders Anregendes zu sehen im Vergleich mit dem, was in dieser Zeitepoche allgemeine Anerkennung fand. Hier: keine nackten Füße oder Beine, keine komplizierten Gewänder, keine überspannten Bewegungen! Und das in der allgemeinen Tanzwut, die alle nach dem Kriege ergriffen hatte! [...] Die am Anfang herrschende Kälte der Aufnahme konnte jeden Künstler zur Erstarrung bringen. Und da vollzog sich, in vielen Ausführungen, der Sieg Marie Steiners über die Widerstände. Immer wärmer werdend, immer intensiv-bewegter sprach sie, erfüllt von dem Enthusiasmus für das Wort, in diese unbeweglich-abweisende Kälte hinein. Und da regte sich etwas wie eine Aufmerksamkeit, wie ein Mitkommen, wie eine Begeisterung im Publikum. Viele, die bei diesen Aufführungen dabei waren, erzählten, wie sie «zufällig» in die Eurythmie-Aufführungen gekommen waren und einen so großen Eindruck bekamen von der künstlerischen Größe und der ganzen Haltung Marie Steiners, dass sie dadurch den Impuls bekamen, den Weg zu Rudolf Steiner zu suchen. Nun aber brach im Saale das aus, was in den Jahren nach dem Kriege in den Seelen in Erscheinung trat und schließlich zu den 30er, 40er Jahren in Deutschland führte: dieses Etwas, was sich in viele Seelen und Leiber in Deutschland einnistete und als Hass gegen Rudolf Steiner entbrannte. Und als die Waage im Zuschauerraum begann, sich zu Gunsten Marie

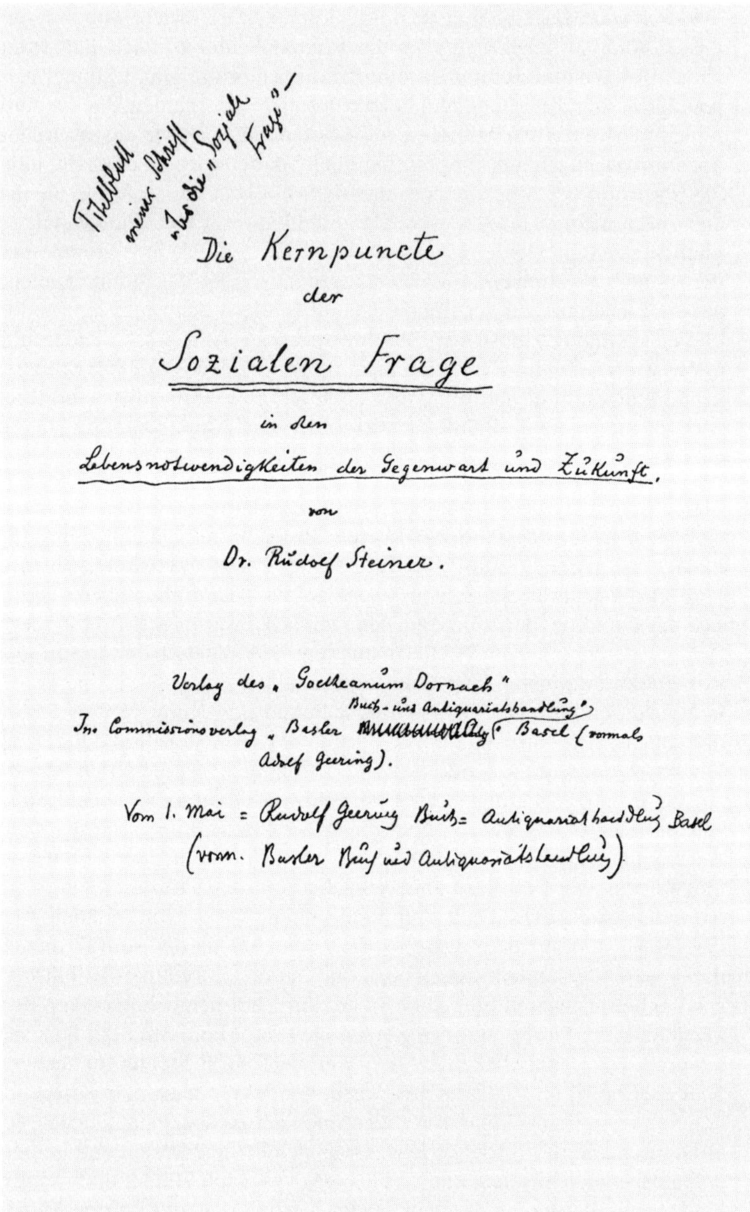
Titelblatt meiner Schrift „über die „Soziale Frage"."

Die Kernpuncte
der
Sozialen Frage
in den
Lebensnotwendigkeiten der Gegenwart und Zukunft.
von
Dr. Rudolf Steiner.

Verlag des „Goetheanum Dornach"
Im Commissionsverlag „Basler Buch- und Antiquariatshandlung" Basel (vormals Adolf Geering).

Vom 1. Mai = Rudolf Geering Buch= Antiquariathandlung Basel
(vorm. Basler Buch und Antiquariatshandlung).

Steiners' und der Eurythmie zu neigen, da brach die im Voraus vorbereitete Störung aus: ein Kichern, ein Lachen, ein Schreien, ein Johlen. Aber so wild, so unmöglich es auch tobte, die Aufführung ging weiter. Denn jetzt teilte sich das Publikum in zwei Gruppen: die Cliquen, die die Aufführung niederreißen wollten, und diejenigen Zuschauer, die entweder begeistert über das Künstlerische waren oder die empört waren über die Zwangseinmischung von solchen Elementen, die sichtbarlich zum Stören der Aufführung gekommen waren. Marie Steiner ertrug dieses alles, – sie blieb ungehemmt und sprach weiter.[348]

Bereits 1919, im ersten Nachkriegsjahr des zerstörten Europa, fanden in dieser Weise öffentliche Eurythmie-Aufführungen in den deutschen Städten Stuttgart, Mannheim, Dresden und Berlin statt.

*

Bis in die zweite Aprilhälfte des Jahres aber blieben Rudolf und Marie Steiner-von Sivers noch ausschließlich in der Schweiz. Hier hielt Rudolf Steiner die zuvor genannten Vorträge über die soziale Frage – hier schrieb er nach den Vorträgen das Buch: *Die Kernpunkte der sozialen Frage in den Lebensnotwendigkeiten der Gegenwart und Zukunft* nieder, beginnend in einem Zürcher Hotelzimmer. – Ende Januar 1919 war Rudolf Steiner in seinem Dornacher Atelier von anthroposophischen Freunden um Emil Molt aufgesucht worden, die mit ihm Möglichkeiten einer öffentlichen Wirksamkeit für eine umfassende soziale Neuordnung besprechen wollten. Die Zeit benötigte neue Gesichtspunkte, leitende Ideen zur Gestaltung des sich immer weiter entwickelnden Chaos – das war dem Fabrikdirektor Emil Molt, aber auch vielen jüngeren Freunden deutlich. Molt regte die Gründung eines «Bundes» als Rückhalt für das öffentliche Wirken Rudolf Steiners an und bat Steiner um einen Text für einen größeren «Aufruf» zur Durchsetzung der Ideen der sozialen Dreigliederung – eine Woche später erhielt er von Rudolf Steiner in Dornach den «Aufruf an das deutsche Volk und die Kulturwelt»[349]. Rudolf Steiner, der in den Besprechungen unter anderem auf die Notwendigkeit eigener Schulgründungen als erster Realisierung eines «freien Geisteslebens» hingewiesen hatte (*«Wir müssen zuerst mit dem Geld,*

An das deutsche Volk und an die Kulturwelt.

Sicher gefügt für unbegrenzte Zeiten glaubte das deutsche Volk seinen vor einem halben Jahrhundert aufgeführten Reichsbau. Im August 1914 meinte es, die kriegerische Katastrophe, an deren Beginn es sich gestellt sah, werde diesen Bau als unbesieglich erweisen. Heute kann es nur auf dessen Trümmer blicken. Selbstbesinnung muss nach solchem Erlebnis eintreten. Denn dieses Erlebnis hat die Meinung eines halben Jahrhunderts, hat insbesondere die herrschenden Gedanken der Kriegsjahre als einen tragisch wirkenden Irrtum erwiesen. Wo liegen die Gründe dieses verhängnisvollen Irrtums? Diese Frage muss Selbstbesinnung in die Seelen der Glieder des deutschen Volkes treiben. Ob jetzt die Kraft zu solcher Selbstbesinnung vorhanden ist, davon hängt die Lebensmöglichkeit des deutschen Volkes ab. Dessen Zukunft hängt davon ab, ob es sich die Frage in ernster Weise zu stellen vermag: wie bin ich in meinen Irrtum verfallen? Stellt es sich diese Frage heute, dann wird ihm die Erkenntnis aufleuchten, dass es vor einem halben Jahrhundert ein Reich gegründet, jedoch unterlassen hat, diesem Reich eine aus dem Wesensinhalt der deutschen Volkheit entspringende Aufgabe zu stellen. Das Reich war gegründet. In den ersten Zeiten seines Bestandes war man bemüht, seine inneren Lebensmöglichkeiten nach den Anforderungen, die sich durch alte Traditionen und neue Bedürfnisse von Jahr zu Jahr zeigten, in Ordnung zu bringen. Später ging man dazu über, die in materiellen Kräften begründete äussere Machtstellung zu festigen und zu vergrössern. Damit verband man Massnahmen in Bezug auf die von der neuen Zeit geborenen sozialen Anforderungen, die zwar manchem Rechnung trugen, was der Tag als Notwendigkeit erwies, denen aber doch ein grosses Ziel fehlte, wie es sich hätte ergeben sollen aus einer Erkenntnis der Entwicklungskräfte, denen die neuere Menschheit sich zuwenden muss. So war das Reich in den Weltzusammenhang hineingestellt ohne wesenhafte, seinen Bestand rechtfertigende Zielsetzung. Der Verlauf der Kriegskatastrophe hat dieses in trauriger Weise geoffenbart. Bis zum Ausbruche derselben hatte die ausserdeutsche Welt in dem Verhalten des Reiches nichts sehen können, was ihr die Meinung hätte erwecken können, die Verwalter dieses Reiches erfüllen eine weltgeschichtliche Sendung, die nicht hinweggefegt werden darf. Das Nichtfinden einer solchen Sendung durch diese Verwalter hat notwendig die Meinung in der ausserdeutschen Welt erzeugt, die für den wirklich Einsichtigen der tiefere Grund des deutschen Niederbruches ist.

Unermesslich vieles hängt nun für das deutsche Volk an seiner unbefangenen Beurteilung dieser Sachlage. Im Unglück müsste die Einsicht auftauchen, welche sich in den letzten 50 Jahren nicht hat zeigen wollen. An die Stelle des kleinen Denkens über die allernächsten Forderungen der Gegenwart müsste jetzt ein grosser Zug der Lebensanschauung treten, welcher die Entwickelungskräfte der neueren Menschheit mit starken Gedanken zu erkennen strebt, und der mit mutigem Wollen sich ihnen widmet. Aufhören müsste der kleinliche Drang, der alle diejenigen als unpraktische Idealisten unschädlich macht, die ihren Blick auf diese Entwicklungskräfte richten. Aufhören müsste die Anmassung und der Hochmut derer, die sich als Praktiker

das wir noch haben, freie Schulen gründen, um den Leuten das beizubringen, was sie noch brauchen.»[350]), stellte diesen Aufruf am 15. Februar den Dornacher Mitgliedern vor – und sagte zu skeptischen Einwänden hinsichtlich seiner möglichen Umsetzbarkeit:

> […] Ein in der Wirklichkeit denkender Mensch stellt nicht Hypothesen auf über dasjenige, was möglich oder unmöglich ist, sondern er greift zu dem, von dem er für notwendig hält, das es getan werde. Wenn man einen Weg geht, dann handelt es sich darum, den ersten Schritt zu machen.[351]

Am 5. März erschien der Aufruf dann als Flugblatt und in vielen Tageszeitungen, in den politischen Wirren des deutschen Frühjahrs, der Räterepublik in Bayern und des Generalstreiks in Württemberg. Zwei Tage vor dem Abdruck des Aufrufs hatte Marie Steiner-von Sivers in einem weiteren Dornacher Lagebericht an Johanna Mücke, der einstigen Sekretärin der Berliner Arbeiterbildungsschule, geschrieben:

> Unausgesetzt Vorträge, Besprechungen, ein Buch wird geschrieben, das anstrengende Reiseleben. Er spannt alle seine Kräfte an, um der Menschheit zu helfen. Helfen Sie doch auch zu Hause in Berlin mit guten Gedanken und Gefühlen. Es ist doch etwas schwer in diesem Leben, wo wir gezwungen sind uns zu teilen, dass diejenigen, mit denen wir nicht sein können, bitter werden. Das geht immer so, abwechselnd bald hier, bald da. Und der Dr. ist doch, Gott weiß, da, wo er es als notwendig und als seine Pflicht erachtet, nicht nach Lust und Geschmack. Für mich ist es auch wahrhaftig nicht leicht, immer vielleicht in den nächsten Tagen abreisen zu müssen und dennoch aktiv zu bleiben. Wir haben jetzt die Öffentlichkeit mit der Eurythmie gut bestanden, in Zürich und Winterthur; das Publikum ging gut mit. Zwei Zeitungen haben Blech gebracht, andere geschwiegen. Aber all dies, was sich als Herrliches in Dornach ausnimmt, ist mit unsäglicher Mühsal und mit Strapazen verbunden. Die Vorträge sind auch nicht mehr so, dass man dabei schwelgen kann, da sie die Probleme der Zeit berühren. Jetzt verbindet sich Ihr früherer mit dem neuen Wirkungskreis in des Dr.'s Arbeit. So sind Sie eigentlich wieder die Nächste, ihn zu verstehen und ihm zu helfen. Tun Sie es auch in der Ferne ...[352]

Wie seit nunmehr siebzehn Jahren stand Marie Steiner-von Sivers zu und hinter Rudolf Steiner, stellte alle eigenen Anliegen und Wünsche zurück und wusste, dass er aus höheren Notwendigkeiten handelte (*«Er spannt alle seine Kräfte an, um der Menschheit zu helfen.»*). Den schweren Weg, den Rudolf Steiner am 20. April – dem Ostersonntag des Jahres 1919 – für dreieinhalb Monate nach Stuttgart antreten sollte, um die Dreigliederungs-Bewegung in Württemberg mit Vorträgen vor Arbeitern und Betriebsräten, mit Diskussionsvoten, Aufsätzen und zahllosen Besprechungen zu unterstützen[353], ging sie bedingungslos mit, nahm selbst an all seinen Aktivitäten teil, schulte die anthroposophischen Dreigliederungs-Redner im Sprechen – und bereitete die öffentlichen Eurythmie-Aufführungen in

Süddeutschland vor. Überall und in größter Ausschließlichkeit trug Rudolf Steiner nun über die soziale Frage und die Wege zum Aufbau einer neuen Gesellschaftsordnung vor *(«Die Vorträge sind auch nicht mehr so, dass man dabei schwelgen kann, da sie die Probleme der Zeit berühren.»)*, gegen den Widerstand der etablierten Funktionäre und Strukturen und unter Aufbietung all seiner Kräfte. In Briefen nach Dornach und Berlin, an seine enge Mitarbeiterin Edith Maryon, an Johanna Mücke und Eliza von Moltke schrieb Rudolf Steiner in diesen Wochen:

> Ich bin in solcher Überarbeit darinnen ... jeden Tag wenigstens einen Vortrag mit anschließender Diskussion zu halten, mutet dem alten Organismus viel zu und ich wäre froh, wenn ich dazwischen an unserer künstlerischen Arbeit in Dornach auch noch andere Körperglieder anstrengen könnte als hier nur den Kehlkopf. Doch alles muss eben sein ... (10. Mai, an Edith Maryon[354])

> Ich stehe hier in einem wahren Kreuzfeuer. Je mehr durchdringt, was ich zu wollen habe, desto schärfer hageln die Angriffe. Jeden Abend Vortrag oder Verhandlung. Dabei steht das Schlimmste bald bevor. (28. Mai, an Eliza von Moltke[355])

> Viel Arbeit lastet auf mir. Und Arbeit, bei der wirklich alles lange bedacht sein will. Hätte man nicht bei allem Übrigen noch immerfort die entstehenden Missverständnisse gegen sich, so wäre natürlich alles leichter. Allein, alles, was man sagt, wird sogleich zu etwas anderem, wenn es wiedererzählt wird. Man sieht, dass einen die Leute bekämpfen, weil sie falsch berichtet [unterrichtet] werden. Die Menschen haben das Bestreben, alles in eine Parteischablone hineinzuschieben, und wenn es eben etwas ist, was mit gar keiner Parteischablone zu tun hat, dann machen sie etwas ganz anderes daraus. (4. Juni, an Edith Maryon[356])

> Wir würden ganz zweifelsohne im Proletariat gute Fortschritte machen, wenn die Parteihäupter sich nicht so energisch bemühten, uns den Boden gründlich abzugraben, und da gehorcht das Proletariat folgsamer als nur je die Katholiken den Häuptern ihrer Kirche gehorcht haben. Und das Bürgertum als Masse schläft den Seelenschlaf, lässt sich daraus aufrütteln ab und zu zu «Erklärungen» und steht in der Hand der Drahtzieher, die von wirksamen Mitteln doch nur die kennen, die dem Geiste entgegengesetzt sind. Alles das zusammen wird böse Früchte tragen. (28. Juni, an Johanna Mücke[357])

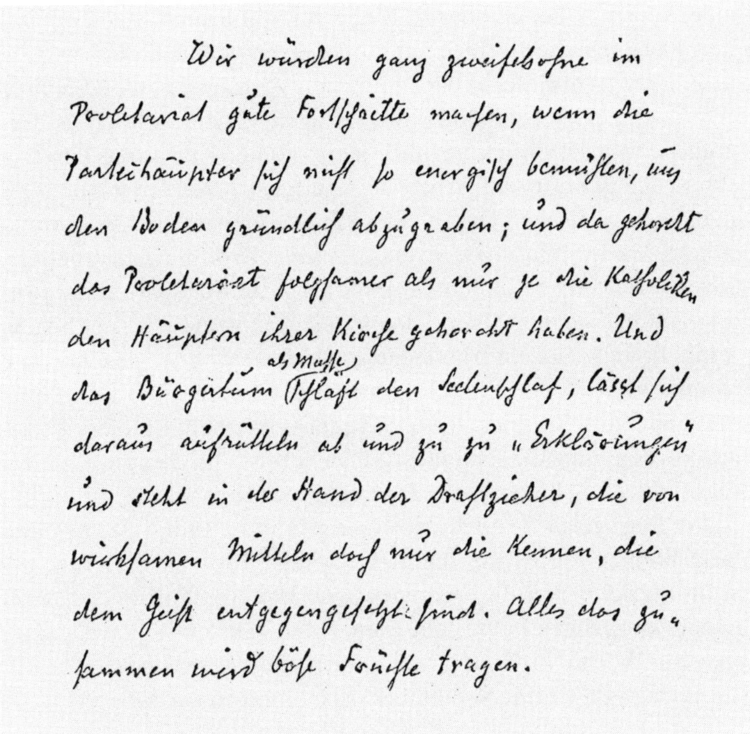

Wir würden ganz zweifelsohne im Proletariat gute Fortschritte machen, wenn die Parteihäupter sich nicht so energisch bemühten, um den Boden gründlich abzugraben; und da gehorcht das Proletariat folgsamer als nur je die Katholiken den Häuptern ihrer Kirche gehorcht haben. Und das Bürgertum als Masse schläft den Seelenschlaf, lässt sich daraus aufrütteln ab und zu zu „Erklärungen" und steht in der Hand der Drahtzieher, die von wirksamen Mitteln doch nur die kennen, die dem Geist entgegengesetzt sind. Alles das zusammen wird böse Früchte tragen.

Brief Rudolf Steiners an Johanna Mücke, 28.6.1919 (Ausschnitt)

Die Bemühungen des «Bundes für die Dreigliederung des sozialen Organismus» zur Vermittlung und sukzessiven Realisierung der neuen Gesellschaftskonzeption, zur Schaffung von Betriebsräten und zur Gründung eines Kulturrates scheiterten schließlich; im August 1919 wurde die von Rudolf Steiner maximal unterstützte Initiative abgebrochen, aufgrund des angetroffenen Widerstands, der nicht ausreichenden Resonanz und zahlreicher interner Schwächen. Dennoch reisten Rudolf Steiner und Marie Steiner-von Sivers im Auto von Emil Molt in der zweiten Augustwoche nur für zehn Tage nach Dornach zurück; gemeinsam mit Molt hatten sie am 30. Mai ein geeignetes Gelände für eine große Schulgründung auf der Stuttgarter Uhlandshöhe in Augenschein genommen, die Molt primär für die

Kinder seiner Arbeiter, aber im Sinne der von Rudolf Steiner eröffneten pädagogischen Prinzipien durchführen wollte. So kehrten sie am 20. August (nach sechs pädagogischen Vorträgen Rudolf Steiners in Dornach zur «Information» der dortigen Mitglieder) bereits wieder nach Stuttgart zurück, um mit systematischen Kursen das künftige Lehrerkollegium für die Arbeit der Stuttgarter Waldorfschule – als einem exemplarischen Organ eines «Freien Geisteslebens» – vorzubereiten. Marie Steiner-von Sivers, die zu den Eröffnungsfeierlichkeiten der Schule am 7. September im Stuttgarter Stadtgartensaal rezitierte, gehörte – neben Rudolf Steiner als geistigem Leiter der Schule – von nun an zum Lehrerkollegium, als *«Leiterin der eurythmischen Kunstübungen»*[358] und Sprach-Lehrerin der Lehrer. Die Eurythmie sollte obligates Unterrichtsfach und damit essentieller Teil der Erziehung werden – und die seminaristischen Stunden für das sich bildende Lehrerkollegium fingen jeden Tag mit Sprachübungen an.[359]

Drei Tage nach der Schuleröffnung fuhren Rudolf Steiner und Marie Steiner-von Sivers dann für wenige Tage nach Berlin, zur Eröffnung des neuen Zweigraumes sowie weiteren Vorträgen Rudolf Steiners zu sozialen Fragestellungen. Dann kehrten sie – nach einer erneuten Woche in Stuttgart, Lehrerkonferenzen und Kulturrat-Besprechungen – Ende September nach Dornach zurück.

*

Das Leben Marie Steiner-von Sivers' war seit ihrer Begegnung mit Rudolf Steiner und der Aufgabenübernahme in der Theosophischen Gesellschaft anstrengend und aufreibend gewesen; nach dem Ersten Weltkrieg aber nahm die Intensität und Art der Beanspruchung Rudolf Steiners, die Marie Steiner-von Sivers bedingungslos mitvollzog, aber noch um viele Grade zu. Die Notwendigkeiten und Sorgen des Dornacher Baues, mehr aber noch Rudolf Steiners Gang in die öffentliche Auseinandersetzung veränderten den bisherigen Lebensstil vollkommen. Bis 1914 war Berlin die faktische «Heimat», das «zu Hause» Marie von Sivers' gewesen – von hier aus fand die weitgespannte Tätigkeit Rudolf Steiners statt, hier begannen und endeten seine Reisen, hier entstanden der Philosophisch-Theosophische

Verlag und das Zentrum der deutschen Sektion der Theosophischen Gesellschaft. Trotz des zusätzlichen Münchner Sommerschwerpunktes ab 1909 – zur Durchführung der Mysterienspiele – hatte das Leben Marie von Sivers' (und damit auch Rudolf Steiners) bis zum Ersten Weltkrieg noch eine relative Konstanz besessen, auch wenn Tausende von Reisekilometern zu Vortragskursen alljährlich zurückgelegt werden mussten. Die Situation und Konstellation in der Theosophischen Gesellschaft war von Anfang an schwierig gewesen; dennoch hatte eine kontinuierliche Aufbauarbeit stattgefunden, auch in künstlerischer Hinsicht, eine aufbauende Tätigkeit, die zunehmend international geprägt gewesen war. Der Baubeginn in Dornach und der Erste Weltkrieg aber hatten diese Voraussetzungen grundlegend verändert und neben zusätzlichen Aufgaben eine Spaltung der biographisch-geographischen Existenz zwischen Berlin und Dornach mit sich gebracht; darüber hinaus hatte die Anthroposophische Gesellschaft ihre reale Schwäche offenbart – Angriffe von innen und außen kamen, die in die destruktive Spirale des Krieges gerieten und Marie Steiner-von Sivers im Gefüge ihrer Existenz trafen. Nun, nach dem Ende des Krieges, dem Tod zahlreicher Angehörigen, Freunde und einer engen, vertrauten Mitarbeiterin wie Sophie Stinde, entstand eine weitere Kulmination der Belastungen – in der Exposition der Anthroposophie in einer Öffentlichkeit, die zwar teilweise interessiert war, aber zunehmend einem politischen wie gesellschaftlichen Radikalisierungsprozess unterlag. In öffentlichen Eurythmie-Aufführungen hatte Marie Steiner-von Sivers bald gezielte Störversuche und Provokationen einzelner Gruppen erlebt; die exponierte Stellung des Goetheanum und eine große, von der Öffentlichkeit kritisch verfolgte Schule in Stuttgart aber stellten eine noch vielfach gesteigerte Herausforderung und gesamtgesellschaftliche Verantwortung dar. Rudolf Steiner hatte am 20. September 1918 in Dornach die kommenden Zeiten bereits als eine Epoche der kämpferischen Auseinandersetzungen bezeichnet und von einer möglichen *«Zerstörung unserer Sache»* gesprochen, *«wenn sich nicht genügend verteidigende Kraft finden würde»*. Für Marie Steiner-von Sivers stand der restlose Einsatz für die «Sache des Doktors» (Andrej Belyj) außer Frage. Die Stuttgarter Schuleröffnung war ohne jeden Zweifel ein Meilenstein in der Geschichte der anthroposophischen Bewegung; dennoch sah sie sich, zweiundfünzigjährig und körperlich angeschlagen, mit Aufgaben und Verantwortungen konfrontiert, die in den nächsten Jahren bis zur völligen Erschöpfung ausgeführt werden mussten. Marie Steiner-von Sivers war gewohnt, eigene Belange und jegliches eigene Befinden zurückzustellen – sie sorgte sich jedoch um die Kräfte Rudolf Steiners, deren unerschöpfliche Quelle sie zwar kannte oder ahnte, deren krisenhafte Gefährdung ihr jedoch mitunter auch ansichtig geworden war. Rudolf Steiner lebte und arbeitete ganz offenbar in einer permanenten Flucht nach vorne und im Wissen um die knapp bemessene Zeit, die noch Einflussmöglichkeiten auf den Gang der zivilisatorischen Entwicklung gestattete *(«Wir stehen heute vor einem Abgrund in der europäischen Kultur und wir müssen uns anschicken, diesen Abgrund zu überspringen.»[360])* – er wirkte in großem Stil und mit umfassenden Intentionen, schonte sich selbst an keiner Stelle und war sich für nichts zu schade. Am Tag nach ihrer Dornacher Rückkehr vom 30. September 1919 führte er bereits wieder Gespräche über die Übersetzung seiner *Kernpunkte der sozialen Frage* in die englische Sprache[361] und über die Möglichkeit, die Dreigliederungskonzeption in anderen europäischen Ländern zu verbreiten – und sagte neun Tage später über die Aufgabenstellung des Goetheanum, der «Freien Hochschule für Geisteswissenschaft»:

> Es müsste eigentlich dieser Dornacher Bau so angesehen werden, dass man ihn, ohne unbescheiden zu werden, wirklich als den Ausgangspunkt nimmt für eine große Weltbewegung, die völlig international ist und die alle Gebiete des geistigen Lebens umfasst. [...]
> Aber wir müssen uns aufraffen, etwas zu schaffen, was tatsächlich so zur Menschheit spricht, dass wir sie aufmerksam machen darauf: Seht, hier wird etwas gewollt, was im Sinne einer wirklichen Weiterentwicklung sowohl des wissenschaftlichen wie des künstlerischen, wie des religiösen Bewusstseins liegt.[362]

*

Die Jahreswende 1919/20 verbrachten Rudolf Steiner und Marie Steiner-von Sivers erstmals seit 1910/11, den Tagen der «Okkulten Geschichte» und der Grundsteinlegung des Zweighauses, wieder

Das erste Goetheanum

in Stuttgart – diesmal hielt Rudolf Steiner jedoch Fachkurse für das Lehrerkollegium der Waldorfschule und nahm an nächtelange Besprechungen über die Finanzierung der Schule, des Goetheanum und anderer Einrichtungen teil. Auf Vorschlag von Emil Molt sollten Firmenassoziationen gegründet werden, deren Gewinne den Organen des «Freien Geisteslebens» zufließen würden; Rudolf Steiner beteiligte sich an diesen Plänen, deren versuchte Umsetzung in Deutschland und der Schweiz ihn in den nächsten Jahren in aufreibende Vorgänge und endlose Besprechungen verwickeln sollte – und die, wie die Dreigliederungsinitiative, nicht von Erfolg gekrönt waren. Bereits in der ersten diesbezüglichen Unterredung mit Emil Molt vom 12. Oktober 1919 hatte Rudolf Steiner auf den «Mangel an geeigneten Persönlichkeiten» als «Hauptschwierigkeit in der Durchführung des Planes» hingewiesen[363], sich dennoch erneut selbstlos zur Verfügung gestellt. Steiner besah Fabriken, Gebäude und landwirtschaftliche Güter und saß in endlosen Finanzierungs- und Konzeptionsgesprächen, die Ende des Jahres 1919 begannen und die kommenden Jahre mitbelasten sollten. Erstmals musste Rudolf Steiner 1920 in Stuttgart zahlreiche Bitten um Einzelgespräche von Mitgliedern ablehnen, ununterbrochen beansprucht von Sitzungen, Konferenzen und Krisenbesprechungen *(«Mir tut es im Herzen weh, dass ich fast keinen der Wünsche befriedigen kann, die jetzt so zahlreich an mich herantreten. Aber ich muss immer die Freunde abweisen, weil ja einfach die Zeit sich nicht verdoppeln lässt und nicht bloß vom Morgen bis zum Abend, sondern in die Nächte hinein Sitzungen sind.»*[364]*)*. Steiner betonte wiederholt, dass die eingegangenen ökonomischen Verantwortungen und begonnenen Firmen-Initiativen auf keinen Fall scheitern dürften, obwohl er es bald mit zahlreichen Mitarbeitern zu tun hatte, die der Aufgabe realiter nicht gewachsen waren und sich zudem in der Zusammenarbeit mehr als schwer taten *(«Wir stehen vor Unternehmungen, die nicht misslingen dürfen, die gelingen müssen, bei denen gar keine Rede davon sein kann, dass sie irgendwie misslingen, von denen wir heute sagen müssen: sie werden gelingen. Aber dass die nicht die ursprüngliche anthroposophische Bewegung auffressen, das hängt davon ab, dass jeder wirklich daran mitarbeitet.»*[365]*«Es ist furchtbar, dass ich jedes Mal in Stuttgart den größten Teil der vorhergesehenen Zeit dazu verwenden muss, die gegeneinander arbeitenden Menschen unter einen Hut zu bringen. Und wenn ich sie so weit gebracht habe, dass sie zusammen arbeiten und etwas mit ihnen in Gang gesetzt werden könnte, muss ich bald danach wieder nach Dornach zurückreisen.»*[366]*)*.

*

Tatsächlich sah das Jahr 1920 Rudolf Steiner und Marie Steiner-von Sivers zwischen Dornach und Stuttgart ununterbrochen hin und her pendelnd, mit nur noch wenigen Aufenthaltstagen in Berlin. In Stuttgart hatten nach dem Kriegsende die sozialen Initiativen eingesetzt – hier stand die Waldorfschule (und bald auch eine Eurythmieschule unter Leitung von Alice Fels und Gesamtverantwortung von Marie Steiner-von Sivers), hier begann die Firmenassoziation «Der kommende Tag» und hier waren eine Klinik und zahlreiche wissenschaftliche Aktivitäten projektiert. Rudolf Steiner freute sich über die endlich innerhalb der anthroposophischen Bewegung aufgekommenen wissenschaftlichen Interessen und zivilisatorischen Bemühungen, auf die er fast zwei Jahrzehnte gewartet hatte *(«Dasjenige, was mit dieser anthroposophischen Bewegung schon seit ihrem Anfang vor zwanzig Jahren gewollt worden ist, das kommt eigentlich erst jetzt langsam zur Offenbarung.»*[367]*)*. Im März 1920 hielt er einen ersten, großen und systematisch aufgebauten Kurs für Ärzte und Medizinstudenten in Dornach, der von akademischen Vorträgen zahlreicher Mitarbeiter begleitet war – so sprach Carl Unger über «Anthroposophie und die erkenntnistheoretische Grundlage der Naturwissenschaften», Friedrich Husemann über «Nervosität, Weltanschauung und Anthroposophie», Walter Johannes Stein über «Anthroposophie und Physiologie», Eugen Kolisko über «Anthroposophie und Chemie», E. A. Karl Stockmeyer über «Anthroposophie und Physik» und Oskar Schmiedel über «Anthroposophie und Farbenlehre». Nur vier Wochen später hielt Rudolf Steiner auf Bitten von Schweizer Staatsschullehrern erstmals einen vierzehn Vorträge umfassenden pädagogischen Kurs in Basel in der Aula einer Oberrealschule. – Ohne jeden Zweifel gewann die öffentliche Präsenz der anthroposophischen Geisteswissenschaft Schritt um Schritt – zeitgleich wuchs, wie dies von Rudolf Steiner angekündigt worden war, der Widerstand und die Gegnerschaft. Nahezu wöchentlich erschienen diffamierende Artikel und Broschüren gegen Rudolf Steiner, die mehrheitlich von nationalistischen und katholisch-klerikalen Kreisen ausgingen. An Pfingsten sprach Rudolf Steiner vor diesem Hintergrund erstmals öffentlich am Goetheanum über die *«Philosophie des Thomas von Aquino»* und die notwendige Fortsetzung des Thomismus durch die anthroposophische Geisteswissenschaft – ein von Marie Steiner-von Sivers sehr wahrscheinlich mit Spannung erwarteter Kurs. Zwei Wochen später fuhr Rudolf Steiner in der Schreinerei mit einem öffentlichen Vortrag *«Die Wahrheit über die Anthroposophie und deren Verteidigung wider die Unwahrheit»* fort, in dem er ausführlich zu seinem Werdegang und zu den Inhalten der Anthroposophie Stellung nahm.

*

Obwohl das Goetheanum, der – so Marie Steiner-von Sivers – *«leuchtend helle, strahlende, allen sich öffnende, Raum-auflösende und Herzen-weitende Holzbau»*[368], noch immer nicht vollendet werden konnte, ja seine Fertigstellung durch die finanzielle Situation in den unmittelbaren Nachkriegsjahren gefährdeter denn je war, erfolgte die Bitte an Rudolf Steiner, den Bau im Herbst 1920 als «Freie Hochschule für Geisteswissenschaft» zu eröffnen. Der talentierte Schweizer Anthroposoph Roman Boos übernahm die Initiative, organisierte mit großem Einsatz das Vorhaben und stellte unter anderem ein umfangreiches Vortragsprogramm zusammen; Rudolf Steiner erklärte sich damit einverstanden, sagte selbst einen täglichen Vortrag für den ersten Dornacher «Hochschulkurs» zu, machte jedoch auch dezidiert deutlich, dass die Tagung noch nicht als feierliche Eröffnung des Baues betrachtet werden könne – und lehnte auch die provisorische Aufstellung der weit fortgeschrittenen «Christus-Gruppe» in der kleinen Kuppel zu diesem Zeitpunkt ab[369] (*«Er betonte [...] ganz besonders, dass diese Veranstaltung in keiner Weise als eine Eröffnung vom Goetheanum angesehen oder benannt werden dürfe. Eine Eröffnung würde es nicht sein.»* Savitch[370]). Aufgrund der prinzipiellen Zustimmung Rudolf Steiners und der intendierten Eurythmie-Aufführungen im Rahmen der Tagung machte sich Marie Steiner-von Sivers an die detaillierte Vorbereitung dieser künstlerischen Veranstaltungen und zog mit den Eurythmistinnen unter Leitung Tatjana Kisseleffs zu weiteren Proben erstmals in den Bau, das von Rudolf Steiner wiederholt so genannte «Haus des Wortes», ein. Marie Savitch beschrieb diese Situation und ihre besondere Stimmung mit den Worten:

> Wie würde nun im Bau die Eurythmie wirken? – Die Darbietung würde sich ja im Raum der kleinen Kuppel abspielen. Der kleine Kuppelraum war ringsherum nach innen nicht von Wänden abgeschlossen, sondern es erhoben sich von jeder Seite sechs Säulen mit ihren Sockeln, Kapitälen und Architraven. Zwischen den Säulen und der Wand, die den Raum nach außen abschloss, zog sich ein Gang. Dort wurde eine bemerkenswerte technische Lösung für die Farben-Beleuchtung des Raumes eingerichtet. Die Beleuchtungskörper waren nicht gewöhnliche Scheinwerfer. Auf hohen Gestellen wurden starke elektrische Birnen angebracht, die hineingestellt waren in Glaskugeln aus mattem Glas. Sie erzeugten dadurch keine konturierten Farben und Lichtflecken, wie das durch Scheinwerfer

Innenansicht des kleinen Kuppelraums

hervorgerufen wird. Sie strömten ein starkes diffuses Licht durch den ganzen Raum aus. Vorne am Portal war eine Lichtreihe angebracht und unten eine flache Rampe, die durch den ganzen Raum ein gleichmäßiges Licht verbreiteten. So konnte man vom Zuschauerraum des großen Kuppelraums aus durch diese Beleuchtung genau verfolgen, wie die Säulen nach oben emporstrebten, wie die Formmotive der Architrave und der Kapitäle sich vom Westen nach Osten zu der Stelle hin, wo die Christus-Statue stehen sollte, verwandelten.
Auch konnte man erleben die abschließende Kraft der Kuppel, die von den Säulen getragen war. Klar und deutlich strahlten die Farben der Kuppelmalerei. Der Boden hatte eine zum Osten hin strebende Steigung, so dass jeder Zuschauer die Gliederung der Formenbewegung im Raume bei der Eurythmie sehen konnte. Die Sockel der Säulen bildeten holzgeschnitzte Throne, die in ihrer Form dem Charakter der sechs Kulturepochen entsprachen, die in der kleinen Kuppel abgebildet waren.

Als die Probe im Bau anfangen sollte, betraten Rudolf Steiner und Marie Steiner den Saal. Die Eurythmistinnen folgten in Stille, – Weihestimmung herrschte. Alles war gründlich im Schreinereisaal geübt und vorbereitet. Die Eurythmistinnen betraten die Bühne in größter Ordnung und bildeten einen Kreis von zwölf Gestalten, der die sieben Gestalten in der Mitte umgab. Dieses ist die Eurythmieaufstellung für die kosmische Dichtung Rudolf Steiners «Zwölf Stimmungen». Jede der zwölf Strophen hat sieben Zeilen, – die im Kreis stehenden Gestalten tragen den Charakter je einer der zwölf Strophen, die dem Tierkreis entsprechen. Die sieben Gestalten in der Mitte tragen jede den Charakter der Planeten: die Gesetzmäßigkeit der uralten Mysterienhandlung wurde sichtbar, – ausgeführt durch menschliche Gestalten in der Bewegung in einem Raume, der von Rudolf Steiner geschaffen war.

Und als bei den ersten Armbewegungen nach oben die Gestalten sich aufrichteten, dem Streben der Säulen nach oben folgend, und die sieben mittleren Gestalten langsam zu schreiten begannen, folgend der Richtung, in welcher die Architrav-Formen sich wandelten und in ihren wandelnd plastischen Bewegungen von der Abschlusskraft der Kuppel aufgenommen wurden, da fühlte man, wie der geistige Mensch in den Tiefen seiner Wesenheit sich mit dem kosmischen Gesetz vereinigt und den Einklang mit dem Bau findet. Da wusste man: der Bau hat die Eurythmie aufgenommen. Es vollzog sich das, was Rudolf Steiner aussprach: *«Es musste gebaut werden nach denselben inneren Gesetzen, nach denen gesprochen wird, nach denen die Mysterien vorgeführt werden, nach denen jetzt die Eurythmie vorgeführt wird.»*[371]

*

Marie Steiner-von Sivers war es schließlich, die am frühen Sonntagabend des 26. September 1920, nach einem musikalischen Vorspiel durch Jan Stuten, den ersten Hochschulkurs im Dornacher Goetheanum feierlich eröffnete – durch die Rezitation der von Rudolf Steiner für diesen Anlass umgedichteten Rede des Großmeisters «Hilarius Gottgetreu» aus dem dritten Mysteriendrama «Der Hüter der Schwelle». Marie Steiner-von Sivers sprach von der Orgelempore herab; sie sprach – für Rudolf Steiner – aus dem Rückraum zu den im Goetheanum versammelten Menschen; sie sprach zu einer anthroposophischen Gemeinschaft, für die sie sich an der Seite Rudolf Steiners seit 1902 trotz vieler Rückschläge mit allen ihren Kräften eingesetzt hatte und die nun erstmals dabei war, eine ihr angemessene irdische Stätte zu finden:

In jenes Geistes Namen, der den Seelen
In unsrem Strebensorte sich verkündet,
Erscheine ich in diesem Augenblicke
Vor Menschen, die von jetzt an hören wollen
Das Wort, das hier den Seelen ernst erklingt.
Nicht frühern Zeiten konnten jene Mächte,
Die unsres Erdenwerdens Ziele lenken,
In vollbewusster Art sich offenbaren.
Denn wie im Kinderleibe erst allmählich
Die Kräfte reifen müssen und erstarken,
Die zu des Wissens Trägern sind bestimmt,
So musste sich als Ganzes auch entfalten
Das Menschentum in seinem Erdenlauf.
In Dumpfheit lebten erst die Seelentriebe,
Die später würdig sich erweisen sollten,
Aus hohen Welten Geisteslicht zu schauen.
Doch wurden als der Menschen weise Führer
Im Erdbeginn dem Geist ergebne Seelen
Von höhren Daseinsmächten auserwählt.
Sie pflegten in des Wissens Streborten
Die Geisteskräfte, die Erkenntnisstrahlen
In Seelen sandten, die nur dumpf bewusst
Von ihrem Schauen sich durchdringen konnten.
Erst später konnten aus der Menschen Reihen
Die Geistesforscher sich die Schüler holen,
Die durch das willensstarke Prüfungsleben
Sich reif erwiesen, in Bewusstseins Helle
Zum Geisteswissen zielvoll hinzustreben.
Und als der ersten Führer Schüler später
Das edle Gut in Würde pflegen konnten,
Verschwand die unbewusste Führerschaft,
Dass freie Seelen wissend streben durften.
Und freie Seelen wählten sich dann Menschen,
Die ihnen folgen durften in der Pflege
Des Geistesschatzes; und so ging es weiter
Von einem Menschenalter hin zum andern.
Es sind bis jetzt ja alle Wissensstätten,
Die dies in Wahrheit sind, gerecht entsprungen

Hilarius:

In jenes Geistes Namen, der den Seelen
In unsrem Strebensorte sich verkündet
Erscheine ich in diesem Augenblicke
Vor Menschen, die von jetzt an hören wollen
Das Wort, das hier den Seelen ernst erklingt
Nicht frühern Zeiten konnten jene Mächte,
Die unsres Erdenwerdens Ziele lenken,
In vollbewusster Art sich offenbaren.
Denn wie im Kinderleibe erst allmählig
Die Kräfte reifen müssen und erstarken
Die zu des Wissens Trägern sind bestimmt,
So musste sich als Ganzes auch entfalten
Das Menschentum in seinem Erdenlauf.
In Dumpfheit lebten erst die Seelentriebe
Die später würdig sich erweisen sollten,
Aus hohen Welten Geisteslicht zu schauen.
Doch würden als der Menschen weise Führer
Im Erdbeginn dem Geist ergebne Seelen
Von höhren Daseinsmächten auserwählt.
Sie pflegten in des Wissens Strebeorten
Die Geisteskräfte, die Erkenntnisstrahlen

Der höchsten, die in Geistessphären steht.
In ernstem Suchen streben wir allhier
Nach wahrem Geistes-Menschenerbe hin,
Wir werden niemals von Erkenntnis sprechen,
Die nicht des Geistes eignes Siegel trägt;
Allein vom Lichte aus den Geisteswelten,
Das schauend Menschen sich erschließen kann,
Die sich ihm strebend anvertrauen wollen,
Um ihrer Seele Tiefen zu ergründen.
Zu diesem Lichte würdig hinzustreben,
Das weiset uns der Zeitenwende Ernst
Und ihre Not; die Zeichen sind fürwahr
Bedeutungsschwer, die sich im Weltenplane
Jetzt Geistesaugen deutlich offenbaren.[372]

*

Die Rezitation der Rede des «Hilarius Gottgetreu» war für alle Anwesenden ein tiefes Erlebnis – *«Indem diese Worte in ihrer plastischen Kraft durch Marie Steiner im Raum ertönten*[373]*, atmeten sie den Geist des Goetheanum und waren im Einklange mit dessen Formen»* (Carl Kemper[374]).

Nach der Rezitation erfolgten zahlreiche Ansprachen, die von Rudolf Steiner eröffnet und beschlossen wurden, endend mit einer weiteren Spruchdichtung von ihm:

Zum Lichte uns zu wenden
In dunkler Zeiten Not, –
Zum Geistesmorgenrot
Die Seelenblicke senden, –
Menschen-Wollen sei es hier
Und bleib' es für und für.[375]

Dann erklang noch eine Rezitation Marie Steiner-von Sivers' (aus dem zweiten Mysteriendrama Rudolf Steiners) und das Adagio aus dem Streichquartett von Anton Bruckner, ehe mit der ersten Eurythmie-Aufführung im Bau, der Darstellung der «Zwölf Stimmungen», der festliche Abend zu Ende ging.

Über die Eurythmie-Darstellungen, die an den Wochenenden des insgesamt dreiwöchigen Hochschulkurses fortgesetzt wurden, schrieb Marie Savitch:

> Die Aufführungen der Eurythmie verliefen in gehobener, feierlicher Stimmung und hinterließen den tiefsten Eindruck. [...]
> Für Marie Steiner war es das Ergebnis der sieben Jahre, die seit der Grundsteinlegung des Goetheanums in einer unentwegten Arbeit an der Kunst vorangegangen waren, in schwierigen äußeren Verhältnissen, durch unvorstellbare Hemmnisse. Jetzt nach sieben Jahren betrat Marie Steiner den Ort, der ihrem Wesen entsprach, wo ihre Kraft sich voll entfaltete, – der ihrer Würde entsprach, der ihre Leistungen in vollem Lichte erscheinen ließ.[376]

Neben den fachwissenschaftlichen Beiträgen – Rudolf Steiner selbst sprach über «Grenzen der Naturerkenntnis und ihre Überwindung» sowie in drei Vorträgen über den «Baugedanken von Dornach» – hielten Rudolf Steiner und Marie Steiner-von Sivers während der Hochschulwochen auch einen gemeinsamen Kurs: *«Die Kunst der Deklamation. A. Praxis: Marie Steiner B. Theorie: Dr. Rudolf Steiner»*, den sie auch bei späteren Veranstaltungen in den folgenden Jahren wieder aufgreifen sollten.

Die Intention eines realen Mysterientheaters stand im Hintergrund all dieser Bemühungen; für Marie Steiner-von Sivers war das Goetheanum – als Ort der Mysteriendramen, der «christbegabten» Eurythmie und Sprachgestaltung – dieser Aufgabenstellung in gewisser Hinsicht gewidmet und musste sich in ihrer Realisierung bewähren. Im Herbst 1920, zur Zeit der ersten Hochschulveranstaltungen, schrieb sie in einem Brief mit Nachdruck:

> Das Theater, so wie wir es in unsere Bewegung hereinbezogen haben, ist nur gerechtfertigt durch seine okkulte Bedeutung. Als solches hat es einen ungeheuren Wert. Ohne diese okkulte Grundlage hat es keine Daseinsberechtigung unter uns. Diejenigen, die sich zusammengeschlossen haben, um die Errichtung dieses Baues herbeizuführen, waren sich von Anfang an bewusst, dass die Bühne, die er erhalten soll, unter strengster Kontrolle Dr. Steiners stehen müsse. Wir hätten sie sonst nicht errichtet.[377]

*

Trotz der außerordentlichen Belastung Rudolf Steiners mit den entstehenden Wirtschaftsassoziationen, den Sorgen um die Fertigstellung des Baues, den Kämpfen um die anthroposophische Bewegung in der Öffentlichkeit und den «bedeutungsschweren» Zeichen der Zeit und ihrer Not, gab es für Rudolf Steiner und Marie Steiner-von Sivers noch immer Tage der intensiven künstlerischen Zusammenarbeit in Dornach – außerhalb von Tagungen und jenseits der Arbeitsfahrten nach Stuttgart. Marie Savitch beschrieb den zeitlichen Ablauf solcher Goetheanum-Tage in ihren Erinnerungen mit den Worten:

> Um 9 Uhr – oder etwas später – konnte man Rudolf Steiner auf dem Wege von der «Villa Hansi», wo er und Marie Steiner wohnten, den Hügel zur Schreinerei hinaufgehen sehen. Jeder konnte ihn begrüßen und oft ein freundliches Wort von ihm hören. Es brauchten nicht viele Worte zu sein – für die Menschen bedeutete es sehr viel.
> Rudolf Steiner arbeitete in seinem Atelier. Gegen 11 Uhr wurde Marie Steiner in einem Rollstuhl aus «Villa Hansi» in die Schreinerei herauf gefahren. Sie trafen sich in ihrem Arbeitszimmer, oder Rudolf Steiner kam direkt in die Probe, die um 11 Uhr anfing. Man konnte manchmal dabei sein, wie sie besprachen, was im Laufe des Tages gearbeitet werden musste oder was im Allgemeinen geschehen sollte. Öfter nahm Marie Steiner ein Buch in die Hand und gab ihm ein Blatt Papier zum Zeichnen. Sie rezitierte ein Gedicht, und während dieser Zeit zeichnete Rudolf Steiner seine Angaben für die Eurythmie auf das Papier. Es konnte auch sein, dass er es erst später aus dem Atelier schickte oder dass Marie Steiner ihm noch andere Texte ins Atelier sandte. So liefen ständig Boten von dem Saal ins Atelier, vom Atelier in den Saal. Bote zu sein in diesem Sinne war die größte Auszeichnung.[378] – Dann kam Rudolf Steiner zur Probe, um zu sehen, wie die Angaben sich in der Arbeit gestalteten.
> Zur Mittagszeit, um 1 Uhr, kam Rudolf Steiner regelmäßig in den Saal, um Marie Steiner zum Mittagessen nach «Villa Hansi» abzuholen. Oft musste er dastehen und einige Zeit warten, denn Marie Steiner war immer noch nicht mit der Probe fertig: sie las weiter, ließ die Eurythmistinnen üben. Einzelne Bemerkungen von ihm wie: «schauen Sie, wie alle hungrig sind», oder dergleichen, halfen nicht. – Dann fing er an, lustige Geschichten über Marie Steiner zu erzählen, z. B. wie sie sich mit dem Schirm gewehrt habe gegen die Aufdringlichkeiten der italienischen Reiseführer. Dabei wurden die Worte «mit dem Schirm» so herrlich herausgehoben, – und in der allgemeinen Heiterkeit brach die Arbeit ab. Marie Steiner schlug das Buch zu, und sie konnten endlich nach «Villa Hansi» gehen.[379]

Zu Hause erwarteten sie öfters eingeladene Gäste. Zunächst beim Essen hörten die Gäste mit Freuden, wie Rudolf Steiner Anekdoten oder Witze erzählte; später traten sie dann mit ihren Sorgen und Fragen an ihn heran. Auch nachmittags war Rudolf Steiner in seinem Atelier in der Schreinerei, denn die Nachmittagszeit war auch die Zeit der Audienzen. Nach 4 Uhr kam Marie Steiner zur Schreinerei herauf. Sie nahmen beide im Arbeitszimmer von Marie Steiner zusammen die «Jause» ein, und ihre Gespräche dauerten manchmal sehr lange. Aber gewöhnlich fing Marie Steiner die Proben um 5 Uhr wieder an. Wieder liefen die Boten vom Saal zum Atelier, vom Atelier zum Saal.

Die Schreinerei und das Hochatelier

Auch bei den Abend-Proben kam Rudolf Steiner direkt aus den Besprechungen und Sitzungen in die Probe und sprach mit Marie Steiner. Oder er korrigierte die Arbeit der Eurythmistinnen. Gegen Abend aber spielte sich ein umgekehrtes Bild ab als zur Mittagszeit: da wartete Marie Steiner auf Rudolf Steiner. Die Probe dauerte bis in späteste Stunden, – Rudolf Steiner kam und kam immer noch nicht. Dann trat er plötzlich ein. Da brach Marie Steiner sofort die Probe ab, und alle außer ihr – denn sie war dann gerade frisch und voller Energie – gingen erschöpft nach Hause.[380]

*

Die öffentlichkeitsorientierten Aktivitäten der anthroposophischen Bewegung, die 1919 und 1920 eingesetzt hatten, steigerten sich 1921, im Jahr nach dem ersten Dornacher Hochschulkurs, weiter. Große – und teilweise gezielt gestörte – Eurythmie-Aufführungen fanden in den Schweizer Städten Bern, St. Gallen und Dornach, in Stuttgart, Konstanz, Freiburg, Tübingen, Heidelberg, Darmstadt, Frankfurt, Berlin und Dresden, aber auch im norwegischen Oslo sowie in den niederländischen Metropolen von Amsterdam, Den Haag und Hilversum statt. Auch weitere Hochschulkurse und öffentliche Kongresse mit Rudolf Steiner wurden in Dornach, Darmstadt und Stuttgart veranstaltet, wo ab dem Sommer 1921 nicht nur eine erste anthroposophische Klinik mit assoziierten Forschungslaboratorien und einer eigenen Heilmittelherstellung arbeitete, sondern auch zwei anthroposophische Zeitschriften regelmäßig erschienen. Zu Rudolf Steiners 60. Geburtstag Ende Februar veröffentlichte Friedrich Rittelmeyer ein von ihm herausgegebenes Sammelwerk *Vom Lebenswerk Rudolf Steiner – eine Hoffnung neuer Kultur* mit Fachbeiträgen zu den von Rudolf Steiner in zahlreichen Lebensfeldern eröffneten Entwicklungen; Steiner selbst gab fortwährend neue Anregungen, hielt einen ersten Kurs für Theologen – der zur späteren Gründung der Christengemeinschaft führen sollte –, einen ersten Kurs über Heileurythmie, Vorträge für die Arbeiter am Goetheanum sowie erstmals seit dem Weltkrieg wieder Kurse außerhalb Deutschlands, Österreichs und der Schweiz – und reiste im Februar mit Marie Steiner-von Sivers nach Holland und im November nach Norwegen.

Am Jahresende begrüßte er dagegen am Goetheanum viele Pädagogen aus England, die zu einem Fortbildungskurs gekommen waren, sowie Lehrer aus Skandinavien, Holland, Deutschland und der Schweiz, die sich hinzugesellt hatten; die im «Weißen Saal» des Goetheanum gehaltenen Vorträge Rudolf Steiners mussten schließlich zweimal am Tag stattfinden, da der unerwartete Andrang die Wiederholung erzwang. Zwischen den Vorträgen Rudolf Steiners berichteten Lehrer der Stuttgarter Waldorfschule den Kollegen von ihren gemachten Erfahrungen und gaben pädagogische «Musterstunden» der neuen, international ausstrahlenden Erziehungskunst

– zu Rudolf Steiners Geburtstag war in Den Haag der Aufruf zur Gründung eines «Weltschulvereins» erfolgt.

Das Goetheanum, Mai 1921

*

Parallel zu diesen Aktivitäten aber waren auch die Beanspruchungen und Sorgen Rudolf Steiners weiter gewachsen; die Firmenassoziationen wurden zu der befürchteten großen Belastung, absorbierten Rudolf Steiner in außerordentlichem Maße und ließen ihn in Stuttgart kaum mehr zur Ruhe kommen. Am 19. Januar 1921 schrieb Marie Steiner-von Sivers an Johanna Mücke nach Berlin:

> Stuttgart ist das Tollste, was es je innerhalb unserer Arbeit gegeben hat. Doch was lohnt es, Worte darüber zu verlieren. [...]
> Mit dem Doktor kann ich überhaupt kaum mehr ein Wort sprechen, er wird buchstäblich zerrissen.[381]

Auch sah Rudolf Steiner die fortbestehende Schwäche der Anthroposophischen Gesellschaft, die überalterten und wenig am öffentlichen Geschehen beteiligten Zweige und die realiter fehle Führung und Konsistenz des gemeinschaftlichen Zusammenha Die Anthroposophische Gesellschaft war ganz offensichtlich nicht dazu in der Lage, die aus ihr entsprungenen Aktivitäten wirksam zu unterstützen und zu verteidigen – *«[…] Die Anthroposophische Gesellschaft ist nicht in der Lage, die anthroposophische Bewegung zu tragen. Denn die Anthroposophische Gesellschaft ist so stark durchsetzt von sektiererischen Neigungen, dass sie die anthroposophische Bewegung […] nicht tragen kann.»*[382] Die einzelnen, überwiegend von jungen Menschen initiierten Gründungen dagegen – aber auch die Stuttgarter Waldorfschule – tendierten dazu, mit sich selbst, ihren eigenen Aufgaben und Problemen hinreichend beschäftigt zu sein, damit jedoch die Orientierung an der übergeordneten Anthroposophischen Gesellschaft zu verlieren, ja deren Werden vollständig aus dem Auge zu verlieren *(«Für manches Peripherische hat man sich ein Herz gefasst, aber nicht für dasjenige, worauf die anthroposophische Bewegung aufgebaut ist.»*[383]*)*. Die Feinde der Anthroposophie und die Gegner Rudolf Steiners aber waren zu gleicher Zeit außerordentlich aktiv – und bereits am 23. Januar 1921 las Rudolf Steiner in einem Dornacher Mitgliedervortrag aus einem Zeitschriftenaufsatz («Der Tempel in Dornach») vor, in dem es hieß:

> Geistige Feuerfunken, die Blitzen gleich nach der hölzernen Mausefalle [des Goetheanum] ziehen, sind […] genügend vorhanden, und es wird schon einiger Klugheit Steiners bedürfen, um «versöhnend» zu wirken, damit nicht eines Tages ein richtiger Feuerfunke der Dornacher Herrlichkeit ein unrühmliches Ende bereitet.[384]

*

Obwohl Rudolf Steiner in aller Deutlichkeit konstatierte, dass es in der anthroposophischen Bewegung viel zu wenig Menschen gäbe, die in der Lage seien, die *«Brücke zu schlagen von dem, was die Welt heute von uns fordert: wissenschaftliche Begründung der Anthroposophie – und dem, was aus der Esoterik heraus gearbeitet werden muss»*[385], begann auch das Jahr 1922 mit großen öffentlichen Aktivitäten. Erstmals in der Geschichte der Anthroposophischen Gesell-

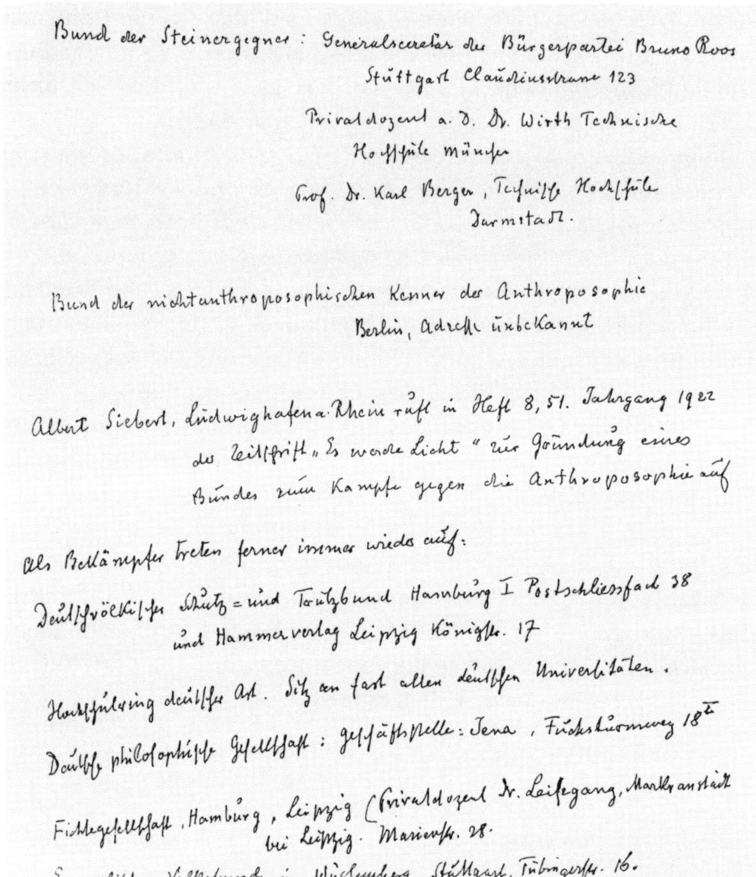

Bund der Steinergegner: Generalsecretär der Bürgerpartei Bruno Roos
Stuttgart Claudiusstrasse 123
Privatdozent a. D. Dr. Wirth Technische Hochschule München
Prof. Dr. Karl Berger, Technische Hochschule Darmstadt.

Bund der nichtanthroposophischen Kenner der Anthroposophie
Berlin, Adresse unbekannt

Albert Siebert, Ludwigshafen a. Rhein ruft in Heft 8, 51. Jahrgang 1922 der Zeitschrift „Es werde Licht" zur Gründung eines Bundes zum Kampfe gegen die Anthroposophie auf

Als Bekämpfer treten ferner immer wieder auf:

Deutschvölkischer Schutz- und Trutzbund Hamburg I Postschliessfach 38
und Hammerverlag Leipzig Königstr. 17

Hochschulring deutscher Art. Sitz an fast allen deutschen Universitäten.

Deutsche philosophische Gesellschaft: Geschäftsstelle: Jena, Fuchsturmweg 18a

Fichtegesellschaft, Hamburg, Leipzig (Privatdozent Dr. Leisegang, Markranstädt bei Leipzig. Marienstr. 28.

Evangelischer Volksbund in Württemberg, Stuttgart, Tübingerstr. 16.

Notizblatt Rudolf Steiners, 1922

schaft und Bewegung, ja des neuzeitlichen Okkultismus überhaupt, unternahm Rudolf Steiner ab dem 16. Januar – begleitet von Marie Steiner-von Sivers – eine Vortragsreise durch zwölf deutsche Städte, die von einer professionellen Konzertagentur organisiert worden war und von Eurythmie-Aufführungen (in Berlin, Hamburg, Breslau und Mannheim) begleitet wurde. In zehn Städten sprach Rudolf Steiner über «Das Wesen der Anthroposophie», in Stuttgart und Berlin dagegen über «Anthroposophie und die Rätsel der Seele» – und sagte am Ende bilanzierend:

> In all diesen Städten konnte man sehen, dass gegenwärtig in weiteren Kreisen der Menschheit ein tiefes Bedürfnis danach vorhanden ist, etwas von der geistigen Welt zu vernehmen.[386]

Rudolf Steiner, der die «Kunde von der geistigen Welt» in einzigartiger Weise in die Kulturwelt bringen konnte, aber war nach wie vor mit der schwierigen Finanzsituation der anthroposophischen Wirtschaftsunternehmungen beschäftigt und in zahllose Besprechungen, Krisensitzungen und Diskussionen involviert; zu seinem Geburtstag sandte ihm Marie Steiner-von Sivers von Stuttgart aus einen schriftlichen Gruß nach Dornach, in dem es unter anderem hieß:

> Er schließt vor allem den Wunsch ein, dass die grässliche Bürde der geschäftlichen Angelegenheiten sich etwas leichter gestalten möge. Wenn man als geborener Künstler sich die Aufgabe gestellt hat, die gesamte Wissenschaft zu beherrschen, so sollte das eigentlich der Entsagung genug sein. Erdrückt zu werden von den Sorgen des zusammenbrechenden Geschäftslebens ist des Grausamen zu viel.[387]

Ihr, Marie Steiner-von Sivers, der «geborenen Künstlerin», die ebenfalls in uneigennütziger Weise viele Lasten und Sorgen trug, schenkte Rudolf Steiner kurz darauf, Mitte März, zu ihrem 55. Geburtstag die Zeilen:

> Sprechend lebt der Mensch
> Den Geist, der aus Seelentiefen
> Sich holt die Kräfte,
> Um aus Weltgedanken,
> Wie aus dem Gotteslicht,
> Zu bilden Menschenfarben.
> Im Declamieren lebt
> Des Lichtes Weltenkraft
> Im Recitieren pulst
> der Seele Farbenmacht.[388]

*

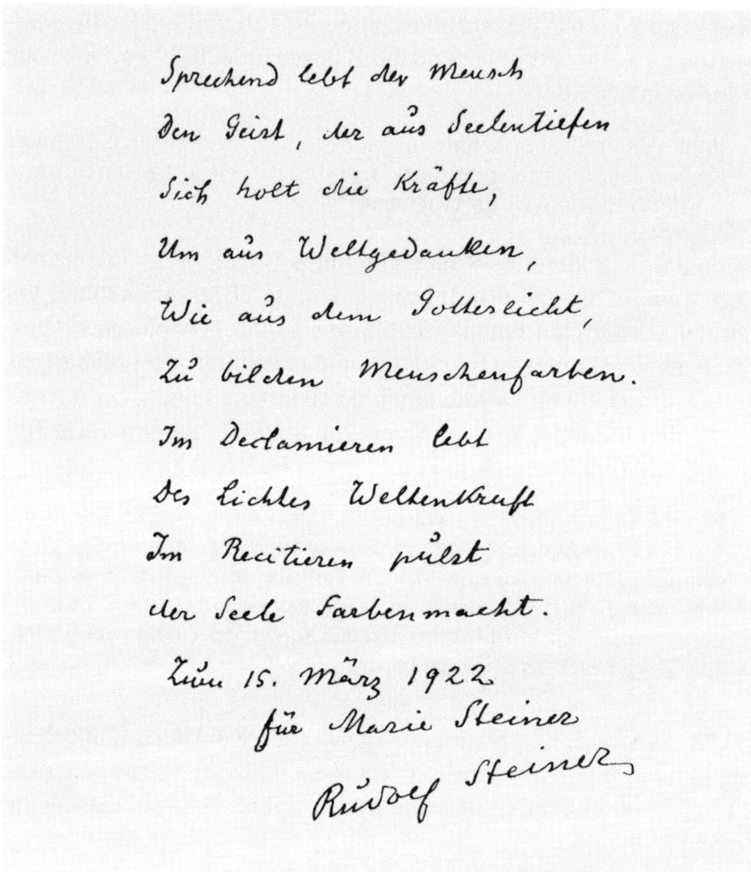

Sprechend lebt der Mensch
Den Geist, der aus Seelentiefen
Sich holt die Kräfte,
Um aus Weltgedanken,
Wie aus dem Gotteslicht,
Zu bilden Menschenfarben.
Im Declamieren lebt
Des Lichtes Weltenkraft
Im Recitieren pulst
der Seele Farbenmacht.
Zum 15. März 1922
für Marie Steiner
Rudolf Steiner

Nach den eindrucksvollen Hochschulkursen in Berlin und Den Haag, die Anfang März und Anfang April in Berlin[389] und Den Haag stattfanden, reisten Rudolf Steiner und Marie Steiner-von Sivers am 13. April 1922 – im Anschluss an einen Den Haager Mitgliedervortrag über die «Lehren des Auferstandenen» – erneut nach England, wo Rudolf Steiner in London Vorträge hielt und eine Schule besuchte, insbesondere aber in Stratford on Avon, der Stadt William Shakespeares, an einer nicht-anthroposophischen Festveranstaltung «Shakespeare und die neuen Ideale» teilnahm. Gemeinsam mit

Marie Steiner-von Sivers hörte Rudolf Steiner nicht nur zahlreiche Vorträge anderer Redner, sondern folgte der Aufführung von sechs Stücken des englischen Dramatikers – und hielt drei eigene Shakespeare-Vorträge.

Drei Wochen nach seiner Rückkehr, zahlreichen Arbeiten, Besprechungen und Mitgliedervorträgen begann dann die nächste organisierte Vortragsreise durch deutsche Städte, die bereits an einer ihrer ersten Etappen – in München – von nationalistischen Kreisen massiv gestört wurde und sich auch in ihrem weiteren Verlauf nur mühsam behaupten konnte. An Marie Steiner-von Sivers, die vorzeitig nach Dornach zurückgekehrt war, schrieb Rudolf Steiner am 19. Mai aus Bremen:

> Die Agitation ist eben zu mächtig. Hoffentlich bist Du gut in Dornach angekommen.
> Es ist ziemlich anstrengend, da man fast überall früh am Morgen abreisen muss. [390]

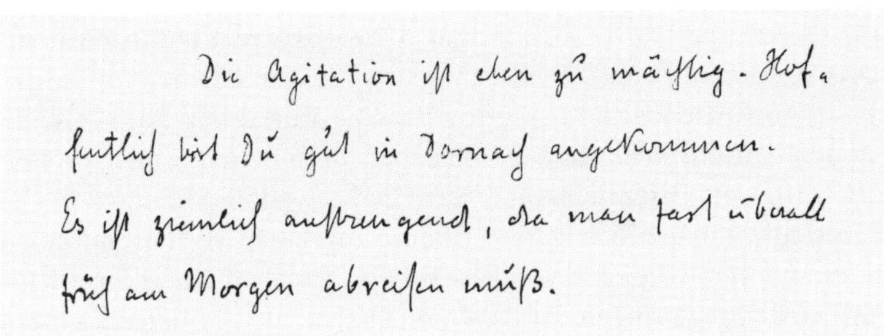
Die Agitation ist eben zu mächtig. Hoffentlich bist Du gut in Dornach angekommen. Es ist ziemlich anstrengend, da man fast überall früh am Morgen abreisen muß.

Sie antwortete ihm drei Tage später: «*Wenn Du nur schon hier wärst. Diese Reise ist mörderisch*» – und schrieb in ihrem Brief noch zweimal: «*Wärst Du nur hier. […] Wärst Du nur schon hier.*»[391] – Am 24. Mai traf Rudolf Steiner daraufhin in Dornach ein, sichtlich gezeichnet von den Strapazen und dem vergifteten Klima in Deutschland:

> Diese Reise muss unbeschreiblich anstrengend und aufreibend für ihn gewesen sein. Ich erinnere mich an den Eindruck, den ich hatte, als ich ihn das erste Mal in der Schreinerei wiedersah. Er stand in seinem weißen Arbeitskittel, den er im Atelier trug, hinter der Bühne, und es schien, als ob seine Gestalt schmaler geworden wäre, der Blick noch ernster und stil-

ler. Es war, als ob er aus einem großen, schweren und gefahrvollen Kampf zurückgekommen sei[392] – und die wenigen Worte, die er über diese Reise äußerte, gaben das auch in aller Schlichtheit und Zurückhaltung wieder. (Annemarie Dubach[393])

Die zweite öffentliche Vortragstournee durch Deutschland war die letzte im Leben Rudolf Steiners. Ganz offenbar sah Rudolf Steiner angesichts der schwachen Situation der Anthroposophischen Gesellschaft in Deutschland, der zahlreichen institutionellen Probleme und des Ausmaßes der aggressiven Gegenkräfte keinen Sinn mehr darin, die öffentliche Arbeit in dieser Weise fortzusetzen. Marie Steiner-von Sivers wird es ihm gedankt haben – «*Wärst Du nur schon hier.*».

*

Mit eindrucksvoller Resonanz und ohne rechtsextreme Störungen und Angriffe verlief dagegen der anthroposophische Pfingstkongress 1922 in Wien, auf dem Tausende von Menschen Rudolf Steiners Vorträge sowie die Darstellungen und Arbeitsgruppen anthroposophischer Fachwissenschaftler besuchten und die Eurythmie-Aufführungen in positiver Weise rezipierten[394] («Die Eurythmie fand in Wien bei den Aufführungen in der Volksoper ihren ersten realen, großen Erfolg in der Öffentlichkeit.» Savitch[395]). Rudolf Steiner ließ die Eurythmistinnen in Wien neben Bildern aus seinen Mysteriendramen unter anderem Gedichte von Fercher von Steinwand und Josef Kitir zur Darstellung bringen, für die er entsprechende Formen entworfen hatte – Werke von Menschen, die ihm persönlich zu seinen Studienzeiten nahe gestanden waren und deren Arbeiten er in Treue verbunden blieb. Nach Annemarie Dubach besuchte Josef Kitir, der verarmt in Wien lebte und bereits ein Jahr später unter tragischen Umständen in der Landes-Irrenanstalt Steinhof starb, die Vorstellung vom 9. Juni und erhielt die Gesamteinnahme der Aufführung.[396]

In Wien hielten Rudolf Steiner und Marie Steiner-von Sivers erneut einen Kurs über künstlerische Rezitation – und auch hier, in der Stadt seiner akademischen Anfänge, sprach Rudolf Steiner abschließend über den «Baugedanken von Dornach» und die Stätte der neuen Hochschule für Geisteswissenschaft. Auf manche Besucher des Kongresses und einzelne seiner Gesprächspartner wirkte der einundsechzigjährige Rudolf Steiner – trotz der hohen dynamischen Kraft seiner Vorträge – jedoch alt und erschöpft:

> Ich stand einem alten Manne gegenüber, einem alten niederösterreichischen Bauern. Ja, das war ein Österreicher, einer vom Typ, den der österreichische Boden selten, ganz selten hervorbringt, in dem aber dann die Kräfte dieser und von jener Welt in ganz eigentümlicher, kernhafter, markiger Weise sich kreuzen. Ich sah einen alten Bauern, der sich auf seinem Grund zu Tod gearbeitet hatte, und nun, welk und verbraucht, vor mir stand, ein guter, guter Mensch, der alles eingesetzt und sich völlig ausgegeben hatte. (Max Hayek[397])

Rudolf Steiner in Wien, Juni 1922

Marie Steiner-von Sivers dagegen schrieb im späteren, sprachgenauen Rückblick über die «Palmsonntagstimmung» des Wiener Kongresses und charakterisierte den großen, folgenreichen Empfang Rudolf Steiners in seiner Heimat[398] mit den Worten:

> Rudolf Steiner wurde während der Kongresstage von der Öffentlichkeit in seiner Bedeutung gewürdigt. Wenn er den großen überfüllten Konzertsaal betrat, dann erhoben sich alle von den Sitzen und minutenlanger, brausender Beifall aus ernst ehrfürchtiger Gesinnung heraus begleitete sein Kommen und Gehen. Man ehrte bewusst denjenigen, der für seine Zeit zu groß war, als dass ihn die regierenden Mächte der Welt hätten aufkommen lassen können. Man begrüßte in ihm die Zukunft, die gegen alle Hindernisse sich durchsetzt. Es lag Palmsonntagstimmung über diesem Geschehen. Nach diesem Gipfelpunkt freudigster Zustimmung und staunenden bewegten Dankes in der breitesten Öffentlichkeit konnte als Auswirkung nur willige Anerkennung folgen von Seiten der retardierenden Mächte, oder es siegte der in die Tat umgesetzte Vernichtungswille.[399]

*

Weitere gemeinsame Kurse und Arbeiten Rudolf Steiners und Marie Steiner-von Sivers' folgten in engem Abstand. Mitte Juli 1922 begannen sie auf Bitten von Schauspielern erstmals einen insgesamt dreiwöchigen Kurs für künstlerische Sprachgestaltung in Dornach (im «Haus Hansi»), mit Sprachübungen und dem Einstudieren dramatischer Szenen von Friedrich Schiller sowie Bildern aus den Mysteriendramen Rudolf Steiners.[400] In dieser Zeit wurde der Entschluss gefasst, die vier Mysteriendramen ein Jahr später im Goetheanum aufzuführen – und den Bau zur Weihnachtszeit 1923/24 durch die Aufführung des fünften Dramas feierlich zu eröffnen.[401] Sechs Tage nach dem Ende des Kurses reisten Rudolf Steiner, Marie Steiner-von Sivers und die Eurythmistinnen dann bereits wieder nach England, wo Rudolf Steiner pädagogische Vorträge in Oxford hielt und Eurythmie-Aufführungen in einem College stattfanden. Marie Steiner-von Sivers hatte sich in den vorausgegangenen Wochen intensiv der englischen Sprache zugewandt und zusammen mit Tatjana Kisseleff ein eindrucksvolles Programm einstudiert – so wie die Wendung zur französischen Sprache durch Eurythmie-Aufführungen im

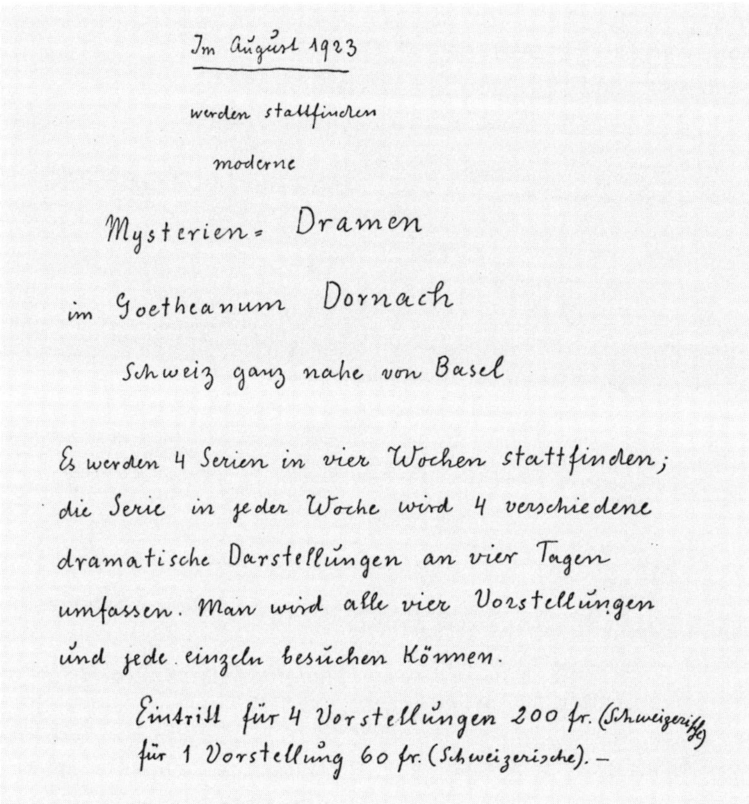
Im August 1923

werden stattfinden

moderne

Mysterien=Dramen

im Goetheanum Dornach

Schweiz ganz nahe von Basel

Es werden 4 Serien in vier Wochen stattfinden;
die Serie in jeder Woche wird 4 verschiedene
dramatische Darstellungen an vier Tagen
umfassen. Man wird alle vier Vorstellungen
und jede einzeln besuchen Können.

Eintritt für 4 Vorstellungen 200 fr. (Schweizerische)
für 1 Vorstellung 60 fr. (Schweizerische). –

Oktober in Dornach, parallel zu den Vorträgen Rudolf Steiners für französische Besucher am Goetheanum (darunter auch Edouard Schuré[402]), erfolgte. Die Bewegungssprache der Eurythmie breitete sich entgegen allen Hemmungen und Widerständen aus, damit aber ein zentraler und in sich kosmopolitisch orientierter Initiationsimpuls im Bereich der Kunst.

Abgesehen von speziellen Programmen war die Dornacher Arbeit Marie Steiner-von Sivers' zu dieser Zeit vollständig an den Mysteriendramen Rudolf Steiners orientiert – diese bildeten bis zur Katastrophe des Jahresendes *«den Kern der inneren Arbeit im Bau»*.[403] Gleichwohl reiste Marie Steiner-von Sivers im Oktober erneut mit

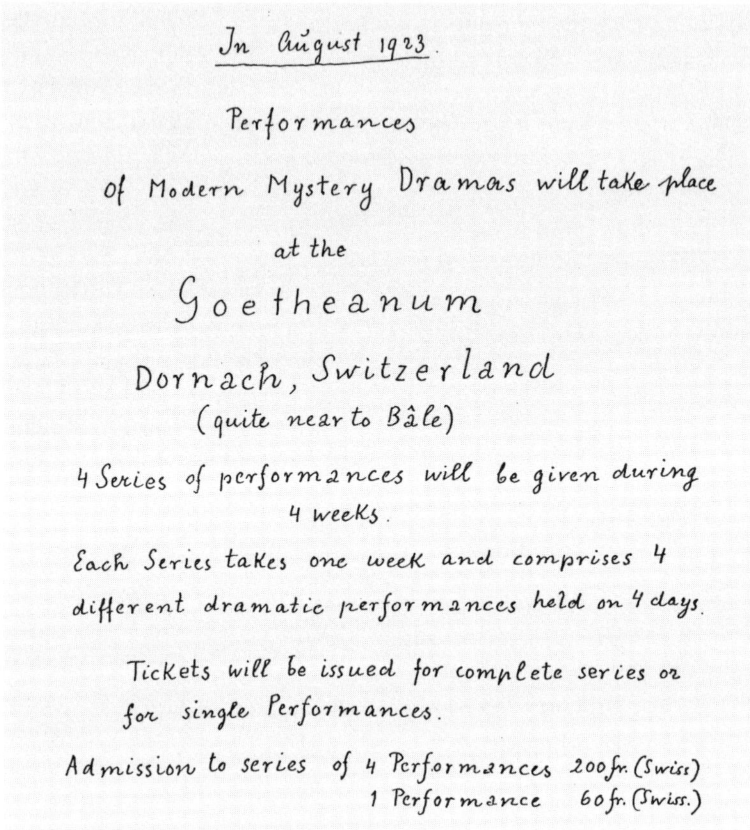
In August 1923.

Performances

of Modern Mystery Dramas will take place

at the

Goetheanum

Dornach, Switzerland

(quite near to Bâle)

4 Series of performances will be given during 4 weeks.

Each Series takes one week and comprises 4 different dramatic performances held on 4 days.

Tickets will be issued for complete series or for single Performances.

Admission to series of 4 Performances 200 fr. (Swiss)
1 Performance 60 fr. (Swiss.)

Rudolf Steiner nach Stuttgart, für eine künstlerische Arbeit mit jungen Menschen, die Teil des pädagogischen Jugendkurses war, sowie für weitere Eurythmie-Aufführungen im November nach London, wo in der «Royal Academy of Dramatic Art» erneut Szenen aus den Mysteriendramen Rudolf Steiners zur Darstellung kamen.

*

Rudolf Steiner selbst war in den letzten Monaten des Jahres 1922 erneut viel in Stuttgart. Er rang mit den pädagogischen Problemen in der Waldorfschule, dem mangelnden Engagement für die Anthroposophische Gesellschaft und mit den großen finanziellen Sorgen, die die Vollendung des Goetheanum – oder gar die intendierte Gesamtaufführung der Mysteriendramen – in weite Ferne rücken ließen (*«Das Goetheanum ist mit Enthusiasmus zu bauen begonnen worden. Gerade bei denjenigen, die im Ausgangspunkte diesen Enthusiasmus entwickelt haben, ist der Enthusiasmus verrauscht. Und heute haben diese eigentlich mir allein die Sorge überlassen, wie es nun weitergehen soll.»*[404]). Rudolf Steiner war aber auch tief betroffen von den ungenügenden wissenschaftlich-publizistischen Leistungen der Stuttgarter Klinik und Forschungsinstitute (mit Ausnahme Lilly Koliskos) und sprach wiederholt – und in Wiederaufnahme früherer Formulierungen aus dem Jahre 1920 – von einer *«inneren Opposition»* zahlreicher Persönlichkeiten aus der anthroposophischen Bewegung, die seine eigenen, aus der objektiven Notwendigkeit der anthroposophischen Sache entwickelten Intentionen permanent unterlaufen würden. Er verlangte in Stuttgart von führenden Persönlichkeiten dringende Vorschläge zur Konsolidierung der Anthroposophischen Gesellschaft und eine Unterrichtung der Mitgliedschaft über die begrenzte Zielsetzung der «Bewegung für religiöse Erneuerung» – die dabei war, von vielen Anthroposophen als der Höhepunkt von Rudolf Steiners Tätigkeit betrachtet zu werden, was eine weitere Schwächung der Anthroposophischen Gesellschaft nach sich zog. Am Ende eines Stuttgarter Sorgenbriefes an Marie Steiner-von Sivers schrieb Rudolf Steiner am 25. November:

> Nun ja: es ist hier wirklich recht schwer. Doch verzeih, dass ich das alles schreibe. Aber es steht mir in diesem Augenblicke so vor Augen, dass es eben aus der Feder floss.[405]

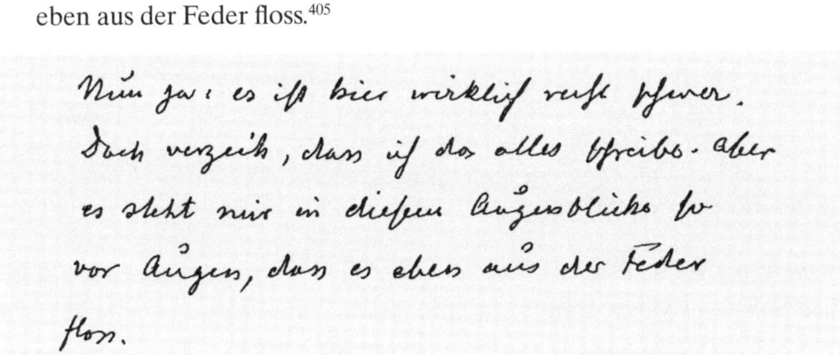
Nun ja: es ist hier wirklich recht schwer. Doch verzeih, dass ich das alles schreibe. Aber es steht mir in diesem Augenblicke so vor Augen, dass es eben aus der Feder floss.

Als Rudolf Steiner am 11. Dezember wieder in Dornach eintraf, notierte der überraschte Albert Steffen: «Er ist sehr gebrechlich und stützt sich sogar auf einen Stock.»[406]

*

Auch die am Goetheanum in den letzten Tagen des Jahres 1922 von Mitarbeitern der Forschungsinstitute veranstaltete naturwissenschaftliche Tagung war nicht im Sinne Rudolf Steiners. Rudolf Steiner hatte unter vielen Vorträgen des ersten Hochschulkurses im Bau nachhaltig gelitten – Vorträge, die in ihren Denk- und Kompositionsformen in vieler Hinsicht dem konventionell-akademischen Duktus entsprachen, mit dem Wesen des Goetheanum jedoch schmerzlich kontrastierten. Steiner selbst sprach ab Mitte Dezember in Dornach über irdisch-kosmische Zusammenhänge und begann am 23. Dezember mit Weihnachtsbetrachtungen über die Mysterien des Jahreslaufes; dennoch akzeptierte er das Vorhaben der Wissenschaftler zum Jahresende, wenn auch ohne innere Bejahung:

> Gleich bei der ersten Besprechung mit Dr. Steiner über die Gestaltung dieser naturwissenschaftlichen Tagung hätten wir fühlen können, dass Dr. Steiner im Grunde genommen mit einer solchen nicht einverstanden war, dass er etwas wie einen Zwang fühlte, der auf ihn ausgeübt werden sollte. Sonderbarerweise achteten wir wenig darauf und keiner von uns stellte ihm die Frage, ob er nicht lieber eine andere Veranstaltung als eine naturwissenschaftliche haben würde. (Oskar Schmiedel[407])

Lily Kolisko hielt über eine Begegnung mit Rudolf Steiner Mitte Dezember im Dornacher Bau fest:

> Ich traf Dr. Steiner im Goetheanum an der Treppe, und ehe ich noch meine Frage aussprechen konnte, sprach er zu mir, anscheinend sehr erzürnt: *«Die Leute behandeln mich hier wie ihren Stiefelputzer! Sie arrangieren Tagungen, ohne mich zu fragen und legen mir dann das fertige Programm vor, und ich soll dann auf diesen Tagungen Vorträge halten. Ich lasse mir das nicht mehr gefallen.»*[408]

In welcher Weise Rudolf Steiner selbst die Zeit des Jahresendes geistig gestalten wollte, deutete möglicherweise ein Spruch an, den er am 25. Dezember Marie Steiner-von Sivers schenkte:

Sterne sprachen einst zu Menschen,
Ihr Verstummen ist Weltenschicksal;
Des Verstummens Wahrnehmung
Kann Leid sein des Erdenmenschen;
In der stummen Stille aber reift
Was Menschen sprechen zu Sternen;
Ihres Sprechens Wahrnehmung
Kann Kraft werden des Geistesmenschen.[409]

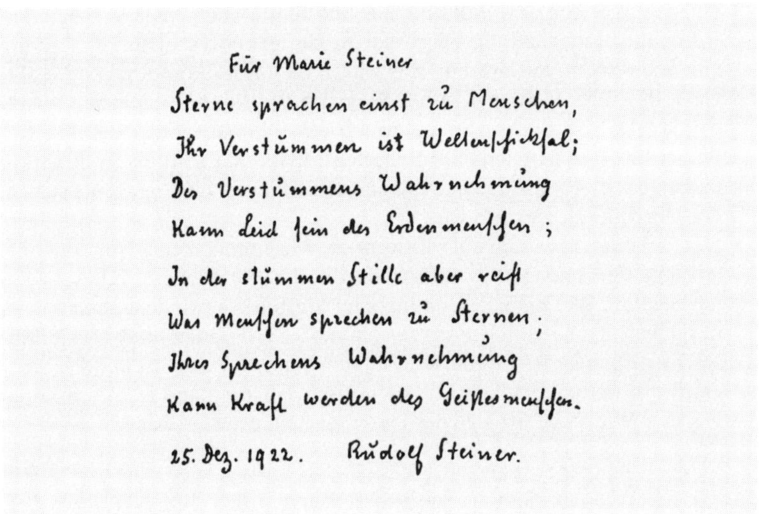

Für Marie Steiner

Sterne sprachen einst zu Menschen,
Ihr Verstummen ist Weltenschicksal;
Des Verstummens Wahrnehmung
Kann Leid sein des Erdenmenschen;
In der stummen Stille aber reift
Was Menschen sprechen zu Sternen;
Ihres Sprechens Wahrnehmung
Kann Kraft werden des Geistesmenschen.

25. Dez. 1922. Rudolf Steiner.

*

Am 31. Dezember fand vor dem Abendvortrag Rudolf Steiners über den dreigliedrigen Menschen im Jahreslauf und die geistige Kommunion des Menschen noch eine große Eurythmie-Aufführung mit einer Ansprache Rudolf Steiners statt, die im Zentrum eine eurythmische Darstellung des Faust-«Prologes im Himmel» vorwies. Bereits die Proben für die kosmische Auseinandersetzung mit Ahriman-Mephistopheles waren außerordentlich dicht verlaufen und von Marie Steiner-von Sivers tief und unheilvoll erlebt worden[410] – über den anschließenden Silvester-Vortrag Rudolf Steiners und sein Ende hielt sie rückblickend fest:

Ernst und eindringlich sprach Rudolf Steiner zu uns – von unseren Pflichten, von dem Ernst der Stunde, von der Schwere der Zeiten, von den uns auferlegten Notwendigkeiten, von dem, was der Geist von uns erwarte, von der Art, wie jeder von uns das Pfund zu verwalten habe, das ihm anvertraut worden, von der Loyalität, die wir gegenüber dem Quell des gespendeten Wissens zu wahren hätten. [...]
Als wir hinaustraten in die monderhellte Nacht, war es, als ob ein intensiv gesteigertes Leben diese Nacht durchwebe, so schimmernd, so lichtvoll, opalweiß flutend glänzte Isis' Barke im tiefblauen Äthermeer: ich stieß einen Ausruf der Bewunderung aus und fühlte mich, meinen Invaliden-Fahrstuhl besteigend, beseligt und freudig gehoben. Erfüllung strömte von allen Seiten auf uns ein, was waren da unsere körperlichen Gebrechen, die verbrauchten Kräfte? So waren sie ja am besten angewandt worden. Die Göttin am Himmel freute sich, – es war etwas wie Lachen an ihr, so strahlend hell und kühl glitzerte sie in ihrem Lichthofe, ja sie wirkte fast magisch. Aber so schön, kühl und schimmernd. Und sie freute sich an der Herrlichkeit dieses Baues.
Der Spender aller Gaben wurde noch, wie immer beim Hinausgehen, umringt und umlagert von solchen, die ihn mit Fragen und Anliegen bestürmten. Wie immer freundlich, im ärgsten Zugwinde stehend, nach der Überhitzung durch eine zweistündige, mit Feuer und rückhaltloser Kraft gehaltenen Rede. Wie immer dann, wenn er freundlich, aber erschöpft und ausgeglüht am Abendtisch saß, empfand ich: Verbrannte Physis. – Wie lange wird sie das Unmögliche leisten können? [411]

Marie Steiner-von Sivers erlebte in der «Villa Hansi» kurze Zeit später mit, wie Rudolf Steiner über den Brand des Goetheanum informiert wurde – einen Brand, eine vollkommene Zerstörung des *«Wunderholzgebildes»*[412] und einer über neunjährigen Arbeit, die sie lediglich von den Fenstern ihrer Wohnung teilweise mitverfolgen konnte:

Als mir geschildert wurde, in welch unheimlicher Pracht und Schönheit die Säulen auflοderten, in deren Feuer die zischende Farbenglut der metallenen Musikinstrumente sich ergoss, bevor sie stürzten, konnte ich nur bitten. Hört auf! Ich wäre daran gestorben.[413]

Mit den Flammen der Silvesternacht von 1922/23 ist ein ungeheurer Fortschrittsimpuls für die Menschheit zunächst vernichtet worden. Die retardierenden Mächte haben es so gewollt ...[414]

In der Brandnacht ging Rudolf Steiner einmal für kurze Zeit zu Marie Steiner-von Sivers, die mit ihm zusammen dem «Haus des Wortes» im Innersten verbunden war. – Dann ging er wieder den Hügel hinauf und sorgte für das Notwendige, wie auch am nächsten Morgen und an den folgenden Tagen. Über Rudolf Steiner und den Neujahrstag des Jahres 1923 schrieb Marie Steiner-von Sivers später:

> Rudolf Steiner war an jenem [Neujahrs]Tage wie in der Brandnacht vollständig Herr seiner selbst, ruhig und gefasst wie immer, im anderen nur lebend, mild und energisch, Lenker und Leiter, Tröster und Spender. Aber physisch noch ausgebrannter, sein Selbst wie weitergerückt, um einiges entfernter [...].[415]

*

Bereits am Morgen des Neujahrstages ordnete Rudolf Steiner an, dass die Schreinerei für die Fortsetzung der Veranstaltungen vorbereitet werden sollte[416], bat die Darsteller um ihre Mitarbeit[417] und empfing am frühen Nachmittag in der «Villa Hansi» die Vertreter der Basler Zeitungen. Gegen 17 Uhr begann er seine kurze Ansprache vor dem Dreikönigsspiel mit den Worten:

> Der große Schmerz versteht zu schweigen über dasjenige, was er fühlt ... Das Werk, welches durch die aufopfernde Liebe und Hingabe zahlreicher für unsere Bewegung begeisterter Freunde innerhalb von zehn Jahren geschaffen wurde, ist in einer Nacht vernichtet worden.[418]

Am Abend setzte Rudolf Steiner seine Vorträge über die Entwicklungsgeschichte des naturwissenschaftlichen Denkens fort. Drei Tage später fand die erste Eurythmie-Aufführung in der Schreinerei statt, und am 5. Januar sagte er zu den Arbeitern am Goetheanum im Rahmen seiner ebenfalls weitergeführten Arbeiter-Vorträge:

> Sie können aber überzeugt sein, ich selber werde mich von meinem Wege niemals abbringen lassen, was auch geschieht. Solange ich lebe, werde ich meine Sache vertreten, und ich werde sie in derselben Weise vertreten, wie ich sie bisher vertreten habe.[419]

Am Tag darauf, zu Epiphanias, begannen dann die mühsamen, langwierigen und nur bedingt erfolgreichen Gespräche über die Zukunft der Anthroposophischen Gesellschaft, die das ganze Jahr Rudolf Steiners und Marie Steiner-von Sivers' prägen sollten:

> Solange wir unsere inneren Gegner sind, solange brauchen wir uns, da wir ja auf einem okkulten Boden stehen, nicht zu verwundern, wenn eine furchtbare Gegnerschaft von außen anschlägt. (6. Januar)[420]

> Das Unglück, das uns betroffen hat, sollte in allererster Linie auch ein Weckruf dazu sein, an der Anthroposophischen Gesellschaft etwas zu tun, damit sie eine Realität werde ... (14. Januar)[421]

Gemeinsam reisten Rudolf Steiner und Marie Steiner-von Sivers am 16. Januar 1923 nach Stuttgart – wie in den folgenden Monaten allwöchentlich für mehrere Tage –, wo Rudolf Steiner mit den führenden Persönlichkeiten nächtelange Sitzungen zur Konsolidierung der Gesellschaft führte, im zentralen Krisenjahr der Weimarer Republik, das in schwere Inflation und Armut, politische Radikalisierung und Zerstörung münden sollte.[422] Ein radikaler Selbsterkenntnisprozess, so Rudolf Steiner, habe nun mit absoluter Notwendigkeit unter den Verantwortlichen der Anthroposophischen Gesellschaft einzusetzen ... Die von Rudolf Steiner erwartete und verlangte Aufarbeitung der Gesellschafts-Schwierigkeiten und -Stagnationen in den letzten Jahren aber kam im Januar, Februar und März nur zögerlich voran. Endlose Besprechungen unter seiner Beteiligung erfolgten. – In der Schweiz dagegen verhandelte Rudolf Steiner mit den Behörden und Versicherungen wegen dem Brand und hielt in zahlreichen Städten den öffentlichen Vortrag *«Was wollte das Goetheanum und was soll die Anthroposophie?»*.

*

Als Marie Steiner-von Sivers im März 1923 für Eurythmie-Aufführungen nach Berlin fuhr und Rudolf Steiner aufgrund seiner Dornacher und Stuttgarter Verpflichtungen nicht mitreisen konnte, bat sie ihn brieflich um einige Eurythmie-Formen und übersandte die entsprechenden Gedichte: *«Darf ich sie als Geburtstagsgabe erbetteln?»*[423] Zu ihrem Geburtstag drei Tage später erhielt sie von Rudolf Steiner dann nicht nur die gewünschten Formen, sondern auch ein Zeitungs-

Rudolf Steiner, 1923

referat über eine bemerkenswerte Brand-Debatte im Kantonsrat[424] sowie die spruchartige Zusammenfassung seines letzten Dornacher Vortrages über den geistigen Bezug der menschlichen Sprache:

In gegenwärtiger Erdenzeit
Braucht der Mensch erneut
Geistigen Inhalt für die Worte seiner Rede;
Denn von der Sprache behalten Seele und Geist
Für die Zeit des schlafenden Weilens außer dem Leibe
Das vom Wort, was auf Geistiges weist
Denn es müssen schlafende Menschen
Bis zur Verständigung mit den Archangeloi kommen.
Die aber nehmen nur Geist-Inhalt
Nicht Materien-Inhalt der Worte auf.
Fehlt dem Menschen diese Verständigung
Nimmt er Schaden an seinem ganzen Wesen.[425]

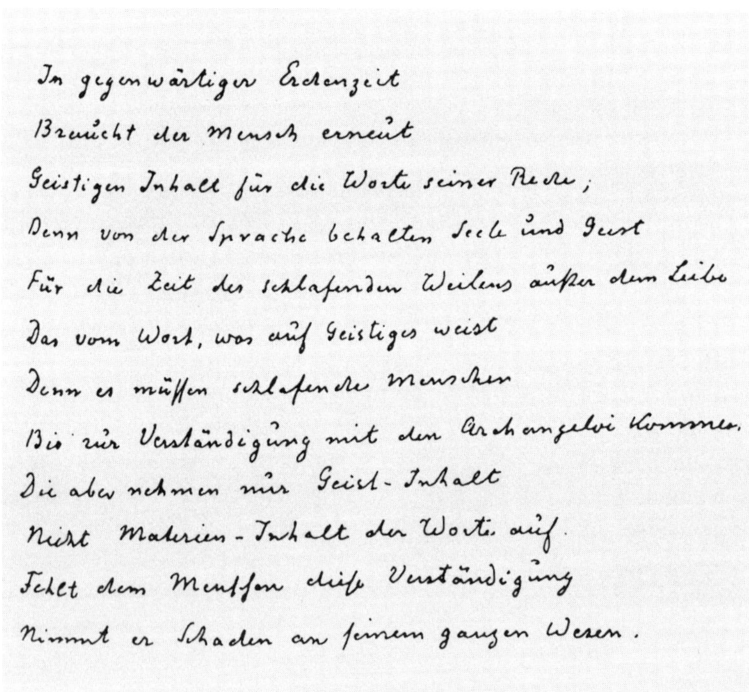
In gegenwärtiger Erdenzeit
Braucht der Mensch erneut
Geistigen Inhalt für die Worte seiner Rede;
Denn von der Sprache behalten Seele und Geist
Für die Zeit des schlafenden Weilens außer dem Leibe
Das vom Wort, was auf Geistiges weist
Denn es müssen schlafende Menschen
Bis zur Verständigung mit den Archangeloi kommen.
Die aber nehmen nur Geist-Inhalt
Nicht Materien-Inhalt der Worte auf.
Fehlt dem Menschen diese Verständigung
Nimmt er Schaden an seinem ganzen Wesen.

In der letzten Märzwoche waren Rudolf Steiner und Marie Steiner-von Sivers dann bereits wieder gemeinsam in Stuttgart, unter anderem zu einer fünftägigen öffentlichen Tagung zur Waldorfpädagogik im Gustav-Siegle-Haus mit Vorträgen und Eurythmie-Aufführungen. Kurz darauf, nach großen Vorträgen über den Jahreskreislauf als Atmungsvorgang der Erde, hielt Rudolf Steiner auch in Dornach einen achttägigen Pädagogik-Kurs für Schweizer Lehrer in der Schreinerei ab, erneut mit Eurythmie-Aufführungen unter Leitung Marie Steiner-von Sivers' und Tatjana Kisseleffs. Dann folgten anstrengende Vortrags- und Eurythmie-Reisen nach Prag und Oslo … – Auf der Rückreise von Norwegen hielt Rudolf Steiner bei einem kurzen Zwischenaufenthalt in Berlin seinen letzten Vortrag in der Stadt, von der die anthroposophische Bewegung ihren Ausgang genommen hatte.

*

> Vom Dornacher Hügel herunter schimmerte ein Bau, der in jedem Kubikzentimeter Holz, in jedem Kubikzentimeter Stein eingebaut hatte anthroposophischen Willen, anthroposophische Opferwilligkeit. Diese moralische Substanz war in das erste Goetheanum hineingebaut. (Rudolf Steiner)[426]

Obwohl Rudolf Steiner betonte, dass das aus Liebe und Opferkraft gebaute und zur Jahreswende zerstörte Goetheanum ein einzigartiges Wesen war und jedes mit Hilfe von Versicherungsgeldern finanzierte zweite Bauwerk eine völlig andere Substanz vorweisen würde *(«der erste Bau wurde aus Liebe und Opferkraft gebaut. Wenn er fertig geworden wäre, würde er Liebe und Opferkraft ausstrahlen. In den zweiten werden wir mit den Versicherungsgeldern Menschenhass mit einbauen.»*[427]*)*, hatte er bereits am 1. Januar 1923 den Neubau öffentlich angekündigt – und in internen Gesprächen unter den Voraussetzungen einer funktionierenden Anthroposophischen Gesellschaft für sinnvoll erklärt. Während entsprechende Vorüberlegungen, Treffen und Spendenaktionen im Umraum Dornachs im Frühjahr begannen, arbeitete Marie Steiner-von Sivers mit ihren Künstlerinnen wieder in der Schreinerei – mit noch weiter intensivierter Präsenz Rudolf Steiners, wie Marie Savitch berichtete:

Nach dem Verlust des Baues steigerte Rudolf Steiner seine Anteilnahme an der [...] künstlerischen Arbeit in Dornach, die jetzt wieder in der Schreinerei stattfinden musste. In der Werkstatt war es still geworden, die Sägen schwiegen, es wurde nicht mehr gearbeitet. Und wenn man in die Schreinerei eintrat, drang diese Stille wie eine Mahnung an das Ohr: «überwinde durch innere Anstrengung den Verlust auf Erden.» – Jetzt stellte Rudolf Steiner ganz bestimmte Forderungen, was in der Kunst erreicht werden müsste. Das musikalische Erleben sollte gesteigert werden, indem es mit der menschlichen Gestalt gesetzmäßig verbunden wurde. Rudolf Steiner gab Formen an, die in ihrer Bewegung im Raume durch das Urprinzip einer musikalischen Komposition geführt wurden. Immer wieder deutete er an, dass die Musik dem Menschen die Initiationserlebnisse eröffnen kann.[428]

Tatsächlich ging Rudolf Steiner 1923, nach der Zerstörung des Goetheanum, einen weiteren Schritt nach vorne – in der praktischen (künstlerischen wie wissenschaftlichen) Arbeit und in seinem Vortragswerk («Wie um den Verlust des Baues durch um so intensivere Arbeit auszugleichen, steigert Rudolf Steiner in diesem Jahr die weitausgreifenden und eindringlich-bildhaften Darstellungen geistiger Zusammenhänge. An die Stelle des den Augen entschwundenen Baues treten die kosmischen Imaginationen [...].» Lindenberg[429]). Die in der Weihnachtszeit des Vorjahres, unmittelbar vor dem Brand, dargestellten irdisch-kosmischen Zusammenhänge entwickelte Rudolf Steiner immer weiter – im Sommer nahmen er und seine Mitarbeiter zudem die großen und sprechenden Landschaften von Wales und ihre spirituelle Mysterien-Geschichte tief in sich auf. In Ilkley und dann in Penmaenmawr gab Rudolf Steiner weitreichende pädagogische und allgemeinanthroposophische Kurse, in einer geistigen Atmosphäre, die vielen Teilnehmern sehr nahe ging:

Anders konnte da geredet werden als in anderen Gegenden; es war, als ob das Verständnis für die geistige Welt ein offeneres wäre, als ob die Zuhörer, auch wenn sie aus anderen Gegenden herkamen, mehr Möglichkeiten bekommen hätten, zu horchen auf die feineren Regungen, die von überall her aus der Natur ihnen entgegen tönten, empfindungsgemäß mitzusteigen in die Regionen des Geistig-Seelischen. Und jeder, der das Glück gehabt hat, in dieser Zeit ein oder mehrere Gespräche mit Rudolf Steiner zu führen, wird wissen, wie etwas Besonderes da noch mitgeklungen hat, etwas, was mit in der Atmosphäre lag und den Gesprächen eine besondere Note gab. Uralte Weisheit, uralte Tradition umschwebten die Gegend, und es war, als ob aus dem tiefen Schlaf – und viele Freunde, die da waren, konnten das mitempfinden – diese Urweisheit erweckt würde durch gesprochene Worte Rudolf Steiners. Das Anthroposophische bekam dadurch einen noch tieferen Glanz, als es schon hatte. Das Leben und Weben des Geistigen innerhalb des Physischen, von dem die Anthroposophie lehrt, wurde inniger empfunden. Man fühlte sich dem Geistigen näher ... (Ita Wegman[430])

Auch Marie Steiner-von Sivers atmete in Penmaenmawr auf. Wie erneut Marie Savitch berichtete, fuhr sie trotz ihrer schweren Gehbehinderung mit einem Bauernkarren vollkommen unvermutet – unabgesprochen, allein und entschieden-spontan – zu hochgelegenen Druidensteinen, von denen Rudolf Steiner gesprochen und die er besucht hatte *(«wenn sie einmal beschloss, etwas zu tun, so konnte niemand sie davon abhalten»[431])*. Über Marie Steiner-von Sivers' Gesamtverfassung in Penmaenmawr schrieb Savitch weiter:

Schon lange hatte man sie nicht so heiter, so energisch gesehen. Das Meer, ihr eigenstes Element, tat ihr wohl. Sie lernte mit Begeisterung die alten Namen der Ortschaften, der Berge, der Flüsse auswendig, in denen noch die alte Sprache der Gegend erhalten war. Sie ruhte nicht, bis sie sich in den Klang der keltischen Sprache eingelebt hatte: lange Kombinationen ungewohnter Lautfolgen. Die Landschaft, die Druidenstätten, der Zauber der Vergangenheit, der über dieser Gegend schwebte, wäre für sie nicht der volle Eindruck gewesen, wenn sie sich nicht in die Sprache eingelebt hätte. Schon versuchte sie, diese so wohlklingenden, seltsam geheimnisvollen Laute wiederzugeben. Es belebte sich ein Zusammenklang von dem Alt-Erlebten mit dem, was von der spirituellen Poesie in der Überlieferung erhalten geblieben ist. Manchmal unterbrach Marie Steiner plötzlich die Probe für kurze Zeit, und die Eurythmistinnen mussten die Eigenart des Klanges eines Ortsnamens bewundern. Sie waren aber an so etwas gewöhnt, denn es geschah überall, wo die Sprache ihren besonderen eigenen Geist aufwies. Was haben sie an Intensität der Konsonanten erlebt, als Marie Steiner sich in Prag für die tschechische Sprache begeisterte! In Prag konnte sie bald eine ganze Reihe von Worten! Ganze lange Sätze, die unheimlich willensmäßig klangen! Marie Steiner hatte immer eine starke Beziehung zu der Landschaft und der Umgebung und zu der Sprache, die in der Landschaft wesenhaft lebte. Hörte man aufmerksam zu, wie sie den Charakter der Sprache hervorholte, und trat man dann in die Landschaft hinaus, so fühlte man diese Beziehung der Landschaft zu dem Klang der Laute, die in ihr erklangen. Ein Imponderables, wie die Landschaft Überschwebendes belebte sich in einem: ein unhörbar hörbarer Klang. Man war darinnen in einer für einen selber neuen Erfahrung. So intensiv war ihre Beziehung und die Realität, die sie in diesen Situationen umgab, dass, wenn man mit ihr auf einer Reise war, sich auch die eigene Seele ganz mit dem erfüllte, was einem Landschaft und Sprache sagen können.[432]

Rudolf Steiner und Marie Steiner-von Sivers, Anglesey, August 1923

*

Auf dem Rückweg in die Schweiz gab es in London weitere Vorträge Rudolf Steiners und erfolgreiche Eurythmie-Aufführungen in der Royal Academy of Dramatic Art; gemeinsam besuchten Rudolf Steiner und Marie Steiner-von Sivers darüber hinaus in Deptford, einem Armenviertel des Londoner East-end, eine von Margaret Macmillan geleitete Kindererziehungs- und Pflegeeinrichtung und waren tief beeindruckt. Margaret Macmillan hatte vier Wochen zuvor die Ilkleyer Konferenz der «Educational Union for the Realisation of Spiritual Values in Education» eröffnet, auf der Rudolf Steiner – auf seinem Weg nach Penmaenmawr – einen pädagogischen Vortragskurs gehalten hatte, unter Mitbeteiligung zahlreicher Lehrer des Stuttgarter Kollegiums.

Der Besuch in der Einrichtung Margaret Macmillans verband sich für Marie Steiner-von Sivers mit ihren eigenen, frühen Bemühungen in Russland, wo sie unter primitivsten Bedingungen versucht hatte, pädagogisch und sozialtherapeutisch zu wirken – durch Unterricht, Einrichtung einer Apotheke und Betreuung der notleidenden Dorfbevölkerung, so lange ihr dies die dortigen Verhältnisse noch irgendwie gestattet hatten. Nun erlebte sie an der Seite Rudolf Steiners den gelingenden Versuch einer sozialen Initiative im englischen Westen Europas, einer Initiative, über die Rudolf Steiner nach seiner Rückkehr in der Wochenschrift «Das Goetheanum» mit größter Anerkennung schrieb:

> Dreihundert Kinder aus den allerärmsten Bevölkerungsklassen im Alter von zwei bis zu zwölf Jahren hat da [Margaret] Macmillan in eine wunderbare Pflege genommen. Eine selten hingebungsvolle, sicher zugreifende, umsichtige Schar von Erziehern wirkt um Macmillan herum. Die Kinder werden in diese Anstalt in völlig verwahrlostem Zustande gebracht, buchstäblich aus dem Schmutz gezogen. Rachitisch, tuberkulös, mit noch viel Schlimmerem behaftet, seelisch stumpf, geistig schlafend empfängt diese Anstalt die zu Erziehenden. Und man sieht, nachdem die Pflege gewirkt, geistig regsame, seelisch glückliche, gesundende, sittsame junge Menschenwesen in den einzelnen Klassen. [...] Reizvoll spielten diese Kinder Szenen aus Shakespeares Sommernachtstraum. Ganz Seele, ganz dramatischer Ausdruck waren diese kleinen Darsteller.
>
> Anstoßend an diese Pflegeanstalt ist ein anderes Haus. Eine Heilstätte für die Kinder der Ärmsten. Macmillan ist hier die Vorsteherin. Sechstausend Kinder gehen im Jahr durch diese Heilstätte durch. – Es schwebt eine edle Weihe über diesem Ganzen. Margaret Macmillan hat im Jahre 1917 ihre von ihr innig geliebte Schwester Rahel verloren. Die Pflegestätte ist nunmehr ihrem Andenken geweiht ... Und man begegnet Rahel Macmillans Geist in allen Räumen.[433]

Auch Marie Steiner-von Sivers hatte 1917 ihre eng mit ihr, Rudolf Steiner und der Anthroposophie verbundene Schwester Olga verloren, die bereits an der Uraufführung des ersten Mysteriendramas «Die Pforte der Einweihung» mitgewirkt hatte und im Kriegs-Samariterdienst gestorben war.[434]

Marie und Olga von Sivers, in: «Die Kinder des Luzifer»

Nach der Rückkehr nach Dornach, einer unmittelbar anschließenden Vortrags- und Eurythmie-Reise nach Stuttgart, weiteren Besprechungen in der Anthroposophischen Gesellschaft und Lehrerkonferenzen in der Waldorfschule, ging es dann in der letzten Septemberwoche erneut nach Wien, wo Rudolf Steiner in faszinierender Weise über die Naturbeziehung und irdisch-kosmische Aufgabe des Menschenwesens sprach, begleitet von einer Eurythmie-Aufführung im Neuen Stadttheater.

*

Die ungebrochene Aktivität Rudolf Steiners im Jahre nach dem Brand des Goetheanum war nur mit größten Kraft- und Willenseinsätzen von ihm bewältigbar. Obwohl Steiner sich davon nur ungern etwas anmerken ließ, war die von Marie Steiner-von Sivers angedeutete Veränderung seiner Gesamtverfassung *(«Physisch noch ausgebrannter, sein Selbst wie weitergerückt, um einiges entfernter»)* doch verschiedenen seiner Mitarbeiter wahrnehmbar. Assja Turgenieff hielt fest:

> Das jugendlich heitere Lachen, das die ernsten Gesichtszüge Dr. Steiners früher oft erhellte, seine raschen, leichten Bewegungen, seinen rhythmischen Gang – niemand konnte so gehen wie er –, das alles erlebten wir seit der Brandnacht nicht mehr. Eine schwere Last lag auf seinen Schultern. Er musste Kraft aufbringen, seine aufrechte Haltung zu bewahren, und der Gang war mit Anstrengungen verbunden. [...] Jede Bewegung, jeder Schritt, war wie von außen durch den Willen dirigiert.[435]

Auch Marie Savitch konstatierte Vergleichbares – und schrieb bereits über den ersten Tag des Jahres 1923, den Morgen nach dem Brand:

> Wem beschieden war, am frühen Morgen Rudolf Steiner allein zu treffen, sah, wie er verändert war. Er schien ganz anders verbunden zu sein mit den Regionen der Welt, die sein Lebensgebiet waren. Von einer Schwere belastet, die man an ihm sonst nie sah. Er, der so durchleuchtet war in jeder seiner Bewegungen – jede seiner Bewegungen war so durchsichtig, dass die Bewegungen seiner Glieder nur wie Schriftzeichen waren, wenn er sich im Raume bewegte, – aber jetzt die Schwere tragend, war er mächtig und gewaltig in seiner neuen Kraft und Haltung.[436]

Zu Ita Wegman, seiner Ärztin, sagte Rudolf Steiner, dass er «im Vergleich zu anderen Menschen [...] auf Erden eigentlich schon gestorben sei» – *«mein Ich und mein Astralleib dirigieren den physischen Leib und ergänzen das Ätherische».*[437] Wie Assja Turgenieff und Marie Savitch betonte auch Ita Wegman, dass Rudolf Steiner nach dem Brand seine Bewegungsgestalt, ja seine gesamte irdische Existenz vollkommen aus seinem bewussten Willen dirigieren musste: *«[...] Durch einen starken Willen beherrschte er seinen schwachen physischen Körper, und man kann sich schwerlich einen Begriff machen von diesem übermenschlichen Willen.»*[438]

Rudolf Steiner, 1923

*

Seit seiner Rückkehr aus Wien im Oktober 1923 arbeitete Rudolf Steiner in seinem Atelier eng mit Ita Wegman an der Niederschrift eines medizinischen Grundlagenwerkes zusammen und besuchte in sukzessive ansteigender Frequenz ihre Klinik zu gemeinsamen Konsultationen. Ita Wegman, die bereits seit Sommer 1921 klinisch in Arlesheim wirkte, war durch das Brandgeschehen ganz für die dramatische Situation Rudolf Steiners erwacht, hatte sich bedingungslos helfend an seine Seite gestellt, aus großen Willens-, Mut- und Herzenskräften heraus; sie, die mit einigen anthroposophischen Freunden auch die Finanzierung eines zweiten Goetheanum tatkräftig betrieb, hatte Rudolf Steiner in Penmaenmawr nach der Möglichkeit einer neuen Mysterienmedizin gefragt und mit ihrer Frage – und einem parallel erfolgten, weitreichenden Schicksalserwachen – einen zentralen Zukunftsimpuls ermöglicht. Nun arbeitete Rudolf Steiner allabendlich mit ihr in seinem Atelier und bereitete diese Zukunft vor[439] – an dem Ort seines langjährigen Zusammenwirkens mit Edith Maryon, deren labile gesundheitliche Situation durch den Goetheanum-Brand entscheidend getroffen worden war. Ab dem Herbst 1923 konnte Edith Maryon ihr Krankenlager nicht mehr verlassen; auch bei Maryon war Rudolf Steiner – in den Zeiten seiner Dornacher Anwesenheit – täglich zu Gast, referierte ihr seine Vorträge, bestimmte ihre (von Ita Wegman durchgeführte) Therapie und war in jeder Hinsicht besorgt und helfend zugegen. Edith Maryon aber fürchtete fortwährend um Rudolf Steiners Gesundheit und Existenz – ja hatte Todesängste um ihn. Sie fühlte ganz offenbar, dass die aggressiven Angriffe auf Rudolf Steiner von Seiten jener Mächte, die dem christlich-esoterischen Wirkensimpuls Steiners diametral gegenüberstanden, an Intensität noch weiter zunehmen würden. Wie Marie Steiner-von Sivers, Ita Wegman und wenige Menschen in der nächsten Nähe Rudolf Steiners sah Edith Maryon die Gefahr, in der Rudolf Steiners Leben und Wirken sich bewegte – und den geringen Schutz, den es durch die Anthroposophische Gesellschaft nach wie vor erhielt. Anfang November gab es einen ersten Putschversuch Adolf Hitlers in München, den Rudolf Steiner am 10. November – nach der angeschlagenen Zeitungsnotiz am schwarzen Brett der Schreinerei – mit den Worten kommentierte, dass er Deutschlands Boden nicht mehr betreten könne, «wenn diese Herren an die Regierung kommen»[440]: *«Wenn diese [nationalsozialistische] Gesellschaft sich durchsetzt, bringt dies für Mitteleuropa eine große Verheerung.»*[441] Bereits wenige Tage zuvor hatte Rudolf Steiner in Solothurn Gespräche über die Bedingungen einer Übersiedlung des Philosophisch-Anthroposophischen Verlags von Berlin nach Dornach geführt – nun gab er Anna Samweber, einer treuen Mitarbeiterin der Motzstraße 17, die gerade in Dornach weilte, am 11. November den Spruch «An die Berliner Freunde» mit auf ihre Rückreise. Samweber hatte am Tag zuvor in einem inneren Bild Berlin in Flammen gesehen und Rudolf Steiner um eine geistige Hilfestellung für künftige Zeiten gebeten: «Wenn einmal die schweren Zeiten über uns kommen, und wir Sie, Herr Doktor, nicht mehr haben, können Sie uns dafür Worte geben?» – eine Frage, über die sich Rudolf Steiner sehr gefreut hatte, wie Marie Steiner-von Sivers Anna Samweber am 11. November mitteilte. Über die Umstände der Spruchübergabe am Nachmittag beziehungsweise Abend des 11. November 1923, über Rudolf Steiner und Marie Steiner-von Sivers hielt Anna Samweber fest:

> Bald trat Herr Doktor ein [in die «Villa Hansi»], unter dem Arm mehrere Akten tragend. Er überreichte mir daraus einen Brief und sprach: «Sam, ich muss Sie bitten, heute Abend nach Berlin zu fahren, um Dringliches zu erledigen.» Ich war erstaunt und erwiderte: «Herr Doktor, ich habe doch noch ein paar Tage Urlaub, die möchte ich doch gerne hier verbringen.» Er öffnete eine Akte, den Berliner Wohnungsvertrag. Er habe Fräulein Mücke geschrieben, dass sie die Wohnungen kündige. «Ja, Sam, das müssen Sie mir schon zuliebe tun.» Frau Doktor war aufgeregt; sie hätten doch dort den Saal ausgebaut [d. h. Wände herausgenommen; Anm. d. V.], und das müsse wieder zu Wohnungen umgebaut werden. Da wiederholte Herr Doktor die Worte, die er beim schwarzen Brett gesprochen: «Ja, Frau Doktor, wenn diese Herren an die Macht kommen, können wir beide den deutschen Boden nicht mehr betreten.»
>
> Herr und Frau Doktor waren sehr ernst, als sie etwas später zur Schreinerei zu einer Eurythmie-Aufführung hinauffuhren. Herr Doktor ging ins Atelier, und ich begleitete zunächst Frau Doktor in ihr Zimmer in der Schreinerei und verabschiedete mich dann von ihr. Dann begab ich mich, wie vorgesehen, ins Atelier. Rudolf Steiner war tief ernst. Er stand vor der Christus-Statue. Auf dem Tische lagen die Worte für mich. Als er mir nun das Blatt übergab, versetzte er: «Ja, Sam, es ist viel Leid in diesen Zeilen; aber es wird die Stunde kommen, wo Sie alle schwerstes Leid zwischen den Zeilen lesen werden.» Er nahm meine Hände an seine Brust und fuhr fort: «Sagen Sie den Berliner Freunden, … dann bin ich unter Euch!» Er machte mir Zeichen auf Stirn und Brust: «Sam, ich brauche treue, wackere Menschen. Bleiben Sie wacker und treu.» Zum Abschied küsste er mich auf die Stirn und forderte mich auf: «Ich möchte, dass Frau Doktor sich von Ihnen verabschiedet!» Ich sagte, das hätte ich vorhin schon getan. Er aber wiederholte seine Bitte und ging mit mir hinüber ins Zimmer von Frau Doktor. Er bat sie, mich zum Abschied zu küssen. Darauf verließ ich die Schreinerei. Mit dem Nachtzug fuhr ich Berlin zu, die Aufträge Rudolf Steiners zu erledigen.[442]

Den Berliner Freunden

Es siehet der Mensch
Mit dem welt'erzeugten Auge;
Ihn bindet, was er siehet,
An Weltenfreude und Weltenschmerz,
Es bindet ihn an alles,
Was da wird, aber minder nicht
An alles, was da stürzet
In Abgrundes finstre Reiche.

Es schauet der Mensch
Mit dem geist'verlieh'nen Auge;
Ihn bindet, was er schauet,
An Geisteshoffen und Geistes-Halte-Kraft;
Es bindet ihn an alles,
Was in Ewigkeiten wurzelt
Und in Ewigkeiten Früchte trägt.

Aber schauen kann der Mensch
Nur, wenn er des Inneren Auge
Selber fühlet als Geistes-Gottes-Glied,
Das auf der Seele Schauplatz
Im Menschen-Leibes-Tempel
Der Götter Taten wirket.

Es ist die Menschheit
Im Vergessen an das Gottes-Innre,
Wir aber wollen es nehmen
In des Bewusstseins helles Licht,
Und dann tragen über Schutt und Asche
Der Götter Flamme im Menschenherzen.

Doch mögen Blitze unsre Sinneshäuser
In Schutt zerschmettern;
Wir errichten Seelenhäuser
Aus der Erkenntnis
Eisenfestem Lichtesweben.

Und Untergang des Äußern
Soll werden Aufgang
Des Seelen-Innersten.

Das Leid dringet heran
Aus Stoffes-Kraft-Gewalten;
Die Hoffnung leuchtet,
Auch wenn Finsternis uns umwallt;
Und sie wird dereinst
In unsre Erinnerung dringen,

Wenn wir nach der Finsternis
Im Lichte wieder leben dürfen.
Wir wollen nicht, dass diese Leuchte
Dereinst in künft'gen Helligkeiten uns fehle,
Weil wir sie jetzt im Leide
Nicht in unsre Seelen eingepflanzet haben.[443]

*

Nur zwei Tage nach der Übergabe des Spruches reisten Rudolf Steiner und Marie Steiner-von Sivers nach Den Haag, zu einem weiteren großen Vortragskurs. Von dort kehrte Rudolf Steiner in der letzten Novemberwoche nach Dornach zurück, für umfangreiche Vortragsdarstellungen und für die Vorbreitung der Weihnachtstagung der Anthroposophischen Gesellschaft. Marie Steiner-von Sivers aber fuhr von Holland aus nach Berlin, zur Haushalts-Auflösung der Motzstraße 17 und zur Organisation des umfangreichen Verlagsumzuges.[444] Vier lange Wochen sollten diese strapaziösen und aufreibenden Berliner Tätigkeiten schließlich in Anspruch nehmen – am 21. November schrieb Marie Steiner-von Sivers an Rudolf Steiner nach Dornach:

> Es ist mir freilich um jeden Tag leid, den ich nicht in Deiner Nähe bin. Aber andrerseits bist Du mir hier sehr gegenwärtig, da wir ja hier zusammengelebt haben. Und so kann ich's noch einmal rückerinnernd durchleben, bevor ich hier auflöse. 21 Jahre sind's gewesen, dass wir hier gearbeitet haben.[445]

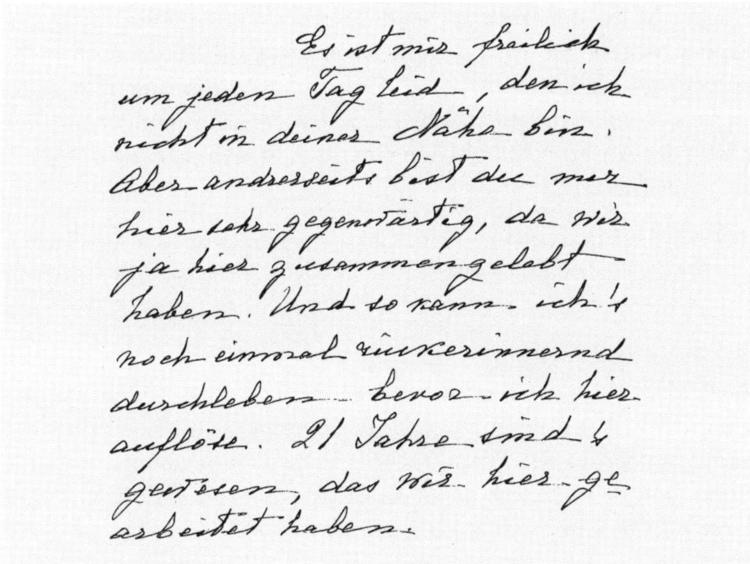

Es ist mir freilich
um jeden Tag leid, den ich
nicht in deiner Nähe bin.
Aber andrerseits bist du mir
hier sehr gegenwärtig, da wir
ja hier zusammengelebt
haben. Und so kann ich's
noch einmal rückerinnernd
durchleben, bevor ich hier
auflöse. 21 Jahre sind's
gewesen, das wir hier ge-
arbeitet haben.

Brief Marie Steiner-von Sivers' an Rudolf Steiner, 21. 11. 1923 (Ausschnitt)

Die gewaltige Arbeit der Ordnung, Trennung und Liquidierung, die Marie Steiner-von Sivers in Berlin leistete, der *«Abbau einer unendlich bedeutsamen Vergangenheit»*[446], war von den äußeren Umständen erzwungen worden – zugleich war er die Voraussetzung des Neuen, das in Dornach Wirklichkeit werden wollte, und wurde von ihr auch so gesehen.[447] Es war die Begegnung mit den Dokumenten eines vieljährigen Wirkens an der Seite Rudolf Steiners, mit zahllosen seiner Arbeiten und Niederschriften:

> Den blauen Schrank habe ich durchgemistet, alle Briefe zusammengelegt, die den Charakter der alten Zeiten aus Wien trugen; alle Notizbücher, die es gibt; sogar die meisten Briefe der Berliner Zeit.[448]

Insgesamt mussten allein für den Verlagsumzug annähernd 90 000 Bücher, 18 000 Zyklen und 19 000 Einzelvorträge versandfertig gemacht werden – das Ergebnis einer Forschungs-, Vortrags- und Publikationstätigkeit unvorstellbaren Ausmaßes.

Neben all den organisatorischen, praktischen und inhaltlichen

Fragen, die mit der Wohnungsauflösung und Verlagsumlagerung verbunden waren, gab Marie Steiner-von Sivers in Berlin noch einen Sprechkurs, veranstaltete eine Eurythmie-Aufführung und kümmerte sich intensiv um den schwer zerstrittenen Zweig – den größten Zweig der Anthroposophischen Gesellschaft, den sie einst selbst mit aufgebaut hatte:

> Ich habe mich damit abgefunden, hier längere Zeit zu sein. Man kann ja auch nicht einen Zweig wie Berlin einfach der Zersetzung preisgeben.[449]

*

Auch Rudolf Steiner war in Dornach mit der Vergangenheit, Gegenwart und Zukunft beschäftigt. Er begann, seine autobiographischen Erinnerungen in der Wochenschrift «Das Goetheanum» zu publizieren und bewegte sich damit an den Beginn seines Lebens zurück *(«Im ‹Goetheanum› habe ich begonnen, meine Memoiren zu veröffentlichen. [...] Ich fühle mich, indem ich diese Lebensbeschreibung schreibe, wie von der Erde abgereist.»*[450]*)*. Zugleich hatte er mit vielen gegenwärtigen Schwierigkeiten der Stuttgarter und Schweizer Unternehmungen zu tun, auch mit der finanziellen Aktualität der neuen Goetheanum-Planung und ihren Schwierigkeiten:

> Ich habe hier viel Sorge. Ich muss diese Tage mit dem Entschluss fertig werden, in welchem Umfang das Goetheanum wieder gebaut werden soll und das ist schwer, weil man so gar nicht sagen kann, wie es mit den Mitteln stehen wird. Alles ist recht schwer.[451]

Er unterstützte bedingungslos Marie Steiner-von Sivers' Engagement für den Berliner Zweig, schrieb über dessen gegenwärtige «Nullen» – mit denen man rechnen müsse –, und fügte in allgemeiner Wendung am 6. Dezember hinzu:

> Real wirken werden nur die Dinge, hinter denen Kraft steckt. Das ist der Fall da, wo wie in den Sprechkursen, in der Eurythmie und anderem eben Reales gegeben wird. Deshalb freut es mich herzlich, dass Du mit dem Sprechkursus so großen Erfolg gehabt hast und dass Du so schnell eine Eurythmie-Aufführung zustande gebracht hast. Gewiss, zu alledem ist die Anthroposophische Gesellschaft notwendig. Aber sie wird verfal-

len, wenn nicht neues Blut in sie hineinkommt.[452] Das wird nicht hineinkommen, solange die, die drin sind, abschreckend wirken. Die Leute von außen kommen da nicht.[453]

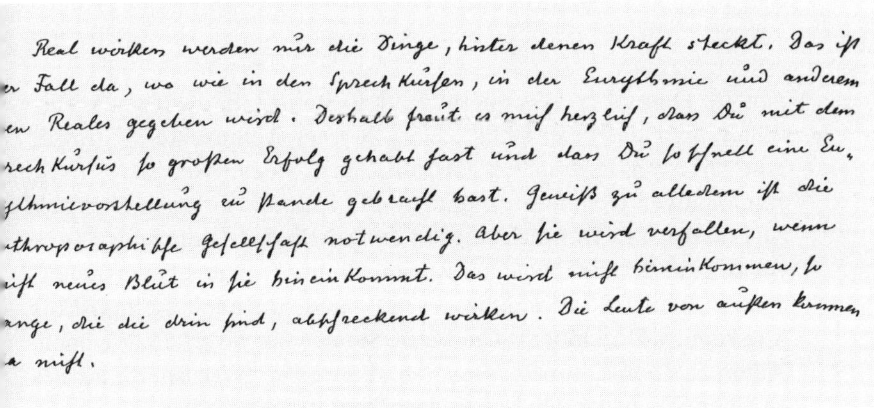
Real wirken werden nur die Dinge, hinter denen Kraft steckt. Das ist
er Fall da, wo wie in den Sprechkursen, in der Eurythmie und anderem
en Reales gegeben wird. Deshalb freut es mich herzlich, dass Du mit dem
rechkursus so grossen Erfolg gehabt hast und dass Du so schnell eine Eu-
ythmievorstellung zu stande gebracht hast. Gewiss zu alledem ist die
nthroposophische Gesellschaft notwendig. Aber sie wird verfallen, wenn
icht neues Blut in sie hineinkommt. Das wird nicht hineinkommen, so
ange, die die drin sind, abschreckend wirken. Die Leute von aussen kommen
a nicht.

Mit seinen Vorbereitungen für die «Weihnachtszusammenkunft» und mit seinen großen Mysterien-Vorträgen, die Rudolf Steiner Ende November und im Verlauf des Dezembers in Dornach hielt – und deren Versäumnis Marie Steiner-von Sivers mehr als alle Berliner Schwierigkeiten zu schaffen machte *(«das Schlimmste ist, so viele Vorträge zu versäumen –, Michael straft mich gerechter Weise.»*[454]) –, arbeitete Rudolf Steiner bereits entschieden auf das Zukünftige hin: *«Ich setze für die Gesellschaft gewissermaßen letzte Hoffnungen auf die Weihnachtszusammenkunft.»*[455] Zur Weihnachtszeit 1923 hätte das hölzerne Goetheanum mit der Aufführung des fünften Mysteriendramas feierlich eröffnet werden sollen – nun ging Rudolf Steiner nach langer Überlegung daran, eine Allgemeine Anthroposophische Gesellschaft auf der Basis von autonomen Landesgesellschaften zu formen, eine Gesellschaft, deren Vorsitz er selbst übernehmen und deren Vorstandsmitglieder – und initiative Fakultätsleiter der Hochschule – er benennen und den Mitgliedern präsentieren würde. *«Die geistige Welt will mit der Menschheit in dem gegenwärtigen Augenblicke der historischen Entwickelung etwas, will dieses Etwas auf den verschiedensten Gebieten des Lebens, und an uns ist es, klar und wahr den Impulsen aus der geistigen Welt heraus zu folgen. Wenn auch das Anstöße gibt für den ersten Augenblick, für die Dauer wird es das allein Heilsame sein.»*[456]

*

Am 18. Dezember informierte Rudolf Steiner die deutschen Vorstände über das beabsichtigte Vorgehen an Weihnachten[457], traf in Stuttgart zwei Tage später dort mit Marie Steiner-von Sivers nach einmonatiger Trennung zusammen und fuhr mit ihr nach Dornach zurück. Auch in Dornach wurden die Mitglieder dann wenige Tage vor Beginn der «Weihnachtszusammenkunft» von den bevorstehenden Änderungen in Kenntnis gesetzt – und zu Rudolf Steiners Vortrag vom 23. Dezember saßen Marie Steiner-von Sivers, Ita Wegman, Albert Steffen, Elisabeth Vreede und Guenther Wachsmuth bereits an einem Tisch, der den Mitgliedern frontal zugewandt war.

Die auf der anschließenden Weihnachtstagung und spirituellen Grundsteinlegung der Allgemeinen Anthroposophischen Gesellschaft vollzogene Tat vollbrachte Rudolf Steiner nach Marie Steiner-von Sivers aus der «Kraft des Opfers»[458], ja sie war in ihren Augen eine reine «Opfertat»[459] – *«Statt nun, wie er es sich vorher überlegt hatte, ein neues Werkzeug für sein geistiges Wirken zu schaffen*[460]*, entschloss er sich, das Opfer seiner Person zu bringen.»*[461] Rudolf Steiner verband die anthroposophische Bewegung – als geistige Strömung – und damit in gewisser Weise sich selbst, sein eigenes Schicksal mit dem (kranken) Organismus der Anthroposophischen Gesellschaft, in einer letztentschlossenen Willenswendung zur Zukunft, die die Menschen in Freiheit bewegen und zur Basis eines bedingungslosen Neuanfanges esoterisch-exoterischer Natur und zum Fundament einer spirituellen Gemeinschaftsbildung werden sollte. Im Rückblick auf die Weihnachtstagung betonte Marie Steiner-von Sivers, der Rudolf Steiner die Hochschulsektion für redende und musikalische Künste anvertraute *(«sie ist von der Geschichte der Anthroposophischen Gesellschaft selbst zur Leitung dieser Sektion ernannt.»*[462]*)*, viele Jahre später:

> Eine Schilderung der Weihnachtstagung zu geben, ist wohl eine der schwersten Aufgaben, die man sich stellen kann. Kaum ist es unserer beschränkten Einsicht möglich, zu überschauen, was als impulsierende Kraft hinter ihr steht. Es ist der mächtigste Versuch eines Menschen-Erziehers gewesen, seine Zeitgenossen über das eigne kleine Selbst hinauszuheben, sie zum bewussten Wollen wachzurufen, Werkzeug der weisen Weltenlenkung werden zu dürfen.[463]

Auch andere Augenzeugen des Weihnachtstagungs-Geschehens, wie Willem Zeylmans van Emmichoven, Fred Poeppig und Ita Wegman schrieben in diesem Sinne:

> Schon aus der ersten Ansprache war durch die Art, wie Rudolf Steiner sie hielt und mit einem besonderen Zeichen begann, sofort ersichtlich, dass nun eine Tat vollzogen wurde, die in der ganzen Mysteriengeschichte der Menschheit eine neue Phase einleitete. Als darauf der Grundsteinspruch erklang, war es im Augenblick wohl ganz wenigen bewusst, wie unmittelbar sein Inhalt zusammenhing mit dem, was durch die erste Grundsteinlegung und den Bau des Goetheanum bereits angefangen hatte, auf Erden zu leben. Diesmal wurde der Grundstein in Spruchform in die Herzen der Anwesenden gelegt, und es wurde betont, dass nur in gemeinsamem Wollen der Mitglieder das heilige Ziel, das damit gesetzt wurde, erreicht werden könne. Etwa 700–800 Mitglieder waren anwesend, von denen manche als Vertreter ihrer Landesgesellschaften, viele aber einfach deshalb gekommen waren, weil das Schicksal sie führte, dabei zu sein. Man kann also diese Grundsteinlegung als eine fast öffentliche Mysterientat bezeichnen […].
> Rudolf Steiner stand vor den Mitgliedern als der Hohepriester einer werdenden neuen Menschheit. Die Seelen der Einzelnen, die – in tiefster Verbundenheit durch gemeinsames Erleben im vorgeburtlichen Dasein – ihren Willen, der Gesamtmenschheit zu dienen, ahnend erlebten, konnten jetzt im aufgehellten Bewusstseinslichte in eine neue Geistwelt eintreten. Rudolf Steiner sprach als einer, der sich ganz mit dieser werdenden Gemeinschaft verbündete, sich ganz in sie hineinstellte.
> Er nannte den Grundstein «Welten-Dodekaeder», dem wir das «Menschen-Dodekaeder» gegenüberstellen und «den wir in den Boden unserer Seelen senken». Eine gemeinsame Tat, durch die er, obwohl auf höchsten Planen lebend, sich doch nicht über oder außerhalb stellte, sondern sie mit den Anwesenden gemeinsam vollzog.
> Die 700–800 Mitglieder vertraten die allgemeine Mitgliedschaft. Aber in tieferem Sinne vertraten sie das geistige Suchen der modernen Mensch-

heit schlechthin. Sie waren vom Schicksal auserwählt, den Grundstein unmittelbar aus geistigen Höhen in ihren Herzen empfangen zu dürfen. (Willem Zeylmans van Emmichoven)[464]

Es war, als ob wir in diesen Tagen, nach jenem Geschehen, eine neue Erde beträten, die sich unter unseren Füßen gewandelt hatte; als ob ein neuer Himmel über uns herniederschiene, eine neue Sonne uns anwesend wäre.
Ja, Christus selbst zog segnend in unsere Seelen und Herzen ein. Denn *Er* hatte durch seinen Boten zu uns gesprochen. Die Geisteswelt war uns von dieser Stunde zur Gewissheit geworden. Mehr: sie hatte das Opfer angenommen. Sie, die durch Jahrtausende ihre Pforten geschlossen hatte, begann sich nun, von dieser Stunde an, wieder machtvoll zu eröffnen. Der Mensch, von ihren Schwingen geheiligt, durfte ihr wieder nahen. In unseren Herzen, die sich ihr geöffnet, war sie eingezogen. Dort hatte sie Wurzeln gefasst.
Die Finsternisse waren geschwunden. Das neue Haus war errichtet. Der neue Menschheitsbund mit den guten Göttern geschlossen. Der Mensch als unterste Hierarchie schaute sich in ihrer Mitte.
War nun nicht *jeder* Mensch gerettet, wenn er sich des eignen geistigen Selbstes bewusst wurde? – Konnte nicht *jeder* nun die Wege bereiten, die ihn wieder zur Erkenntnis seines gottentsprossenen Wesens führten? Was hier geschah, war Menschheitsgeschehen. Nicht für den, nicht für jenen. Für die ganze Menschheit. Ein Mysteriendienst. – Ein Mysterienopfer. (Fred Poeppig)[465]

Rudolf Steiner nahm das Karma der Anthroposophischen Gesellschaft in sein Karma auf. Es war ein unerhörtes Wagnis, eine Tat, bei der man, als sie geschah, fast die Erschütterung des ganzen Kosmos empfinden und fühlen konnte. [...]
So, wie die Christus-Wesenheit sich mit der Erde verband zum Wohle der Menschheit, so identifizierte Rudolf Steiner sich mit der Anthroposophischen Gesellschaft. Es war eine Christus-Tat. (Ita Wegman)[466]

*

In den Bau aus warmem Holz floss hinein seine physische Kraft: die Kraft seiner Hände; seine Seelenkraft: die Liebe zum Werk und zu den Menschen; seine Geisteskraft: die Durchdringung des kosmischen Werdegangs und seine Widerspiegelung in künstlerischer Menschenschöpfung. Dieses Wundergebilde, dieses Vollendete in den Maßverhältnissen stieg empor, sich auflösend, zu den Hierarchien. Die Hierarchien nahmen es in

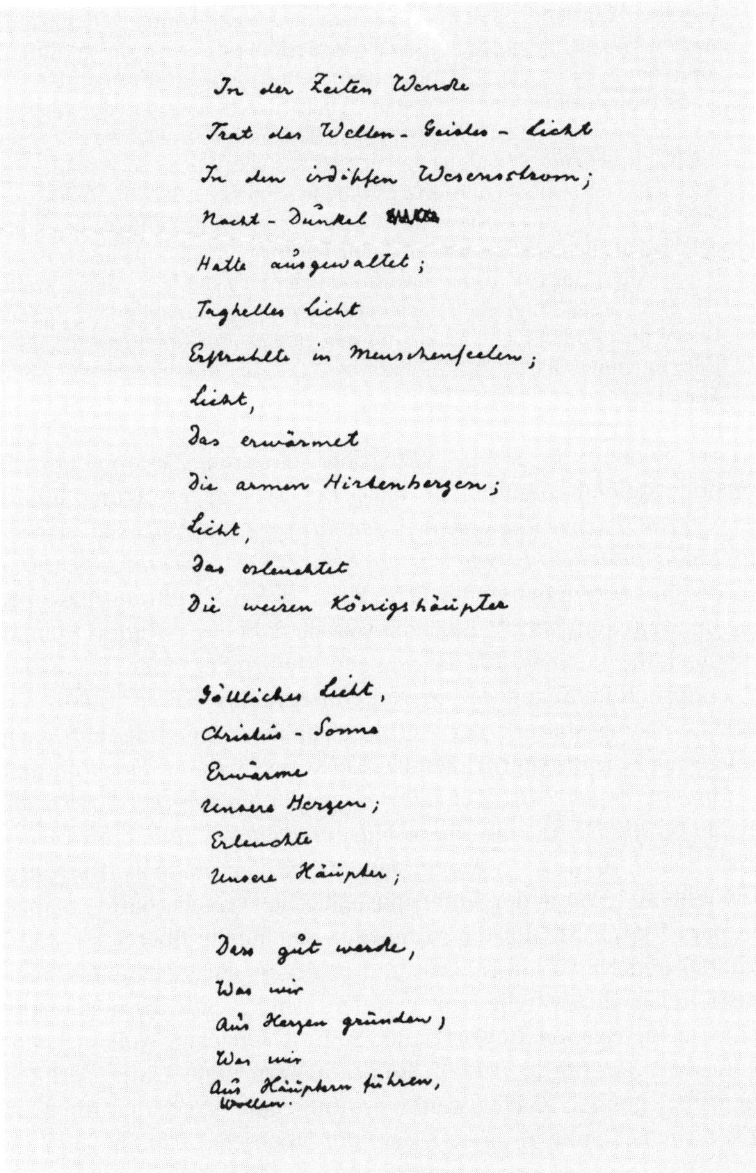
In der Zeiten Wende
Trat das Welten-Geistes-Licht
In den irdischen Wesensstrom;
Nacht-Dunkel [illegible]
Hatte ausgewaltet;
Taghelles Licht
Erstrahlte in Menschenseelen;
Licht,
Das erwärmet
Die armen Hirtenherzen;
Licht,
Das erleuchtet
Die weisen Königshäupter

Göttliches Licht,
Christus-Sonne
Erwärme
Unsere Herzen;
Erleuchte
Unsere Häupter;

Dass gut werde,
Was wir
Aus Herzen gründen,
Was wir
Aus Häuptern führen,
Wollen.

Grundstein-Meditation, vierte Strophe (1923/24)

Empfang. Ein Jahr später senkte es sich nieder und wurde zu den mantrischen Wortgebilden [der Grundstein-Meditation], die in der Architektonik der Sprache einen Tempel geschaffen haben, der unzerstörbar ist. – Das Wort erscholl klar und fest und ehern, durchfeuert und durchleuchtet, durchsichtig wie eine Monstranz, in demantner Strahlenbrechung. In ununterbrochener Spendung gab er sich uns von Woche zu Woche. Und doch hatte ich schauen müssen – es war am Schluss der Weihnachtstagung und an der Schwelle des neuen Arbeitsjahrs; die dreizehn Tage, die er uns gelehrt hat zu verstehen, waren gerade vorüber – in ein todwundes Auge, in das Auge eines zu Tode Getroffenen, der sich die letzte Frage stellt. Die Tiefe dieses Auges ließ mich erschauern. Aber verweilen bei diesem Blicke durfte man nicht, hinaus, hinweg ging es in zusammengedrängter Eile, in immer härter und unbarmherziger sich zusammenpressenden Maschen.[467]

Marie Steiner-von Sivers hatte den schweren Zusammenbruch Rudolf Steiners unmittelbar nach der Weihnachtstagung miterlebt *(«Am letzten Tage, dem 1. Januar 1924, erkrankte er schwer und ganz plötzlich. Es war wie ein Schwerthieb, der sein Leben traf […].»[468])* – eine lebensgefährliche Krise, deren Vergiftungsbasis für sie unzweifelhaft war.[469] Zugleich war sie dabei, wie Rudolf Steiner dennoch die Vorträge für die «jungen Mediziner» einen Tag später – anfänglich im Sitzen (!) – zu halten begann, ja wie er initiativ die gesamte Neugestaltung der Anthroposophischen Gesellschaft nach kürzester Zeit in Angriff nahm *(«Etwas hat sich auf dem Rout des 1. Januar ereignet, wovon er selbst sagte: Ich bin vergiftet. – Aber die Willenskräfte Dr. Steiners überwanden in täglicher ununterbrochener Arbeit auch dieses.»[470])*. Am 13. Januar erschien erstmals das Nachrichtenblatt «Was in der Anthroposophischen Gesellschaft vorgeht», in dem Rudolf Steiner die Mitglieder regelmäßig über seine Aktivitäten und Kurse informierte und in der er darüber hinaus seine «Briefe an die Mitglieder» veröffentlichte – zur Ermöglichung eines gemeinsamen Bewusstseins. Seine Dornacher Weihnachtstagungsvorträge führte Rudolf Steiner nahezu ohne Unterbrechung in grundlegenden Zyklen weiter, eröffnete am 15. Februar die neue Esoterische Schule als erste Klasse der Hochschule und begann am nächsten Tag mit Vorträgen über Fragen der Schicksalserkenntnis, in allgemeiner wie spezieller Orientierung. Mit ihnen nahm Rudolf

Steiner seine primäre Wirkensintention der «Praktischen Karmaübungen» vom Herbst 1902 wieder auf[471], damit aber auch jene detaillierten Vortragsdarstellungen vom Dezember 1910 in Stuttgart *(«Okkulte Geschichte. Esoterische Betrachtungen karmischer Zusammenhänge von Persönlichkeiten und Ereignissen der Weltgeschichte»)* und Dezember 1923 in Dornach *(«Die Weltgeschichte in anthroposophischer Beleuchtung und als Grundlage der Erkenntnis des Menschengeistes»)*, in denen er angefangen hatte, die Schicksalszusammenhänge der an der anthroposophischen Bewegung beteiligten Menschen im Einzelnen aufzuhellen. – Seine Karma-Vorträge und Klassenstunden hielt Rudolf Steiner 1924 auch in zahlreichen weiteren Zentren der Anthroposophischen Gesellschaft und unterschrieb die rund 12 000 Mitgliedskarten der neugegründeten Allgemeinen Anthroposophischen Gesellschaft mit eigener Hand. Steiner zeigte darüber hinaus in zahlreichen Fachkursen auf, wie die mit der Weihnachtstagung intendierte esoterische Durchdringung einzelner Lebensgebiete konkret zu verstehen sei – und sprach in methodischen Schulungskursen zu Medizinern, Heilpädagogen, Pädagogen, Landwirten, Eurythmisten und Theologen, letztlich über eine künftige Mysteriengestaltung im Bereich von Wissenschaft, Kunst und Religion.[472]

Zugleich erlebte Marie Steiner-von Sivers mit, wie Rudolf Steiner sich in Dornach weiter um jedes Detail kümmerte – um die aus Berlin ab dem 14. Januar eintreffenden Bücherladungen des Philosophisch-Anthroposophischen Verlages (sowie um das entstehende Verlagshaus), um neue Eurythmieformen und deren Umsetzung in nächsten Aufführungen («Rudolf Steiner kam regelmäßig zu den Eurythmie-Proben. Und es herrschte in den Proben das Ernste, das Bewegt-Heitere, das Erhabene wie in den anderen Jahren.»[473]), um die Faust-Aufführungen in Bern und Zürich und um vieles andere mehr. In der zweiten Märzhälfte schuf Rudolf Steiner im Beisein Ita Wegmans das Modell für das zweite Goetheanum («Fieberhaft arbeitete er, ohne wesentliche Ruhepausen. Ich durfte mit anwesend sein, durfte mit Erstaunen, mit heiliger Scheu miterleben, wie das Modell zustande kam. In drei Tagen war es fertig und stand dann da, eigenartig in seinen strengen, mächtigen und doch so schönen Formen. [...]

Michaelsburg, neues Goetheanum. Beglückt stand der Meister neben seinem Modell.» Ita Wegman[474]).

Ende März reiste Rudolf Steiner mit Marie Steiner-von Sivers und den Eurythmistinnen bereits wieder nach Prag, zu Vorträgen und Eurythmie-Aufführungen im Technischen Konservatorium. Zu

Modell des zweiten Goetheanum

Ostern erfolgte in Dornach dann die erste eurythmische Darstellung des von Marie Steiner-von Sivers rezitierten Grundstein-Spruches der Weihnachtstagung[475], als ein *«weiterer Schritt nach der Weihnachtstagung»* (R. Steiner)[476] und nach intensiver Arbeit:

> Er hat jede Wortbildung, jede Durchführung des Satz-Aufbaues, jede Betonung und Intonierung mit Marie Steiner durchgenommen, damit die Sprüche im rechten Sinne gesprochen würden und ihren Mantren-Charakter behalten.
> Dann tat Rudolf Steiner den nächsten Schritt. Er hat das gesprochene Wort in die Gesetzmäßigkeit und Bewegung der menschlichen Gestalt durch die Eurythmie-Formen eingeprägt. Es folgte in vielen Proben die eurythmische Ausgestaltung dieses Spruches.[477]

*

Marie Steiner-von Sivers brach ihrerseits mit der Eurythmiegruppe um Tatjana Kisseleff am 16. Mai 1924 zu einer großen Tournee auf, die sie über Ulm, Nürnberg, Eisenach, Erfurt, Naumburg, Hildesheim, Hannover und Halle schließlich zur Pfingstzeit nach Breslau führte. Sie berichtete Rudolf Steiner immer wieder brieflich vom Verlauf der Aufführungen und von ihren Reiseerfahrungen – am 26. Mai schrieb sie ihm aus Erfurt:

> Eine herrliche lange Fahrt hatten wir [...] über Bamberg nach Meiningen, konnten den Dom ziemlich eingehend besichtigen. Ein großartiges Kulturdenkmal, wie auch das große Benediktinerkloster daneben. Historie webt mit voller Kraft an diesem Ort. Und die feinsten Holzschnitzwerke sind da angesammelt. Da solltest Du noch hin: die verlangen noch darnach, von Dir gesehen zu werden.[478]

Marie Steiner, 1924

«Da solltest Du noch hin: die verlangen noch darnach, von Dir gesehen zu werden» – Marie Steiner-von Sivers lebte in zunehmender Angst um Rudolf Steiners gesundheitlichen Zustand. Sie sah – wie einige weitere Mitglieder und Freunde[479] – den rapiden Verfall seiner Kräfte im Verlauf des Jahres 1924 und sorgte sich tief – *«bin ich so ängstlich»*[480] –, was auch ihren engsten Mitarbeiterinnen nicht verborgen blieb:

> Die Sorge um die Gesundheit Rudolf Steiners – denn Marie Steiner wusste, dass er eine Krankheit in sich trug –, eine immer steigende Sorge, verbarg sie vor den anderen Menschen. Nur selten sprach sie ihre Ahnung den anderen gegenüber aus.
> Die Menschen, die sie gut kannten und die viel mit ihr zusammen waren, spürten diese Sorge in ihr und wussten, dass sie nur durch eine ungeheure Willensanstrengung das Übermaß ihrer Arbeit weiter trug.[481]

Am 1. Mai, zwei Wochen vor dem Aufbruch der Eurythmistinnen, war in Dornach Edith Maryon nach schwerem Krankenlager und zur großen Erschütterung Rudolf Steiners gestorben – Edith Maryon, mit der er eng an der Christus-Plastik zusammengearbeitet hatte, die ihm unendlich viel bedeutete und die in den zerstörten Bau gewissermaßen hineingestorben war. Bis zuletzt war die Angst um Rudolf Steiner auch von Edith Maryon nicht gewichen. – *«Die Zeit von der ‹Weihnachtstagung› 1923 an, in welcher der Geist Rudolf Steiners in höheren Welten mehr und mehr zu leben schien, der Körper aber immer schwächer wurde, war trotz der erhabenen Offenbarungen, die durch Wort und Schrift der Welt von Rudolf Steiner vermittelt wurden, eine Zeit tiefster Tragik.»* (Mathilde Scholl[482])

*

Rudolf Steiner aber führte seine Arbeiten in unvermindertem Tempo weiter – kurz nach der Abreise Marie Steiner-von Sivers' brach er selbst mit Ita Wegman und Guenther Wachsmuth nach Paris auf, zu weiteren Karma-Vorträgen und Mitgliederberatungen. Ita Wegman kümmerte sich in hingebungsvoller Art um die angegriffene Physis, den schwierigen Ernährungszustand und die labile Gesamtsituation ihres Lehrers. Sie hatte den willensbetonten Mysterien-Impuls der

Weihnachtstagung mit ganzem Herzen aufgegriffen und setzte sich mit all ihrer Kraft für seine Umsetzung ein; zugleich realisierte sie immer deutlicher ihre spezifisch-michaelische Aufgabe an der Seite Rudolf Steiners[483], der ihren spirituellen Weg mit vielen Übungen und Mantren förderte, aber auch mit ihr in Paris wiederholt durch die Louvre-Sammlungen zog, assyrische Exponate, griechische Plastiken und das Thomas von Aquin-Gemälde Benozzo Gozzolis betrachtete und die Stätten der Dominikaner besuchte. Ein weiteres und in sich ebenfalls *«starkes karmisches Band»* wirkte sich in diesem letzten Arbeitsjahr Rudolf Steiners aus (Marie Steiner-von Sivers[484]) und fand seine eindeutige Zukunftswendung in der Erfüllung gegenwärtiger Aufgaben[485] – Wochen nach dem Aufenthalt in Paris sollte Rudolf Steiner an Ita Wegman schreiben:

> Du wandelst an meiner Seite, wenn ich vortrage. [...] Die geistigen Mächte, deren Ausdruck die Anthroposophie ist, sehen wohlwollend, liebend, wie ich mich stütze nunmehr auf die Liebe, die ich hege zu Deiner von mir hochgeschätzten Seele. Und die ist mir die stärkste Stütze.[486]

*

Bald nach seiner Dornacher Rückkehr – und erneut schweren Auseinandersetzungen mit den Gegnern des Goetheanum, die erstmals vor Gericht stattfanden – reiste Rudolf Steiner dann weiter nach Breslau und Koberwitz, wo er im Juni landwirtschaftliche Vorträge im Beisein der gesamten Eurythmie-Truppe hielt: «es war eine Aufforderung an die Eurythmistinnen zu einer Schulung: das Ätherische der Welt, den Welten-Äther, den sie in ihrer Kunst durchtragen müssen, nicht nur für sich aufzunehmen, sondern ihn als die Substanz des Lebens im Allgemeinen aufzunehmen.»[487] Im Juli folgte eine große gemeinsame Vortragsreise nach Arnheim[488], im August dann die letzte See-Reise seines Lebens, die Rudolf Steiner – zweiundzwanzig Jahre nach dem ersten Aufenthalt mit Marie von Sivers in London – erneut nach England führte. Obwohl jegliche Ernährung – trotz Ita Wegmans intensiver Sorgfalt[489] – für Rudolf Steiner mittlerweile zur schmerzvollen Qual geworden war und die Veranstaltungsumstände in Torquay sich als denkbar schwierig erwiesen[490], hielt Rudolf Stei-

Marie Steiner-von Sivers in Koberwitz

ner dort einen seiner weitgehendsten Kurse, der den Initiationsimpuls der neuen Mysterien sowohl im Bereich der Naturerkenntnis und Medizin als auch der Kunst in vollgültiger Weise zur Sprache brachte, im Beisein Marie Steiner-von Sivers', Ita Wegmans und vieler Freunde der anthroposophischen Bewegung:

> […] Ich durfte […] gerade bei diesem Kurs im eminentesten Maße dasjenige zur Geltung bringen, was seit der Weihnachtstagung in Dornach der maßgebende Impuls sein soll für die anthroposophische Bewegung. Ich durfte die esoterische Kraft in der Weise hineinlegen in das, was ich hier zu leisten hatte, dass ich mich nur mehr verantwortlich fühle für dasjenige, was bei dieser oder jener Gelegenheit innerhalb der anthroposophischen Bewegung gegeben oder gesagt werden soll, den geistigen Mächten

gegenüber, welche eine gewisse Summe von Spiritualität in der Gegenwart und nächsten Zukunft in die Menschheit bringen wollen, und denen es einzig und allein obliegt, zu entscheiden darüber, in welcher Weise die anthroposophische Bewegung geführt werden soll.[491]

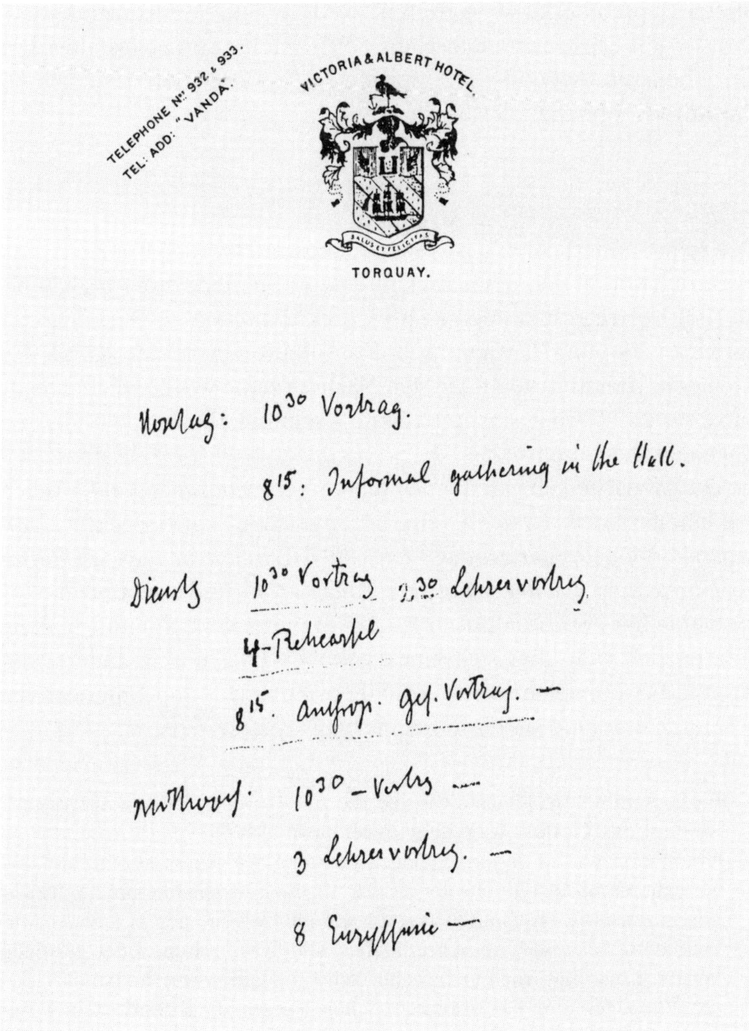
TELEPHONE No: 932 & 933.
TEL: ADD: "VANDA".
VICTORIA & ALBERT HOTEL.
SALUS ET FELICITAS
TORQUAY.

Montag: 10³⁰ Vortrag.
8¹⁵: Informal gathering in the Hall.

Dienstag 10³⁰ Vortrag 2.30 Lehrervortrag
4 Rehearsal
8¹⁵. anthrop. Ges. Vortrag. —

Mittwoch. 10³⁰ – Vortrag —
3 Lehrervortrag. —
8 Eurythmie —

Notizbuch Rudolf Steiners. Torquai, August 1924

Über London, mit weiteren Karma-Vorträgen und Eurythmie-Aufführungen und -Proben, die er in sehr geschwächtem Zustand verfolgte[492], führte dann der Weg Rudolf Steiners Ende August nach Dornach zurück, wo über 1000 Menschen auf ihn und die angekündigten Septemberkurse warteten – Ärzte und Medizinstudenten, Priester der Christengemeinschaft, Schauspieler, Sprachgestalter und Eurythmisten, Arbeiter und unzählige Mitglieder der Allgemeinen Anthroposophischen Gesellschaft.

*

Die spätsommerlichen Septemberwochen in Dornach brachten eine weitere Kulmination der Tätigkeit Rudolf Steiners[493], der täglich bis zu fünf Vorträge hielt, dennoch ca. 400 Menschen zu Beratungsgesprächen empfing[494], wiederholt Konsultationen in der Klinik Ita Wegmans durchführte und in den Nächten seine wöchentlichen Aufsätze für die Wochenschrift verfasste – seinen Lebensgang und seine michaelischen «Leitsätze».

Die Menschen, die an den Septemberveranstaltungen in Dornach teilnahmen, erfuhren sich als eine große geistige Gemeinschaft *(«Man musste oft an eins der großen Menschheitsgemälde denken, an Raffaels Darstellung von der Schule von Athen.»[495])* – und erlebten eine für sie unfassbare Spiritualität in Rudolf Steiners Worten und Inhalten, fühlten sich weit über sich hinausgehoben und in eine andere, spirituelle Daseinssphäre versetzt. Willem Zeylmans van Emmichoven schrieb Jahrzehnte später in Erinnerung an diese Zeit:

> Im September 1924 hatten wir alle, die zu den neuen Kursen in Dornach weilten, das Gefühl, weit über unser normales Bewusstsein hinaus zu leben; man war in andere Sphären gehoben, wir sahen alle anders aus, wir sahen und hörten jenseits unserer eigenen Möglichkeiten. Wenn wir uns gegenseitig anschauten, sagten wir uns: Ist das der? Es war etwas Unglaubliches und Unbeschreibliches. Man lebte schon in der geistigen Welt, die man natürlich nicht beherrschte. Es gab Momente bei den letzten Vorträgen des Pastoralmedizinischen Kurses, da Rudolf Steiner nur Liebe und Geist ausströmte – so sehr, dass es beinahe schwer war, auf das zu hören, was er sprach.[496]

Auch in den Erinnerungen der Eurythmistin Annemarie Dubach hieß es:

> Herausgehoben aus *allem* fühlte man sich, aus der ganzen gewohnheitsmäßigen Art, wie sonst das Leben verläuft; mitgerissen von einer atemberaubenden Intensität – manchmal wie über einem schwindelnden Abgrund schwebend, manchmal sich fragend, ob es wahr sei, was man erlebte – ob es möglich sei, dass das Leben hier auf der Erde schon derart ins Geistige hineingetragen werden konnte – manchmal auch mit Angst sich fragend, ob ein solches Göttergeschenk durch unsere Schwäche nicht urplötzlich zerstört werden könnte.[497]

Der Priester der Christengemeinschaft Rudolf von Koschützki erinnerte dagegen eine kurze Begegnung mit Marie Steiner-von Sivers beim Verlassen der Schreinerei:

> Nach einem der Apokalypsevorträge [...] blieb Frau Dr. Steiner im Hinausgehen einen Augenblick vor mir stehen und sagte: *«Ist das überhaupt noch ein Mensch?»*[498]

*

Ita Wegman hatte Rudolf Steiner in den vorausgegangenen Wochen und Monaten bereits wiederholt und mit Nachdruck darum gebeten, seinen Arbeitsumfang zu reduzieren, worauf Rudolf Steiner ebenso wenig wie auf entsprechende Bitten Marie Steiner-von Sivers' eingegangen war («Nicht durfte man ein Wort der Schonung sagen. Bitten um Schonung war Hemmung.»[499]), um ihr später zu schreiben: *«Allein, Du weißt, es ist ein Pflichtgefühl gegenüber höhern Mächten gewesen, dass ich diese Septemberkurse hindurch ausgehalten habe.»*[500] Mittlerweile war Rudolf Steiners physische Schwäche, der mit dem Auto von «Villa Hansi» täglich zu den Vorträgen in der Dornacher Schreinerei gefahren werden musste, nachgerade offensichtlich – auch, wenn sich Rudolf Steiner durch das Halten der Vorträge selbst temporär erholte:

> Es konnte wohl keinem entgehen, wie er von Tag zu Tag mit zunehmend schwereren Schritten an uns vorbeikam, kaum die Schuhsohlen vom Fußboden zu heben vermochte, was wir deutlich hörten, da doch bereits, ehe er erschienen war, vorher lautlose Stille im Saal herrschte. Aber jedes-

mal während des Vortrags begann sich nach anfänglich zögernd gesprochenen Sätzen das Antlitz leuchtend zu beleben. Seine Darstellungsart wurde immer lebendiger, sein Vortrag hinreißender, bis er nach einer Stunde völlig erfrischt, wie auf Flügeln getragen und beinahe jünglingshaft beschwingt den Saal wieder verließ.[501]

Dennoch konnte an der fortschreitenden Auszehrung der Leibessubstanz Rudolf Steiners für aufmerksame Beobachter kein Zweifel sein – *«Als er im Sprechen [während eines Vortrages] einmal die Hände nach vorne ausstreckte – er trug keine Manschetten mehr –, konnte ich an seinen Handgelenken und Unterarmen sehen, dass er das letzte Gramm Körpersubstanz verbraucht hatte. Links von mir saß eine Schauspielerin, und ich bemerkte, wie die Tränen in ihren Schoß fielen. Ebenso bei einer Dame vor mir. Keine wagte sich zu rühren und das Taschentuch zu brauchen.»*[502].

*

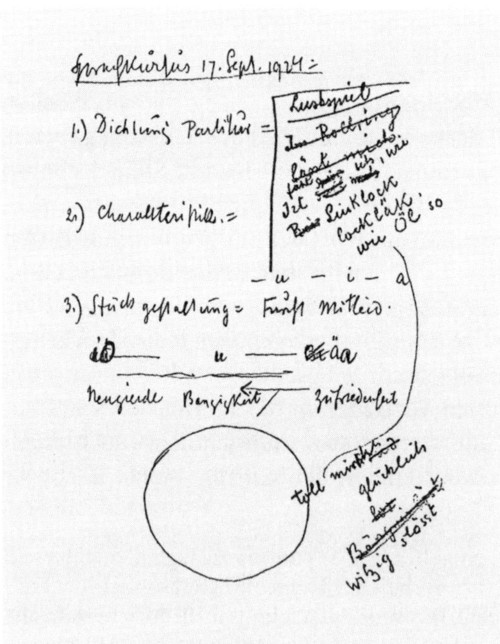

Notizbucheintragungen Rudolf Steiners zum «Dramatischen Kurs», September 1924

Den längsten Kurs, den Rudolf Steiner im September 1924 hielt und der – nach verspätetem, allein durch Marie Steiner-von Sivers gestaltetem Beginn[503] und einer mehrtägigen Verlängerung[504] – bis zum 23. September andauerte, veranstalteten Rudolf Steiner und Marie Steiner-von Sivers gemeinsam: «Sprachgestaltung und dramatische Kunst», vor mehr als 700 Zuhörern. Noch einmal lebten in ihm die Wort-Mysterien umfänglich auf, aber auch die Gesamtdimension von Rudolf Steiners schauspielerisch-dramatischem Vermögen im Hinblick auf die intendierte Erneuerung der Bühnenkunst. In seinen zukunftsgewandten, bewegten und von tiefer Bescheidenheit durchzogenen Schlussworten formulierte er schließlich:

> Und so darf vielleicht in den spärlichen Anregungen, die ich in dieser Zeit geben konnte, eine Art Impuls gesehen werden, um aus dem unkünstlerischen Naturalismus in eine wirkliche, stilvoll auftretende, geistige Bühnenkunst hinüberzuführen. Das ist dasjenige, meine lieben Freunde, was mir vorgeschwebt hat, und was ich natürlich erst erfüllt sehen könnte als dasjenige, was diese Vorträge wollten, wenn es mir nun von der Bühne durch diejenigen, welche mich verstanden, entgegentreten wird.
> Damit möchte ich diese Vorträge, von denen ich schon sagen darf, dass ich sie mit einer wirklichen Liebe gehalten habe, weil ich die Sache mit Liebe und Achtung ansehe im Leben, schließen und sie zur Beherzigung denjenigen übergeben, welche in der Lage sind, ihnen verständnisvoll entgegenzukommen.[504a]

Während Marie Steiner-von Sivers in der Verfolgung dieses Impulses bereits wenige Tage später eine erste Schauspieler-Arbeitsgemeinschaft am Goetheanum bilden konnte, eine Studien- und Arbeitsgemeinschaft, der sie den Namen «Thespiskarren» gab – «Thespis war der erste, welcher das Drama aus dem Mysterium in die Welt brachte, und wir wollen versuchen, es wieder in das Mysterium zurückzubringen.»[505] –, hatte Rudolf Steiner, aufs Letzte erschöpft, seinen Mitgliedervortrag vom 26. September, eine geplante Besprechung mit Landwirten am 27. September sowie weitere Vorträge absagen müssen. Seine letzte und vermächtnishafte Ansprache am Vor-Michaelstag in der Schreinerei, zu der er in Begleitung Marie Steiner-von Sivers' und Ita Wegmans kam, währte nur noch zwanzig Minuten und wurde mit einem großen Mantram beschlossen – «aushauchend klang die

Stimme ab.» (Marie Steiner-von Sivers[506]). *«Dass es ein Abschied war, wusste man.»* (Assja Turgenieff)[507]

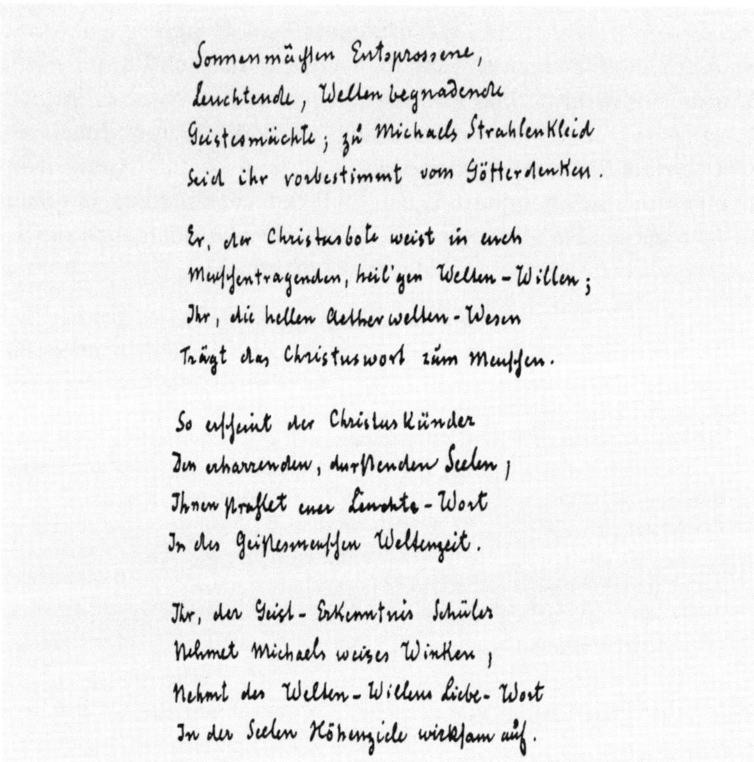
Sonnenmächten Entsprossene,
Leuchtende, Welten begnadende
Geistesmächte; zu Michaels Strahlenkleid
Seid ihr vorbestimmt vom Götterdenken.

Er, der Christusbote weist in euch
Menschentragenden, heil'gen Welten-Willen;
Ihr, die hellen Aetherwelten-Wesen
Trägt das Christuswort zum Menschen.

So erscheint der Christuskünder
Den erharrenden, durstenden Seelen;
Ihnen strahlet euer Leuchte-Wort
In des Geistesmenschen Weltenzeit.

Ihr, der Geist-Erkenntnis Schüler
Nehmet Michaels weises Winken,
Nehmt des Welten-Willens Liebe-Wort
In der Seelen Höhenziele wirksam auf.

Mantram Rudolf Steiners. Dornach, 28. 9. 1924

*

Zwei Tage nach der Michaels-Ansprache verließ Marie Steiner-von Sivers Dornach und ging auf eine sechswöchige Eurythmie-Tournee, deren Programm seit langem feststand. Rudolf Steiner, so Marie Savitch, legte unbedingten Wert darauf, dass diese Reise trotz seiner Erkrankung in der geplanten Weise zustande kam – «Er forderte, dass die Tournee durchgeführt würde.». Weiter schrieb Marie Savitch:

> Diese Abreise war für Marie Steiner eine kaum zu ertragende Verpflichtung.[508]

Ab dem 1. Oktober, dem Tag nach Marie Steiner-von Sivers' Abreise, wurde Rudolf Steiner auf seinen Wunsch nicht mehr in der «Villa Hansi», sondern in seinem Goetheanum-Atelier von Ita Wegman behandelt – an jenem schlichten, fensterlosen und abgeschiedenen Ort, der die Christus-Plastik beherbergte und an dem Rudolf Steiner intensiv mit Edith Maryon und Ita Wegman zusammengearbeitet hatte. Steiner verabschiedete sich von den Hausbewohnern der «Villa Hansi» und ließ einen Anschlag an das schwarze Brett der Schreinerei befestigen, auf dem zu lesen war:

> Meine physische Körperverfassung macht mir augenblicklich unmöglich, mich der – wenn auch geringen – physischen Anstrengung zu unterziehen, die mit dem Abhalten von Vorträgen verbunden ist. Ich kann daher die Vorträge am Freitag d. 3., Sonnabend d. 4. und Sonntag d. 5. Oktober *nicht* halten und werde ankündigen, wann wieder Vorträge stattfinden können.[509]

Am 2. Oktober erläuterte er Marie Steiner-von Sivers in brieflicher Weise, welche verschiedenen Gründe für den Umzug ins Atelier sprachen, und schrieb in diesem Zusammenhang über den Hintergrund seiner Kräfteerschöpfung:

> Es war wirklich so, dass mit Beendigung des Apokalypse-Kursus ein Maximum von meinen Kräften nach einer gewissen Richtung erschöpft war – ich hatte wirklich zu der spirituellen Höhe viel Kraft nötig – und ich hätte nun nicht noch den ganzen Sturm von Einzelbesuchen dieser bedürftigen Theologen haben sollen. Vorträge über Sprachgestaltung, die ich noch gehalten habe, machen es nicht aus. Die Vorträge kann ich, wenn sie noch so viele sind, nach den Kräften berechnen. [...]
> Ich habe nun alle Vorträge zunächst durch Anschlag auf dem schwarzen Brette abgesagt. Ich bin nun einmal seit lange etwas außer die Verbindung mit meinem physischen Körper gekommen. Das ergibt ein labiles Gleichgewicht in den physischen Kräften, die nur parieren, wenn sie ganz in ordentliche Initiative genommen werden. Und das Unverbundensein mit dem physischen Körper ist nicht in den Tagen der Kurse, auch nicht, wenn ich selbst noch dazwischen in die Klinik fuhr – denn das alles steht

in der gesunden Berechnung von Dr. Wegman und mir selbst –: sondern, wenn die Leute anstürmen, und man gegen alle Berechnung der eigenen Kräfte zur Verfügung stehen muss. Und dennoch wieder: wie leid hat es mir getan, dass die landwirtschaftliche Besprechung nicht zustande gekommen ist. Das wäre gut gewesen. Unglücklicherweise war sie zu einer Zeit angesetzt, in der meine Kräfte schon erschöpft waren. Es ist mir wahrlich sauer geworden, am Freitag zum ersten Male einen Vortrag absagen zu müssen; und Wegman hat um diese Absage genug kämpfen müssen; zuletzt entschied, dass die Umstände die Möglichkeit vor Augen stellten: ich müsse vielleicht vorzeitig unterbrechen. – Nun liege ich hier und gehe aus der Wärme gar nicht einen Schritt heraus. – Nun es wird schon alles gehen – man kann andern so gut gesundheitlich helfen –, selbst muss man an andrer Hilfe appellieren.[510]

Knapp zwei Wochen später, am 15. Oktober, erläuterte er ihr noch einmal das mit dem Jahr 1923 begonnene «labile Gleichgewicht in den physischen Kräften» und betonte:

[...] Ich sagte Dir ja schon vor längerer Zeit, wie seit Januar 1923 die Verbindung der höh. Glieder meiner Wesenheit mit meinem phys. Körper nicht mehr voll war; ich verlor gewissermaßen im Leben im Geistigen den unmittelbaren Zusammenhang mit meiner phys. Organisation. Nicht mit der phys. Welt. Im Gegenteil: die gesunde Beurteilungsmöglichkeit dieser wurde immer stärker und auch umfassender. Aber gerade weil im Geistigen auch für die phys. Welt so alles ohne die geringste Beirrung abging, versuchen es die Gegenmächte mit dem phys. Leib.[511]

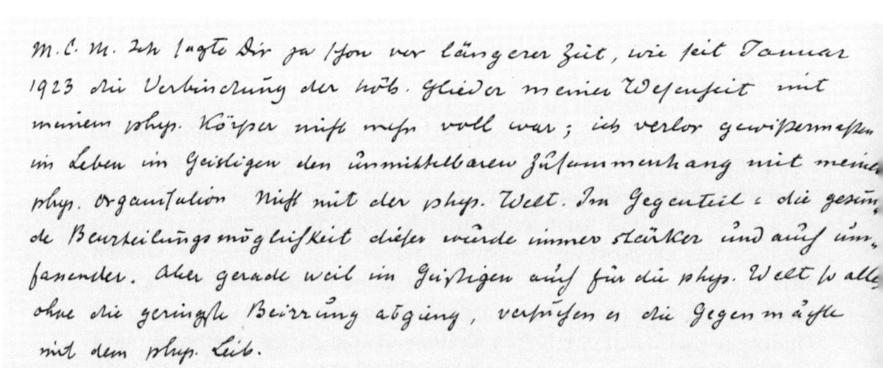
M. C. M. Ich sagte Dir ja schon vor längerer Zeit, wie seit Januar 1923 die Verbindung der höh. Glieder meiner Wesenheit mit meinem phys. Körper nicht mehr voll war; ich verlor gewissermassen im Leben im Geistigen den unmittelbaren Zusammenhang mit meiner phys. Organisation Nicht mit der phys. Welt. Im Gegenteil: die gesunde Beurteilungsmöglichkeit dieser wurde immer stärker und auch umfassender. Aber gerade weil im Geistigen auch für die phys. Welt so alles ohne die geringste Beirrung abging, versuchen es die Gegenmächte mit dem phys. Leib.

*

Marie Steiner-von Sivers war mit der Behandlung im Atelier vollkommen einverstanden *(«Ich freue mich ja sehr, dass Du oben liegst und nicht die Mühe hast des Hin- und Herfahrens. In Deinem Zimmer Villa Hansi kann man sich ja auch nicht drehen, das ist schon lange kein Wohnzimmer mehr.»*[512]*)* und dankte Rudolf Steiner postwendend für seine Nachrichten *(«Wie lieb von Dir, dass Du mir Briefe schreibst. Strengt Dich das nicht zu sehr an? Aber wahrscheinlich arbeitest Du den ganzen Tag im Bette.»*[513]*)*. Wie in all den Jahren zuvor, fügte sie sich bedingungslos in die höhere Notwendigkeit der Situation und nahm ihre Aufgaben wahr, so schwer ihr die Tatsache der Erkrankung Rudolf Steiners und die eigene Entfernung auch fiel. In polar-gespiegelter Weise wiederholte sich damit im Oktober 1924 die frühe Konstellation ihres Zusammenwirkens mit Rudolf Steiner; war Marie von Sivers zu Beginn ihrer Tätigkeit vor Ort in Berlin, Rudolf Steiner aber unterwegs gewesen, unter regem Austausch von Briefen, so war sie nun selbst in der Welt für die «Sache des Doktors» tätig und reiste von Stadt zu Stadt – er aber empfing ihre Berichte an umschriebener Stätte. Von Anfang an bezog sie ihn dabei in alle Einzelheiten ihrer Tournee (sowie der häufig angetroffenen Gesellschaftsprobleme) mit ein, erzählte ihm von wichtigen Vorkommnissen und bat um seine Unterstützung, auch in künstlerischer Hinsicht:

> Wenn Du nicht anders kannst, als auch im Bett arbeiten, wären da einige Formen für Gedichte nicht eine angenehme Abwechslung? Das Künstlerische ist ja eines Deiner Lebenselemente.[514]

So sandte Rudolf Steiner ihr Eurythmieformen in verschiedene Städte, die sie sofort von ihren Mitarbeiterinnen einstudieren ließ – mit dem Wort *«Grüße an Alle!»* beendete er häufig seine Briefe. – Im Übrigen war ihm auch in Dornach die Eurythmie permanent nahe:

> Als er schon sehr krank war, wurde eine Eurythmistin zu ihm gerufen. Rudolf Steiner wollte sehen, wie seine Angaben für ein bestimmtes Gedicht durchgeführt wurden, wie die Farben für das Eurythmie-Kostüm waren. Er korrigierte die Farbenschleier-Verteilung mit seinen eigenen Händen. Sein Antlitz war, als ob es nur gespannter Wille sei.[515]

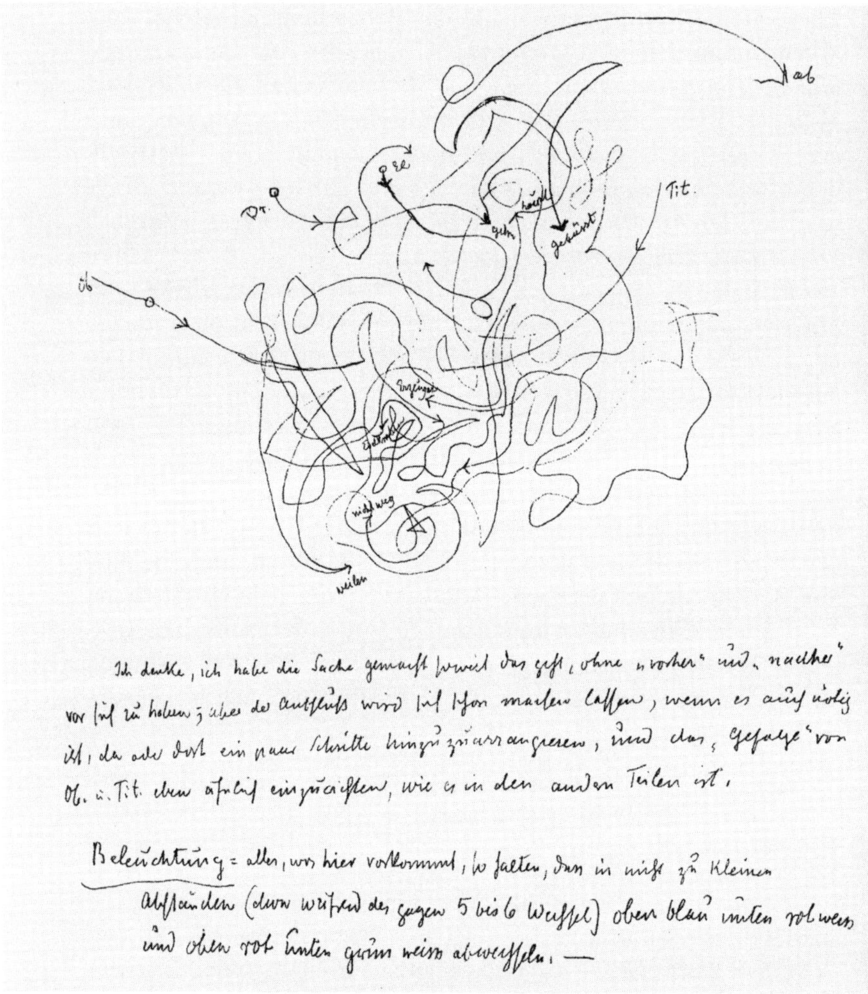

Eurythmieform und Hinweise Rudolf Steiner, Oktober 1924

*

Der «gespannte Wille» Rudolf Steiners tat sich schwer mit der erzwungenen Krankenlager-Situation, seinem «angenagelten» Dasein.[516] Nie hatte Rudolf Steiner in seinem Wirken für die Anthroposophie bisher irgendwelche Vorträge aus Gründen eigener Krankheit oder

Schwäche absagen müssen; nun aber war ihm im Äußeren nahezu nichts mehr möglich – auch die intendierten Berliner Vorträge Ende Oktober musste er schließlich absagen. In seinem Brief vom 6. Oktober an Marie Steiner-von Sivers hieß es:

> Ich selbst musste heute in den sauren Apfel beißen und den Berlinern das Telegramm schicken: «Meine physische Körperverfassung macht Reisen in den nächsten Monaten ganz unmöglich. Sie können daher zu meinem großen Bedauern mit meiner Anwesenheit nicht rechnen.»
> Du glaubst gar nicht, *wie* sauer mir so etwas wird. Aber ich kann voraussehen, dass für die nächsten Wochen nur Pflege bei absoluter Ruhe etwas nützen kann. Besorge Dich deshalb nicht.[517]

Auch drei Wochen später schrieb er ihr noch einmal bezüglich Berlins, wie hart es ihn ankomme, von den «Tatenstätten der anthroposophischen Arbeit» entfernt zu sein – und fügte lakonisch hinzu:

> Und während ich die Reise nach Berlin machen und dort in großen Sälen hätte vortragen sollen: bewege ich mich hier zwischen Bett, «bequemen Stuhl» und Baderaum. Das sind alle meine jetzigen Reisen [...].[518]

Marie Steiner-von Sivers' unaufhörliche Aktivität war Rudolf Steiner in dieser Situation eine große Freude und Erleichterung *(«Aber mit tiefer Befriedigung weiß ich Dich in voller Tätigkeit und bin so froh, so herzlich froh darüber.»*[519]*)*; er verfolgte ihren Arbeits- und Reiseweg mit Gedanken und in Briefen: *«Du wirst überall meine Briefe vorfinden.»*[520] Am 21. Oktober hieß es noch einmal bekräftigend:

> Ich kann nur immer sagen: meine Gedanken sind auf den Wegen, auf denen Du Deine Wirksamkeit entfaltest. Ich bin so froh darüber, dass Du dazu doch die Kraft hast.[521]

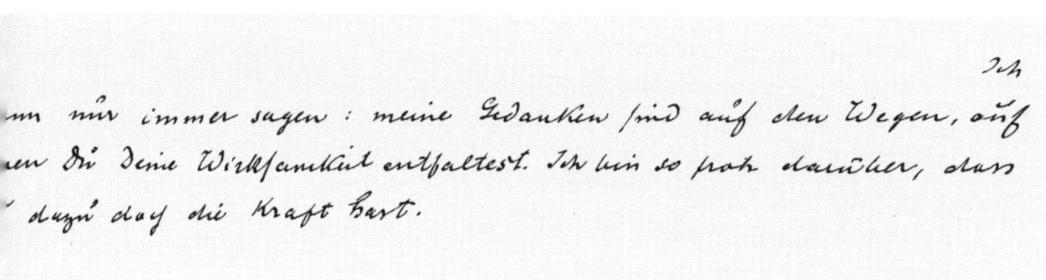
Ich
nn nur immer sagen: meine Gedanken sind auf den Wegen, auf
en Du Deine Wirksamkeit entfaltest. Ich bin so froh darüber, dass
dazu doch die Kraft hast.

Marie Steiner-von Sivers war ihrerseits beglückt und beschämt, in nahezu jeder Tourneestadt, in die sie kam, bereits einen Brief Rudolf Steiners vorzufinden, der ihr vorausgeeilt war. Wie Marie Savitch berichtete, lösten *nur* diese Briefe vorübergehend die schwere Spannung, unter der Marie Steiner-von Sivers angesichts der Situation Rudolf Steiners stand[522]:

> Viel denke ich an Dich und an alles, was Du der Welt gibst; es ist so unsagbar, dass man mit den Gedanken darüber gar nicht zu Ende kommt.[523]

*

Die öffentlichen Eurythmie-Aufführungen verliefen insgesamt sehr erfolgreich («so wäre momentan alles gut, wenn es nicht die Sorge um Dich wäre, und der Gedanke, dass Du so viel Schmerzen aushalten musst, weil Du Dich für die Menschen zerrissen hast.»[524]), trotz wiederkehrenden Störungen und Provokationen, an die Marie Steiner-von Sivers und die Eurythmistinnen mittlerweile gewöhnt waren («Man muss jedes Mal damit rechnen, dass der Versuch gemacht wird, die Sache zum Kippen zu bringen. Irgendwelche Symptome für Gegnerwühlereien gibt es immer.»[525]) und die sie sehr bewusst auf sich nahmen:

> Es galt von neuem den Kampf zu bestehen mit der so hart verschlossenen Außenwelt in jenen Theatern, wo die äußerste Dekadenz ihre Triumphe feiert, sie, die jetzt schon ins Untersinnliche, ins Dämonische herabsteigt. Kraft gab uns das Bewusstsein, dass wir dadurch etwas Freude schenken konnten dem, der auf das Schmerzenslager gefesselt war. Hatte es ihm doch schon in den vorangegangenen Jahren eine innere Befriedigung gegeben, seitdem die öffentliche Vortragstätigkeit ihm in Deutschland unmöglich gemacht worden ist, zu wissen, dass dennoch in der Öffentlichkeit rührig weitergeschafft wurde. Er begleitete all unsere Wege nicht nur mit Teilnahme, sondern mit großer, warmer Freude. Hatten wir doch auch einen Teil jenes Erbes übernommen, der sich als Gegnerschaft an unsere Fersen band. (Savitch)[526]

In einem Krankenlager-Brief Rudolf Steiners hieß es zu der Thematik einer neuen Bühnenkunst:

Unter den Büchern, die ich jetzt angeschaut – aber in diesem Falle wirklich nur angeschaut habe, ist auch Das ekstatische Theater von Emmel mit dem Briefe der Dumont. Die Sache ist interessant. Aber das ganze Buch ist ja nur ein Schrei oder höchstens zwei Schreie. Ein Schrei über die Verderbtheit der gegenwärtigen Bühne und ein anderer, dass es anders werden müsse. Aber damit, dass man das Elend in die Welt hinausschreit und an eine instinctive Ekstase appelliert, wird nichts anders. Da muss die Brücke hinüber geschaffen werden zum Verstehen des Göttlich-Kosmischen in Sprache, Gebärde und Bühnengestaltung, wie es in meinem dramatischen Kurs erstrebt ist. Ja, es wäre viel zu tun und nötig, dazu gesund zu sein.[527]

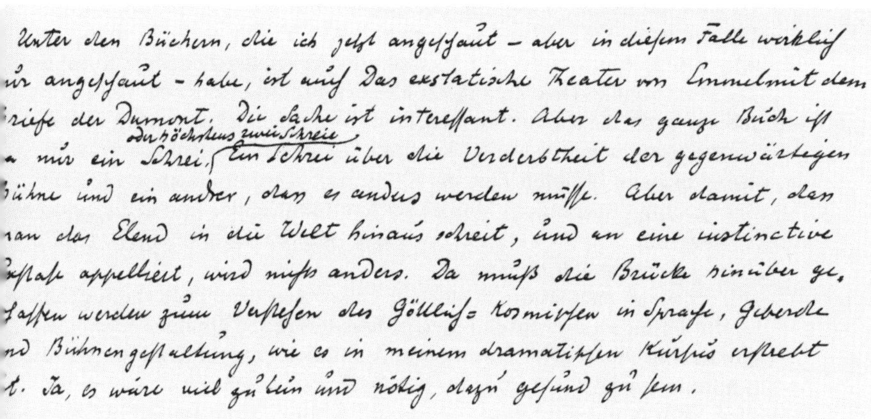
Unter den Büchern, die ich jetzt angeschaut – aber in diesem Falle wirklich
ur angeschaut – habe, ist auch Das extatische Theater von Emmel mit dem
riefe der Dumont. Die Sache ist interessant. Aber das ganze Buch ist
a nur ein Schrei, oder höchstens zwei Schreie Ein Schrei über die Verderbtheit der gegenwärtigen
ühne und ein ander, dass es anders werden müsse. Aber damit, dass
an das Elend in die Welt hinausschreit, und an eine instinctive
kstase appelliert, wird nichts anders. Da muss die Brücke hinüber ge-
schaffen werden zum Verstehen des Göttlich-Kosmischen in Sprache, Geberde
nd Bühnengestaltung, wie es in meinem dramatischen Kursus erstrebt
t. Ja, es wäre viel zu tun und nötig, dazu gesund zu sein.

*

Obwohl Rudolf Steiner alles andere als gesund war, begannen die Tage im Dornacher Atelier früh und mit entschiedener Aktivität. Rudolf Steiner schrieb in den besten Stunden des Tages – dem frühen Morgen und Vormittag – seine weiterhin wöchentlich veröffentlichten autobiographischen Artikel sowie die «Leitsätze», die sich dem großen Michaels-Thema in aller Intensität und Differenziertheit zuwandten. Noch immer ging Rudolf Steiner im Sinne der Weihnachtstagung konsequent vor und weiter – obwohl er sah, welche Stagnationen und Schwächen trotz mancher positiven Entwicklung nach wie vor unter den Mitgliedern der Gesellschaft verbreitet waren.[528] Bereits am 11. Oktober, etwas mehr als eine Woche nach dem Beginn seines Krankenlagers, hatte sich Rudolf Steiner sogar gezwungen gesehen, den in Dornach grassierenden Spekulationen über seine Erkrankung in eigener Person entgegenzutreten – und auf einem erneuten Anschlag am schwarzen Brett der Schreinerei geschrieben:

> Es scheint, dass von gewissen Seiten allerlei Gerüchte verbreitet werden, die im Zusammenhang mit dem gegenwärtigen Versagen meiner physischen Körperkräfte stehen. Nun wäre es mir eine angenehme Empfindung gewesen, wenn gerade bei dieser Gelegenheit die Gerüchte-Bildung in anthr. Kreisen keine Stätte gefunden hätte.
> Nun da das aber nicht der Fall zu sein scheint, bin ich nun leider genötigt, ein paar Worte über das gegenwärtige Versagen meiner physischen Körperkräfte auszusprechen. Es waren in der letzten Zeit viele Kurse in rascher Aufeinanderfolge. Zuletzt hier in Dornach eine Reihe von Parallelkursen, die dazu geführt haben, in verhältnismäßig kurzer Zeit über 60 Vorträge zu halten. Das alles konnte ich ganz gut machen, ich brauchte dabei nicht zu fürchten, dass die Kräfte versagen, trotzdem ich seit langem genötigt war, auf das Maß dieser Kräfte zu achten. Durch die aufopferungsvolle Mitarbeit Frau Dr. Wegmans war die Berechnung der Kräfte für die Kurse immer möglich.
> Allein, wenn man so die möglichen Leistungen berechnet, dann gehen Anforderungen, die sonst aus den Mitgliederkreisen kommen, eben über die Kräfte. Und solche zu weit gehenden Anforderungen konnten gerade während der letzten Septemberveranstaltungen nicht ferngehalten werden. Sie haben zuletzt meine physischen Kräfte überspannt …[529]

Zugleich machten Rudolf Steiner auch die äußeren Gegner des Goetheanum permanent zu schaffen. Ende Oktober flammten die agitatorischen Kampagnen gegen Steiner, die Anthroposophie und den intendierten Bau des zweiten Goetheanum in der unmittelbaren Umgebung des Ortes – in Arlesheim, Dornach und Basel – wieder auf. Rudolf Steiner schrieb daraufhin erläuternde Aufsätze für die Basler Nachrichten und die Nationalzeitung über das geplante Vorhaben («Der Wiederaufbau des Goetheanum» bzw. «Das zweite Goetheanum»), ließ Abbildungen des Bauprojektes publizieren und verschiedene Änderungswünsche der Gemeinde Dornach berücksichtigen. In einem Brief an den Vorsitzenden der Schweizerischen Vereinigung für Heimatschutz formulierte er:

Es ist selbstverständlich, dass die auswärtigen Mitglieder der Anthroposophischen Gesellschaft mit der schweizerischen Bevölkerung in Frieden und Eintracht leben möchten. Man weiß bei uns im höchsten Grade dankbar zu schätzen, dass wir hier sein dürfen. Und gestatten Sie mir, sehr geehrter Herr, zu sagen, mir scheint der Friede und die Eintracht da erreicht zu sein, wo man uns kennt. Durch Agitation wird man da, wo man uns nicht kennt, allerdings leicht das Gegenteil in der Meinung der Bevölkerung hervorbringen können.
Am meisten gekränkt in den Ausführungen der gegnerischen Versammlungen hat mich der Vorwurf, dass die Größe des Baues eine Folge des Hochmuts, der Anmaßung oder gar irgendwelcher Machtgelüste sei, da ich mir doch dessen voll bewusst bin, dass ich nur aus der Notwendigkeit der Sache heraus handle.[530]

Trotz einer Vielzahl von Beanspruchungen in einer äußerst reduzierten Leibesverfassung kümmerte sich Rudolf Steiner um die beabsichtigte Drucklegung des «Heilpädagogischen Kurses» und ließ Ita Wegman bei Karl Schubert nachfragen, wie es um dessen Stenogramm und Nachschrift bestellt sei[531]; auch hatte Rudolf Steiner vor, die Karma-Darstellungen des Septembers baldmöglichst allen Mitgliedern in schriftlicher Form zugänglich zu machen, wie aus einer weiteren Briefpassage Ita Wegmans hervorgeht *(«Das wird die allernächste Arbeit vom Dr. sein und sobald es seine Gesundheit zulässt, wird er damit beginnen.»[532])*. Selbst bei seinen Geschwistern weilte Rudolf Steiner in Gedanken und schrieb am 12. November, wenige Tage vor der Rückkehr Marie Steiner-von Sivers', an Leopoldine und Gustav Steiner in Horn:

Es war in diesem Jahr ein arbeitsreiches Jahr für mich. Viele Reisen mussten gemacht werden. Nach Paris, nach Holland, nach England, dazwischen immer die Reisen nach Stuttgart. Dann eine lange Reise nach Breslau.
Oh, meine lieben Geschwister, es ist mir so leid, dass ich Euch solange nicht besuchen kann, doch ich gebe mich der Hoffnung hin, dass dies in nicht allzu ferner Zeit wieder wird geschehen können.
Ich denke nur viel an Euch, meine Lieben, und bin im Geiste bei Euch. Jetzt nach den Reisen habe ich hier ungeheuer viel mit dem Neuaufbau des Goetheanum zu tun. Ja, das gibt sehr viel zu tun.[533]

*

Marie Steiner-von Sivers kehrte am 18. November mit ihren Eurythmistinnen nach Dornach zurück, freudig und vorsichtig zugleich.

> Ich habe fast Angst nach Dornach zurückzukommen und Dich vielleicht zu ermüden. Ich habe Dir ja wohl durch meine Arbeit draußen am besten jetzt gedient.[534]

Marie Steiner-von Sivers, 1924

Sie war nun für drei Monate ganz vor Ort; Rudolf Steiner aber blieb in seinem Atelier, zu dem Marie Steiner-von Sivers nur eine Stunde pro Tag Zugang hatte, um vieles mit ihm zu besprechen – in vollständiger Änderung ihrer gemeinsamen Lebensweise seit mehr als zwei Jahrzehnten. Aber auch hier fügte sie sich in seinen Willen und das Notwendige.

Nach der Rückkehr Marie Steiner-von Sivers' setzten die Eurythmie-Proben und -Aufführungen in der Schreinerei wieder regelmäßig ein, an denen Rudolf Steiner durch Form- und Programmentwürfe unentwegt teilnahm. Marie Steiner-von Sivers arbeitete auf die nächste Weihnachtstagung zu, bereitete Eurythmie-Darstellungen sowie die Aufführung der Oberuferer Weihnachtsspiele vor – und kümmerte sich um zahlreiche Gesellschafts-, Hochschul- und Sektionsangelegenheiten sowie um den Philosophisch-Anthroposophischen Verlag. Als Albert Steffen am 10. Dezember vierzig Jahre alt wurde, verfasste Rudolf Steiner eine eigenhändige Ankündigung der Geburtstagsfeier für den von ihm hochgeschätzten Schweizer Dichter und Vorstandskollegen («Ich kann nicht persönlich bei der Versammlung sein; aber ich werde im Geiste voll anwesend sein, denn mein Herz ist in bewundernder Anerkennung bei Steffens Lebenswerk; und es ist voll warmer Geistesfreude davon erfüllt, dass wir ihn den Unsern nennen dürfen.»[535]) – und bat Marie Steiner-von Sivers, seinen offenen Brief an Albert Steffen bei der Feier vorzulesen:

Mein lieber Albert Steffen,

mit den Freunden, die heute hier im Goetheanum versammelt sind, um Ihres vierzigsten Geburtstages zu gedenken, wäre ich so herzlich gerne auch physisch vereint; ich kann es nur im Geiste sein.

Aber meine Seele will die besten Gedanken in den Vortragssaal tragen. Vor mir steht heute besonders hell das Sonnenhafte, dass Sie Ihre aus dem Geistgebiet strahlende Künstlerschaft, Ihre eindringliche, das Zeitalter, in dem wir leben, mit so tiefer Wahrheit schauende Kraft mit der anthroposophischen Bewegung haben vereinigen wollen. Diese Tatsache ist eine aus den Gebieten des Göttlich-Ewigen sprechende Bekräftigung dessen, was Anthroposophie anstrebt. Alle Menschen, welche Anthroposophie lieben, können nicht anders, als wärmste Dankes-Gefühle Ihrer Gesinnung, die Sie zu uns gebracht hat, entgegenströmen lassen. Ihre unermüdliche Arbeit im Dienste der Gesellschaft, Ihre deren Bestand mit so großer Liebe tragenden Gedanken sind schönste Schätze innerhalb dieser.

Dr. Ita Wegman muss um meinetwillen zu all den Opfern, die sie in dieser Zeit bringt, auch noch dieses hinzufügen, das ihr recht schwer wird, heute im Vortragssaale nicht physisch anwesend sein zu können. Die allerbesten Gedanken und allerherzlichsten Gefühle sendet sie dazu; zu dem Vereintsein im Geiste mit unserem tief verehrten Albert Steffen.

In tiefer Herzlichkeit
Rudolf Steiner[536]

Auch für einen Rezitationsabend von Mitgliedern des «Thespis-Karrens» entwarf Rudolf Steiner eine Programmankündigung für den 16. Dezember; acht Tage später, am Heiligen Abend des Jahres 1924, verlas Marie Steiner-von Sivers dann einen Willkommensbrief Rudolf Steiners für die Gäste der Weihnachtstagung in der Schreinerei:

An unsere jetzt am Goetheanum versammelten Anthroposophie-Freunde

Es ist ein Jahr verflossen, seit in der vorigen Weihnachtszeit durch unsere Tagung der Anthroposophischen Gesellschaft ein neues Leben gegeben werden sollte, und ihr ein geistiger Grundstein gelegt wurde.

Diese Weihnachten kann ich an den Versammlungen unserer Freunde nicht teilnehmen, kann in persönlichem Wirken nichts tun zu dem, was veranstaltet wurde. Ich konnte Frau Marie Steiner in Nichts zur Seite stehen, was vorbereitet werden musste.

Meine physische Kraft ist zusammengebrochen während der Herbst-Veranstaltungen. Sie hätte wohl gehalten trotz der vielen Kurse; aber nur dann, wenn über das Abhalten der Kurse hinaus, die wohl berechnet waren, für diese Kraft, keine anderen Anstrengungen gekommen wären. Nun da – in durchaus begreiflicher Weise – Anstrengungen kamen, die über die des Kurshaltens hinausgingen, war es zu viel nach all dem, was mir dieses verflossene Jahr hindurch oblag.

So bin ich denn nun darauf angewiesen, mit Hilfe der beispiellos opferwilligen Pflege der Freundin Dr. I. Wegman wieder physische Kraft zu sammeln. (Dr. Noll ist Dr. Wegmans treuer Helfer.)

Das alles muss als ein Schicksal (Karma) hingenommen werden. Viele Worte darüber zu machen, wie schmerzlich das physische Getrenntsein von den Wirkensstätten am Goetheanum mir ist, wäre sentimental.
Hoffen möchte ich nur, dass all das keine Kräfte unserer lieben Freunde erlahmen lässt, sondern sie stählt und wirksamer macht.

So kann ich nicht mehr tun zu diesen *Weihnachtsveranstaltungen*, als Darstellungen des «Christus-Mysteriums im Zusammenhang mit der Welt- und Menschheitsentwickelung», die ich im Anschluss an die Mitteilungen über Michaels Mission ausgearbeitet habe – in den Saal zu senden, in dem ich geistig mit den Freunden voll zusammen sein will. Deren Vorlesung soll das Bewusstsein erwecken, dass so gut ich kann, ich mitwirken will an den diesjährigen Weihnachtsversammlungen.

Diese Mitteilungen über das Christus-Mysterium, die der Weihnachts-Fest-Stimmung entsprechen, werden auch in den folgenden Nummern des Mitteilungsblattes gedruckt erscheinen.

Weihnachtsgruß und Weihnachtsgedanken auch für die durch mich den Mitgliedern entzogene Dr. I. Wegman

In aller Herzlichkeit
Rudolf Steiner[537]

Im Anschluss daran erfolgte die Lesung von Rudolf Steiners Leitsatzstudie «Weihnachtsbetrachtung: das Logos-Mysterium», ebenfalls durch Marie Steiner-von Sivers – *«Durch die vollendete Rezitation zitterte ihre Stimme in verborgenem Schmerz.»* (Fred Poeppig[538]).

In dieser künstlerisch-spirituellen Weise wurden auch die weiteren Heiligen Nächte begangen; die Aufführungen der Oberuferer Spiele fanden in der intendierten Weise statt, ebenso eine Rezitation der «Geistlichen Lieder» von Novalis am 26. Dezember. Fünf Tage später, am letzten Tag des Jahres 1924, rezitierte Marie Steiner-von Sivers dann den Grundstein-Spruch Rudolf Steiners zum zweiten Mal nach der Ostersonntagsaufführung; und am 1. und 2. Januar folgten die gelesenen Leitsatzbetrachtungen Rudolf Steiners: «Himmelsgeschichte. Mythologische Geschichte. Erdgeschichte. Mysterium von Golgatha» – und: «Was sich offenbart, wenn man in die wiederholten Erdenleben zurückschaut.»

Rudolf Steiner durchlief an der Jahreswende, zwölf Monate nach dem Brand und dem Zusammenbruch am 1. Januar 1923, eine schwere und möglicherweise erneut lebensbedrohliche Krisis. Dennoch wandte er sich am 2. Januar über Marie Steiner-von Sivers verabschiedend an die versammelten Mitglieder:

Meine lieben Freunde!

Ihr werdet nach und nach von Euerem Besuche am Goetheanum wieder in Eure Heimat zurückkehren.

Ich konnte diesmal nur im Geiste mit Euch hier vereint sein. Dennoch hoffe ich, dass in Euren Herzen die Kräfte, die durch die Weihnachtstagung vor einem Jahre angefacht worden sind, einen neuen Anstoß erhalten haben.

Goetheanum,

Freie Hochschule für Geisteswissenschaft.

Sekretariat: Dornach b. Basel, Schweiz. Telephon: Dornach 133.
Haus Friedwart 1 Stock. den 20. Dezember 1924

PROGRAMM DER VERANSTALTUNGEN AM GOETHEANUM

WEIHNACHTEN 1924

24. Dezember 1924, 5 Uhr:		Paradeis Spiel.
	8 "	Weihnachtsfeier, in der neue Ausführungen Dr. Rudolf Steiners vorgelesen werden, nachher Vortrag Albert Steffen's über J.Böhme.
25. " "	5 "	Christ-Geburt-Spiel.
26. " "	5 "	Rezitations-und musikalische Darbietungen, Dichtungen von Novalis.
27. " "	5 "	Paradeis-Spiel.
28. " "	5 "	Eurhythmie.
29. " "	5 "	Christ-Geburt-Spiel.
	8 "	Recitation von Dichtungen Albert Steffens
30. " "	5 "	Rezitations-und musikalische Darbietungen, Dichtungen von ~~Kurt Piper~~ Otto Rennefeld.
31. " "	5 "	Eurhythmie.
1. Januar 1925,	5 "	Drei-Königs-Spiel.
	8 "	Eine weitere Feier mit Vorlesung von neuen Ausführungen Dr.Steiner's.
2. " "	8 "	Wiederholung der Weihnachtsfeier vom 24.Dezember.
3. " "	5 "	Rezitations-und musikalische Darbietungen, Dichtungen von ~~Otto Rennefeld~~ Kurt Piper.
4. " "	5 "	Eurhythmie.
6. " "	5 "	Drei-Königs-Spiel.
7. " "	8 "	Wiederholung der Feier vom 1.Januar.
8 " "	8	

Dr. I. Wegman; Marie Steiner   Rudolf Steiner

Goetheanum,

Freie Hochschule für Geisteswissenschaft.

Sekretariat: Dornach b. Basel, Schweiz. Telephon: Dornach 133.
Haus Friedwart 1 Stock.

Goetheanum, 28. December 1924

Vorlesung weiterer neuer Ausführungen Rudolf Steiners

Es werden weitere Feiern mit Vorlesungen neuer Ausführungen Rudolf Steiners stattfinden, und zwar.

1. Januar 1925 um 8 Uhr abends: Eine Vorlesung, die Neue Ausführungen über Himmelsgeschichte, mythologische Geschichte und Erdgeschichte bringen wird.

Am 2. Januar 1925 um 8 Uhr abends wird nicht eine Wiederholung stattfinden, sondern eine Vorlesung über wiederholte Leben des Menschen auf Erden und im Geiste.

Herzlichen Gruss

Marie Steiner

Rudolf Steiner

Dr. I. Wegman.

Dessen gedenkend und es sehnlichst erhoffend, sende ich Euch die herzlichsten Grüße und die intensivsten Gedanken. Dr. I. Wegman, meine Freundin und hingebungsvolle Pflegerin, tut desgleichen.

Allerherzlichst
Rudolf Steiner[539]

*

Zweieinhalb Monate später, am 22. Februar, dem 49. Geburtstag Ita Wegmans und wenige Tage vor Rudolf Steiners 64. Geburtstag, musste auch Marie Steiner-von Sivers Dornach für eine nächste Eurythmie-Tournee wieder verlassen:

Wir hörten, dass Frau Dr. Steiner in der letzten Zeit Herrn Doktor zurück nach «Haus Hansi» zu holen beabsichtigte. Er wollte aber, trotz seiner Leiden, in der Schreinerei durchhalten ... Man hatte das Gefühl einer großen Tragik, die sich da – nicht nur seiner Krankheit wegen – im Stillen abspielte.
Gegen Ende Februar reiste Frau Doktor wieder mit der Eurythmiegruppe nach Deutschland. Mir war diese Abreise unheimlich. (Assja Turgenieff[540])

Noch am 1. Februar, drei Wochen vor der Abreise, hatte eine Eurythmie-Aufführung in der Schreinerei stattgefunden, innerhalb derer das «Eleusis»-Gedicht von Hegel zur Darstellung gekommen war (*«Im zweiten Teil ‹Eleusis› von Hegel, [durch] das auf die erste Anregung Rudolf Steiners hin Marie von Sivers ganz im Anfange der anthroposophischen Bewegung unsere Rezitationkunst inauguriert hat.»* R. Steiner[541]) – in einer der letzten Formen, die Rudolf Steiner für die Eurythmie entwerfen konnte.

Marie Steiner-von Sivers' Weg führte diesmal direkt nach Berlin, wo sie am 25. Februar der rituellen Einsetzung Friedrich Rittelmeyers zum Erzoberlenker der Christengemeinschaft beiwohnte und im Hinblick auf den zwei Tage später folgenden Geburtstag Rudolf Steiners nach Dornach schrieb:

Liebes Herz, ein Telegramm Dir am Freitag zu schicken, scheint mir zu banal. Hoffentlich kommt dieser Brief zeitig an und bringt Dir meine

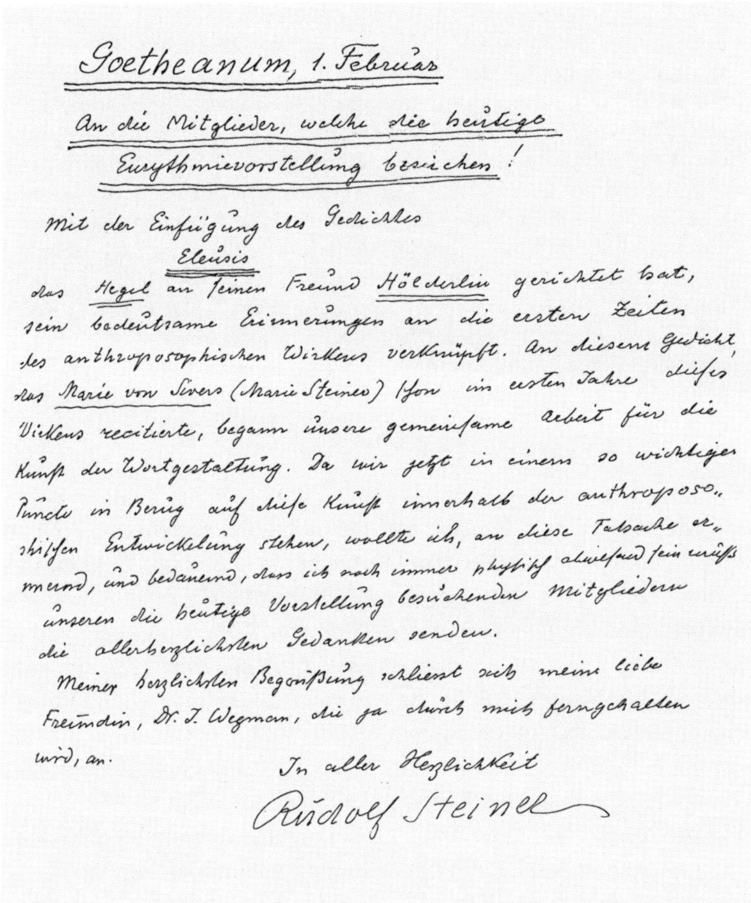
Goetheanum, 1. Februar

An die Mitglieder, welche die heutige Eurythmievorstellung besuchen!

Mit der Einfügung des Gedichtes Eleusis das Hegel an seinen Freund Hölderlin gerichtet hat, sind bedeutsame Erinnerungen an die ersten Zeiten des anthroposophischen Wirkens verknüpft. An diesem Gedicht, das Marie von Sivers (Marie Steiner) schon im ersten Jahre dieses Wirkens recitierte, begann unsere gemeinsame Arbeit für die Kunst der Wortgestaltung. Da wir jetzt in einem so wichtigen Puncte in Bezug auf diese Kunst innerhalb der anthroposophischen Entwickelung stehen, wollte ich, an diese Tatsache erinnernd, und bedauernd, dass ich noch immer physisch abwesend sein muss, unseren die heutige Vorstellung besuchenden Mitgliedern die allerherzlichsten Gedanken senden.

Meiner herzlichsten Begrüssung schliesst sich meine liebe Freundin, Dr. I. Wegman, die ja durch mich ferngehalten wird, an.

In aller Herzlichkeit
Rudolf Steiner

ganze Liebe und Ehrfurcht und Dankbarkeit für mich und die Menschheit.[542]

In Rudolf Steiners ausführlicher Antwort vom 27. Februar, die ganz offensichtlich auch auf ihre Anerkennung seiner spezifischen Schicksals-Verbindung und -Aufgabe mit Ita Wegman – sowie auf eine Korrespondenz über den künstlerischen Wert eines Stückes von Albert Steffen[543] – einging, hieß es daraufhin:

Ungefähr um die Zeit, da Du sonst an meiner Seite sitzest, schreibe ich diese Zeilen. Ich kann nur mit tiefster innerer Bewegung denken, wie schön es ist, wenn ich der Darstellung Deiner Tätigkeit zuhören kann, und wir das eine oder andere besprechen können über diese Deine Tätigkeit. Und wenn [ich von Dir] dann ab und zu in meinem «Lebensgang» die Beschreibung unserer gemeinsamen Tätigkeit gelesen weiß, dann fühle ich tief, wie verbunden wir sind. Dass Karma auch andere Personen in meine Nähe bringt, ist eben Karma. Und die Krankheit hat ja jetzt gezeigt, *wie* dieses Karma einschneidend ist. Aber Du hast Dich zum Verständnis durchgerungen; das ist ein Segen für mich. Im Urteil zusammenfühlen und -denken kann ich ja doch nur mit Dir. [...] Denn innere Kompetenz gestehe ich für mich doch nur Deinem Urteil zu. Aber sei sicher, so unendlich lieb es mir ist, wenn ich Dich hier habe: ich könnte es gar nicht ertragen, wenn Du auch nur eine Stunde Deine Tätigkeit abkürzest.[544]

*

Der März 1925 war Rudolf Steiners letzter Lebensmonat. Noch immer galten seine Sorgen dem Dornacher Bau und der Zukunft der anthroposophischen Bewegung (*«Mein Zustand geht nur langsam vorwärts. Und ich muss bald arbeitsfähig sein, denn was es nach allem, das sich abgespielt hat, wäre, wenn durch meine Krankheit der Bau unterbrochen werden müsste, ist gar nicht zu ermessen.»*[545]). Rudolf Steiner wollte das Innenmodell des zweiten Goetheanum formen und die Schnitzarbeiten am Antlitz der Christus-Gestalt vollenden – beides aber ließen seine Kräfte in keiner Weise mehr zu. Marie Steiner-von Sivers' Rückkehr dagegen verzögerte sich immer weiter; in Stuttgart war sie kurzfristig bereit, neben vielen anderen Verpflichtungen auch eine Faust-Vorstellung für die Kinder der Waldorfschule zu ermöglichen («Es war verlockend zu denken, dass 800 Kinder einen Eindruck für ihr Leben davontragen könnten, der sie verhinderte, sogleich Geschmack an Schunddarstellungen zu entwickeln. Man weiß ja, wie stark solche Kindereindrücke sind.»[546]), was Rudolf Steiner außerordentlich freute:

Ich schaue mit Bewunderung allem zu, was Du in solcher Hingabe vollbringst. Ich bin in Gedanken bei Dir.
Was da durch die Aufführung für die Kinder geschehen soll, ist etwas tief Befriedigendes und Frohmachendes. Wie bin ich Dir dankbar.[547]

Ich kann Dir wirklich nicht ausdrücken, wie ich Deine hingebungsvolle Tätigkeit bewundere, und wie dankbar ich Dir für alles bin, was Du so segensreich vollbringst. Dass Du Dich auch der Schule annimmst, ist besonders bedeutsam. Denn die Kinder brauchen jetzt, da sie mich nicht sehen, Impulse. Und vor allem bringst Du Künstlerisches in die Schule hinein, ein Element, das sie so sehr braucht.[548]

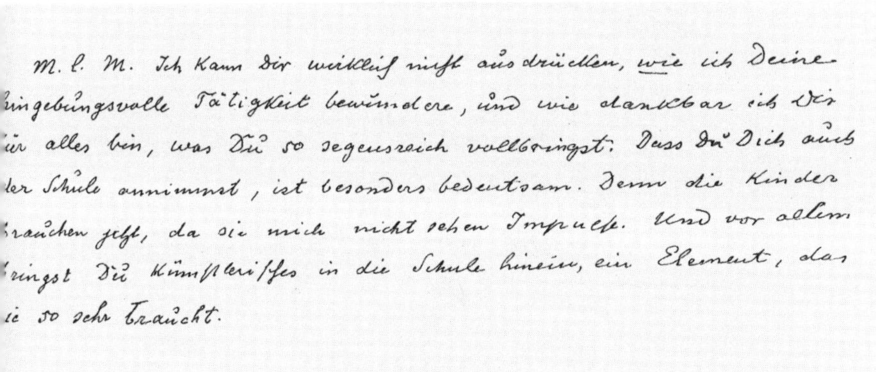
M. l. M. Ich kann Dir wirklich nicht ausdrücken, wie ich Deine hingebungsvolle Tätigkeit bewundere, und wie dankbar ich Dir für alles bin, was Du so segensreich vollbringst. Dass Du Dich auch der Schule annimmst, ist besonders bedeutsam. Denn die Kinder brauchen jetzt, da sie mich nicht sehen Impulse. Und vor allem bringst Du Künstlerisches in die Schule hinein, ein Element, das sie so sehr braucht.

Auf Bitten Rudolf Steiners nahm sie sich des Weiteren aktueller Krisen der Anthroposophischen Gesellschaft in Stuttgart an, blieb länger als vorgesehen in Stuttgart und setzte sich für Carl Unger ein («Die Eurythmistinnen kamen zurück. Sie aber wurde in Stuttgart durch Gesellschaftsangelegenheiten aufgehalten. Mit eiserner Willenskraft und größter Selbstverleugnung wollte sie einen von Dr. Steiner übernommenen Auftrag zu Ende führen.» Assja Turgenieff[549]). Marie Steiner-von Sivers zählte, wie sie am 25. März an Rudolf Steiner schrieb, *«die Tage, die mich von der Rückkehr trennen»*[550] – als sie dann, nach absolutem Einsatz für die Stuttgarter Aufgaben und später Benachrichtigung über die gesundheitliche Verschlechterung Rudolf Steiners, am frühen Morgen des 30. März in höchster Eile abreiste und am Mittag nach rasender Fahrt in Dornach eintraf, war Rudolf Steiner bereits durch die Pforte des Todes gegangen.

*

Meiner lieben Marie als Meditation,
nicht zur bestimmten Zeit, sondern nach Muße
Weihnacht 1924.

In Sternenweiten
Zu Götterorten
Wendet den Geistesblick
Meine Seele.

Aus Sternenweiten
Von Götterorten
Strömet die Geisteskraft
In meine Seele.

Für Sternenweiten
Nach Götterorten
Lebt <u>mein</u> Geistesherz
Durch meine Seele.

II. Die Zukunft der Anthroposophie

Das letzte Lebensjahr
(1948)

Im gegenwärtigen Augenblick scheint mir nötig, den guten Willen immer positiv zu bewerten und das im Auge zu haben, was von der heutigen Zeit verlangt wird. Und da ergeben sich doch Standpunkte, die verschieden sein müssen von jenen, welche man vor dem Kriege haben musste, da die Weltverhältnisse radikal andere geworden sind und eine neue Generation herangewachsen ist, die aus ganz anderen Kräften und Umständen heraus geformt wurde. Wir, die eine letzte Übergangsschicht bilden, müssen schauen, wie wir eine Brücke bauen können, die von der Vergangenheit in die Zukunft herüberreichen kann und geistige Kontinuität aufrechtzuerhalten vermag.

Marie Steiner-von Sivers
3.9.1947[552]

Das, was in den letzten Jahren in der Gesellschaft geschehen war an Auseinandersetzungen, war jetzt sehr fern von ihr, mit dem hatte sie «nichts mehr zu tun». Mit dem real Geistigen der Gesellschaft, was mit Rudolf Steiner verbunden ist, war sie, wie immer, zutiefst verbunden.

Marie Savitch[553]

Im Sommer 1947, achtzig Jahre alt, verließ Marie Steiner-von Sivers Dornach und zog für ihr letztes Lebensjahr nach Beatenberg, ins Berner Oberland. Zweiundzwanzig intensive und streckenweise dramatische Jahre seit dem Erdenabschied Rudolf Steiners lagen hinter ihr. Nach dem 30. März 1925 hatte Marie Steiner-von Sivers den Boden unter den Füßen mühsam suchen müssen, der ihren Schmerz tragen konnte – *«die Welt ist tot, seitdem er gegangen ist»*, hatte sie Anfang Mai 1925 an Rudolf Steiners Schwester Leopoldine nach Horn, in das Wiener Waldviertel, geschrieben («verzeih mir, dass ich nicht früher geschrieben habe. Ich war so zerrissen und zermalmt von all dem, was geschehen ist, dass ich die Kraft dazu nicht aufbrachte.»[554]). Die nachfolgenden Wochen, Monate und Jahre hatten dann den Zerfall der geistigen Gemeinschaft des Dornacher Vorstands, ja der ganzen Allgemeinen Anthroposophischen Gesellschaft gebracht, in einem gegenseitig scheiternden Karma-Erwachen («Der esoterische Vorstand hätte eine bedeutsame Aufgabe dadurch erfüllen können, dass er die verschiedenen Geistesströmungen, deren Repräsentant er unzweifelhaft karmisch war, in schönen Zusammenhang gebracht hätte.»[555]) und inmitten zerstörerischer Kräftefelder, die auch Marie Steiner-von Sivers erfassten: «Wir haben es mit realen Widersachermächten zu tun, die stärker sind als unsere besten Absichten.»[556]

Trotz ihrer schwierigen seelischen und körperlichen Situation, den Gesellschaftskämpfen und zahllosen Hindernissen aber hatte Marie Steiner-von Sivers kurz nach dem 30. März 1925 ihre künstlerische Arbeit wiederaufgenommen, insbesondere an den – *zukunftsbildenden*[557] – Mysteriendramen Rudolf Steiners, aus denen sie bereits am

18. April 1925 wieder rezitiert hatte und für deren komplette Aufführung sie fortwährend an der Ausbildung eines geeigneten Ensembles arbeitete (*«Für die Mysteriendramen wurde das Goetheanum aufgebaut. In sie ist hineingeheimnist die ganze Esoterik, die Rudolf Steiner der Menschheit für ihren Fortschritt zu geben hatte.»*[558]). Nach wie vor hatte für sie die Arbeit am Wort im Zentrum ihres Beitrages zur Schaffung einer neuen Mysterienkultur gestanden – im Sommer 1925 hatte sie im Nachrichtenblatt formuliert:

> Das Wort hat den Kosmos aufgebaut, der Kosmos hat sich in den menschlichen Körper hineinkonzentriert, ist in ihn hineingebannt worden und muss wieder erlöst werden, damit er sich von neuem zum Wort empor erhebe und von ihm zurückgespiegelt werde. Wir ersticken sonst an uns selbst, verlieren unseren Ursprung, werden Tiere, Quallen, Grammophone, Dämonen.[559]

Zielstrebig hatte Marie Steiner-von Sivers in diesem Sinne auf das zweite Goetheanum hingearbeitet:

> Das Haus der Sprache nannte Rudolf Steiner den uns entrissenen Bau. Wir wollen versuchen, seine Sprache auch in dem neuen Bau zu hören, sie erklingen zu lassen durch die von ihm inspirierten Formen und Linien, durch unser Streben und Wirken. Das Lernen dieser Sprache kann nicht ohne Mühe und Kampf vor sich gehen.
> Wenn eine Gemeinschaft sich ein Gruppengewissen aneignen will, kann das nicht ohne schweres Ringen geschehen. Ist das Ringen ehrlich, so werden wir daran lernen und wachsen. Vielleicht so erst die Reife erringen, um in den neuen Bau hineinzuwachsen, der uns im Urbild geschenkt, in der Aufführung überlassen und anheim gestellt ist. Helfen wir uns gegenseitig, um in Reinheit und Treue, auf dem Boden der Erkenntnis und des gemeinsamen Gewissens, den Bau zu vollenden, der das Haus der Sprache wieder werden soll und das Denkmal für das Lebenswerk und den Opfertod Rudolf Steiners.[560]

Mit dem von ihr aufgebauten und geleiteten Sprechchor war Marie Steiner-von Sivers in den Jahren von 1928 bis 1934 auf große und ausgesprochen erfolgreiche Tourneen gegangen[561], hatte 1928, zur Eröffnung des zweiten Goetheanum, die ersten beiden Mysteriendramen aufgeführt, 1930 alle vier.[562] 1938 hatte sie – erstmals in der Theatergeschichte – eine ungekürzte Gesamtaufführung von Goethes Faust realisiert und ein Jahr zuvor die Schweiz mit der Aufführung von Albert Steffens Drama «Hieram und Salome», Eurythmie-Darstellungen und Szenen aus Goethes Faust mit positivster Resonanz auf der Pariser Weltausstellung vertreten: *«Rien de plus intéressant que cette représentation à nul autre pareil. Rien de plus émouvant que l'organisation intérieure de ce groupement qu'anime une foi artistique.»*[563] Einer ihrer künstlerischen Schüler schrieb über diese expansive, exoterisch-esoterische Tätigkeit Marie Steiner-von Sivers' im Sinne der Weihnachtstagung:

> Oft war es mir, wenn ich im Kreise der Eurythmisten und Schauspieler am Goetheanum weilte, als ob diese Schar in einem Schiffe sich befände, das kühn und mutig die Wellen durchschneidet – Marie Steiner am Ruder, mit weitausschauendem Blick das Ziel suchend, das hoch über den Häuptern der Insassen lag, um mit starker Hand gegen alle feindlichen Elemente den eingeschlagenen Kurs innezuhalten. Und dieses Schiff konnte sich unter ihrer Führung gegen alle Unwetter und Stürme aufrecht erhalten. Es begann seine Fahrt aus kleinsten Anfängen heraus. Es hat die gegenwärtige Welt, die es mit Hohn und Spott empfing, zur Anerkennung und Bewunderung genötigt.[564]

*

Für ihre umfassende Arbeit an der Werk-Herausgabe Rudolf Steiners hatte Marie Steiner-von Sivers ihr früheres Rezitieren bei öffentlichen Eurythmie-Aufführungen aufgegeben, die Gestaltung dieser Aufführungen Marie Savitch überlassen und sich neben der Rezitations- und Schauspielarbeit ganz in den Dienst der schriftlichen Werk-Aufarbeitung gestellt, im Sinne von Albert Steffens wegweisendem Briefwort vom 5. April 1925: *«Was früher die physische Gegenwart Rudolf Steiners war, ist jetzt sein Werk.»*[565] Unterstützt von ihrer Sekretärin Helene Finckh, von der Tausende von Vorträgen Rudolf Steiners exzellent mitstenographiert und übertragen worden waren, hatte Marie Steiner-von Sivers unzählige Texte durchgearbeitet und herausgegeben. Trotz all den Zerwürfnissen innerhalb der Allgemeinen Anthroposophischen Gesellschaft war diese Arbeit Marie Steiner-von Sivers' stets von dem Wissen getragen gewesen, dass *«die mächtige Lebenskraft des Werkes Dr. Steiners alle unsere Unzulänglichkeiten und Schwächen nicht anders erscheinen lassen wird, als wie Flecken in der Sonne»*[566]; zur Weihnachtszeit 1942 hatte sie im Nachrichtenblatt der Wochenschrift «Das Goetheanum» erstmals zu einer allgemeinen Verzeihung und Überwindung aufgerufen, zur Rettung der moralischen Substanz der Allgemeinen Anthroposophischen Gesellschaft – ein Appell, der allein von Ita Wegman beantwortet worden war:

> Wir stehen vor der zwanzigjährigen Gedenkfeier jenes Brandunglücks, das ihm das irdische Leben genommen hat, trotzdem es noch, fast zwei Jahre hindurch, als helles Opferfeuer glühte und uns mit seiner Flamme nie erahnte Geistesschätze zuführte. Können wir nicht im Anblick dieses Opfers und dieses Todes, an dem wir gewiss als Einzelne und als Gesellschaft alle miteinander schuld sind – denn *unser* Karma nahm er auf sich –, können wir nicht vergessen, versöhnen und unsere Tore den Suchenden weit auftun? Mir scheint, dass hier die einzige Möglichkeit für unsere Läuterung liegt – als Gesellschaft und als Einzelne. Ich sage es im Vollbewusstsein des Gewichtes dieser Worte, im Bewusstsein der Tatsache, dass ich nach Menschenermessen ja bald vor Rudolf Steiners Geistgestalt zu treten haben werde. Retten wir sein Werk und die Menschheitskultur, indem wir uns überwinden und versöhnen, indem wir unsere Tore den Suchenden weit öffnen.[567]

Bis 1936 hatte Marie Steiner-von Sivers in der «Villa Hansi» gewohnt, hatte diese dann Albert Steffen überlassen und war in das «Haus Brodbeck» eingezogen – in jenes mittlerweile erweiterte, ehemalige Ferienhaus Emil Grosheintz', in dem sie vierundzwanzig Jahre zuvor, im Herbst 1912, mit Rudolf Steiner erstmals zu Gast gewesen war und in das einzuziehen Rudolf Steiner bis zuletzt intendiert hatte, in unmittelbarer Nähe des Baues. Dort hatte Marie Steiner-von Sivers ab 1936 die ganzen Nachlassarbeiten mit wenigen Mitarbeitern weitergeführt, hatte nach wie vor in der Umgebung des Goetheanum künstlerisch gearbeitet und die begeisterten Presse-Echos der Sprechchor-Tourneen nach dem Ende des Zweiten Weltkriegs empfangen[568] – ehe sie im Sommer 1947 die nicht länger erträgliche Situation in Dornach mit dem Domizil in Beatenberg vertauschte.

Chalet Heimat, Beatenberg

*

Obwohl nahezu erblindet und körperlich äußerst geschwächt, empfing Marie Steiner-von Sivers auch in Beatenberg noch zahlreiche Künstler, die mit ihr arbeiten wollten; im Übrigen aber wandte sie sich in restloser Hingabe dem Buch- und Vortragswerk Rudolf Steiners sowie vielen mit diesem Werk verbundenen Editions-Fragen zu – *«[...] Ich muss mit baldigem Ableben rechnen und muss das Werk Dr. Steiner so gut als möglich seinen Intentionen gemäß hinüberretten.»*[569]. Ehrenfried Pfeiffers Vorschlag vom November 1947, eine wissenschaftlich kommentierte Gesamtausgabe der Werke Rudolf Steiners zum 100. Geburtstag im Jahre 1961 zu erarbeiten, griff sie begeistert auf und korrespondierte mit Pfeiffer darüber bis wenige Wochen vor ihrem Tod: *«Wir haben so viel Dr. Steiner gegenüber versäumt und haben vieles gutzumachen.»*[570] Lediglich Pfeiffers Begriff einer «Jubiläums»-Ausgabe wies sie mit höflichem Nachdruck zurück – und schrieb ihm Mitte September 1948 in der nüchternen, klaren, präzisen und deutlichen Sprache ihrer späten Briefe:

Es erschiene mir sehr nötig, dass sich mit dem Versuch der Gesamtausgabe von Dr. Steiners Werken, im Hinblick auf die Tragik der historischen Umstände und der Weltsituation, das Wort «Jubiläum» nicht verbindet; denn dasjenige, wofür wir kämpfen, soll ja vernichtet werden, und es sind die stärksten Mächte, die das wollen. Das Wort Jubiläum scheint mir unter diesen Umständen nicht am Platz.[571]

Marie Steiner-von Sivers litt nachhaltig darunter, dass die gegen Rudolf Steiners Willen mitgeschriebenen Vortragszyklen für Mitglieder schon zu seinen Lebzeiten zum Hauptangriffsfeld seiner Gegner geworden waren; in eins damit sah sie die unbedingte Notwendigkeit eines nächsten Schrittes der Werkherausgabe, wie sie der – von Rudolf Steiner sehr geschätzte und mittlerweile in Amerika arbeitende – Naturwissenschaftler Ehrenfried Pfeiffer vorschlug. Marie Steiner-von Sivers wollte alles dafür tun, die *«Reinheit»* des *«Wesensbildes»* von Rudolf Steiner der Nachwelt zu vermitteln[572], in der persönlich-überpersönlichen Gestalt seines selbstlosen Arbeitslebens und seines – nach wie vor mit äußerster Schärfe umkämpften – Werkes. Nur vier Tage nach der Abweisung des «Jubiläums»-Begriffes begann Marie Steiner-von Sivers einen Antwortbrief an Olga von Freymann, der Vorsitzenden der Anthroposophischen Gesellschaft in Finnland, mit einer längeren Ausführung über die Lebensarbeit Rudolf Steiners, in der es unter anderem hieß:

Liebes Fräulein von Freymann,

eben wurde mir Ihr Brief an Frau Geelmuyden vorgelesen, der mich in einer Stunde trifft, die vielleicht die schwierigste meines Lebens ist. Denn ich kann mir nicht verhehlen, dass meine Lebenskraft als solche zu Ende geht: die seelische, die ätherische Willenskraft –, aber dass die physische Kraft der äußeren Form noch nicht ganz aufgebraucht ist. Vielleicht, weil der starke geistige Zwang vorliegt, vom Werke Dr. Steiners noch zu retten, was auch für ihn ein nicht zu Ende geführtes Zukunftswerk gewesen ist. Ein Werk, wodurch die vierte Kulturperiode in die sechste hinübergeführt werden muss und das innerhalb der fünften nur mit einer verhältnismäßig kleinen Gruppe von Menschen versuchsweise und vorausschauend geformt werden konnte. Mit diesen Worten versuche ich anzudeuten, dass, obgleich Rudolf Steiner selbst gewusst hat, dass sich das Mysterium Christi von unserer Zeit noch nicht würde begreifen lassen, da Luzifer und Ahriman in uns noch zu stark sind, dennoch alles getan werden

musste, um mit einer Gruppe von Menschen diesen Versuch zu wagen. Das bedeutete für ihn ein Leben des vollsten Verzichts, und nicht nur der Entsagung alles dessen, was in der Sphäre des Menschlich-Erlebbaren liegt, sondern auch darüber hinaus. Aus den Katastrophen, die den Luzifer und Ahriman als notwendig zugebilligten Siegen entspringen mussten, konnte erst der Funken entzündet werden, der die Kraft haben würde, das im Bereich des Physisch-Sinnlichen erworbene Denken mit den aus geistigen Höhen, aus Sternenwelten sich herniedersenkenden Ewigkeitskräften zu verbinden: also diesen dreifachen Akt des Bewusstseins, der uns Menschen erst zu Himmelsbürgern macht, durch die Darlegung des Christus-Mysteriums in einer solchen Weise zu vollbringen, wie vorher das einzelne Ich, was Inhalt der sechsten Kulturperiode sein wird. Der Weg zu diesem Zukunftsziel ist das: In Christo morimur. Aber nur ein morimur mit vollbewusster willensmäßiger Bejahung aller Wege, die zu diesem Ziele führen; und wären auch diese Wege in ihrer Folgerichtigkeit unverrückbar festgelegt innerhalb unseres tragischen fünften Zeitraums. Die Wiederbelebung der alten Mysterienrealitäten in symbolischer Form konnte nicht bloß ihre Lichtseite entfalten, sondern musste – noch tiefer in die Nachtseite des Lebens hinuntersteigend – den Punkt erreichen, in welchem Vernichtungskräfte zur Aktivität aufgerufen werden und sich gegenseitig überschlagen. Dies erkennen, und sich dennoch im bejahenden Sinne dafür entschließen, ist das Todeserlebnis, tausendfach gesteigert.
In diesem Sinne vollzog sich auch, durch sein über die Grenzen des Irdischen hinaus erschlossenes Denkvermögen, die Opfertat und das Lebenswerk Dr. Steiners, Schritt für Schritt die Gegebenheiten des sozialen Lebens aufgreifend.[573]

*

Für verschiedene Ausgaben esoterischer Inhalte und ursprünglich nicht zur Edition freigegebener Vortragskurse Rudolf Steiners musste sich Marie Steiner-von Sivers in ihrem letzten Lebensjahr gegenüber zahlreichen Briefschreibern aus der Anthroposophischen Gesellschaft rechtfertigen. Bereits in den vorausgegangenen Jahren war Marie Steiner-von Sivers, die u. a. ihr Einverständnis zur Veröffentlichung von zeitgeschichtlichen Vortragskursen in einem nichtanthroposophischen Verlag gegeben hatte, dafür heftig kritisiert worden – und hatte ihr Vorgehen ebenso entschieden wie eindrucksvoll verteidigt *(«Nicht Dr. Steiner bedarf jetzt des Schutzes. Er hat ihn von*

Seiten der Gesellschaft nicht erhalten. Sein Werk aber wird am besten sich selbst schützen. – Es tut mir also leid, Sie zutiefst enttäuschen zu müssen – aber die Veröffentlichung im Europa-Verlag ist mit meinem Einverständnis geschehen. Und ich bin der Meinung, dass es richtig ist, Dr. Steiners an die Zeitgenossen und die Menschheit gerichteten Worte nicht innerhalb einer Sekte zu vergraben.»[574]). Bereits diese Briefe hatten erkennen lassen, wie sehr Marie Steiner-von Sivers bemüht war, den aktuellen Herausforderungen der Zeit gerecht zu werden und das menschheitliche Werk Rudolf Steiners in würdiger, qualitativ angemessener Form[575] sozial zu öffnen; auch die Briefe aus ihrem letzten Lebensjahr zeigten diesen absoluten Einsatz in der Auseinandersetzung mit einer mitteleuropäischen Nachkriegssituation, die sie als reale *«Vernichtung der menschlichen Kultur»*[576] erlebte – eine Vernichtung, die zugleich von einer tiefen Sehnsucht vieler Menschen nach Spiritualität durchsetzt war und in die hinein Werke und Schulungsaussagen Rudolf Steiners gestellt werden mussten, *«als Gegenstück zu den tibetanischen und amerikanischen Atmungsrezepten»*[577]. Die gegebene Zeitsituation, so Marie Steiner-von Sivers, zwinge, «toleranter und weitherziger zu werden als wir es gern möchten. Die Zukunft verlangt es.» Es gehe darum, «die freiheitlichen Impulse Dr. Steiners retten»[578] und «unser Herz immer mehr den Freien Initiativen [zu] öffnen», wie sie am 30. März 1948, am 23. Todestag Rudolf Steiners formulierte[579]. Ein halbes Jahr zuvor hatte sie in weiterer Erläuterung geschrieben:

> Im gegenwärtigen Augenblick scheint mir nötig, den guten Willen immer positiv zu bewerten und das im Auge zu haben, was von der heutigen Zeit verlangt wird. Und da ergeben sich doch Standpunkte, die verschieden sein müssen von jenen, welche man vor dem Kriege haben musste, da die Weltverhältnisse radikal andere geworden sind und eine neue Generation herangewachsen ist, die aus ganz anderen Kräften und Umständen heraus geformt wurde. Wir, die eine letzte Übergangsschicht bilden, müssen schauen, wie wir eine Brücke bauen können, die von der Vergangenheit in die Zukunft herüberreichen kann und geistige Kontinuität aufrechtzuerhalten vermag.[580]

In ihren schwierigen verlegerischen Entscheidungen hielt Marie Steiner-von Sivers dabei innere Zwiesprache mit der Geistwesenheit

Rudolf Steiners – vier Wochen vor ihrem Tod formulierte sie in einem Brief über die erfolgte Edition der «zeitgeschichtlichen Betrachtungen»:

> Kein leichter Entschluss ist es. Die Kraft dazu findet man nur in Dr. Steiner selbst, der kein Dogmatiker war und immer auf die Forderungen der Zeit und des Momentes achtete, um ihnen in höherem und vorausschauendem Sinne gerecht zu werden. Vertieft man sich in sein Wesen und in die Erinnerungen der mit ihm verlebten Jahre, so entdeckt man eine große logische Folgerichtigkeit gerade da, wo es vielen Seelen entgegentönen könnte wie ein überraschendes «Kehrt marsch» und eine plötzliche scharfe Drehung. Wir erkennen jetzt die Notwendigkeit, sein Wort von damals in bestmöglicher Reinheit für die Zukunft zu retten. [...] Es gibt also kein Ausweichen.[581]

*

Obwohl entfernt vom Goetheanum lebend und sich von allen Gesellschaftsstreitigkeiten distanzierend – auch hierin Ita Wegman in ihrer letzten Lebenszeit sehr verwandt[582] –, spielte die Situation des Baues und der Freien Hochschule eine große Rolle in den Spätbriefen und Gesprächen Marie Steiner-von Sivers' («Die Sorge um das Schicksal der Anthroposophischen Gesellschaft erfüllte sie bis zum letzten Tage.»[583]). Sie sah das Goetheanum einem finanziellen wie moralischen Ruin entgegengehen, beklagte den unzweifelhaften Niveauverlust im Leben der Anthroposophischen Gesellschaft, das permanente «Betteln» um Spenden durch den verbliebenen Restvorstand («Es ist unwürdig, immer wieder um Spenden zu betteln, die nicht aus freiem Willen geleistet werden und von denen man weiß, dass sie, in dieser Weise zusammengebettelt, den Dornacher Bau nicht durchtragen können.»[584] «Mit dem weiteren Betteln um Spenden vollziehen wir nur eine Täuschung und verlieren den Boden unter den Füßen, denn: die Weisheit ist nur in der Wahrheit.»[585]) – und schrieb im Frühsommer 1948 über die reale Lage in Dornach:

> [...] Das Goetheanum als ein Wallfahrtsmittelpunkt für geistig Suchende, wie zu Dr. Steiners Zeiten, hat seine mächtige Anziehungskraft verloren. Es ist ein Ort des Streites und ein Tummelplatz für Rivalitäten geworden. Die strenge Linie Dr. Steiners wird nicht gewahrt, es macht sich sogar ein

> Bestreben kund, davon abzuweichen und sich den Usancen anzupassen, die in der Theaterwelt z. B. dazu führen, dass die Korruption ihren Eingang hält. Aber nur, indem wir zu den Richtlinien Dr. Steiners zurückkehren, ist eine Gesundung möglich. Nicht ist sie möglich, wenn wir in den Schlendrian der Zeit wieder hineinfallen.[586]

Noch immer schrieb Marie Steiner-von Sivers in der ersten Person Plural und sprach vom *«Wir»* – und dies auch dort, wo es um die weitgehend misslungene Umsetzung der zentralen Intentionen Rudolf Steiners (wie beispielsweise die Weihnachtstagung) ging. Marie Steiner-von Sivers schloss sich in die Verfehlenden und Suchenden bewusst mit ein[587]; sie schrieb von dem gegenwärtig vorhandenen «Zerrbild» dessen, *«was durch die Anthroposophie hatte erreicht werden sollen und was wir jetzt neu suchen müssen.»* («Wir werden es ganz gewiss nicht finden auf dem Wege von Generalversammlungen.»[588]), und fügte in diesem Sinne auch ihren skeptischen Betrachtungen über die finanzielle wie moralische Situation Dornachs noch hinzu:

> Der Goetheanum-Bau ist vor der Zerstörung bewahrt geblieben. Damit ist uns die Sorge für seine Erhaltung auferlegt; damit sind wir aber auch in die Fangarme Ahrimans geraten, der uns nicht mehr loslässt.
> Das Gegengewicht, das wir hätten schaffen müssen, die persönliche Interesselosigkeit, mit der wir dem Geiste dienen sollten, das scheint ein unerreichbares Ideal. Um dennoch immer wieder Wege zu diesem Ziel zu suchen, dürfen wir den Boden der Wahrheit nicht verlassen, müssen Toleranz üben und müssen jede wertvolle positive Arbeit stützen.[589]

Im Frühjahr 1948 überlegte Marie Steiner-von Sivers vorübergehend, doch nach Dornach und an den zweiten Goetheanum-Bau zurückzukehren, dessen Eröffnung sie zwei Jahrzehnte zuvor mit der Rezitation des Grundstein-Spruches eingeleitet hatte, blieb jedoch in Beatenberg. Sie wollte die zukunftsorientierte Verbindung der für Anthroposophie eintretenden Menschen, wenn auch nicht auf pseudoharmonisch-diplomatischem Wege («dies ist ja jetzt die größte Gefahr, vor der wir stehen: Friedenschalmereien ohne Wahrheit werden keine gesunde Grundlage für die Zukunft abgeben.»[590]). In verhalten positiver Wendung schrieb sie im Juli 1948 über die Situation am Goetheanum:

In Dornach ist jetzt äußerlich ein starker Betrieb und innerlich viel Krankheit, aber auch die Überzeugung: es muss das Werk hinübergerettet werden und am Ende des Jahrhunderts wieder aufblühen.[591]

Das zweite Goetheanum

Zu den zukunftsweisenden geistigen Elementen eines künftigen «Wiederaufblühens» des Werkes Rudolf Steiners rechnete Marie Steiner-von Sivers dabei nicht zuletzt die Arbeit an den Klassenstunden. Wie auch Ita Wegman spätestens seit dem Ende des Jahres 1934[592], war Marie Steiner-von Sivers bestrebt, die Klassentätigkeit «losgelöst von den Gesellschafts- und Vorstandsschwierigkeiten» für sich zu betrachten und der Zukunft einzuverwandeln. Fragend und antwortend schrieb sie am 1. Juli 1948 an Helga Geelmuyden, die Hegelkennerin und geistige Weggefährtin Michael Bauers, die den Vorsitz der Anthroposophischen Gesellschaft in Norwegen innehatte:

Ist es nötig, im Hinblick auf die Leiden der Menschheit und die Rettung der Jugend aus der Fesselung durch den Materialismus, die Arbeit an den Klasseninhalten zu pflegen und wach zu halten, damit der in die Seelen

> dadurch gelegte Keim gegen Ende des Jahrhunderts anfange zu sprießen und dann im nächsten Jahrhundert seine Früchte trage? Ich glaube, dass der Augenblick gekommen ist, jetzt Ja zu sagen […].[593]

In diesem Sinne hatte sie auch gegenüber Ehrenfried Pfeiffer am Epiphaniastag ihres letzten Lebensjahres betont:

> Die Klasse ist in ihrer alten Form zerbrochen, das liegt ja klar als Tatsache vor uns. Wie können wir sie wiederaufbauen? Doch nicht, indem wir die alten Wege der Passivität wieder beschreiten. An uns ist es jetzt, neue Wege zu finden, die zu einem aktiven Mitarbeiten führen können, und die beginnen bei der Erkenntnis der Situation, in der wir drinnenstehen und dessen, was der Augenblick, die Zeitumstände von uns fordern.[594]

*

Durch entsprechende Briefanfragen angestoßen und von eigenen Erkenntnisanliegen bewegt, beschäftigte sich Marie Steiner-von Sivers bis in ihre letzten Lebenswochen und -tage hinein auch mit der Frage nach der Beziehung der anthroposophischen Gesellschaft und Bewegung zur Christengemeinschaft. Marie Steiner-von Sivers hatte alle Werdeetappen dieser Beziehung, alle begeisternden Ereignisse und alle tiefgreifenden Missverständnisse zu Lebzeiten Rudolf Steiners miterlebt und miterlitten – den Beginn der theologischen Anfragen und Rudolf Steiners große Hilfe, den auch für ihn beglückenden Aufbruch der jungen sakramentalen Gemeinschaft im Herbst 1922 («Ich selbst muss, was ich mit diesen Theologen […] im September 1922 erlebt habe, zu den Festen meines Lebens zählen. Hier konnte mit einer Reihe edelbegeisterter Menschen der Weg begangen werden, der Geist-Erkenntnis in das religiöse Leben hineinführt.»[595]), sowie die anschließenden Fehlentwicklungen und Verletzungen im Verhältnis beider Bewegungen. Von Marie Steiner-von Sivers, die ein schicksalhaft-ursprungsnahes Verhältnis zum Logos- und Kultusleben hatte – dieses an der Seite Rudolf Steiners bereits in der Frühzeit der theosophischen Bewegung gepflegt hatte und sehr wahrscheinlich die zweite Klasse der Freien Hochschule hätte leiten sollen[596] –, war Ende März 1925 entschieden worden, Rudolf Steiner, der nie aus der katholischen Kirche ausgetreten war, nach dem Ritus der Christengemeinschaft zu bestatten, so, wie sie sich dies auch für sich selbst nach ihrem Erdentod wünschte:

> Die Handlung ist von Dr. Steiner selbst aus der geistigen Welt heruntergeholt. Das ist für mich das Entscheidende, was auch mich wünschen lässt, mit seinen Worten über die Schwelle geführt zu werden, vorausgesetzt, dass der amtierende Priester seines Amtes im Sinne Dr. Steiners gewaltet hat.[597]

Obwohl der harte, vieldiskutierte und umstrittene Vortrag Rudolf Steiners vom 30. 12. 1922 über die Differenz der Christengemeinschaft zur anthroposophischen Bewegung, der am Vortag des Brandes im Goetheanum gehalten worden war, für Marie Steiner-von Sivers bis zuletzt seine Gültigkeit behielt – d. h. keiner inhaltlichen Relativierung oder gar Aufhebung durch historische Zeitumstände anheim fiel («Darum konnte es sich natürlich nicht handeln, einfach den Vortrag vom 30. Dezember 1922 als ungültig zu erklären, weil nur für einen gewissen Moment gesprochen, der überwunden worden ist. Er ist gewiss nicht überwunden. Solche Momente haben jahrhundertelange Spannweiten, erstrecken sich in die Generationen und was sie in den Seelen aufwühlen, das soll ja gerade in diesen Seelen den inneren Fortschritt bewirken.»[598]) –, so bewegte sie die Konvergenz beider Arbeitsrichtungen *«in unserer Geisteswissenschaft»*[599] bis in den Dezember 1948. Am 5. November hatte sie an einen nachfragenden Priester der Christengemeinschaft über den Ursprung und die mögliche Vereinigung der differenten Bewegungen geschrieben:

> Das Sakramentale musste seine lebensspendende Wirkung ausüben, aber doch mit Schleiern umhüllt bleiben. Die Anthroposophie musste die Denkerwaffen weiter schärfen, aber in ihrem Wirkungskreise auf die unmittelbare Lebensquelle bis zu einem hohen Grade verzichten. Das wird sich auf die Dauer nicht durchführen lassen, die beiden Bewegungen werden einander wieder finden müssen. Sie konnten drei Jahrzehnte nebeneinander bestehen und ihre Möglichkeiten aneinander abtasten, sie werden ineinander einmünden müssen. Das ist die Antwort, die ich mir geben muss, wenn ich mich mühe, in den Geist Dr. Steiners einzudringen. Denn er hat nicht das Dogma gewollt, sondern das Leben.[600]

Und auch am 17. Dezember, zehn Tage vor ihrem Tod, hieß es in einem weiteren Brief aus Beatenberg:

> Bei dem Wägen und Abwägen dieser Probleme ist mir aufgegangen, dass einmal der Moment kommen könnte, wo beide Bewegungen nicht Konkurrenten zu sein brauchen werden, sondern die Erkenntnisse der Anthroposophie sich mit einem zur Erkenntnis gewordenen Kultus in natürlicher Weise vielleicht werden verbinden können. Ein Zukunftsideal natürlich.[601]

*

Marie Steiner-von Sivers starb am 27. Dezember 1948, 81 Jahre und neun Monate alt, am Tag des Logos-Jüngers Johannes. Über ihren Eindruck vom Totenbett schrieb Bertha Margrit Heller, die mit ihrer Mutter und einigen anderen Freunden Marie Steiner-von Sivers in der Beatenberger Zeit eng begleitet hatte:

> Etwas Urgewaltiges drückte sich darin aus: eine unbeschreibliche Erhabenheit und zugleich ein unerbittlicher Ernst und eiserne Strenge. Das wich dann später einer königlichen Milde und jungfräulichen Zartheit.[602]

*

An Marie:

Geburtstagsspruch zum 14. März 1924

Wer in rechtem Sinne zählen kann
Seines Lebens hingeschwund'ne Jahre,
Dem verkündet sich der Geistesschritte
Gottes-Zahl, durch die er irdisch wandelt
Zu dem Lichtesziel, das Seelen vorgesetzt
In dem Daseinsbuche, in dem gezeichnet
Alles Menschenwerden seit den Ewigkeiten.

Rudolf St.

Anhang

Marie Steiner-von Sivers

Rembrandt:
«Mann in Waffen»[603]

Rembrandt: «Mann in Waffen» (Alexander der Große), 1655

Ein besseres Bild hätte man von Rudolf Steiner nicht machen können ...

Bevor [Rudolf Steiners] sinnendes Antlitz die tiefen Furchen eingegraben erhalten hatte, die Sorge und Leid, verbunden mit unausgesetzter Gedankenarbeit und stetem Nachtwachen schufen, hat es wohl kaum ein ähnlicheres Bild von Rudolf Steiner gegeben als Rembrandts «Mann in Waffen». Genau so konnte er ruhig sinnend sitzen, wenn er von den Vorträgen heimgekehrt war oder wenn er beim Schreiben die Feder sinken ließ, die gleichmäßig ruhig weitereilend viele Seiten bedeckt hatte mit der so unpersönlich gestalteten und ästhetisch vollendet wirkenden Schrift, die ich immer Sternenschrift nennen musste. Ich habe gehört, dass manche Mythe jetzt mit diesem Bild verbunden ist. Ihr Ursprung ist ein sehr real einfacher. In der Zeit, wo wir in Berlin unsere für Angehörige der Arbeiterklassen gedachten Kunstzimmer mit den Bildern großer Meister schmückten, war mir, bei Betrachtung Rembrandtscher Köpfe, diese Ähnlichkeit so aufgefallen, dass ich manchen hinwies auf dieses Bild, das immer in meinem Zimmer hing und immer denselben Eindruck hervorrief. Helm, Schild und Speer, wie sie sich dieser Gestalt anpassen, charakterisieren wie kein anderes Bild den Geistesritter, der, aus Innerlichkeit und Willenskraft gewoben, diese Waffen nur zum Dienst der Menschheit hat. Ein besseres Bild hätte man von Rudolf Steiner nicht machen können, da es ja unserer Zeit an ästhetischen Attributen fehlt, um geistigen Gehalt im Sinnbild wiederzugeben. Dieser Helm, das Haupt umschließend, es fast abschließend von der Außenwelt, spricht zu uns von der Isoliertheit des Denkers inmitten einer rohen, feindlichen Welt; aber das Visier ist geöffnet, gehoben, und der Gedanke strahlt aus, geht liebend hinüber, trotzdem das Auge nach innen gewendet ist; der Schild, ruhig angeschmiegt, scheint die innere Unversehrtheit auszudrücken; der Speer hält noch den Blitz zurück, der sich in der Tiefe und der Blickrichtung des Auges ausdrückt, er wirkt nach innen hinein, von Sanftmut und von Kraft getragen, und wir ahnen, welches Feuer in ihm leben wird, wenn er hinausschnellen wird, seinem Ziel entgegen. Genau so haben wir dieses Antlitz Jahre lang vor uns lebend sehen können, bis es mit dem Weltkrieg den Helm abwarf und ungedeckt in die Arena trat. Der Helm wuchs sich aus und wurde zum Gottes-Menschheitshaus, raumauflösend und höhenstrebend, in seiner Kuppelwölbung uns das Abbild des kosmischen Schaffens gebend. Er sank hin. An seiner Stelle strebt jetzt empor ein burgartiger, helmähnlicher Bau. Wohl könnte das menschliche Haupt als sein Urbild gedacht werden, Rembrandts «Mann in Waffen» als Hüter eines solchen Baues.

Marie Steiner-von Sivers
(1925/26)

*

Anmerkungen

1 Rudolf Steiner/Marie Steiner-von Sivers: *Briefwechsel und Dokumente.* GA 262. Dornach ^{2}2002, S. 175.

2 Ilona Schubert, zit. n. Wilfried Hammacher: *Marie Steiner. Lebensspuren einer Individualität.* Stuttgart 1998, S. 167.

3 «Wie ein roter Faden zieht sich durch das gesamte Werk Rudolf Steiners [das] Motiv der Bedeutung des «Wortes» im Welt- und Menschheitswerden. Fasst man alles zusammen, was er in dieser Beziehung gesagt hat, so erkennt man, wie die kosmischen Weltenkräfte des *Logos* im Urbeginn den Menschen geschaffen haben, um dann in ihn unterzutauchen und stufenweise in seinem Bewusstsein als Licht, Laut und Leben aufzuerstehen. Die höchste Offenbarung des «Wortes» wird sich jedoch erst dann entfalten, wenn es nicht nur Weisheit und Schönheit kündet, sondern moralische Substanz, die wie die Leier des Orpheus das Böse und Unvollkommene umzuwandeln fähig ist. Diese «Magie des Wortes» wird heute durch die Arbeit an der Sprache vorbereitet. (Fred Poeppig: *Marie Steiner. Ein Leben im Dienst der Wiedergeburt des Wortes.* Basel 1949, S. 50f.)

4 «Das Wort in seiner kosmischen Gestaltungskraft im Menschen wieder auferstehen zu lassen: dieses letzte Ziel der Wiedergeburt des Wortes sollte erst durch die Kunst der Eurythmie seine Erfüllung finden, die als äußere Gebärdensprache die innere Sprachgestaltung zu sichtbarer Erscheinung bringt.» (Fred Poeppig: *Marie Steiner. Ein Leben im Dienst der Wiedergeburt des Wortes*, S. 57f.)

5 Fred Poeppig: *Marie Steiner. Ein Leben im Dienst der Wiedergeburt des Wortes,* S. 120. – Vgl. im Hinblick auf die Sprachentwicklung des Menschen und die Wiederkunft des Christus-Wesens im Ätherischen u. a. Rudolf Steiners Ausführungen vom 21. 12. 1913 (In: Rudolf Steiner: *Die Welt des Geistes und ihr Hereinragen in das physische Dasein.* GA 150), zur Beziehung zwischen der Sprache und Moralität einer künftigen Kulturstufe dagegen insbesondere die Vorträge vom 14. 10. 1911 (In: *Von Jesus zu Christus.* GA 131) sowie 5. 11. und 18. 11. 1911 (In: Rudolf Steiner:

Das esoterische Christentum und die geistige Führung der Menschheit. GA 130).

6 Walter Kühne, zit. n. Rudolf Steiner/Marie Steiner-von Sivers: *Briefwechsel und Dokumente.* GA 262, S. 303.

7 Marie Steiner-von Sivers: «Die Anfänge der geisteswissenschaftlichen Vortragstätigkeit Rudolf Steiners». In: Nachrichtenblatt, 1925, Nr. 35 (30. 8. 1925).

8 Zit. n. Peter Selg: *Die letzten drei Jahre. Ita Wegman in Ascona. 1940–1943.* Dornach [2]2006, S. 132.

9 Zit. n. Peter Selg: *Michael Bauer. Ein esoterischer Schüler Rudolf Steiners.* Dornach 2006, S. 123.

10 In: Rudolf Steiner/Marie Steiner-von Sivers: *Briefwechsel und Dokumente,* S. 94.

11 Rudolf Steiner: *Die Geschichte und die Bedingungen der anthroposophischen Bewegung im Verhältnis zur Anthroposophischen Gesellschaft.* GA 258. Dornach [3]1981, S. 120.

12 «Einmal hatte mich Marie von Sivers um meine Meinung gebeten über die gegenwärtigen geisteswissenschaftlichen Gesellschaften und gefragt, welcher von ihnen man mit innerem Gewinn angehören könnte. Ich antwortete ihr, dass ich selbst der Theosophischen Gesellschaft angehörte und dass ich dieselbe bis jetzt als die beste der Gegenwart betrachte, obwohl sie mich ebenfalls nicht ganz befriedige, da man darin immer mehr die Bedeutung des Christus abschwäche [...].» (Zit. n. Camille Schneider: *Edouard Schurés Begegnungen mit Rudolf Steiner.* Basel [1]1933, S. 12)

13 Brief von Edouard Schuré an Marie von Sivers, 7. 6. 1902. Zit. n. Hella Wiesberger: *Marie Steiner-von Sivers. Ein Leben für die Anthroposophie.* Dornach 1989, S. 124.

14 Rudolf Steiner: *Mein Lebensgang.* GA 28. Dornach [9]2000, S. 394.

15 «[...] In diesem Vortrag wurde ich in Anknüpfung an das Märchen ganz esoterisch. Es war ein wichtiges Erlebnis für mich, in Worten, die aus der Geistwelt heraus geprägt waren, sprechen zu können, nachdem ich bisher in meiner Berliner Zeit durch die Verhältnisse gezwungen war, das Geistige nur durch meine Darstellungen durchleuchten zu lassen.» (Rudolf Steiner: *Mein Lebensgang,* S. 392)

16 Zit. n. Hella Wiesberger: *Marie Steiner-von Sivers. Ein Leben für die Anthroposophie,* S. 124.

17 Seinem Dornacher Vortrag vom 11. Juni 1923 zufolge, wurde Rudolf Steiner das Generalsekretariat der Theosophischen Gesellschaft in Deutschland angetragen, ehe er Mitglied der Gesellschaft war: «Und ich wurde aufgefordert, eigentlich bevor ich Mitglied war, irgendwie auch nur Miene gemacht hatte, Mitglied zu werden, Generalsekretär zu werden

dieser deutschen Sektion der Theosophical Society.» (In: Rudolf Steiner: *Die Geschichte und die Bedingungen der anthroposophischen Bewegung im Verhältnis zur Anthroposophischen Gesellschaft.* GA 258. Dornach [3]1981, S. 44).

18 Marie Steiner-von Sivers: *«Wendepunkte des Geisteslebens»* (1927). In: Marie Steiner: *Die Anthroposophie Rudolf Steiners. Gesammelte Schriften I.* Dornach 1967, S. 16. – Rudolf Steiner referierte am 14. 12. 1911 dieses Gespräch mit den Worten: «[...] In der Zeit, als Fräulein von Sivers schon Mitglied war, ich selbst aber noch nicht, da fand einmal ein Gespräch zwischen uns statt, in welchem sie fragte, warum ich mich denn nicht der Gesellschaft anschließe. Und ich antwortete darauf in einer längeren Auseinandersetzung, die den Inhalt hatte: es wird mir immer unmöglich sein, einer Gesellschaft anzugehören, innerhalb welcher man eine solche Theosophie treibe, die in jenem Grade durchdrungen ist von unverstandener orientalischer Mystik, wie das bei der Theosophischen Gesellschaft der Fall sei; denn mein Beruf wäre es, zu erkennen, dass es bedeutsamere okkulte Impulse gebe für unsere Gegenwart, und dass es unmöglich wäre bei dieser Erkenntnis, zuzugeben, dass von dieser orientalisierenden Mystik das Abendland etwas zu lernen habe. Es würde das, was ich zu vertreten habe, sich einer falschen Beurteilung aussetzen, wenn ich sagen würde: ich will Mitglied sein einer Gesellschaft, welche zu ihrem Schibboleth orientalisierende Mystik hat. Das war der Inhalt jenes Gesprächs.» (Rudolf Steiner: *Zur Geschichte und aus den Inhalten der ersten Abteilung der Esoterischen Schule* 1904 *bis* 1914. GA 264. Dornach [2]1996, S. 406)

19 Rudolf Steiner: *Die okkulte Bewegung im neunzehnten Jahrhundert und ihre Beziehung zur Weltkultur.* GA 254. Dornach [4]1986, S. 48. – Einer Aufzeichnung Johanna Mückes zufolge erinnerte Rudolf Steiner später an dieses Gespräch mit den Worten: «Er erklärte, dass Frau Dr. Steiner damals an ihn die Frage gestellt habe, ob es nicht möglich sein könnte, diese [theosophischen] Weisheiten auf eine mehr dem europäischen Geistesleben entsprechende Art zu geben und unter Berücksichtigung des Christus-Impulses.» (Johanna Mücke: Aus der Geschichte des Philosophisch-Anthroposophischen Verlages. In: Conrad Schachenmann [Hg.]: *Marie Steiner-von Sivers im Zeugnis von Tatjana Kisseleff, Johanna Mücke, Walter Abendroth und Ernst von Schenk.* Basel 1984, S. 65)

20 Ebd.

21 Marie Steiner-von Sivers: «Wendepunkte des Geisteslebens» (1927). In: Marie Steiner: *Die Anthroposophie Rudolf Steiners. Gesammelte Schriften I*, S. 16.

22 Rudolf Steiner: *Mein Lebensgang,* S. 414. – Vgl. hierzu auch Marie Steiner-von Sivers' spätere Aussage: «Als Rudolf Steiner sich entschlossen

hatte, nach längerer Abwehr, der Bitte deutscher Theosophen Folge zu leisten und Leiter ihrer Arbeit zu werden, konnte er es tun, weil die Theosophische Gesellschaft es als ihre Aufgabe betrachtete, für die Lehre von Reinkarnation und Karma einzutreten.» (Zit. n. Hella Wiesberger: *Aus dem Leben von Marie Steiner-von Sivers.* Dornach 1956, S. 26)

23 Rudolf Steiner: Entwurf eines Rundschreibens an die deutschen Zweige der Theosophischen Gesellschaft (August 1902; zit. n. Rudolf Steiner/Marie Steiner-von Sivers: *Briefwechsel und Dokumente,* S. 87). In demselben Rundschreiben, das den deutschen Zweigen im Hinblick auf die Sektionsgründung zuging, betonte Rudolf Steiner auch, dass sein Eintritt in die Theosophische Gesellschaft «der Endpunkt einer langen inneren Entwickelung» gewesen sei (Rudolf Steiner/Marie Steiner-von Sivers: *Briefwechsel und Dokumente.* Dornach [1]1967, S. 284). Ein Vierteljahrhundert später schrieb Marie Steiner-von Sivers: «Rudolf Steiner hat sich lange gewehrt, innerhalb der Theosophischen Gesellschaft als Vortragender und Lehrer zu wirken, trotz eifriger Bitten deutscher Theosophen. Er setzte ihnen von Anfang an klar entgegen, dass der abendländische Weg zum Geiste ein anderer sein müsse, als der dem indischen Geistesleben entnommene. Er gab seinen Widerstand erst auf, als von den führenden Persönlichkeiten unter den Theosophen Englands seine damals erschienenen Bücher *Die Mystik im Aufgange des neuzeitlichen Geisteslebens, Das Christentum als mystische Tatsache* empfunden wurden als Bereicherung für ihre Strömung, und als volle Freiheit und Selbständigkeit des Wirkens im Dienste seiner Überzeugung und auf Grund seiner Erfahrungen ihm zugesichert wurde.» (In: Marie Steiner: *Die Anthroposophie Rudolf Steiners. Gesammelte Schriften I,* S. 89; vgl. hierzu auch Rudolf Steiners autobiographische Ausführung: «Als ich dann nach London [im August 1902] zu einem theosophischen Kongress kam, da sagte mir eine der leitenden Persönlichkeiten, in meinem Buche *Die Mystik* … stünde die wahre Theosophie. Ich konnte damit zufrieden sein. Denn ich hatte nur die Ergebnisse meiner Geistesschau gegeben; und in der Theosophischen Gesellschaft wurden diese angenommen. Es gab nun für mich keinen Grund mehr, vor dem theosophischen Publikum, das damals das einzige war, das restlos auf Geist-Erkenntnis einging, *nicht in meiner Art* diese Geist-Erkenntnis vorzubringen.» Rudolf Steiner: *Mein Lebensgang,* S. 394 f. [vgl. a. Steiners diesbezügliche Vortragsschilderungen vom 14. 12. 1911, in: *Zur Geschichte und aus den Inhalten der ersten Abteilung der Esoterischen Schule 1904 bis 1914.* GA 264, S. 406 ff.]. An einer späteren Stelle seiner autobiographischen Darstellungen schrieb Rudolf Steiner weiter über die Situation der Theosophischen Gesellschaft Anfang des 20. Jahrhunderts und über seine englischen Erfahrungen: «[…] Ein großer Teil der Mitglieder waren fanatische Anhänger einzelner Häup-

ter der Theosophischen Gesellschaft. Sie schworen auf die Dogmen, die von diesen stark im sektiererischen Sinn wirkenden Häuptern ausgegeben waren. – Mich stieß dieses Wirken der Theosophischen Gesellschaft durch die Trivialität und den Dilettantismus, die darinnen steckten, ab. Nur innerhalb der englischen Theosophen fand ich inneren Gehalt, der noch von Blavatsky herrührte und der damals von Annie Besant und anderen sachgemäß gepflegt wurde. Ich hätte nie in dem Stile, in dem diese Theosophen wirkten, selber wirken können. Aber ich betrachtete, was unter ihnen lebte, als ein geistiges Zentrum, an das man würdig anknüpfen durfte, wenn man die Verbreitung der Geist-Erkenntnis im tiefsten Sinne ernst nahm.» *Mein Lebensgang,* S. 412). Nach Marie Steiner-von Sivers stellte Rudolf Steiner auch Bedingungen für eine Übernahme des Generalsekretärs-Amtes in der Theosophischen Gesellschaft: «Seine Bedingung war gewesen, nun innerhalb der Gesellschaft das tun zu dürfen, was er als seine Aufgabe betrachtete: einfließen zu lassen in die Kultur Europas dasjenige, was das Christus-Mysterium beleuchtet, was abendländische Esoterik seit dem Christus-Ereignis geworden ist.» (In: Marie Steiner: *Die Anthroposophie Rudolf Steiners. Gesammelte Schriften I*, S. 117)

24 Vgl. hierzu Rudolf Steiners Skizze dieses intensiven Londoner Aufenthaltes, in: *Mein Lebensgang*, S. 397f.

25 «Ich habe, als ich 1902 zum ersten Male in London auf dem Kongresse der Theosophischen Gesellschaft sprach, gesagt: Die Vereinigung, die die einzelnen Sektionen bilden, soll darin bestehen, dass eine jede nach dem Zentrum bringt, was sie in sich birgt; und ich betonte scharf, dass ich für die Deutsche Sektion dies vor allem beabsichtige. Ich machte deutlich, dass *diese* Sektion niemals sich als Trägerin festgesetzter Dogmen, sondern als Stätte selbständiger geistiger Forschung betätigen werde [...].» (*Mein Lebensgang,* S. 415)

26 Brief Rudolf Steiners an Marie von Sivers, 20. 8. 1902. In: Rudolf Steiner/ Marie Steiner-von Sivers: *Briefwechsel und Dokumente,* S. 44.

27 Zit. n. Hella Wiesberger: *Marie Steiner-von Sivers. Ein Leben für die Anthroposophie,* S. 129.

28 In der von Richard Bresch herausgegebenen theosophischen Zeitschrift «Vâhan» hieß es in der Septemberausgabe 1902: «Alle Geschäfte der Deutschen Theosophischen Gesellschaft und der Bibliothek übernimmt am 20. September Fräulein M. von Sivers, Charlottenburg, Kaiser Friedrichstr. 54a.» (Zit. n. Hella Wiesberger: *Aus dem Leben von Marie Steiner-von Sivers*, S. 28)

29 Brief Rudolf Steiners an Wilhelm Hübbe-Schleiden, 25. 9. 1902. In: Rudolf Steiner: *Briefe. Band II.* GA 39. Dornach [1]1953, S. 300f.

30 Rudolf Steiner: *Mein Lebensgang,* S. 411.

31 In dem Referat der Ansprache durch Richard Bresch hieß es im «Vâhan»: «Eingeleitet wurden [die Verhandlungen] durch eine passende Ansprache des Vorsitzenden Dr. Steiner. Wer die Zeichen der Zeit versteht, dem könne es nicht entgehen, dass wir vor einer neuen Geistesepoche ständen, dass sich eine neue Wende vorbereite, die ebenso wichtig und bedeutsam sei wie die Zeiten Augustins oder etwa des 16. Jahrhunderts, ein Wandel, in dem speziell Deutschland zu etwas ganz Großem berufen sei; der deutschen Wissenschaft falle dem Materialismus gegenüber die wichtigste Aufgabe zu; nur Hand und Hand mit ihr werden wir wirken können.» (Zit. n. Hella Wiesberger: *Aus dem Leben von Marie Steiner-von Sivers*, S. 29). Wenige Tage vor der Gründungsversammlung hatte Rudolf Steiner am 2. 10. 1902 in einem Brief an den Schriftsteller Wolfgang Kirchbach formuliert: «Mir scheint in der Geschichte des abendländischen Denkens gegenwärtig ein Moment zu sein, wie wir einen solchen seit etwa Galilei noch nicht gehabt haben. Vorher war wieder einer zur Zeit Augustins. Von Augustin bis – etwa – Galilei haben wir eine Zeit der nach innen gehenden menschlichen Geisteskräfte. Seither eine Verbreiterung über die äußere Erfahrungswelt. Beide Entwicklungsströmungen müssen zuletzt bei toten Punkten anlangen. Die Denkgesinnung Augustins hat zuletzt alle Fähigkeit verloren, über die Außenwelt mitzusprechen; sie konnte nur noch un-, ja antiwissenschaftlich sein. – Unsere moderne naturwissenschaftliche Denkweise ist zwar im eminentesten Sinne wissenschaftlich – oder könnte es wenigstens sein, wenn die Naturforscher alle auch logisch geschulte Köpfe wären –, aber sie hat *so, wie sie ist,* alle Möglichkeit verloren, über das Innenleben, über den Geist mitzusprechen. – Und wir müssen, meine ich, wenn wir die ‹Zeichen der Zeit› richtig deuten, vor einer Epoche einer Vertiefung in den Geist stehen.» (In: Rudolf Steiner: *Briefe. Band II.* GA 39. Dornach [1]1953, S. 305)

32 «Die von Dr. Steiner beabsichtigte Herausgabe einer Zeitschrift unter dem Namen ‹Luzifer›, deren erstes Heft etwa im Januar 1903 erscheinen wird, soll die Tendenz haben, alle Fäden und Richtlinien, die aus Natur, Kunst, Philosophie, Wissenschaft und sozialem Leben zum Geistigen hinführen, bloßzulegen und zu sammeln, also zur Theosophie hinüberzuleiten.» (Referat Richard Breschs, zit. n. Hella Wiesberger: *Aus dem Leben von Marie Steiner-von Sivers*, S. 29)

33 «Er riet, die Arbeit an der Sprache durchaus nicht fallen zu lassen, im Gegenteil die erworbenen Erfahrungen aus diesem Gebiete zu verwenden, um das rhythmische und plastisch-malerische Element in der Sprache bewusst zu pflegen und dadurch auf die Kunst der Rezitation reformierend zu wirken.» (Marie Steiner-von Sivers: «Kurze Skizze meines Lebenslaufes.» In: Edwin Froböse [Hg.]: *Marie Steiner. Ihr Weg zur*

Erneuerung der Bühnenkunst durch die Anthroposophie. Eine Dokumentation. Dornach 1973, S. 6)

34 «Dazumal waren in der Deutschen Sektion der Theosophischen Gesellschaft einzelne ältere Mitglieder der Theosophischen Gesellschaft; die fingen an förmlich zu beben davor, dass ich die Absicht hätte, in einer so esoterischen Weise anzufangen. Und in der Tat war keine Stimmung dazu da. Man konnte konstatieren, wie wenig vorbereitet die Seelen für so etwas waren. Es konnte in der Form, wie es damals beabsichtigt war, das Thema ‹Praktische Karma-Übungen› überhaupt nicht zur Geltung kommen. Die Verhältnisse machten es dazumal notwendig, dass eigentlich in einer viel exoterischeren Weise gesprochen wurde, als es damals beabsichtigt war.» (Rudolf Steiner: *Esoterische Betrachtungen Karmischer Zusammenhänge. Sechster Band.* GA 240. Dornach [5]1992, S. 41) «Und so blieb das eine Aufgabe, die gewissermaßen unter der Oberfläche der anthroposophischen Strömung gepflegt werden musste, die zunächst mit der geistigen Welt abgemacht werden musste.» (Rudolf Steiner: *Esoterische Betrachtungen Karmischer Zusammenhänge. Fünfter Band.* GA 239. Dornach [3]1985, S. 50) – Obgleich Rudolf Steiner – seinen eigenen Worten zufolge – erst nach der Weihnachtstagung der Allgemeinen Anthroposophischen Gesellschaft Ende 1923/24 (dreimal sieben Jahre nach der Sektionsgründung) auf die Intention seiner «Praktischen Karma-Übungen» in ihrem methodischen Erkenntnisansatz und ihren Einzelergebnissen detailliert zurückkommen konnte (s. u.), sprach er doch bereits auf der nächsten Jahresversammlung der Deutschen Sektion der Theosophischen Gesellschaft im Herbst 1903 – ein Jahr nach der Sektionsgründung – bereits wieder über die Thematik einer «okkulten Geschichtsforschung». In seinem knappen Autoreferat dieses Beitrages schrieb er in der «Lucifer-Gnosis» u. a.: «Durch die okkulte Geschichtsforschung wird man erkennen, wie sich ein Menschheitsführer zu der Höhe entwickelt, auf der er eine göttliche Mission übernehmen kann. Man wird einsehen, wie Budhha, Zarathustra, Christus zu ihren Missionen gekommen sind. Diese allgemeinen Sätze erläuterte der Vortragende durch Andeutungen über einige Beispiele, wie man sich die Entwickelung großer Führer der Menschheit durch ihre Wiederverkörperung zu denken hat.» (Rudolf Steiner: *Lucifer-Gnosis.* GA 34. Dornach [2]1987, S. 537)

35 Zwei Jahrzehnte später sollte Rudolf Steiner rückblickend sagen, dass die Anthroposophische Gesellschaft innerhalb der Theosophischen Gesellschaft in einer *«embryonalen»* Lebensform bereits vorhanden gewesen sei – und die Aufgabe gehabt habe, «demjenigen, was in der Theosophischen Gesellschaft vorlag – und das war die traditionelle Aufnahme uralter orientalischer Weistümer –, entgegenzusetzen die Spiritualität der abendländischen Zivilisation mit dem Mysterium von Golgatha als

Mittelpunkt.» (In: Rudolf Steiner: *Anthroposophische Gemeinschaftsbildung.* GA 257. Dornach [4]1989, S. 60)

36 Zit. n. Hella Wiesberger: *Aus dem Leben von Marie Steiner-von Sivers*, S. 143; nur zwei Tage später, am 2. 11. 1902, schrieb Rudolf Steiner auch seinerseits an Mathilde Scholl: «Wir werden hier mit aller Energie arbeiten müssen. Denn das Feld ist noch viel schwieriger, als man denken konnte.» (Zit. n. Ekkehard Meffert: *Mathilde Scholl und die Geburt der Anthroposophischen Gesellschaft.* Dornach 1991, S. 384) – Wie sehr Rudolf Steiner zugleich jedoch bereits bei der Gründungsversammlung der Deutschen Sektion der Theosophischen Gesellschaft bemüht gewesen war, positiv ausgleichend und zukunftsorientiert zu wirken, hob Mathilde Scholl in ihren Erinnerungen aus dem Jahre 1925 hervor: «Es machte mir einen großen Eindruck, mit welchem Takt und welcher Weisheit Dr. Steiner die verschiedenen Uneinigkeiten unter den Vertretern der Theosophischen Gesellschaft in Deutschland zu einem friedlichen Abschluss zu führen wusste.» Auch 1931 schrieb sie noch einmal im Rückblick auf die Berliner Veranstaltung: «Diese Gründungsversammlung dauerte von morgens 10 Uhr bis abends 6 Uhr. Dr. Steiner leitete diese Versammlung. Unter den Vertretern der deutschen Logen waren einige Querköpfe. Es war ihnen schwer, sich zu einigen. Nur durch Dr. Steiners weise Leitung kam es zu einem friedlichen Abschluss. Er imponierte mir gerade durch die taktvolle, ruhige, aber sichere und bestimmte Haltung in der etwas chaotischen Situation.» (Zit. n. Ekkehard Meffert: *Mathilde Scholl und die Geburt der Anthroposophischen Gesellschaft,* S. 366/383)

37 Fred Poeppig: *Marie Steiner. Ein Leben im Dienst der Wiedergeburt des Wortes*, S. 108.

38 «Die Hauptsache war die Einrichtung von öffentlichen Vorträgen, in denen ich zu einem Publikum sprach, das außerhalb der Theosophischen Gesellschaft stand und das zu meinen Vorträgen nur wegen deren Inhalt kam.» (Rudolf Steiner: *Mein Lebensgang*, S. 413)

39 Rudolf Steiner begann fünf Tage nach der Gründung der Deutschen Sektion der Theosophischen Gesellschaft mit fortlaufenden Vorträgen in der Theosophischen Bibliothek, die er über acht Monate in wöchentlichem Abstand über das Gesamtgebiet der Theosophie hielt. Im Hinblick auf Unterweisungen, die sie persönlich erhielt, schrieb Marie von Sivers in einem späteren Rückblick: «Neben der öffentlichen Vortragstätigkeit, die er, nachdem er sich auf deren Ansuchen mit der [Theosophischen] Gesellschaft verbunden hatte, für diese entfaltete, und neben seiner Tätigkeit für die Zuhörer der Arbeiter-Bildungsschule und der Freien Hochschule hielt er interne Vorträge für die wenigen, aber an Zahl schnell wachsenden Mitglieder der Theosophischen Gesellschaft in Berlin, *und in liebevollster und eingehendster Weise auch für die Menschen seiner unmittelba-*

ren Umgebung. Er führte sie sacht heran zu dem Verständnis des Geistes in seiner Konkretheit, seinen mannigfachen Ausdrucksarten innerhalb hierarchischer Wesenhaftigkeit. So gab er mir eine Fülle von Unterricht, anknüpfend zunächst an die indische Terminologie, die ich mir durch Bücherstudium erworben hatte, bald aber mich hinüberführend zu den Formen abendländischer Begrifflichkeit. Es durfte meine mich in den Sommermonaten besuchende Freundin [Maria von Strauch-Spettini] daran teilnehmen. Wir wurden auch eingeführt in die Geheimnisse der Goetheschen Farbenlehre, mit Hilfe einer Kerze und eines weißen Papierbogens als Demonstrationsobjekten. ‹Hätte ich zehntausend Mark, um mir die nötigen Instrumente zu kaufen, würde ich der offiziellen Wissenschaft die Wahrheit der Goetheschen Farbenlehre beweisen›, sagte er.» (In: Marie Steiner: *Rudolf Steiner und die redenden Künste. Gesammelte Schriften II.* Dornach 1974, S. 37; Hervorhebung v. V.). Rudolf Steiner unterrichtete Marie von Sivers und Maria von Strauch-Spettini im Sommer 1903 und 1904 am Schlachtensee und in der Motzstraße («im Sommer 1903 gab Rudolf Steiner diesen Unterricht in einem Gartenhäuschen am Schlachtensee; der nächste Sommer vereinigte die Teilnehmer schon in den Räumen der Motzstraße 17» – Hella Wiesberger: *Aus dem Leben von Marie Steiner-von Sivers*, S. 38; vgl. a. Anm. 41) und war auch bereit, die Schwester und Mutter Marie von Sivers' in diese Zusammenkünfte miteinzubeziehen: «In einer arbeitserfüllten Zeit unterließ er es nicht, meiner Schwester allabendlich die inhaltreichsten geisteswissenschaftlichen Vorträge zu halten, dabei in entzückender Weise sie stimmend auf das Verständnis meiner Mutter, die scheinbar ablehnend und doch tief interessiert in ihrer Ecke saß. Sie wollte nicht den patentierten Weg der Kirche verlassen, aber ihre Seele nahm doch das Gehörte mit Wärme auf.» (Marie Steiner-von Sivers, zit. n. Hella Wiesberger: *Aus dem Leben von Marie Steiner-von Sivers*, S. 39f.). Mathilde Scholl hielt darüber hinaus in ihren Erinnerungen an Rudolf Steiner 1931 fest: «Einige Vorträge wurden [im Oktober/November 1905] speziell für Fräulein Olga von Sivers gehalten, bei denen wir auch zuhören durften.» (Zit. n. Ekkehard Meffert: *Mathilde Scholl und die Geburt der Anthroposophischen Gesellschaft*, S. 398; zu Mathilde Scholls Erinnerungen an spezielle Schulungskurse Rudolf Steiners für den kleinen, zentralen Kern der theosophischen Mitarbeiter im Spätherbst 1905 vgl. ebd., S. 166f. u. 398)

40 Rudolf Steiner: *Die Geschichte und die Bedingungen der anthroposophischen Bewegung im Verhältnis zur Anthroposophischen Gesellschaft*, S. 120.

41 Rudolf Steiner war mit seiner Ehefrau Anna Steiner, geb. Eunike, Anfang 1903 zu Marie von Sivers in ein Häuschen am Berliner Schlachtensee gezogen, ehe der gemeinsame Umzug in die Motzstraße 17 ein halbes

Jahr später, im Oktober 1903, erfolgte. Anna Steiner verließ dieses Haus im Frühjahr 1904 (vgl. Anm. 101).

42 Brief Rudolf Steiners an Mathilde Scholl, 1.5.1903. In: Rudolf Steiner: *Zur Geschichte und aus den Inhalten der ersten Abteilung der Esoterischen Schule 1904 bis 1914.* GA 264, S. 45.

43 Vgl. die detaillierte Übersicht der von Rudolf Steiner im Berliner Architektenhaus gehaltenen Vorträge durch Marie Steiner-von Sivers in «Wendepunkte des Geisteslebens» (1927). In: Marie Steiner: *Die Anthroposophie Rudolf Steiners. Gesammelte Schriften I*, S. 17ff.

44 In einem späteren Vortrag erwähnte Rudolf Steiner, dass die Niederschrift des Buches indirekt durch ein Referat einer theosophischen Mitarbeiterin aus dem Buch Anni Besants über «Uralte Weisheit» ausgelöst worden sei – und sagte: «Mir war die Sache furchtbar unsympathisch, und ich lehnte solches dilettantisches, laienhaftes Gerede eigentlich aus einer inneren wissenschaftlichen Gewissenhaftigkeit ab. Das führte dann dazu, dass ich einfach selbstverständlich genötigt wurde, mein Buch *Theosophie* zu schreiben, damit irgend etwas da sei, an das man sich halten kann als an etwas, was auch vor der Wissenschaft bestehen kann. Vor der Wissenschaft bestehen zu können war mir immer etwas anderes, als von gebräuchlicher Wissenschaft anerkannt zu werden.» (4.9.1921; zit. n. Ekkehard Meffert: *Mathilde Scholl und die Geburt der Anthroposophischen Gesellschaft.* Dornach 1991, S. 132)

45 Brief Rudolf Steiners an Marie von Sivers, 16.4.1903. In: Rudolf Steiner/Marie Steiner-von Sivers: *Briefwechsel und Dokumente,* S. 49.

46 Über zwei Jahrzehnte später schrieb Rudolf Steiner in seinem autobiographischen Rückblick auf den Beginn der theosophischen Arbeit und seines Zusammenwirkens mit Marie von Sivers: «In [dem] gemeinsam gepflegten geistigen Leben konnte allein der Mittelpunkt liegen, von dem aus Anthroposophie in die Welt getragen wurde.» (*Mein Lebensgang,* S. 412)

47 Brief Rudolf Steiners an Marie von Sivers, 16.4.1903. In: Rudolf Steiner/Marie Steiner-von Sivers: *Briefwechsel und Dokumente,* S. 49.

48 Brief Rudolf Steiners an Marie von Sivers, 18.4.1903. In: Rudolf Steiner/Marie Steiner-von Sivers: *Briefwechsel und Dokumente,* S. 53.

49 Auch an den Rand eines Briefes des Theosophen Wilhelm Hübbe-Schleiden, der Rudolf Steiner am 17. April 1903 kritisch geschrieben hatte, dass er – Steiner – aus der theosophischen Bewegung «für sich und möglichst viele andere einzelne Personen den geistigen Vorteil und Nutzen» ziehen wolle, notierte Rudolf Steiner mit Nachdruck: «Das ist eben die grundfalsche Voraussetzung, die alle Missverständnisse hervorruft. *Nicht* Nutzen und nicht *Vorteil*, sondern notwendige Erfüllung eines klar eingesehenen *Karmas*!!! Für mich war die Differenz klar, als ich sah, dass meine dahin-

gehend für den Eingeweihten bestimmten Andeutungen in Berlin auf keinen fruchtbaren Boden fielen und *nur* von Fräulein von Sivers verstanden wurden.» (Zit. n. Hella Wiesberger: *Aus dem Leben von Marie Steiner-von Sivers*, S. 23)

50 Brief Rudolf Steiners an Marie von Sivers, 19.4.1903. In: Rudolf Steiner/Marie Steiner-von Sivers: *Briefwechsel und Dokumente,* S. 59.

51 Brief Rudolf Steiners an Marie von Sivers, 16.4.1903. In: Rudolf Steiner/Marie Steiner-von Sivers: *Briefwechsel und Dokumente,* S. 53.

52 In: Rudolf Steiner/Marie Steiner-von Sivers: *Briefwechsel und Dokumente,* S. 54.

53 Brief Marie von Sivers' an Rudolf Steiner, 18.4.1903. In: Rudolf Steiner/Marie Steiner-von Sivers: *Briefwechsel und Dokumente,* S. 56.

54 Ebd.

55 Brief Rudolf Steiners an Marie von Sivers, 19.4.1903. In: Rudolf Steiner/Marie Steiner-von Sivers: *Briefwechsel und Dokumente,* S. 60.

56 Brief Rudolf Steiners an Marie von Sivers, 18.4.1903. In: Rudolf Steiner/Marie Steiner-von Sivers: *Briefwechsel und Dokumente,* S. 54. – Vieles spricht dafür, dass Marie von Sivers die Größe und Bedeutung Rudolf Steiners – und seines Lebensauftrages – bereits im Herbst 1900 unmittelbar erlebte; dagegen schrieb Mathilde Scholl, die Rudolf Steiner im Oktober 1902 kennenlernte und bald zu dem engsten Kreis seiner esoterischen Schüler und Mitarbeiter gehörte, über ihren Weg im Umgang mit ihm: «Die Begegnung mit Dr. Steiner war wie das Wiederfinden eines lang gesuchten und lang gekannten Freundes, und erst stufenweise wuchs das Bewusstsein von der Größe dieses Menschen.» (Zit. n. Ekkehard Meffert: *Mathilde Scholl und die Geburt der Anthroposophischen Gesellschaft 1912/13*, S. 366)

57 Brief Rudolf Steiners an Marie von Sivers, 21.11.1903. In: Rudolf Steiner/Marie Steiner-von Sivers: *Briefwechsel und Dokumente,* S. 61.

58 Am 7. April 1904 brach Rudolf Steiner zu seiner ersten großen theosophischen Vortragsreise auf und sprach in Stuttgart, Berlin, München, Zürich und Lugano – auf seiner Rückreise dann erneut in München und Stuttgart sowie in Nürnberg. Zahlreiche der theosophischen Arbeitsgruppen in Deutschland hatten seit der Sektionsbegründung und der Übernahme des Generalsekretariats durch Rudolf Steiner eineinhalb Jahre zuvor auf den Besuch Steiners vergeblich gewartet. Der Theosoph und Fabrikant Carl Unger aus Stuttgart war im Februar 1904 eigens von Stuttgart nach Berlin gesandt worden, um ein entsprechendes Auftauchen Steiners in Stuttgart höflich anzumahnen: «Mein erstes Zusammentreffen mit Dr. Steiner geschah dadurch, dass ich im Februar 1904 gelegentlich einer beruflichen Reise nach Berlin, im Auftrag der [Stuttgarter] Gruppe den Generalsekretär der Deutschen Sektion, Herrn Dr. Steiner, aufsuchen

sollte, um einen gelinden Krach zu machen, darüber, dass man von der Sektion nichts höre. Ich hatte bis dahin noch keine Zeile von Dr. Steiner gelesen. Herr Dr. Steiner war bei dieser ersten Unterredung sehr schweigsam, aber er führte mich zu Frl. Marie von Sivers, die gegenüber Herrn Dr. Steiner auf die Notwendigkeit hinwies, die längst geplante Vortragsreise bald zu beginnen, insbesondere da jetzt das Buch Dr. Steiners (Theosophie) fertig werde.» (Carl Unger: «Autobiographische Skizze». In: Carl Unger: *Schriften I.* Stuttgart 1964, S. 322)

59 In: Rudolf Steiner/Marie Steiner-von Sivers: *Briefwechsel und Dokumente,* S. 65.

60 Das in London 1901 in englischer Sprache publizierte Werk war 1903 in der Übersetzung von Mathilde Scholl in Leipzig erschienen. Ob Marie von Sivers die Originalausgabe Anni Besants in englischer Sprache oder aber 1903 die deutsche Übersetzung Mathilde Scholls las, ist nicht bekannt.

61 Brief Marie von Sivers' an Edouard Schuré, 18. 9. 1907. In: Rudolf Steiner/Marie Steiner-von Sivers: *Briefwechsel und Dokumente,* S. 190. Im französischen Original des Briefes trägt die entsprechende, Rudolf Steiners Individualität betreffende Passage den Wortlaut: «Cela m'a été donné comme une révélation, avec une certitude et une lumière qui exclut tout doute, et sans que je l'eusse cherchée, à un moment où je ne m'y attendais pas, en lisant le livre de madame Besant: ‹Esoterisme chrétien›. Cela m'a parlé, et cela a été si éblouissant, que même physiquement j'ai dû porter la main aux yeux. Madame Besant que j'ai interrogé m'a dit que cela a dû être ‹the master Jesus›, car ce livre a été écrit non par elle, mais par inspiration. Elle a dû l'écrire, et je crois qu'elle a été un médium insuffisant, car, comme elle me l'a avoué plusieurs fois, – (je l'ai pressée sur ce point): ‹Christianity is not my line.› Et vraiment, il ne l'est point. [...] Or, le plus grand maître en science chrétienne est parmi nous; c'est monsieur Steiner, et c'est Saint Thomas d'Aquin, dont l'universel savoir a été augmenté par la science de la réincarnation déjà possédée auparavant, mais voilée pour un certain temps, à cause de la mission spéciale du christianisme. Ce que j'ai su ainsi intimement m'a été confirmé, et par Mr. Steiner, qui a été tout-à-fait effrayé, – (c'était la première année de notre travail commun, et à part quelques mots qu'il m'a dit à cette occasion là, jamais il ne parle de ces choses qui le concernent, et jamais je ne questionne) – et par mille détails. Un doute certainement aurait été destructeur, mais jamais il n'a pu me venir l'ombre d'un doute.» (Rudolf Steiner Archiv, Dornach)

62 Brief Marie von Sivers' an Edouard Schuré, 18. 9. 1907. In: Rudolf Steiner/Marie Steiner-von Sivers: *Briefwechsel und Dokumente,* S. 191. – Auch in den von Marie Steiner-von Sivers aufbewahrten Briefen und Dokumenten Rudolf Steiners an sie wurde die karmische Dimension ihres Zusam-

menwirkens nicht spezifisch thematisiert; Anna Samweber, die ab 1916 im Haushalt Rudolf Steiners und Marie Steiner-von Sivers angestellt war und das Vertrauen Marie Steiner-von Sivers' genoss, hielt jedoch in ihren Erinnerungen fest: «Einmal zeigte mir Marie Steiner (nach dem Tode Rudolf Steiners) einen Brief von ihm, in dem er ausführte, wie für sie beide in der geistigen Welt bestimmt worden sei, dass er nur mit ihr zusammen seine irdische Aufgabe erfüllen könne. Dieser Brief gehörte zu jenen sehr persönlichen von Rudolf Steiner, die Marie Steiner verbrannte. Als ich sie fragte, warum sie dies getan, es wäre doch bedeutsam, dass die Mitgliedschaft darum wüsste, antwortete sie sehr entschieden: ‹Ich kann doch dieser Gesellschaft nicht das Intimste preisgeben.› (*Aus meinem Leben. Erinnerungen an Rudolf Steiner und Marie Steiner-von Sivers.* Basel ^{3}1982, S. 28). Vgl. hierzu die grundsätzlichen Ausführungen von Sergej O. Prokofieff, in: *Menschen mögen es hören. Das Mysterium der Weihnachtstagung*, Stuttgart ^{1}2002, S. 399ff.

63 Brief Marie von Sivers' an Edouard Schuré, 25. 10. 1904. Zit. n. Hella Wiesberger: *Marie Steiner-von Sivers. Ein Leben für die Anthroposophie,* S. 172.

64 Brief Rudolf Steiners an Marie von Sivers, 11. 4. 1904. In: Rudolf Steiner/Marie Steiner-von Sivers: *Briefwechsel und Dokumente,* S. 70.

65 Brief Rudolf Steiners an Marie von Sivers, 24. 11. 1904. In: Rudolf Steiner/Marie Steiner-von Sivers: *Briefwechsel und Dokumente,* S. 77.

66 In: Rudolf Steiner/Marie Steiner-von Sivers: *Briefwechsel und Dokumente,* S. 83.

67 Brief Rudolf Steiners an Marie von Sivers, 27. 8. 1904. In: Rudolf Steiner/Marie Steiner-von Sivers: *Briefwechsel und Dokumente,* S. 74f.

68 Ebd., S. 75.

69 Vgl. hierzu Ludwig Kleeberg: *Wege und Worte. Erinnerungen an Rudolf Steiner aus Tagebüchern und aus Briefen.* Stuttgart ^{2}1961, S. 20 ff. (mit Briefen Marie von Sivers' an Ludwig Kleeberg).

70 Brief Rudolf Steiners an Marie von Sivers, 27. 8. 1904. In: Rudolf Steiner/Marie Steiner-von Sivers: *Briefwechsel und Dokumente,* S. 75.

71 Über ihre theosophischen Erlebnisse im Herbst 1905 in Berlin und über die Ausstrahlung Marie von Sivers' schrieb die russische Malerin Margarita Woloschina: «Neben Rudolf Steiner […], im Zentrum des Kreises, stand Marie von Sivers, die spätere Frau Dr. Steiners. […] Jedesmal, wenn man sie sah, war man aufs neue von ihrer Schönheit ergriffen. Ihre Augen waren wie Saphire – bis zu ihrem Tode im hohen Alter behielten sie ihr Leuchten. Nur im Hochgebirge kann man diese Bläue erleben. Um sie war Hochgebirgsluft. Die Kälte und Reinheit eines Kristalls vereinigte sich mit dem Feuer der Begeisterung. Sie war königlich unnahbar, obgleich sie selbst sich gar nicht über die anderen stellte. Sie besaß eine

kindliche Unmittelbarkeit und sprühenden Humor.» (Margarita Woloschina: *Die grüne Schlange. Lebenserinnerungen.* Stuttgart [7]1997, S. 156). Sieben Jahre darauf machte die russische Graphikerin Assja Turgenieff in Köln ähnliche Erfahrungen; sie hielt über ihre dortige Begegnung und die gewonnenen Impressionen von Marie von Sivers fest: «Ganz anders [als Rudolf Steiner], doch als harmonische Ergänzung, wirkte die Gestalt Marie von Sivers': herb, zurückhaltend, in königlicher Anmut, die klassische Schönheit wie durch Förmlichkeit scheu abdämpfend. Es war schwer bei ihr, hinter den blühenden Farben des Antlitzes die zart geprägten Züge wahrzunehmen. Wurde man beim Anblick Dr. Steiners an einen Adler erinnert, so musste man bei ihr an das Majestätische eines Löwen denken. Erstaunlich war die Kraft, die von ihr ausging und die auch aus den Bewegungen ihrer zart ziselierten Hand sprach. Nur die ihr näherstehenden Freunde kannten ihre lebhafte Heiterkeit, ihren kindlich-vertrauensvoll reinen Blick. Ihre Kleidung war höchst anspruchslos, doch war sie immer von Blumen umgeben.» (Assja Turgenieff: *Erinnerungen an Rudolf Steiner und die Arbeit am ersten Goetheanum.* Stuttgart [1]1972, S. 23). Monate später, als Andrej Belyj und Assja Turgenieff die hohe Belastung Rudolf Steiners durch die Mitglieder der Theosophischen Gesellschaft – sowie seine Erschöpfung – wahrnahmen und von sich aus auf einen vereinbarten Gesprächstermin verzichteten, erlebten beide die berührte Reaktion Marie von Sivers', die ihnen intensiv dankte: «Doch mehr als ihre Worte sprach ihr Blick. Unvergesslich dieser vertrauensvoll sich öffnende, strahlende Blick, von einer Reinheit, die man sonst nur bei einem Kinde erleben kann.» (Assja Turgenieff, ebd., S. 30)

72 Brief Rudolf Steiners an Marie von Sivers, 24. 11. 1904. In: Rudolf Steiner/ Marie Steiner-von Sivers: *Briefwechsel und Dokumente,* S. 79.

73 Brief von Marie von Sivers an Edouard Schuré, 15. 5. 1905. Zit. n. Hella Wiesberger: *Marie Steiner-von Sivers. Ein Leben für die Anthroposophie,* S. 172. – Christoph Lindenberg schrieb in seiner Chronik von Rudolf Steiners Wirken über Marie von Sivers und die frühe Zeit der gemeinsamen Tätigkeit: «Die gesamte Arbeit Rudolf Steiners wird bis ins kleinste Detail von Marie von Sivers unterstützt. Sie organisiert alle Reisen, führt die dafür erforderliche Korrespondenz, bestellt Hotels, arbeitet die Fahrpläne aus, sorgt gegebenenfalls für die Plakatierung der Vorträge, für die Einrichtung von Büchertischen bei den Vorträgen, und schließlich pflegt sie die Kontakte mit den Zweigen der Deutschen Sektion der Theosophischen Gesellschaft und mit den theosophischen Zentralen in Adyar und London. Rudolf Steiner ist durch diese rastlos-hingebungsvolle Arbeit von unendlichem Kleinkram freigestellt, zumal er sich auf Marie von Sivers völlig verlassen kann.» (*Rudolf Steiner. Eine Chronik.* Stuttgart 1988, S. 226)

74 Brief Rudolf Steiners an Marie von Sivers, 24. 11. 1904. In: Rudolf Steiner/ Marie Steiner-von Sivers: *Briefwechsel und Dokumente,* S. 79.

75 Brief Rudolf Steiners an Marie von Sivers, 17. 4. 1905. In: Rudolf Steiner/ Marie Steiner-von Sivers: *Briefwechsel und Dokumente,* S. 103.

76 «Wenn doch die Menschen – sie meinen es doch gut – einen nicht in ein unheizbares Zimmer einlogierten.» (15. 11. 1905) «In meinem Schlafzimmer ist es zum Erfrieren [...].» (19. 11. 1905) «Dann fand ich abends wieder ein ganz mäßig warmes Zimmer, und – im Bette eine Wärmeflasche, die ich schleunigst herausgeschmissen habe. Ist das nicht unglaublich, geradezu drollig: Einem in einer Eisgrube einen Dampfkessel zum Halbverbrühen hinzulegen.» (20. 11. 1905) In: Rudolf Steiner/Marie Steiner-von Sivers: *Briefwechsel und Dokumente,* S. 109/111/123.

77 Brief Rudolf Steiners an Marie von Sivers, 20. 11. 1905. In: Rudolf Steiner/ Marie Steiner-von Sivers: *Briefwechsel und Dokumente,* S. 123.

78 Brief Rudolf Steiners an Marie von Sivers, 19. 11. 1906. In: Rudolf Steiner/ Marie Steiner-von Sivers: *Briefwechsel und Dokumente,* S. 160.

79 Brief Marie von Sivers' an Edouard Schuré, 7. 1. 1905. Zit. n. Hella Wiesberger: *Marie Steiner-von Sivers. Ein Leben für die Anthroposophie,* S. 172.

80 Brief Rudolf Steiners an Marie von Sivers, 19. 1. 1905. In: Rudolf Steiner/ Marie Steiner-von Sivers: *Briefwechsel und Dokumente,* S. 88.

81 «Sie konnte die Dolmetscherin, die Übersetzerin sein, bei den Gesprächen der einzelnen Menschen mit Rudolf Steiner, weil sie sich niemals persönlich zwischen den betreffenden Menschen und Rudolf Steiner stellte.» (Marie Savitch: *Marie Steiner-von Sivers. Mitarbeiterin Rudolf Steiners*, S. 95)

82 Brief Marie von Sivers' an Edouard Schuré, 7. 1. 1905. Zit. n. H. Wiesberger: *Marie Steiner-von Sivers. Ein Leben für die Anthroposophie,* S. 172.

83 Brief Marie von Sivers' an Edouard Schuré, 7. 10. 1905. Zit. n. Hella Wiesberger: *Marie Steiner-von Sivers. Ein Leben für die Anthroposophie,* S. 115.

84 Ebd., S. 116.

85 Brief Rudolf Steiners an Marie von Sivers, 4. 12. 1906. In: Rudolf Steiner/ Marie Steiner-von Sivers: *Briefwechsel und Dokumente,* S. 162.

86 Brief Rudolf Steiners an Marie von Sivers, 9. 1. 1905. In: Rudolf Steiner/ Marie Steiner-von Sivers: *Briefwechsel und Dokumente,* S. 86.

87 Brief Marie von Sivers' an Edouard Schuré, 15. 5. 1905. Zit. n. Hella Wiesberger: *Marie Steiner-von Sivers. Ein Leben für die Anthroposophie,* S. 172.

88 Brief Rudolf Steiners an Marie von Sivers, 19. 3. 1905. In: Rudolf Steiner/ Marie Steiner-von Sivers: *Briefwechsel und Dokumente,* S. 92.

89 Marie Steiner-von Sivers: «Aus Rudolf Steiners Leben und Tod.» (1925/26)

In: *Erinnerungen von Marie Steiner. Aufsätze und Gedichte. Band I.* Dornach 1949, S. 18.

90 Brief Rudolf Steiners an Marie von Sivers, 7. 4. 1905. In: Rudolf Steiner/Marie Steiner-von Sivers: *Briefwechsel und Dokumente,* S. 93.

91 Brief Rudolf Steiners an Marie von Sivers, 7. 5. 1905. In: Rudolf Steiner/Marie Steiner-von Sivers: *Briefwechsel und Dokumente,* S. 109.

92 Brief Rudolf Steiners an Marie von Sivers, 11. 4. 1905. In: Rudolf Steiner/Marie Steiner-von Sivers: *Briefwechsel und Dokumente,* S. 95 f.

93 Ebd.

94 In: Rudolf Steiner/Marie Steiner-von Sivers: *Briefwechsel und Dokumente,* S. 97.

95 Brief Marie von Sivers' an Edouard Schuré, 15. 5. 1905. Zit. n. Hella Wiesberger: *Marie Steiner-von Sivers. Ein Leben für die Anthroposophie,* S. 371.

96 Vgl. hierzu Peter Selg: «Rudolf Steiner und Friedrich Schiller». In: Peter Selg: *Friedrich Schiller. Die Geistigkeit des Willens.* Dornach 2005, S. 188 ff.

97 Brief Rudolf Steiners an Marie von Sivers, 16. 4. 1905. In: Rudolf Steiner/Marie Steiner-von Sivers: *Briefwechsel und Dokumente,* S. 99.

98 Rudolf Steiner: *Über Philosophie, Geschichte und Literatur.* GA 51. Dornach [1]1983, S. 217.

99 Brief Rudolf Steiners an Marie von Sivers, 16. 4. 1905. In: Rudolf Steiner/Marie Steiner-von Sivers: *Briefwechsel und Dokumente,* S. 101.

100 Brief Rudolf Steiners an Marie von Sivers, 28. 4. 1905. In: Rudolf Steiner/Marie Steiner-von Sivers: *Briefwechsel und Dokumente,* S. 105.

101 Ein dreiviertel Jahr zuvor, am 9. Januar 1905, hatte Rudolf Steiner an Marie von Sivers aus München geschrieben: «Es ist ja gewiss, dass sich noch manche widerstrebenden Mächte gegen unseren Seelenbund auflehnen werden; derlei Dingen muss in voller Ruhe stand gehalten werden.» (In: Rudolf Steiner/Marie Steiner-von Sivers: *Briefwechsel und Dokumente,* S. 85). Marie von Sivers war in den theosophischen Reihen aufgrund ihres Zusammenlebens mit Rudolf Steiner wiederholten Angriffen ausgesetzt; zudem war Rudolf Steiner mit Anna Eunike-Steiner verheiratet, die im Frühjahr 1904 das Haus in der Motzstraße verlassen hatte und sich mit der eingetretenen Situation ganz offensichtlich sehr schwer tat («Und zu alledem noch die so schwierige Lage mit der ‹Gattin›». Brief Rudolf Steiners an Marie von Sivers, 25. 1. 1906. In: Rudolf Steiner/Marie Steiner-von Sivers: *Briefwechsel und Dokumente,* S. 148.). Die Korrespondenz Rudolf Steiners mit Anna Eunike-Steiner aus dieser Zeit ist nur zum geringsten Teil erhalten. Anfang 1904, kurz vor dem Auszug Anna Eunike-Steiners, hatte es in zwei erläuternden Briefen Rudolf Steiners an sie im Hinblick auf seine theosophische

Arbeit (und Zusammenarbeit mit Marie von Sivers) geheißen: «Ich will nur verstanden werden. [...] Ich habe mich der Theosophie zugewandt, weil sie mir *immer* in der Seele und im Blute steckte. Und ich weiß, dass ich erst in ihr an den rechten Platz gestellt werden könnte.» (14.2.1904) «Suche zu verstehen, dass ich eine Lebensaufgabe habe, dass keine persönlichen Beweggründe mich leiten. Ich kann nur immer wieder sagen: ich will nichts haben, am wenigsten, was so viele Menschen Glück nennen. Solches Glück ist mir nichts. Ich will bloß wirken.» (11.4.1904. In: Rudolf Steiner: *Briefe Band II: 1890–1925*. GA 39. Dornach [2]1987, S. 434/436)

102 Brief Marie von Sivers' an Edouard Schuré, 7.10.1905. In: Rudolf Steiner/Marie Steiner-von Sivers: *Briefwechsel und Dokumente*, S. 116f.

103 Brief Marie von Sivers' an Edouard Schuré, 12.2.1906. Zit. n. Hella Wiesberger: *Marie Steiner-von Sivers. Ein Leben für die Anthroposophie*, S. 425.

104 Brief Rudolf Steiners an Marie von Sivers, 28.4.1905. In: Rudolf Steiner/Marie Steiner-von Sivers: *Briefwechsel und Dokumente*, S. 105.

105 Ebd.

106 Brief Rudolf Steiners an Marie von Sivers, 16.4.1905. In: Rudolf Steiner/Marie Steiner-von Sivers: *Briefwechsel und Dokumente*, S. 98f.

107 Brief Marie von Sivers' an Edouard Schuré, 12.2.1906. Zit. n. Hella Wiesberger: *Marie Steiner-von Sivers. Ein Leben für die Anthroposophie*, S. 174f.

108 In: Rudolf Steiner/Marie Steiner-von Sivers: *Briefwechsel und Dokumente*, S. 138.

109 Ebd., S. 143.

110 Brief Rudolf Steiners an Marie von Sivers, 25.1.1906. In: Rudolf Steiner/Marie Steiner-von Sivers: *Briefwechsel und Dokumente*, S. 148.

111 Brief Marie von Sivers' an Edouard Schuré, 12.2.1906. Zit. n. Hella Wiesberger: *Marie Steiner-von Sivers. Ein Leben für die Anthroposophie*, S. 217f.

112 Brief Rudolf Steiners an Marie von Sivers, 14.8.1906. In: Rudolf Steiner/Marie Steiner-von Sivers: *Briefwechsel und Dokumente*, S. 154.

113 Brief Rudolf Steiners an Marie von Sivers, 17.4.1905. In: Rudolf Steiner/Marie Steiner-von Sivers: *Briefwechsel und Dokumente*, S. 103.

114 Brief Rudolf Steiners an Marie von Sivers, 25.11.1905. In: Rudolf Steiner/Marie Steiner-von Sivers: *Briefwechsel und Dokumente*, S. 125.

115 Vgl. Edwin Froböse (Hg.): *Marie Steiner. Ihr Weg zur Erneuerung der Bühnenkunst durch die Anthroposophie. Eine Dokumentation*, S. 33.

116 Rudolf Steiner: *Weltenwunder, Seelenprüfungen und Geistesoffenbarungen*. GA 129. Dornach [6]1995, S. 11.

117 Rudolf Steiner: *Mein Lebensgang*, S. 438f.

118 Über die Situation ihrer ersten diesbezüglichen Frage an Schuré, die im September 1906 in Barr erfolgt war, schrieb Marie von Sivers im Rückblick: «Tagsüber erwartete Schuré mit Spannung die Feierstunde des Abends, an der er Fragen stellen durfte, die, in seinem Notizbuch bereits eingezeichnet, in der Beantwortung zu einem intimen Vortrag Dr. Steiners wurden. Anregende Gespräche wurden geführt während der Wanderungen zu den Ruinen alter Burgen, zum Odilienberg, zur Heidenmauer. Dort war es, dass ich, übergehend von einem Rückblick in die Zeit der Druidenmysterien zu den Griechen, es wagte, die Frage an Schuré zu stellen, die Dr. Steiner, soweit es ihn betraf, schon bejahend beantwortet hatte: ob wir uns an die Darstellung seines Dramas von Eleusis wagen dürften, anlässlich des in München im nächsten Jahre zu haltenden Kongresses. Schuré war freudig überrascht und etwas ängstlich zugleich. Doch überwand er die Ängstlichkeit. ‹Unter dem Hauche des Meisters [sous le soffle du maître]› – meinte er – ‹würde es vielleicht gehen.›» (In: Marie Steiner: *Rudolf Steiner und die redenden Künste. Gesammelte Schriften II*, S. 322)

119 Brief Marie von Sivers' an Edouard Schuré, 10. 11. 1906. In: Rudolf Steiner/Marie Steiner-von Sivers: *Briefwechsel und Dokumente,* S. 157.

120 Ebd.

121 Brief Edouard Schurés an Marie von Sivers, 15. 11. 1906. Zit. n. Hella Wiesberger: *Marie Steiner-von Sivers. Ein Leben für die Anthroposophie,* S. 249.

122 Brief Marie von Sivers' an Edouard Schuré, 13. 1. 1907. Zit. n. Hella Wiesberger: *Marie Steiner-von Sivers. Ein Leben für die Anthroposophie,* S. 252.

123 Brief Marie von Sivers' an Edouard Schuré, 10. 11. 1906. In: Rudolf Steiner/Marie Steiner-von Sivers: *Briefwechsel und Dokumente,* S. 158.

124 Rudolf Steiner: *Weltenwunder, Seelenprüfungen und Geistesoffenbarungen.* GA 129. Dornach [6]1995, S. 9.

125 Rudolf Steiner: *Lucifer-Gnosis.* GA 34, S. 156. – Schuré selbst sagte über das «Mysterium von Eleusis» und sein dramatisches Spiel viele Jahre später zu Camille Schneider: «Das Mysterium von Eleusis war ein neun Tage umfassendes Fest, das alle fünf Jahre um Michaeli gefeiert wurde und dessen Schlussakt, am neunten Tage, das Heilige Drama war. Damit sollte der Weg nach der geistigen Welt und am neunten Tage der Eintritt in dieselbe dargestellt werden. Dieses Drama mit dem Prolog hatte ich wiederhergestellt [...]. Das Mysteriendrama war in mir durch geistige Schau reif geworden [...].» (Camille Schneider: *Edouard Schurés Begegnungen mit Rudolf Steiner*, S. 17f.)

126 Brief Rudolf Steiners an Edouard Schuré, 20. 12. 1906. In: Rudolf Steiner/Marie Steiner-von Sivers: *Briefwechsel und Dokumente,* S. 168.

127 Rudolf Steiner: *Ursprungsimpulse der Geisteswissenschaft.* GA 96. Dornach [2]1989, S. 186.

128 Ebd., S. 188.

129 Rudolf Steiner: *Wahrspruchworte.* GA 40, Dornach [8]1998, S. 97.

130 Ebd., S. 189f./191.

131 In: Marie Steiner: *Rudolf Steiner und die redenden Künste. Gesammelte Schriften II,* S. 63 f. Nach Wilfried Hammacher lautet der letzte Satz dieser Niederschrift in einer anderen Text-Variante: «Dass mit vollem Bewusstsein wieder aufgenommen würde, was in den alten Mysterien einst in unsere träumenden Seelen gesenkt worden ist, das war das Ziel der Arbeit Rudolf Steiners an uns.» (Wilfried Hammacher: *Marie Steiner. Lebensspuren einer Individualität,* Stuttgart 1998, S. 160)

132 Brief Marie von Sivers' an Edouard Schuré, 4. 1. 1907. Zit. n. Hella Wiesberger: *Marie Steiner-von Sivers. Ein Leben für die Anthroposophie,* S. 190.

133 Brief Marie von Sivers' an Edouard Schuré, 13. 1. 1907. Zit. n. Hella Wiesberger: *Marie Steiner-von Sivers. Ein Leben für die Anthroposophie,* S. 191.

134 Noch in den letzten Wochen seines Lebens schrieb Rudolf Steiner in seinen autobiographischen Erinnerungen über die Vortrags- und Kunstreisen an der Seite von Marie von Sivers, die ihn ab dem Jahre 1906 über viele Jahre regelmäßig nach Italien führten: «Als [...] die Reisen für die Anthroposophie in Gemeinsamkeit mit Marie von Sivers gemacht wurden, traten mir die Schätze der Museen im weitesten europäischen Umkreise entgegen. Und so machte ich vom Beginne des Jahrhunderts ab, also in meinem fünften Lebensjahrzehnt, eine hohe Schule des Kunststudiums, und im Zusammenhange damit, eine Anschauung der geistigen Entwickelung der Menschheit durch. Überall war da Marie von Sivers mir zur Seite, die mit ihrem feinen und geschmackvollen Eingehen auf alles, was ich in der Kunst- und Kulturanschauung erleben durfte, selbst in schöner Weise alles, ergänzend, miterlebte. Sie verstand, wie diese Erlebnisse in all das flossen, was dann die Ideen der Anthroposophie beweglich machte. Denn es durchdrang, was an Kunst-Eindrücken meine Seele empfing, das, was ich in Vorträgen wirksam zu machen hatte. – Im praktischen Anschauen der großen Kunstwerke trat vor unsere Seelen die Welt, aus der noch eine andere Seelenkonfiguration aus älteren Zeiten in die neuen herüberspricht. Wir konnten die Seelen versenken in die Geistigkeit der Kunst, die noch aus Cimabue spricht. Aber wir konnten uns auch durch das Anschauen in der Kunst in den gewaltigen Geisteskampf vertiefen, den Thomas von Aquino in der Hochblüte der Scholastik gegen den Arabismus führte. – Für mich war die Beobachtung der baukünstlerischen Entwickelung von

besonderer Bedeutung. Im stillen Anblick der Stilgestaltung erwuchs in meiner Seele, was ich dann in die Formen des Goetheanum prägen durfte. – Das Stehen vor dem Abendmahl des Lionardo in Mailand, vor den Schöpfungen Raphaels und Michaelangelos in Rom und die im Anschlusse an diese Betrachtungen mit Marie von Sivers geführten Gespräche müssen, wie ich glaube, gerade dann gegenüber der Schicksalsfügung dankbar empfunden werden, wenn sie erst im reiferen Alter zum ersten Male vor die Seele treten. – Doch ich müsste ein Buch von einem nicht geringen Umfange schreiben, wenn ich auch nur kurz schildern wollte, was ich in der angedeuteten Art erlebte. – Man sieht ja, wenn die geistige Anschauung dahinter steht, so tief in die Geheimnisse der Menschheitsentwickelung hinein durch den Blick, der sich in die ‹Schule von Athen› oder in die ‹Disputa› betrachtend verliert. – Und schreitet man mit der Beobachtung von Cimabue durch Giotto bis zu Raphael vor, so hat man das allmähliche Abdämmern einer älteren Geist-Anschauung der Menschheit zu der modernen, mehr naturalistischen vor sich. Was sich mir aus der geistigen Anschauung als das Gesetz der Menschheitsentwickelung ergeben hatte: es tritt, sich deutlich offenbarend, in dem Werden der Kunst der Seele entgegen. – Es gab ja immer die tiefste Befriedigung, wenn ich sehen konnte, wie durch dieses fortwährende Eintauchen in das Künstlerische die anthroposophische Bewegung neues Leben empfing. – Man braucht, um mit den Ideen die Wesenhaftigkeiten des Geistigen zu umfassen und sie ideenhaft zu gestalten, Beweglichkeit der Ideen-Tätigkeit. Die Erfüllung der Seele mit dem Künstlerischen gibt sie. – Und es war ja durchaus nötig, die Gesellschaft vor dem Eindringen aller derjenigen inneren Unwahrheiten zu bewahren, die mit der falschen Sentimentalität zusammenhängen. Eine geistige Bewegung ist ja diesem Eindringen immer ausgesetzt. Belebt man den mitteilenden Vortrag durch die beweglichen Ideen, die man selbst dem Leben in dem Künstlerischen verdankt, so wird die aus der Sentimentalität kommende innere Unwahrhaftigkeit, die in dem Zuhörenden steckt, hinweggebannt. – Das Künstlerische, das von Empfindung und Gefühl zwar getragen wird, das aber aufstrebt zur lichterfüllten Klarheit in der Gestaltung und Anschauung, kann das wirksamste Gegengewicht gegen die falsche Sentimentalität geben. – Und da empfinde ich es denn als ein besonders günstiges Geschick für die anthroposophische Bewegung, dass ich in Marie von Sivers eine Mitarbeiterin vom Schicksal zuerteilt bekam, die aus ihren tiefsten Anlagen heraus dieses künstlerisch-gefühlsgetragene, aber unsentimentale Element mit vollem Verständnis zu pflegen verstand.» (*Mein Lebensgang*, S. 453 ff.)

135 Brief Marie von Sivers' an Edouard Schuré, 13. 1. 1907. Zit. n. Hella

Wiesberger: *Marie Steiner-von Sivers. Ein Leben für die Anthroposophie,* S. 192.

136 Antwortend schrieb Edouard Schuré am 24. Januar an Marie von Sivers nach Berlin: «Das alte Gebäude der römisch-katholischen Religion muss von oben bis unten zusammenstürzen, damit sich eine menschlichere und universellere Religion gestalten kann. Aber ich stelle mir vor, dass diese, indem sie sich erweitert, die wesentlichen Ideen und Riten des Christentums wieder aufnehmen wird, um sie durch eine neue Inspiration zu beleben. Ich nehme an, dass in nächster Zukunft eine Menge initiativer und universeller Offenbarungen auftauchen werden, die mit der Zeit sich zusammenschließen und zu einem Ganzen zusammenschmelzen werden.» (Zit. n. Hella Wiesberger: *Marie Steiner-von Sivers. Ein Leben für die Anthroposophie,* S. 193)

137 Rudolf Steiner: *Okkulte Geschichte. Esoterische Betrachtungen karmischer Zusammenhänge von Persönlichkeiten und Ereignissen der Weltgeschichte.* GA 126. Dornach [5]1992, S. 20f.

138 Brief Marie von Sivers' an Johanna Mücke, 25. 9. 1907. Zit. n. H. Wiesberger: *Marie Steiner-von Sivers. Ein Leben für die Anthroposophie,* S. 357.

139 Zit. n. Rudolf Steiner/Marie Steiner-von Sivers: *Briefwechsel und Dokumente,* S. 175.

140 Brief Rudolf Steiners an Marie von Sivers, 25. 2. 1907. In: Rudolf Steiner/Marie Steiner-von Sivers: *Briefwechsel und Dokumente,* S. 177.

141 Brief Rudolf Steiners an Marie von Sivers, 10. 11. 1907. In: Rudolf Steiner/Marie Steiner-von Sivers: *Briefwechsel und Dokumente,* S. 196.

142 Brief Marie von Sivers' an Edouard Schuré, 26. 5. 1907. In: Rudolf Steiner/Marie Steiner-von Sivers: *Briefwechsel und Dokumente,* S. 182.

143 Brief Marie von Sivers' an Edouard Schuré, 28. 5. 1907. In: Rudolf Steiner/Marie Steiner-von Sivers: *Briefwechsel und Dokumente,* S. 184.

144 Brief Marie von Sivers' an Edouard Schuré, 18. 6. 1907. In: Rudolf Steiner/Marie Steiner-von Sivers: *Briefwechsel und Dokumente,* S. 187.

145 Über Marie von Sivers' Demeter-Darstellung schrieb Marie Savitch (die zwar die Vorstellung nicht gesehen und gehört, aber frühe Zeitzeugen befragt und zahlreiche Gespräche mit Rudolf Steiner über Marie von Sivers geführt hatte – *«Die Grundlage für meine Darstellung des Lebens von Marie Steiner-von Sivers sind die Gespräche mit Rudolf Steiner, in denen er mir über das Wesen von Marie Steiner sprach.»*): «Marie von Sivers spielte die Rolle der Demeter. Sie hatte eine höhere Stufe in der Sprache erreicht. Durch die Lautgestaltung des Textes durch Rudolf Steiner konnte beim richtigen Sprechen, durch die Lautwirkung selber, sich eine innere Substantialität kundgeben, welche dem Geschehen ein Gewicht gab, das nicht im nur inhaltlichen Gestalten des Textes zum Ausdruck hätte kommen können. Durch die Behandlung der Sprache

trat durch den äußeren Text hindurch ein geistiger Hintergrund hervor, der sozusagen den äußeren Text überwand. Eine neue Wirkung des Dramatischen kündigte sich das erste Mal an.» (*Marie Steiner-von Sivers. Mitarbeiterin Rudolf Steiners*, S. 54 f.). Auch Rudolf Steiner selbst hielt in diesem Sinne fest: «Marie von Sivers, welche die Rolle der Demeter übernommen hatte, wies in ihrer Darstellung schon deutlich auf die Nuancen hin, die das Dramatische in der Gesellschaft erlangen sollte. – Außerdem waren wir in einem Zeitpunkt, in dem die deklamatorische und rezitatorische Kunst durch Marie von Sivers in dem Herausarbeiten aus der inneren Kraft des Wortes an dem entscheidenden Punkte angekommen war, von dem aus auf diesem Gebiete weitergegangen werden konnte.» (*Mein Lebensgang*, S. 465)

146 Karl Stockmeyer, ein knapp einundzwanzigjähriger Besucher der Veranstaltungen, beschrieb den von Rudolf Steiner gestalteten Raum mit den Worten: «Der so genannte Kaim-Saal [...] war ganz mit hochrotem Tuch ausgekleidet. Auch die Decke war rot verkleidet. Die großen Emporen waren verhängt. So entstand ein rechteckiger Raum mit ziemlich breitem Grundriss, ohne Fenster, ein reiner Innenraum. – Die toten Stoffwände waren ganz glatt. Nur in der Stirnwand war ein schlicht rechteckiger, wenig tiefer Bühnenraum ausgespart, dessen Boden reichlich einen Meter höher lag als der Boden des Saales. Dort oben stand für die Kongressleitung ein langer Tisch, der ebenfalls rot verhängt war und mit den Tierkreiszeichen geschmückt. Daneben etwas nach vorn gerückt stand der Rednerpult. – Über der Bühnenöffnung hing ein Bild des Münchner Malers Hass: ‹Die große Babylon.› Unter ihr standen auf Postamenten die Büsten der großen deutschen Idealisten Fichte, Schelling und Hegel und links und rechts von ihnen zwei Säulen, eine rote mit I, eine blaue mit B geschmückt und mit den Sprüchen beschrieben: I *Im reinen Gedanken findest du / Das Selbst, das sich halten kann. / Wandelst zum Bilde du den Gedanken, / Erlebest du die schaffende Weisheit.* B *Verdichtest du das Gefühl zum Licht, / Offenbarst du die formende Kraft. / Verdinglichst du den Willen zum Wesen, / So schaffest du im Weltensein.* – Die beiden Säulenwände und die Rückwand waren durch sieben Säulen von etwa zweieinhalb Meter Höhe geschmückt, die ganz einfach auf große Bretter gemalt waren. Sie zeigten über einem glatten, runden Schaft ohne Sockel als Kapitäl die Motive der späteren Goetheanum-Säulen. Die Planetenzeichen waren auf ihnen angebracht. In den Zwischenräumen der Säulen waren die sieben apokalyptischen Siegel angebracht. Beides, Säulen und Siegel, waren von der Stuttgarter Malerin Clara Rettich nach Rudolf Steiners Skizzen gemalt. Sonst zeigte der Raum, soweit ich mich erinnere, keinen Schmuck, Säulen und Siegel empfand man, trotz ihrer künstlerischen Anspruchslosigkeit, als

machtvolle Hindeutungen auf umfassendes übersinnliches Wesenserleben. Das freie Dastehen der Säulenbilder ohne Gebälk und Decke mit den zwischen ihnen auf der roten Wand hängenden Bildern wurde zur Forderung, sich einen gebauten Raum hinzuzudenken, in den die Säulen als tragende Elemente eingegliedert wären und die Siegel als *Bilder* den Blick in ein unräumlich-geistiges Leben lenkten. – Das Rot der Wände und der Decke wurde zur alles Gegenständliche überstrahlenden und in ihren leichten Dämmer hüllenden Raumfarbe und gab dem so geschaffenen Raume eine unerhörte Feierlichkeit. Sie nahm die Seelen der Anwesenden auf und sprach zu ihnen aus dem gleichen Geiste, aus dem die Worte der Geisteswissenschaft tönten.» (Zit. n. Hella Wiesberger: *Aus dem Leben von Marie Steiner-von Sivers*, S. 46ff.)

147 Über das entscheidende Gespräch Rudolf Steiners mit Anni Besant, die seit kurzem Präsidentin der Theosophischen Gesellschaft *und* Leiterin der Esoteric School war (sowie am Beginn verhängnisvoller Fehlentscheidungen und -entwicklungen stand), schrieb Marie Steiner-von Sivers im späteren Rückblick: «Im Jahre 1907, beim Kongress der Föderation theosophischer Sektionen, in München, versuchte Dr. Steiner in einem längeren Gespräch, bei dem ich als Dolmetscherin diente, in herzlich-ehrerbietiger, aber tief eindringlicher Weise Anni Besant auf manches hinzuweisen, das ihr in diesem entscheidenden Momente ihres Schicksals hätte helfen können, und legte ihr zugleich die für ihn eingetretene Notwendigkeit dar, seine eigene esoterische Arbeit, unabhängig von der ihrigen, ganz auf den Boden der abendländisch-christlichen Mystik zu stellen. Sie hörte sich dieses schweigend mit ziemlich undurchdringlichem Gesichtsausdrucke an, und man fühlte förmlich, welche Gedankengänge sich hinter ihrer Stirne formten.» (Zit. n. Hella Wiesberger: *Aus dem Leben von Marie Steiner-von Sivers*, S. 31). Rudolf Steiner selbst wies in einer Berliner Ansprache vom 14. 12. 1911 darauf hin, dass Annie Besant in dem Münchner Gespräch unter anderem gesagt habe, sie sei «in Bezug auf das Christentum nicht kompetent» – «Und deshalb trat sie sozusagen damals die Bewegung, insofern das Christentum einfließen soll, mir ab.» (*Bilder okkulter Siegel und Säulen.* GA 284. Dornach [3]1993, S. 31). Wenige Wochen nach dem Münchner Gespräch schrieb Anni Besant am 7. Juni 1907 aus London an den Theosophen Wilhelm Hübbe-Schleiden: «Dr. Steiners okkulte Schulung ist von der unsrigen sehr verschieden. Er kennt den östlichen Weg nicht, daher kann er ihn auch nicht lehren. Er lehrt den christlich-rosenkreuzerischen Weg, der für manche Menschen eine Hilfe, aber von unserem verschieden ist. Er hat seine eigene Schule und trägt auch selbst die Verantwortung dafür.» (Zit. n. Emil Bock: *Rudolf Steiner. Studien zu seinem Lebenswerk.* Stuttgart [1]1961, S. 196)

148 In der ersten Esoterischen Stunde nach dem Münchner Kongress und der Trennung von der Esoteric School of Theosophy sagte Rudolf Steiner am 1.6.1907: «Niemand soll [...] glauben, es bestehe eine Disharmonie zwischen den Meistern des Ostens und des Westens. Die Meister leben immer in Harmonie. Aber dennoch ist in der letzten Zeit eine tiefeinschneidende Änderung vor sich gegangen, hinsichtlich der esoterischen Schule des Ostens und des Westens. Bisher waren beide Schulen vereint in einem großen Kreise unter gemeinsamer Leitung der Meister. Nun aber hat sich die westliche Schule selbständig gemacht und es bestehen nunmehr zwei einander gleichgestellte Schulen: die eine im Osten, die andere im Westen; zwei kleinere Kreise statt des einen großen. Die östliche Schule wird von Mrs. Anni Besant geleitet, und wer sich in seinem Herzen mehr zu ihr hingezogen fühlt, der kann nicht länger in unserer Schule bleiben. Ein jeder prüfe genau, welchen Weg ihn die Herzenssehnsucht führt. An der Spitze unserer westlichen Schule stehen zwei Meister: der Meister Jesus und der Meister Christian Rosenkreutz. Und zwei Wege führen sie uns, den christlichen und den christlich-rosenkreuzerischen. Die große weiße Loge leitet alle spirituellen Bewegungen, und der Meister Jesus und der Meister Christian Rosenkreutz gehören ihr an. – Das sei als Antwort, als tatsächliche Antwort gegeben auf die Fragen, die wohl mancher sich stellte infolge der letzten Ereignisse.» *(Zur Geschichte und aus den Inhalten der ersten Abteilung der Esoterischen Schule 1904 bis 1914*, S. 329f.; vgl. hierzu auch Hella Wiesberger: «Die Trennung von der «Esoteric School of Theosophy» und der «Theosophical Society», in: Hella Wiesberger: *Rudolf Steiners esoterische Lehrtätigkeit.* Dornach 1997, S. 133ff. sowie Sergej O. Prokofieff: «Der theosophische Kongress in München. Die Trennung der östlichen und der westlichen Esoterik», in: Sergej O. Prokofieff: *Der Osten im Lichte des Westens. Teil III. Die Geburt der christlichen Esoterik im 20. Jahrhundert und die ihr widerstrebenden Mächte.* Dornach 1997, S. 28ff.)

149 Darauf, dass er bereits *vor* der Trennung der beiden esoterischen Schulen in gewisser Hinsicht vollständig unabhängig und selbstverantwortlich lehrte, wies Rudolf Steiner in seinem autobiographischen *Lebensgang* hin: «Nun wollte ich überall an Bestehendes, an historisch Gegebenes anknüpfen. So wie ich dies mit Bezug auf die Theosophische Gesellschaft tat, wollte ich es auch gegenüber der ‹Esoterischen Schule› machen. Deshalb bestand mein ‹engerer Kreis› auch zunächst in Zusammenhang mit dieser Schule. Aber der Zusammenhang lag nur in den *Einrichtungen*, nicht in dem, was ich als Mitteilung aus der Geist-Welt gab. So nahm sich mein engerer Kreis in den ersten Jahren äußerlich wie eine Abteilung der ‹Esoterischen Schule› von Mrs. Besant aus. Innerlich war er das ganz und gar nicht.» (*Mein Lebensgang*, S. 426)

150 Brief Marie von Sivers' an Edouard Schuré, 17.6.1907. In: Rudolf Steiner/Marie Steiner-von Sivers: *Briefwechsel und Dokumente,* S.184f.

151 Ebd., S.185.

152 Ebd.

153 Brief Marie von Sivers' an Edouard Schuré, 13.1.1907. Zit. n. Hella Wiesberger: *Marie Steiner-von Sivers. Ein Leben für die Anthroposophie,* S.274.

154 Ebd., S.275.

155 Brief Marie von Sivers' an Edouard Schuré, 18.8.1907. In: Rudolf Steiner/Marie Steiner-von Sivers: *Briefwechsel und Dokumente,* S.189.

156 Ebd., S.190.

157 Ebd., S.191.

158 Ebd.

159 Margarita Woloschina hielt in ihren Lebenserinnerungen fest, dass Rudolf Steiner neben seinen täglichen Vorträgen in einer Mittelschule auch eine Vortragsdarstellung auf einer Insel gab, und beschrieb ihre gemeinsame Bootsüberfahrt mit Rudolf Steiner und Marie von Sivers mit den Worten: «Ein Kind saß am Ruder. Mir fiel auf, dass das Gesicht von Rudolf Steiner in dem hellen Licht ganz anders war als die ihn umgebende Natur. Ich musste an Kohle und Diamant denken. Dagegen war das Gesicht von Fräulein von Sivers in seinem paradiesischen Blühen aus den reinsten Elementen der umgebenden Natur gewoben; das Gold der Sonne, die Bläue des Himmels und des Gewässers, die Zartheit der nordischen Rose, die sie gerade in der Hand hielt, fand man wieder, zu einer weiblichen Schönheit zusammengefügt. Immer wenn ich diese beiden Menschen nebeneinander sah, hatte ich das Gefühl, dass sich ganz verschiedene Welten in diesem Zweiklang begegneten.» (*Die grüne Schlange. Lebenserinnerungen*, S.204)

160 «Rudolf Steiner selbst wehrte dies ab – es war ein Menschheitsbau, den er im Sinne hatte, ein Haus des Wortes, das der Wissenschaft des Geistes dienen sollte.» (Marie Steiner-von Sivers: «Rudolf Steiner und die Künste» [1927]. In: *Erinnerungen von Marie Steiner. Aufsätze und Gedichte. Band II*, S.14)

161 «Unser erster Schritt war, einen Grundstock für unsern Bücherbestand zu bilden durch Ankauf der verschwundenen Restbestände von *Die Philosophie der Freiheit*, – was nicht so leicht war; denn der verkrachte Verleger verbarg sich vor seinen Gläubigern und musste mühsam aufgestöbert werden. Ich kaufte ihm dann die im Buchhandel nicht erhältlichen, irgendwo verstauten Restbestände von *Philosophie der Freiheit* ab, ebenso wie *Goethes Weltanschauung* und *Wahrheit und Wissenschaft*. Damit begannen wir [...].» (Brief Marie Steiner-von Sivers', 25.1.1946. In: Marie Steiner: *Briefe und Dokumente*. Dornach 1981, S.204f.). Ein-

undzwanzig Jahre zuvor hatte auch Rudolf Steiner über den Beginn des Philosophisch-Theosophischen Verlags in seinen Erinnerungen geschrieben: «Wir kauften die noch vorhandenen Exemplare und die Verlagsrechte des Buches *[Philosophie der Freiheit]* auf. – Das alles war für uns nicht leicht. Denn wir waren ohne erhebliche Geldmittel. – Aber die Arbeit ging gut vorwärts, wohl gerade deshalb, weil sie sich auf nichts Äußerliches, sondern allein auf den inneren geistigen Zusammenhang stützen konnte.» (Rudolf Steiner: *Mein Lebensgang,* S. 431)

162 Marie Steiner-von Sivers: «Zum 27. Februar und 22. März 1932.» In: Marie Steiner: *Rudolf Steiner und die redenden Künste. Gesammelte Schriften II,* S. 175.

163 Rudolf Steiner: *Mein Lebensgang,* S. 443. – Über entsprechende Aussagen Rudolf Steiners und die Situation der Vortragsnachschriften im Sommer 1909 – im Rahmen des internationalen Theosophischen Kongresses in Budapest – schrieb Alexander Strakosch: «Während des Kongresses wandten sich [...] eine Anzahl von Mitgliedern, welchen die Vorträge Rudolf Steiners Lebensbrot geworden waren, an ihn mit der Bitte, er möge gestatten, dass seine Ausführungen jeweils stenographisch nachgeschrieben würden. Dies war nämlich bisher nicht geschehen. Er lehnte zuerst ab, und als jemand darauf hinwies, wie viele Menschen es als schmerzlich empfänden, dass ihnen dieses Geistesgut nun unzugänglich bliebe, erwiderte er sehr ernst: ‹Es ist eben Karma, ob einer bei einem Vortrag dabei sein kann oder nicht.› Nach einigen Tagen aber erklärte er, dass nun er von sich aus Wert auf eine offizielle Nachschrift lege. Er hatte nämlich erfahren, dass ‹unmögliches Zeug› weitergegeben würde mit der Behauptung, dass er das in einem Vortrag gesagt habe; durch eine offizielle Nachschrift wolle er sich nun davor schützen, indem so jederzeit nachweisbar sei, was er wirklich gesagt habe.» (Alexander Strakosch: *Lebenswege mit Rudolf Steiner. Erinnerungen.* Dornach 1994, S. 67)

164 Brief Marie von Sivers' an Sophie Stinde, Dezember 1909. In: Rudolf Steiner/Marie Steiner-von Sivers: *Briefwechsel und Dokumente,* S. 212. – Ein Jahr später, Dezember 1910, lagen den Mitgliedern der Theosophischen Gesellschaft bereits die vervielfältigten Nachschriften der Kurse *Vor dem Tore der Theosophie* (Stuttgart 1906), *Das Johannes-Evangelium* (Hamburg 1908), *Welt, Erde und Mensch* (Stuttgart 1908), *Die Apokalypse des Johannes* (Nürnberg 1908), *Der Orient im Lichte des Okzidents* (München 1909), *Das Johannes-Evangelium im Verhältnis zu den drei anderen Evangelien, besonders zu dem Lukas-Evangelium* (Kassel 1909) und *Geistige Hierarchien und ihre Widerspiegelung in der physischen Welt* (Düsseldorf 1909) vor bzw. konnten über den Philosophisch-Theosophischen Verlag in der Berliner Motzstraße bezogen werden.

165 «Rudolf Steiner litt unsäglich, wenn er sein gesprochenes Wort in der Nachschrift vor sich hatte. Er hat nur in wenigen Fällen einen Vortrags-Zyklus ganz durchgeprüft: während der Kriegszeit *Die Mission der Volksseelen* (die der Prinz Max von Baden zu lesen wünschte) und später den in der Monatsschrift ‹Die Drei› (Stuttgart) erschienenen Zyklus *Der Orient im Lichte des Okzidents. Die Kinder des Luzifer und die Brüder Christi*. Meistens gab er die Blätter gequält zurück, indem er sagte, es würde ihm leichter sein, alles neu zu schreiben.» (Marie Steiner-von Sivers: «Wendepunkte des Geisteslebens» [1927]. In: Marie Steiner: *Die Anthroposophie Rudolf Steiners. Gesammelte Schriften I*, S. 29)

166 Brief Rudolf Steiners an Marie von Sivers, 26. 1. 1910. In: Rudolf Steiner/ Marie Steiner-von Sivers: *Briefwechsel und Dokumente*, S. 218.

167 Zit. n. Hella Wiesberger: *Marie Steiner-von Sivers. Ein Leben für die Anthroposophie*, S. 366.

168 Ebd.

169 Marie Steiner-von Sivers: «Am Vorabend des Michaeli-Tages» (1925). In: *Erinnerungen von Marie Steiner. Aufsätze und Gedichte. Band II*, S. 48. – Vgl. hierzu die Studie von Hella Wiesberger: «Marie Steiner und die Novalisforschung Rudolf Steiners.» In: Beiträge zur Rudolf Steiner Gesamtausgabe. Heft 43/44. 1973, S. 10ff.

170 Bezüglich des ersten Münchner Kunstzimmers schrieb Alexander Strakosch, dass Rudolf Steiner diese Initiative Sophie Stindes sehr geschätzt und zur Nachahmung empfohlen habe; über die Münchner Einrichtung hielt er fest: «Es war ein leerstehendes Geschäftslokal in einer Vorstadt gemietet worden. Die Wände waren in einem hellen farbigen Ton glatt gestrichen und mit schönen Wiedergaben alter und neuer Meisterwerke geschmückt. Jeden Abend der Woche gab es für jedermann, der von der Straße hereinkommen wollte, eine andere Veranstaltung: Lichtbilderabende mit Erläuterungen der gezeigten Kunstwerke, literarische Abende mit Vorlesen von wertvollen Werken der Dichtkunst und Prosa, Märchenabende für Kinder und Mütter, Puppenspiele und musikalische Darbietungen.» (Alexander Strakosch: *Lebenswege mit Rudolf Steiner. Erinnerungen*, S. 141; vgl. a. Rudolf Steiners diesbezüglicher Bericht in der letzten Nummer der *Lucifer-Gnosis* vom Frühjahr 1908: GA 34. Dornach [2]1987, S. 564)

171 Marie Steiner-von Sivers: «Die Kunstzimmer» (1942). In: Marie Steiner: *Rudolf Steiner und die redenden Künste. Gesammelte Schriften II*, S. 312.

172 Brief von Edouard Schuré an Marie von Sivers, 18. 5. 1909. Zit. n. Hella Wiesberger: *Marie Steiner-von Sivers. Ein Leben für die Anthroposophie*, S. 288.

173 Brief Marie von Sivers' an Edouard Schuré, Juni 1909. Zit. n. Hella Wiesberger: *Marie Steiner-von Sivers. Ein Leben für die Anthroposophie,* S. 290.

174 Wie Marie Steiner-von Sivers in einem späteren Bericht hervorhob, war die Sommer-Festspielzeit in München, die von 1909 bis 1913 ohne Unterbrechung durchgeführt wurde, die für sie «schönste Zeit des Jahres»: «Denn da war es uns gestattet, im Zeitraum von ungefähr zwei Monaten uns auf *eine* Arbeit zu konzentrieren.» («Über die Mysterienspiele in München» [1933]. In: Marie Steiner: *Rudolf Steiner und die redenden Künste. Gesammelte Schriften II,* S. 28). Neben der – expansiven wie intensiven – Arbeit an der neuen, bühnenwirksamen Mysterienkunst waren die Münchner Sommerwochen dabei auch von der beglückenden Erfahrung der kunstgeprägten, süddeutschen Stadt, ihrer besonderen Atmosphäre und Möglichkeiten gekennzeichnet, die Marie von Sivers auf zahlreichen Erkundungsgängen mit Rudolf Steiner in sich aufnahm: «Die frohe Isarstadt, – sie hatte einst ein Wehen der Freiheit um sich und der Liebenswürdigkeit, die einen unendlichen Zauber um sie breitete; etwas in dem weicheren Hauche der Luft, das wie ein Grüßen des Südens war, etwas in der Frische der Winde, das wie ein Klingen der Alpen war. Die Isar rauschte in einer Weise, die noch etwas barg von dem tollen Übermut, den sie in der wilden Klamm entfaltet. Wohl hatte die Industrie sie eingedämmt, aber nicht gebändigt. Der Himmel konnte in München so tief blauen wie in Italien; so tief hinein konnten die Türme der Frauenkirche in den blauen Lüftedom ragen – fast wie in Italien. Und unter diesem Himmel, in diesem frischen Wehen, bei diesem Klingen konnte sich's leichter wandeln, leichter schaffen, leichter denken, als in anderen Städten Deutschlands. Ich sehe noch Rudolf Steiners elastischen Gang, sein freundliches, gütiges Lächeln, wenn wir in den Straßen Münchens einhergingen, bald hier, bald dort einkehrend, wo es etwas zu entdecken gab: vor den Auslagen der Bücherstände blieben wir am öftesten stehen.» (Ebd., S. 34f.)

175 Am Vorabend des ersten Dornacher Hochschulkurses, der ersten Veranstaltung im Goetheanum, bezeichnete Rudolf Steiner seinen Berliner «Märchen»-Vortrag vom 29. 9. 1900 als die «Urzelle» der anthroposophischen Bewegung. (Vgl. Rudolf Steiner: *Zur Geschichte und aus den Inhalten der erkenntniskultischen Abteilung der Esoterischen Schule von 1904 bis 1914.* GA 265. Dornach [1]1987, S. 121). Von Goethes Märchen-Motiven ausgehend schuf Rudolf Steiner 1910 sein erstes Mysteriendrama und ermöglichte damit indirekt den Weg zum Johannes-Bau bzw. Goetheanum.

176 «Oben in der geistigen Welt spielte sich ab in mächtigen kosmischen Imaginationen die Vorbereitung für jene intelligente, aber durchaus spi-

rituelle Erschaffung, die dann als Anthroposophie erscheinen sollte. Was da durchsickerte: auf Goethe machte es einen bestimmten Eindruck. Ich möchte sagen, es kam in Miniaturbildern bei ihm durch. Die großen, gewaltigen Bilder, die sich da oben abspielten, kannte Goethe nicht; er verarbeitete diese Miniaturbildchen in seinem ‹Märchen von der grünen Schlange und der schönen Lilie›. Eine wunderbare Erscheinung! [...] Es war sozusagen ein erstes Herauskommen desjenigen, was zunächst in mächtigen Imaginationen im Beginne des 19., sogar schon am Ende des 18. Jahrhunderts sich in der geistigen Welt abspielte. Sie werden es daher nicht wunderbar finden, dass im Hinblick auf diesen übersinnlichen Kultus, der in der ersten Hälfte des 19. Jahrhunderts stattfand, mein erstes Mysteriendrama, ‹Die Pforte der Einweihung›, das ja in einer gewissen Weise in dramatischer Form wiedergeben wollte, was sich da im Beginne des 19. Jahrhunderts abspielte, äußerlich in der Struktur etwas ähnlich wurde dem, was Goethe in seinem Märchen ‹Von der grünen Schlange und der schönen Lilie› dargestellt hat. Denn die Anthroposophie sollte von der Art, wie sie imaginativ in den ersten Zeiten in überirdischen Regionen gelebt hat, heruntersteigen in die irdische Region.» (Rudolf Steiner: *Esoterische Betrachtungen Karmischer Zusammenhänge. Sechster Band.* GA 240. Dornach [5]1992, S. 178; vgl. a. Rudolf Steiners Vortragsausführungen vom 8. 7. 1924 in Dornach, GA 237)

177 Brief Marie von Sivers' an Sophie Stinde, 27. 12. 1909. In: Rudolf Steiner/Marie Steiner-von Sivers: *Briefwechsel und Dokumente,* S. 216.

178 Zu Rudolf Steiners früheren Andeutungen über das Wiederkommen des Christus-Wesens im Ätherischen vgl. Harald Giersch: *Rudolf Steiner über die Wiederkunft Christi.* Dornach 1991, v. a. S. 107 sowie Peter Selg: *Rudolf Steiner und das Fünfte Evangelium. Eine Studie.* Dornach 2005, S. 132.

179 Thomas, der auf der Burg Roccasecca bei Aquino, einer kleinen Stadt zwischen Rom und Neapel, 1225 geboren worden war, besuchte ab seinem fünften Lebensjahr – und bis zu seiner Flucht nach Neapel, wo er neunzehnjährig in den dominikanischen Bettelorden eintrat – die Schule der Abtei Monte Cassino, der Klostergründung Benedikt von Nursias aus dem Jahre 529 (vgl. Josef Pieper: *Thomas von Aquin. Leben und Werk.* München [4]1990, S. 22f.).

180 Rudolf Steiner: *Die Welt des Geistes und ihr Hereinragen in das physische Dasein.* Dornach [2]1980, S. 96f.

181 Rudolf Steiner zu Max Gümpel-Seiling, zit. n. Hella Wiesberger: *Marie Steiner-von Sivers. Ein Leben für die Anthroposophie,* S. 299. (Als die «alchymistische Initiation in der von Christian Rosenkreutz gestiftete Form» bezeichnete Rudolf Steiner einmal Goethes Märchen von der grünen Schlange und der schönen Lilie. Vgl. Rudolf Steiner: *Die Tem-*

pellegende und die goldene Legende. GA 93, Dornach ²1982, S. 294). – In einer anderen Erinnerungsfassung dieses Gespräches («Münchener Uraufführung der Mysteriendramen») schrieb Max Gümpel-Seiling Rudolf Steiners Antwort mit den Worten nieder: «Es verhält sich umgekehrt. Goethes Märchen verdankt seinen Ursprung dem in meinen Mysteriendramen unserer Zeit vermittelten umfassenden Kultus, den die Wesenheit Michaels zur Goethe-Zeit den von ihm Berufenenen in gewaltigen Imaginationen offenbart hat. Goethes Genie vermochte davon Miniaturbilder aufzufassen. Die durch mich dramatisch vermittelten Bilder haben ihren Ursprung in dem Gesamttableau jenes Kultus, an welchem Sie alle teilgenommen haben.» (In: Erika Beltle/Kurt Vierl [Hg.]: *Erinnerungen an Rudolf Steiner.* Stuttgart ¹1979, S. 81)

182 Rudolf Steiner zu Max Gümpel-Seiling, zit. n. Hella Wiesberger: *Marie Steiner-von Sivers. Ein Leben für die Anthroposophie,* S. 299. – In einer anderen Version zitierte Gümpel-Seiling Rudolf Steiner mit den Worten: «Es geht ja okkult nicht an, ein Drama niederzuschreiben, bevor es für die Aufführung geprobt wird.» (In: Erika Beltle/Kurt Vierl [Hg.]: *Erinnerungen an Rudolf Steiner*, S. 88). Obwohl Rudolf Steiners Niederschrift erst in München sukzessive verwirklicht wurde, machte Steiner gegenüber den Schauspielern zugleich deutlich, dass das Drama in gewisser Hinsicht bereits «fertig» sei, nach vieljähriger Vorbereitung (Max Gümbel-Seiling: «Auf den Proben» [1946]. In: Detelef Sixel [Hg.]: *Die Mysteriendramen. Hinweise Rudolf Steiners und Erlebnisberichte von der Uraufführung.* Dornach 1994, S. 176); über diese Vorbereitung sagte er in einem rückblickenden Vortrag zehn Wochen nach der Uraufführung: «Es ist, wenn ich das andeuten darf, ein langer geistiger Prozess, welcher zu diesem Mysterium geführt hat. Wenn ich ihn überdenke oder überschaue, so gehen sozusagen seine Keime zurück in das Jahr 1889. Es sind nicht etwa ungefähr, sondern mit einer in solchen Dingen beobachtbaren Genauigkeit einundzwanzig Jahre, die mich selbst auf den Keim dieses Rosenkreuzermysteriums zurückführen. Und es ist für mich sehr genau zu verfolgen, welche Wege in diesen dreimal sieben Jahren diese Keime durchgemacht haben, und zwar, ich darf wohl sagen: ohne mein besonderes Zutun, indem sie ein ihnen eigenes Leben in diesen dreimal sieben Jahren geführt haben. Es ist so merkwürdig, solche Keime auf ihrem Wege bis zu dem, was man Gestaltung nennen kann, zu verfolgen. Sie machen einen Weg durch, den man nennen könnte einen Gang in die Unterwelt. Da brauchen sie sieben Jahre, um hinabzusteigen. Dann kommen sie wieder zurück, und zu diesem Hinaufsteigen brauchen sie wieder sieben Jahre. Sie sind dann dort angekommen, wo sie ja im Grunde genommen dem Menschen gegenüber waren, als sie ihren Abstieg begonnen haben, und gehen dann in

einer entgegengesetzten Seite sieben Jahre nach der anderen Seite, man könnte sagen, die nach der Höhe geht. Das gibt zweimal sieben plus sieben Jahre, das sind einundzwanzig Jahre. Dann konnte mit einiger Aussicht, dass das Richtige, was mit diesen Keimen gemeint ist, auch wirklich in Gestalt übergehen kann, an die Gestaltung herangetreten werden.» (Rudolf Steiner: *Wege und Ziele des geistigen Menschen.* GA 125. Dornach [2]1992. S. 124f.). Über den Gestaltungsprozess selbst sagte Rudolf Steiner in einem anderen Zusammenhang: «Die Bilder wuchsen so aus sich heraus wie die Blätter einer Pflanze. Man kann gar nicht solch eine Gestalt vorher dadurch hervorbringen, dass man zuerst die Idee hat und diese dann in die äußere Gestalt umsetzt. Es war mir immer recht interessant, wenn so Bild für Bild geworden ist, und Freunde, welche die einzelnen Szenen kennengelernt haben, sagten, es sei merkwürdig, dass es doch immer anders komme, als man es sich vorgestellt habe.» (Ebd., S. 103)

183 «Gerade dadurch, dass Rudolf Steiner den Text erst Szene für Szene gab, senkte sich die dramatische Substanz der Szene viel intensiver in das Erleben des Einzelnen: Szene auf Szene konnte er erleben, wie das ganze Werk in ihm selber wuchs und sich entfaltete. Ein Entstehungs-Vorgang war der geistige Hintergrund, der in jedem sich abspielte, und der alle mitnahm.» (Marie Savitch: *Marie Steiner-von Sivers. Mitarbeiterin Rudolf Steiners*, S. 60)

184 «Im Sommer 1910 wurden wir, auf Veranlassung von Dr. Steiner, in die Wohnung Sophie Stindes gebeten, wo er uns die Rollen im Rosenkreuzermysterium zuwies, ohne dass wir das Drama kannten.» (Max Gümpel-Seiling: «Münchener Uraufführungen der Mysteriendramen». In: Erika Beltle/Kurt Vierl [Hg.]: *Erinnerungen an Rudolf Steiner*, S. 85)

185 Marie Steiner-von Sivers: «Über die Mysterienspiele in München» (1933). In: Marie Steiner: *Rudolf Steiner und die redenden Künste. Gesammelte Schriften II*, S. 29f.

186 In: Nachrichten [Beiträge] zur Rudolf Steiner Gesamtausgabe. Heft 17. Dornach 1967, S. 8.

187 «Bei der Uraufführung des ersten Mysteriendramas, am 15. August 1910, am Tage von Maria Himmelfahrt, war das Theater am Gärtnerplatz in München von Rosenduft erfüllt. Graf Lerchenfeld hatte der Festesfreude den schönsten Ausdruck verliehen, indem er ganze Wagenladungen voll roter Rosen von seinem benachbarten Landgut herbeigeschafft hatte, um das Theater damit auszuschmücken.» (Fred Poeppig: *Marie Steiner. Ein Leben im Dienst der Wiedergeburt des Wortes,* S. 59f.)

188 Oskar Schmiedel: «Erinnerungen an die Proben zu den Mysterienspielen in München 1910 bis 1913». In: Erika Beltle/Kurt Vierl (Hg.): *Erinnerungen an Rudolf Steiner*, S. 99.

189 Alexander Strakosch: *Lebenswege mit Rudolf Steiner. Erinnerungen,* S. 117f., vgl. a. Anm. 245.

190 Zit. n. Hella Wiesberger: *Marie Steiner-von Sivers. Ein Leben für die Anthroposophie,* S. 437.

191 Rudolf Steiner: *Christus und die menschliche Seele.* GA 155. Dornach [3]1994, S. 70. – Erstmals hatte Rudolf Steiner zwei Monate vor den zitierten Norrköpinger Aussagen vom 14. Juli 1914 am 10. Mai in Kassel auf diese Zusammenhänge aufmerksam gemacht, zwei Tage später dann in einem Berliner Vortrag. In beiden Vorträgen hatte Steiner dabei dezidiert auf den Beginn seiner Tätigkeit mit Marie von Sivers in Berlin zurückgeblickt und dann die weitere geistige Entwicklung Maria von Strauch-Spettinis geschildert: «Im Beginne unseres geisteswissenschaftlichen Wirkens, ziemlich im Anfange, waren wir besucht von einer Persönlichkeit, welche nicht nur einen großen, tief innerlichen gemütreichen Anteil an unserer geisteswissenschaftlichen Lehre entwickelte, wie wir sie damals im Anfange unserer Arbeit geben konnten und geben mussten, sondern die auch durchseelt war von einem wunderbar edlen Kunstsinn, von einer wunderbar edlen Kunstgesinnung, von einer Kunstgesinnung, die nun eigentlich ganz verschmolzen war auch mit dem Persönlichen dieser Persönlichkeit, so dass man im wahren Sinne des Wortes sagen konnte, man hatte mit dieser Persönlichkeit eine objektiv liebenswürdige Persönlichkeit vor sich. In rascher, schneller Weise nahm diese Persönlichkeit an, was damals über die geisteswissenschaftliche Lehre gesagt werden konnte. Dann, es war ja das schon in den ersten Jahren unseres Wirkens hier, verließ sie den physischen Plan, und es vergingen dann Jahre, in denen die Individualität dieser Persönlichkeit daran arbeitete, aus jenen unterbewussten Untergründen, die ja vorhanden sind, wenn die Menschenseelen durch die Pforte des Todes gegangen sind, herauszuarbeiten den Zusammenschluss desjenigen, was sie aus unserer geisteswissenschaftlichen Lehre aufgenommen hatte mit dem, was ihr künstlerischer Sinn war. Man möchte sagen: Man konnte verfolgen den Aufbau eines Geistleibes, in welchem zusammenwirkten diese zwei eben geschilderten Kräfte, auf der einen Seite die fruchtbaren geisteswissenschaftlichen Anschauungen, auf der anderen Seite der liebenswürdige und energische und einsichtige künstlerische Sinn. Dann vergingen so die Jahre. Und im Laufe der letzten Jahre, als die Aufgaben in München dann an uns herantraten, da war es immer wieder und wieder, oft und oft, bevor ich über das und jenes zu entscheiden hatte, was mehr auf das Innere unserer Münchner Vorstellungen bezüglich war, dass ich wusste: diese Individualität schaut herunter auf alles, was da geschieht. Und wie einem in der physischen Welt die Kräfte zuwachsen, eben aus dieser physischen Welt heraus, so ist

es natürlich eben nicht so, dass einem eine solche Wesenheit eingeben würde, wie man die Dinge zu machen hat. Dazu muss man schon selber die Fähigkeiten haben. Aber indem ihre warme, innige Anteilnahme an unserer Sache, indem ihr geistiges Auge mit seinen Ausstrahlungen schützend einfließt in das, was man zu tun hat, fühlt man sich durchkraftet für das, was man zu tun hat, durch die segnenden Gewalten, die von einer solchen Individualität ausgehen. – Das ist es, was uns zeigen kann, wie die Seele, wenn sie durch die Pforte des Todes gegangen ist, sich allmählich verwandelt in ein Wesen, das mittätig ist, das mitwirkt hier auf dem physischen Plan. Und wenn man anfängt dieses Mitwirken bewusst zu empfinden und zu fühlen, dann empfindet man solche Wesen wie den Schutzgeist, wie den stärkenden Geist für das, was man hier zu tun hat und was mit der geistigen Welt zusammenhängt. Dann geht man an die Arbeit, indem man die Voraussetzung hat: Da schwebt in den geistigen Welten jenes Wesen, das dieser Arbeit Schutzgeist ist.» (Berlin, 12.5.1914. In: Rudolf Steiner: *Wie erwirbt man sich Verständnis für die geistige Welt?* GA 154. Dornach [2]1985, S. 71 f.). In Kassel hatte Rudolf Steiner am 10.5.1914 in weiterer Erläuterung seiner Münchner Arbeitssituation ab dem Jahre 1909 ausgeführt: «[…] In dem Fall, den ich meine, war es so, dass ich immer wiederum und wiederum mit dem Bewusstsein zur Arbeit ging, die ich meine, dass gerade diese Individualität, von der ich sprach, wie der Beschützer herunterschaute auf das, was geschah. Und in diesem Hinunterschauen auf das, was geschah, war etwas zu verspüren wie ein in erstarkender Kraft sich warm durchglüht fühlen von etwas, was man braucht, um etwas auszuführen, was geistig ausgeführt werden soll.» (Rudolf Steiner: *Unsere Toten.* GA 261. Dornach [2]1984, S. 41)

192 Zit. n. Hella Wiesberger: *Marie Steiner-von Sivers. Ein Leben für die Anthroposophie,* S. 183.

193 Ebd., S. 182.

194 Rudolf Steiner: *Okkulte Geschichte. Esoterische Betrachtungen karmischer Zusammenhänge von Persönlichkeiten und Ereignissen der Weltgeschichte,* S. 20f.

195 Notizbuch 523, Rudolf Steiner Archiv (Dornach). Vgl. hierzu die Herausgeber-Anmerkung Robert Friedenthals zu S. 56 des Bandes *Okkulte Geschichte. Esoterische Betrachtungen karmischer Zusammenhänge von Persönlichkeiten und Ereignissen der Weltgeschichte* sowie Wilfried Hammacher: *Marie Steiner. Lebensspuren einer Individualität*, S. 39ff.

196 Zit. n. Wilfried Hammacher: *Marie Steiner. Lebensspuren einer Individualität*, S. 245 ff.; vgl. zu der spirituellen Bedeutung der Stadt Köln für Rudolf Steiners theosophisch-anthroposophische Tätigkeit insbesondere die grundlegende Arbeit Ekkehard Mefferts über die Kölner

Zweigleiterin Mathilde Scholl (*Mathilde Scholl und die Geburt der Anthroposophischen Gesellschaft 1912/13*. Dornach 1991), eine enge Weggefährtin und Freundin Marie von Sivers', die ihm den Weg nach Köln gebahnt hatte («Nach Köln möchte ich aus den allerverschiedensten Gründen gerne kommen, um auch dort vorzutragen. Bitte, vielleicht können Sie dort ein wenig den Boden ebnen.» Brief Rudolf Steiners an Mathilde Scholl, 1. 5. 1903. In: *Zur Geschichte und aus den Inhalten der ersten Abteilung der Esoterischen Schule 1904 bis 1914*. GA 264, S. 44f.). Mit Mathilde Scholl sprach Marie von Sivers bereits 1904 über Thomas von Aquin («Es ist mir sehr lieb zu wissen, was Sie mir über [...] den Doctor angelicus sagten – es rückt meine Gedanken zurecht und ich kann mich besser orientieren –. Wie schön ist es mit solchen Menschen arbeiten zu dürfen.» Brief Mathilde Scholls an Marie von Sivers, 27. 9. 1904. Zit. n. Ekkehard Meffert: *Mathilde Scholl und die Geburt der Anthroposophischen Gesellschaft 1912/13*, S. 119), sehr wahrscheinlich jedoch nicht unter karmischer Bezugnahme auf Rudolf Steiner.

197 Rudolf Steiner: *Bilder okkulter Siegel und Säulen*. GA 284. Dornach [3]1993, S. 140.

198 «Das Wachwerden für die Aufgabe, den Bau zu errichten, entstand aus dem individuellen Entschluss, der ganz auf der Individualität eines Einzelnen beruhte – der ganz aus der Individualität eines Einzelnen hervorging. Es war keine Gesellschafts-Angelegenheit, keine Angelegenheit der Deutschen Sektion.» (Marie Savitch: *Marie Steiner-von Sivers. Mitarbeiterin Rudolf Steiners*, S. 61). Marie von Sivers hatte im August 1910 gemeinsam mit Sophie Stinde den «Theosophisch-künstlerischen Fonds» zur Sicherstellung der Mysterienspiele ins Leben gerufen; die Initiative des Bauvorhabens – und die Gründung des «Johannes-Bauvereins» – ging dagegen von Sophie Stinde, Felix Peipers, Otto Graf Lerchenfeld und Hermann Linde aus und wurde von Marie von Sivers lediglich den versammelten Festspielbesuchern bekannt gegeben: «Ich fühlte es als ein Fatum über mir schweben, als ich das Podium besteigen musste, um auf Bitte und im Namen der Freunde, die den Johannesbauverein gründeten, von diesem Entschluss der Versammlung Mitteilung zu machen und sie zur Mitarbeit aufzufordern. Er stieß auf begeisterte Zustimmung.» (Zit. n. Marie Steiner: *Briefe und Dokumente*, S. 37f.). Nach Edouard Schuré war die Errichtung eines eigenes Baues für die Mysteriendramen ganz im Sinne Rudolf Steiners – «[...] Mehrmals erwähnte Rudolf Steiner, dass er diese Mysterien am liebsten in einem eigens dafür geschaffenen Rahmen gegeben hätte.» (Camille Schneider: *Edouard Schurés Begegnungen mit Rudolf Steiner*, S. 49)

199 Brief Marie Steiner-von Sivers' an Eduard Selander, 3. 2. 1911. In: Rudolf Steiner/Marie Steiner-von Sivers: *Briefwechsel und Dokumente*, S. 231.

200 Zit. n. Hella Wiesberger: *Aus dem Leben von Marie Steiner-von Sivers,* S. 202.
201 Brief Rudolf Steiners an Eduard Selander, Anfang März 1911. In: Rudolf Steiner/Marie Steiner-von Sivers: *Briefwechsel und Dokumente,* S. 239.
202 Zit. n. Hella Wiesberger: *Aus dem Leben von Marie Steiner-von Sivers,* S. 62.
203 Alexander Strakosch: *Lebenswege mit Rudolf Steiner. Erinnerungen,* S. 124.
204 Über Marie von Sivers in der Demeter-Rolle seines «Heiligen Dramas von Eleusis», das Edouard Schuré am 15. August 1910 erstmals mit eigenen Augen auf der Bühne sah, sagte er später: «Sie trug einen blauen Mantel, der mit Sternen besetzt war. Die Rolle der göttlichen Mutter, die den Schmerz darzustellen hatte, frappierte mich selbst. Fräulein von Sivers belebte die Rolle so gut, wie ich dies nie zu hoffen gewagt hatte. Es fiel mir auf, wie viel unsere heutigen Schauspielerinnen noch seelisch erleben müssen, um ein solches Mysteriendrama auf die Bühne bringen zu können. Während des Spiels stand Rudolf Steiner im Hintergrund bei mir oder war auch manchmal in den Kulissen. Seine Anordnungen waren dem Empfinden entsprechend, das ich beim Schreiben des Dramas gehabt hatte.» (Camille Schneider: *Edouard Schurés Begegnungen mit Rudolf Steiner*, S. 19f.)
205 Max Gümbel-Seiling: «Auf den Proben» (1946). In: Detelef Sixel (Hg.): *Die Mysteriendramen. Hinweise Rudolf Steiners und Erlebnisberichte von der Uraufführung.* Dornach 1994, S. 175.
206 Zit. n. Fred Poeppig: *Marie Steiner. Ein Leben im Dienst der Wiedergeburt des Wortes,* S. 60. – Bereits kurz nach der Aufführung seines ersten Mysteriendramas hatte Rudolf Steiner am 17. September 1910 in Basel gesagt: «Dieses Rosenkreuzermysterium soll auf der einen Seite gewissermaßen davon eine Probe sein, wie in Kunst ausfließen kann das, was alles anthroposophische Leben bewegt. Auf der anderen Seite aber soll auch nicht vergessen werden, dass dieses Rosenkreuzermysterium vieles von unseren geisteswissenschaftlichen Lehren in einer solchen Weise enthält, wie man es vielleicht erst im Laufe der Jahre herausfinden wird. Und namentlich ist nicht misszuverstehen, dass, wenn man sich einigermaßen Mühe geben würde, die Dinge zu lesen, die darin liegen – nicht zwischen den Zeilen, sie sind schon, wenn auch auf spirituelle Weise, in den Worten –, wenn man also sich Mühe geben würde, das Rosenkreuzermysterium so aufzufassen, dass man diese Dinge in den nächsten Jahren aufsuchen würde, dann wäre es auf viele Jahre hinaus nicht nötig, dass ich irgendwelche Vorträge halten müsste. Es würde sich darin vieles von dem finden, was ich sonst über irgendein Thema vortrage.» (Rudolf Steiner: *Wege und Ziele des geistigen Menschen.* GA 125. Dornach [2]1992,

S. 92). Sechs Wochen später hieß es in weiterer Erläuterung: «[...] In Worten, wie man sie in den Vorträgen in der Regel gebraucht, hätte ich vieles, vieles zu reden, nicht nur tage-, wochen- monate-, sondern jahrelang, wenn ich das umschreiben wollte, was durch das Rosenkreuzermysterium gesagt sein sollte und gesagt sein kann. Alle die Dinge, die Sie – und gegenüber okkulten Dingen ist es gewiss berechtigt, so zu sprechen – in einer Art von stammelnder Sprache finden in der Schrift ‹Wie erlangt man Erkenntnisse der höheren Welten?›, was da enthalten ist als eine Beschreibung des Weges hinauf in die höheren Welten, das alles verbunden mit dem, was in der ‹Geheimwissenschaft im Umriss› in einer anderen Form gesagt werden durfte, ist im Grunde genommen viel intensiver, lebensrealer und wirklicher, weil viel individueller, in dem Rosenkreuzermysterium zu finden.» (Ebd., S. 125 f.). Eine Zuschauerin der Mysteriendramen – und okkult erwachte Schülerin Rudolf Steiners – schrieb über ihre inneren Erfahrungen im Umgang mit den Mysteriendramen den Satz: «An den Mysteriendramen konnte man die Auswirkung der geistigen Offenbarung an der Umwandlung der Menschen in den Dramen und an der Umwandlung des eigenen Bewusstseins erleben.» (Mathilde Scholl, zit. n. Ekkehard Meffert: *Mathilde Scholl und die Geburt der Anthroposophischen Gesellschaft 1912/13*, S. 370)

207 In: Rudolf Steiner/Marie Steiner-von Sivers: *Briefwechsel und Dokumente*, S. 243. – Als Marie Steiner-von Sivers Rudolf Steiners *Wahrspruchworte* Ende 1925 erstmals herausgab, stellte sie dieses Gedicht an den Beginn ihrer Sammlung und schrieb: «Es spricht das aus, was ihm [Rudolf Steiner] das Ich gewesen ist: Die Zusammenfassung des Weltalls, sein Urgrund und auch sein letztes Ziel als Durchchristung, wie es ja schon geistgemäß und schicksalwaltend ausgesprochen ist durch die Laute selbst, die die Initialen sind des Gottessohnes: ICH. Jesus Christus. – Den Namen seines Gottes hat Rudolf Steiner nie unnütz geführt. Sein eigenes menschliches Ich war ihm nur Werkzeug. Es war ihm deshalb ganz natürlich, sich nicht innerhalb der Grenzen des persönlichen Ich zu bewegen. Er hat von sich selbst nur gesprochen, wenn zwingende Gründe dafür vorlagen. – ‹Die Welt im Ich erbauen, / Das Ich in Welten schauen ...› – das war im Lebensinhalt und Seelenatem [...].» (In: *Rudolf Steiner und die redenden Künste. Gesammelte Schriften II*, S. 60)

208 Vgl. hierzu Rudolf Steiner: *Zur Geschichte und aus den Inhalten der ersten Abteilung der Esoterischen Schule 1904 bis 1914*. GA 264, S. 421 ff. (Ansprache vom 15. 12. 1911).

209 Ebd., S. 427.

210 Vgl. zu den Vorgängen um Jiddu Krishnamurti insbesondere die Darstellung von Thomas Meyer, in: Elisabeth Vreede/Thomas Meyer: *Die*

Bodhisattwafrage. Basel 1989, S. 71 ff. – Bereits zwei Jahre nach dem Münchner Kongress hatte sich Rudolf Steiner im Frühsommer 1909 in Budapest (wenige Monate vor der «Entdeckung» Krishnamurtis durch Charles Webster Leadbeater) erneut und in abermals erfolgloser Weise mit Anni Besant über christologische Fragen auseinandergesetzt, ein Gespräch, das Marie von Sivers rückblickend mit den Worten kommentierte: «Anni Besant wurde zum Werkzeug einer gegenchristlichen Strömung. Im Sommer 1909 in Budapest musste Rudolf Steiner ihr sagen, dass ihre Wege sich innerlich geschieden hätten. Dies Gespräch war der Ausgangspunkt der später erfolgten Trennung. Ein Kampf für und gegen den Christus hat hier stattgefunden.» (In: Marie Steiner: *Die Anthroposophie Rudolf Steiners. Gesammelte Schriften I*, S. 193). Gleichwohl hatte sich Rudolf Steiner auch nach seiner Rückkehr aus Budapest noch um eine größtmögliche Verständigung bzw. ein nach Möglichkeit gemeinsames Vorgehen bemüht – und in Berlin über den Budapester Vortrag Anni Besants gesagt: «Weil die Theosophische Gesellschaft lebendiges Leben und nicht Fortpflanzung von Dogmen ist, deshalb kann ich selbst nicht finden, was man Widerspruch zwischen irgendwelchen Richtungen, Disharmonie nennen könnte. Diese Harmonie muss auf jener tiefen Grundlage beruhen, welche einen Strom schafft, welcher die Wasser verschiedener Quellen in sich aufnehmen kann. Auf dieser Grundlage muss sie beruhen, nicht darauf, dass man papageienmäßig die Dogmen nachbetet. Wir werden noch mancherlei, wenn sich die theosophische Bewegung ihrer Mission gewachsen zeigt, nach dieser Richtung hin kennen lernen. Die Theosophische Gesellschaft wird immer Neues und Neues bringen. Wir haben die Gewissheit, dass über der theosophischen Bewegung die Meister der Weisheit wachen. Wenn man sich wundern und gleich von Ketzerei sprechen wollte, wenn etwas Neues kommt, dann wäre die theosophische Bewegung schlechter als frühere ähnliche. Und doch ist die Suche nach Ketzereien in unserer Zeit eigentlich stärker als in irgendeiner anderen ... Mrs. Besant sieht den Christus als diejenige Wesenheit an, die sich in Jesus von Nazareth geoffenbart hat (über Weiteres kann noch gesprochen werden), als diejenige Wesenheit, welche dazu berufen ist, dem, was sich jetzt als neuer Kulturkeim bildet, die Wege zu weisen. Sie machte in diesem Vortrage noch darauf aufmerksam, dass diese Wesenheit fortwirken wird in einem intimeren Zusammengange, wenn die Menschheit an einem bestimmten Punkte der Entwicklung angekommen sein wird. Es mag in äußerlichen Angaben ein Widerspruch bestehen – das sind äußerliche Angaben –, aber vollkommen kann man dem beistimmen, dass der Christus – in Bezug auf die Art und den Zeitpunkt zeigen mir meine Erkenntnisse anderes als Mrs. Besant – wiederkommen wird und dass ihn diejenigen erkennen werden, welche dazu vorbereitet sind. Man sollte aber vielmehr das Vorbereitetsein betonen als das Wiederkommen.» (In: Mitteilungen für die Mitglieder der Deutschen Sektion der Theosophischen Gesellschaft. Köln, Januar 1910, Nr. X, S. 13). Alexander Strakosch schrieb über diese Stellungnahme Rudolf Steiners: «Wie er selbst trotz allem bis zur Erschöpfung der letzten Möglichkeiten die Hoffnung auf eine Zusammenarbeit mit der Theosophischen Gesellschaft nicht aufgeben wollte und welche großen Gesichtspunkte er bei solchen Gelegenheiten ausführte, das zeigt der Bericht, den er selbst im Berliner Zweig über den Budapester Kongress gegeben hat.» (*Lebenswege mit Rudolf Steiner. Erinnerungen,* S. 49)

211 Rudolf Steiner: *Zur Geschichte und aus den Inhalten der ersten Abteilung der Esoterischen Schule 1904 bis 1914.* GA 264, S. 417.

212 «Vor dem Morgenkaffee saßen die Menschen schon da, bei Mittag war meistens jemand zu Gast, – an den letzten Tagen haben wir um eins und auch um zwei Uhr nachts unser Abendessen gehabt. Ich konnte keine einzige Frage beantwortet erhalten, denn es musste erst alles vorüber sein.» (Brief Marie von Sivers' an Johanna Mücke, 3. 10. 1912. Zit. n. Hella Wiesberger: *Marie Steiner-von Sivers. Ein Leben für die Anthroposophie,* S. 188)

213 Rudolf Steiner / Marie Steiner-von Sivers: *Sprachgestaltung und Dramatische Kunst.* GA 282. Dornach ^{4}1981, S. 54.

214 Lory Maier Smits: «Die Anfänge der Eurythmie». In: M. J. Krück von Poturzyn (Hg.): *Wir erlebten Rudolf Steiner. Erinnerungen seiner Schüler.* Stuttgart ^{3}1967, S. 160.

215 Nach Nelly Grosheintz-Laval wollte Rudolf Steiner ursprünglich Marie von Sivers mit Olga von Sivers und Mieta Waller in Dornach zurücklassen, um selbst nach Barr (zu Schuré) und nach Graubünden (zu Christian Morgenstern) weiterzureisen, entschied sich dann jedoch für einen Verbleib am Dornacher Hügel – «Zum Erstaunen aller blieb Dr. Steiner in Dornach, durchwanderte kreuz und quer die ganze Gegend und stieg sogar in alle Arlesheimer Höhlen.» (Nelly Grosheintz-Laval: «Die Feier der Grundsteinlegung zum ersten Goetheanum am 20. September 1913. In: Erika Beltle/Kurt Vierl [Hg.]: *Erinnerungen an Rudolf Steiner,* S. 143)

216 Brief Marie von Sivers' an Johanna Mücke, 3. 10. 1912. In: Marie Steiner: *Briefe und Dokumente,* S. 47.

217 «In strahlendem Herbstesglanz lag die Landschaft zu unseren Füßen, rot flammten die Kirschbäume im Tal, wie Feuer, wie brennendes Blut, im Lichtspiel der Sonne.» (Marie Steiner: «Von den Mysteriendichtungen Rudolf Steiners zum Dornacher Bau» [1936]. In: *Rudolf Steiner und die redenden Künste. Gesammelte Schriften II,* S. 233)

218 In: Marie Steiner: *Rudolf Steiner und die redenden Künste. Gesammelte Schriften II*, S. 31.

219 Brief Marie von Sivers' an Johanna Mücke, 3. 10. 1912. Zit. n. Hella Wiesberger: *Marie Steiner-von Sivers. Ein Leben für die Anthroposophie*, S. 188.

220 «Zum Erstaunen aller blieb Dr. Steiner in Dornach, durchwanderte kreuz und quer die ganze Gegend und stieg sogar in alle Arlesheimer Höhlen.» (Nelly Grosheintz-Laval, vgl. Anm. 215)

221 Zit. n. Marie Steiner: *Briefe und Dokumente*, S. 294.

222 Emil Grosheintz, zit. n. Nelly Grosheintz-Laval: «Die Feier der Grundsteinlegung zum ersten Goetheanum am 20. September 1913. In: Erika Beltle/Kurt Vierl (Hg.): *Erinnerungen an Rudolf Steiner*, S. 143.

223 Vgl. zu diesen Vorgängen – und zur zentralen Mitwirkung Mathilde Scholls – die detaillierte Darstellung von Ekkehard Meffert: *Mathilde Scholl und die Geburt der Anthroposophischen Gesellschaft 1912/13*, S. 204ff.

224 Rudolf Steiner (1910), zit. n. Marie Steiner: *Die Anthroposophie Rudolf Steiners. Gesammelte Schriften I*, S. 193.

225 Rudolf Steiner, zit. n. Marie Savitch: *Marie Steiner-von Sivers. Mitarbeiterin Rudolf Steiners*, S. 84. – Alexander Strakosch schrieb in seinen Lebenserinnerungen an Rudolf Steiner im Zusammenhang mit der Krishnamurti-Affäre: «[...] Es tat einem von Herzen weh, sehen zu müssen, wie Rudolf Steiner unter diesen Niedergangserscheinungen der Theosophischen Gesellschaft litt. Er sprach sonst nie von seiner Person, aber als es einmal ganz schlimm war, sagte er still: ‹Diese Sache kostet mich fünf Jahre meines Lebens.›» (*Lebenswege mit Rudolf Steiner. Erinnerungen*, S. 75)

226 Ebd., S. 90.

227 Zu dem nachdrücklichen Orient-Okzident-Motiv der Kölner Vorträge, ja der gesamten Tätigkeit Rudolf Steiners im geistigen Raum der zentralen Dominikaner- und Mystik-Stadt, vgl. die diesbezüglichen Ausführungen Ekkehard Mefferts, in: *Mathilde Scholl und die Geburt der Anthroposophischen Gesellschaft*, S. 226ff.

228 Rudolf Steiner: *Die Bhagavad Gita und die Paulusbriefe.* GA 142. Dornach [4]1982, S. 128f.

229 Rudolf Steiner: *Wiederverkörperung und Karma und ihre Bedeutung für die Kultur der Gegenwart.* GA 135. Dornach [4]1989, S. 104.

230 Rudolf Steiner: *Erfahrungen des Übersinnlichen. Die drei Wege der Seele zu Christus.* GA 143. Dornach [4]1994, S. 233f.

231 Vgl. hierzu Hella Wiesberger: «Marie Steiner und die Novalisforschung Rudolf Steiners.» In: Beiträge zur Rudolf Steiner Gesamtausgabe. Heft 43/44. 1973, S. 10ff.

232 So befand sich beispielsweise der Philosophisch-Theosophische (bzw. Philosophisch-Anthroposophische) Verlag im ersten Stock (rechts) des Hauses, im zweiten Stock links wohnten Kurt und Clara Walther, im dritten Stock rechts Rudolf Steiner und Marie von Sivers, während im vierten Stock linker Seite Wilhelm Selling die «Theosophische Bibliothek» betreute (vgl. Wilhelm Rath: «Berliner Erinnerungen aus der Zeit der Weihnachtstagung». In: Erika Beltle/Kurt Vierl [Hg.]: *Erinnerungen an Rudolf Steiner*, S. 432).

233 «Bei dem ungeheuren Tempo, in dem die Arbeit vor sich ging, war ihr Zusammensein heiter, lebendig, natürlich. Man konnte es bis in die allerletzte Zeit des Lebens von Rudolf Steiner sehen. Man konnte so oft auch erleben, wie seine nächsten Schüler, oder ‹gewandte Weltmänner› unbeholfen, scheu, verkrampft vor Rudolf Steiner standen. Marie von Sivers blieb immer ungezwungen. Der, welcher öfter Marie von Sivers und Rudolf Steiner zusammen erlebt hatte, fühlte in dieser Umgebung das menschlich Echte in Benehmen, Sprache, Unterhaltung.» (Marie Savitch: *Marie Steiner-von Sivers. Mitarbeiterin Rudolf Steiners*, S. 48). Marie Savitch bemerkte auch, wie Rudolf Steiner nach dem Ende eines Vortrages häufig direkt auf Marie von Sivers zuging, um ihre Einschätzung zu hören – und schilderte ein diesbezügliches Vorkommnis 1913 in Helsingfors mit den Worten: «Als Rudolf Steiner das Podium verließ, ging er durch den ganzen Saal hin zu Marie von Sivers, die hinten im Saale war. Nachdem der Applaus verklungen war, herrschte vollkommene Stille im Saale, hervorgerufen durch den Eindruck des Vortrags: durch den Eindruck, den die Gestalt, der Gang Rudolf Steiners auf die Anwesenden machte. Alle Augen waren auf ihn gerichtet und folgten ihm. Rudolf Steiner schritt direkt auf Marie von Sivers zu, wie er öfters nach dem Vortrag tat, und stellte ihr die Frage, wie sie den Vortrag gefunden hätte. Da ertönte im Saal die gewaltige Stimme Marie von Sivers: ‹Ja, – aber es war viel zu lang.› – und darauf kam die Antwort von Rudolf Steiner: ‹Sooo!› Da mussten alle lachen und Bewegung kam in den Saal.» (Marie Savitch: *Marie Steiner-von Sivers. Mitarbeiterin Rudolf Steiners*, S. 94). Wilhelm Rath referierte seinerseits einmal eine lebendige Diskussion zwischen Rudolf Steiner und Marie Steiner-von Sivers, die sich im Gefolge von Raths Intention, eine anthroposophische Bücherstube in Berlin einzurichten, ergeben hatte. Nach dem Ende des eigentlichen Gespräches hatte Marie Steiner-von Sivers Rath und seinem mitgekommenen Freund zum Abschied von den provisorischen Arbeitsbedingungen in den Jahren der ersten «Lucifer»-Hefte berichtet und mit sichtlicher Befriedigung gesagt: «Jetzt aber werden, wenn der Verlag in Dornach sein wird, auch die Zyklen in Buchform erscheinen», woraufhin Rudolf Steiner überraschend in das Gespräch

eingriff: «‹Dazu muss ich Ihnen als jungem Menschen nun aber doch das Folgende sagen: Sehen Sie, man hat es mir seinerzeit *abgerungen*, dass meine Vorträge, die ich für die Mitglieder hielt, nachgeschrieben worden sind.› Darauf Marie Steiner zu ihm: ‹Wir sind ja so froh, dass Sie sich das haben abringen lassen; was hätten wir denn sonst heute von all den Geistesschätzen, die Sie uns geschenkt haben!› Dr. Steiner aber entgegnete: ‹Sagen Sie das nicht! Bedenken Sie doch einmal, was für ein ganz anderes Verhältnis zwischen jung und alt in unserer Gesellschaft entstanden wäre, wenn die älteren Mitglieder sich immer dafür verantwortlich hätten fühlen müssen, dasjenige, was ich in den Vorträgen und Zyklen dargestellt habe, in der richtigen Art den jüngeren Mitgliedern zu übermitteln. Es wäre doch das Verhältnis zwischen den Älteren und Jüngeren heute ein ganz anderes!› Marie Steiner aber sagte hierauf in ihrer temperamentvollen Art: ‹Ach, was hätte dann die Jugend heute schon! Wir haben doch alle so ein ‚Spatzgedächtnis'! Da würde ja alles ganz verkehrt weitergegeben worden sein. So sind wir nun doch sehr froh, dass wir das alles jetzt Schwarz auf Weiß haben!› Darauf wendete sich Dr. Steiner wieder an uns: ‹Dabei ist nun aber doch das Folgende zu berücksichtigen: Sehen Sie, ich habe ja nicht die Zeit gehabt, diese Nachschriften zu korrigieren. Es hätte mich an der Weiterarbeit gehindert. Da passiert es einem dann: man nimmt sich solch einen Zyklus vor, um einmal nachzusehen: Wie hat man denn ‚damals' über dieses Thema gesprochen, über das man wieder zu sprechen hat, man schlägt so einen gedruckten Zyklus auf, und da steht dann Schwarz auf Weiß das genaue Gegenteil von dem, was man damals gesagt hat!› Frau Dr. Steiner aber ließ sich in diesem in seiner positiven Stimmung vorbildlichen Streitgespräch durchaus nicht beirren: ‹Das kann ja wohl hin und wieder einmal vorkommen. Im Grunde sind wir doch froh, dass wir das alles nun haben!› Nun aber beendete Dr. Steiner dieses Gespräch, indem er aufstand: ‹Das wollte ich gerade Ihnen als junge Menschen sagen: ‚*Haben* wird man in der Zukunft von all dem, was ich geschrieben oder gesprochen habe, *nur das, was in Herzen lebt.*'›» (Wilhelm Rath: «Berliner Erinnerungen aus der Zeit der Weihnachtstagung». In: Erika Beltle/Kurt Vierl (Hg.): *Erinnerungen an Rudolf Steiner*, S. 435f.)

234 Andrej Belyj: *Verwandeln des Lebens. Erinnerungen an Rudolf Steiner*, S. 128ff.

235 Vgl. den handschriftlichen Entwurf Rudolf Steiners für einen solchen Vertrag in: Marie Steiner: *Briefe und Dokumente,* S. 50ff., in dem es unter anderem hieß: «Dr. Rudolf Steiner anerkennt in den drei genannten Persönlichkeiten die Zentral-Vorstandsmitglieder einer Anthroposophischen Gesellschaft, in welcher er ein Werkzeug der von ihm vertretenen geisteswissenschaftlichen Weltanschauung besitzt. [...] Dr.

Rudolf Steiner stellt der durch obige Persönlichkeiten repräsentierten Anthroposophischen Gesellschaft innerhalb der von ihm für richtig erkannten Grenzen seine Arbeitskraft, seine Ratschläge und seine für engere Kreise der Gesellschaft bestimmten Publikationen zum Bezug von dem in Berlin befindlichen Philosophisch-Theosophischen Verlag zur Verfügung. [...] Die Anthroposophische Gesellschaft vertritt nicht den Standpunkt einer Persönlichkeit, sondern Geisteswissenschaft als solche. Dr. Carl Unger, Fräulein Marie von Sivers und Michael Bauer werden die organisatorische Führung der Anthroposophischen Gesellschaft so übernehmen, dass durch dieselbe eine Geistesströmung zum Ausdruck gelangt, deren Grenzen naturgemäß unbestimmt bleiben müssen, deren Charakter jedoch durch den Grundton von Dr. Rudolf Steiners Schriften gegeben ist. [...] Beim Ableben eines [der] Mitglieder des Zentralvorstandes ernennen die beiden anderen seinen Nachfolger. Die Ernennung für eine solche Stelle bedarf, um vollgültig zu sein, der Zustimmung Dr. Rudolf Steiners. – Im Falle des Ablebens Dr. Rudolf Steiners führt der Zentralvorstand die Anthroposopische Gesellschaft fort und setzt sich, falls bis zu einem solchen Zeitpunkte solches möglich geworden sein soll, mit der Persönlichkeit auseinander, die Dr. Rudolf Steiner als seinen geistigen Nachfolger ernennt.»

236 Zit. n. Christoph Lindenberg: *Rudolf Steiner. Eine Chronik.* Stuttgart 1988, S. 330.

237 Ebd.

238 Zit. n. Rudolf Steiner/Marie Steiner-von Sivers: *Briefwechsel und Dokumente,* S. 271.

239 Zit. n. Nachrichten [Beiträge] der Rudolf Steiner-Nachlassverwaltung. Heft 10. Dornach 1963, S. 30.

240 «Ich selber empfinde alles das, was [mit der Trennung von der Theosophischen Gesellschaft] geschehen ist, neben allem Herben, neben allem Leidvollen, zugleich als eine große Befreiung, als eine Befreiung gerade von einer Engigkeit, die seit Jahren bedrückend war innerhalb des Lebens in der Theosophischen Gesellschaft vom Münchner Kongress der europäischen Sektionen an.» (Zit. n. Christoph Lindenberg: *Rudolf Steiner. Eine Chronik,* S. 333)

241 Ebd., S. 334.

242 Zit. n. Hella Wiesberger: *Marie Steiner-von Sivers. Ein Leben für die Anthroposophie,* S. 302.

243 Ebd., S. 397 f.

244 «[Rudolf Steiner] hat sich nun doch entschließen müssen, das französische Stück aufzugeben, weil sonst die Menschen nicht untergebracht werden konnten. Wir werden zweimal den ‹Hüter› spielen, am 19. und 20., und zweimal ‹Erwachen› am 22. und 23. – Aber es ist ihm schwer

geworden, trotzdem ich von Anfang an bei jeder Gelegenheit darum gebeten habe. Er war ganz geknickt, als es zur Notwendigkeit wurde, und sagte: Wie eine Fehlgeburt. – Wäre nicht dieser äußere sachliche Grund [der fehlenden Unterkünfte] dazu getreten, hätte ich ihn wohl auch aufgrund unserer Schwierigkeiten nicht dazu bewegen können.» (Brief Marie von Sivers' an Johanna Mücke, 9.8.1913. Zit. n. Hella Wiesberger: *Marie Steiner-von Sivers. Ein Leben für die Anthroposophie,* S. 302)

245 Vgl. zur Maria-Darstellung durch Marie von Sivers die Bemerkung von Edwin Froböse «Die Rolle offenbarte das tiefste Wesen ihrer Trägerin» (*Mein Weg zur Goetheanum-Bühne*, S. 145) sowie die eingehenden Ausführungen von Wilfried Hammacher, in: *Marie Steiner. Lebensspuren einer Individualität,* S. 109ff. – Über die Proben und Aufführungen der Dramen im Sommer 1913 schrieb Margarita Woloschina in allgemeiner Wendung: «Marie von Sivers erlebte man in der Rolle der Maria so, wie man sie selbst im Leben erlebte, feurig und bedingungslos dem Geiste dienend (Und es war so schön, neben diesem Ernst auch ihre kindliche Unmittelbarkeit, ihren Humor zu erleben – und ihr Lachen, über das sie oft nicht Herr wurde, so dass sie während der Probe ihren Monolog nicht beginnen konnte.).» (*Die grüne Schlange. Lebenserinnerungen*, S. 269)

246 Rudolf Steiner: *Die Entstehung und Entwickelung der Eurythmie.* GA 277a. Dornach [3]1998, S. 49ff.

247 Vgl. Max Gümpel-Seiling: «Münchener Uraufführungen der Mysteriendramen. In: Erika Beltle/Kurt Vierl (Hg.): *Erinnerungen an Rudolf Steiner*, S. 83. – Nach Oskar Schmiedel begann der Einsatz eurythmi scher Elemente bereits im Vorjahr, im sechsten Bild des «Hüters der Schwelle». Schmiedel bezeichnete die Einstudierung dieses Bildes als «eigentliche Geburtsstunde der Eurythmie» – und schrieb erläuternd: «In dieser Szene führten die luziferischen und ahrimanischen Wesenheiten tanzartige Bewegungen aus. Es war dies damals eigentlich nur ein Stellungswechsel, bei dem die Arme gehoben wurden. Ich bot mich an, diese ‹Tänze› einzustudieren und leitete bei den Proben und bei den Aufführungen mit aufflammenden Lämpchen die Stellungswechsel. Die einzelnen Formen drückten Folgendes aus. Erstens: Ich will. Zweitens: Ich kann nicht. Drittens: Ich will. Viertens: Ich muss.» («Erinnerungen an die Proben zu den Mysterienspielen in München 1910 bis 1913». In: Erika Beltle/Kurt Vierl [Hg.]: *Erinnerungen an Rudolf Steiner*, S. 103). Auch Lory Smits, die von Rudolf Steiner bereits im Januar 1912 erste Anweisungen für eine neue Bewegungskunst erhalten hatte und für den Sommer nach München für einen systematischen Unterricht bestellt worden war – der dann jedoch erst im September

in Basel beginnen konnte («Ja, Kleine, es gehört die Weisheit der ganzen Welt dazu, ich kann es Ihnen jetzt noch nicht sagen. – Ich kann mir in diesen Wochen hier nicht die Zeit nehmen, die ich dazu brauche. – Wäre es möglich, dass Sie im September, wenn ich in Basel bin, dorthin kämen? Da werde ich Zeit haben.») –, erlebte in München die von Schmiedel geschilderten «Tanz»-Proben für das sechste Bild des «Hüters der Schwelle», beteiligte sich an ihnen und beschrieb sie später ausführlich (Lory Maier-Smits: «Erste Lebenskeime der Eurythmie». In: Erika Beltle/Kurt Vierl [Hg.]: *Erinnerungen an Rudolf Steiner*, S. 108ff.).

248 Zit. n. Max Gümpel-Seiling: «Münchener Uraufführungen der Mysteriendramen». In: Erika Beltle/Kurt Vierl (Hg.): *Erinnerungen an Rudolf Steiner*, S. 83.

249 Ebd., S. 81. – Insbesondere Oskar Schmiedel wies in seinen Erinnerungen an die Münchner Mysterienspiele darauf hin, wie sehr die Mitwirkenden unter dem Eindruck von Rudolf Steiners ausstrahlender Freude an den dramatischen Arbeiten standen: «Das Verwunderliche dabei war, dass man Rudolf Steiner von den großen Anstrengungen nie etwas anmerkte; er war immer der Gleiche, immer frisch, freundlich, geduldig und gütig. Überhaupt schienen diese vier Sommer der Vorbereitungen der Aufführungen seiner Mysterienspiele etwas wie ein Höhepunkt seines Lebens und Wirkens gewesen zu sein. Wir alle, die wir an dieser Arbeit teilnehmen durften, empfanden diese ganzen Sommerwochen als eine hohe Festeszeit. Ich kann mich nicht erinnern, Rudolf Steiner in späteren Zeiten in einer gleichen Stimmung erlebt zu haben.» (In: Erika Beltle/Kurt Vierl [Hg.]: *Erinnerungen an Rudolf Steiner*, S. 100)

250 Assja Turgenieff: *Erinnerungen an Rudolf Steiner und die Arbeit am ersten Goetheanum*, S. 42. – Nach Oskar Schmiedel äußerte Rudolf Steiner in München einmal, «dass er plane, zwölf Mysterienspiele zu schreiben» (In: Erika Beltle/Kurt Vierl [Hg.]: *Erinnerungen an Rudolf Steiner*, S. 102); durch den Ersten Weltkrieg und seine Konsequenzen endete jedoch die intendierte Folge mit dem von Assja Turgenieff miterlebten und miterlittenen vierten Mysteriendrama – in Vorwegnahme des späteren Schicksals der Anthroposophischen Gesellschaft (zum Vollzug der Weihnachtstagung anstelle des – im Sommer 1922 für das Jahresende 1923/24 intendierten – fünften Mysteriendramas vgl. den weiteren Text).

251 Zit. n. Christoph Lindenberg: *Rudolf Steiner. Eine Chronik,* S. 337.

252 Rudolf Steiner: *Mantrische Sprüche. Seelenübungen Band II, 1903–1925*. GA 268. Dornach [1]1999, S. 346.

253 Zu diesen Schuh-verlierenden Menschen gehörte insbesondere Marie von Sivers selbst – vgl. die Schilderung der Grundsteinlegung durch

Nelly Grosheintz-Laval, in: Erika Beltle/Kurt Vierl (Hg.): *Erinnerungen an Rudolf Steiner*, S. 146 («Als Dr. Steiner die Urkunde verlas, begann ein ganz feiner Regen zu rieseln. Doch entlud sich das richtige Gewitter mit strömendem Regen erst, als die Feier vorbei war. Für die Teilnehmer verschmolz die nachträgliche Entfesselung der Elemente mit den mächtigen, erschütternden Eindrücken der Feier und bildete ein Ganzes, was sich in manchen Schilderungen der Feier widerspiegelt. Doch konnten alle Teilnehmer mit trockenen Kleidern heimkommen. Allerdings hatte der durch die Bauarbeiten aufgeweichte, weglose Lehmboden der Wiese das Schuhwerk ergriffen und behielt mehr als einen Überschuh; Fräulein von Sivers musste sogar einen Schuh einbüßen.»).

254 In: Marie Steiner: *Rudolf Steiner und die redenden Künste. Gesammelte Schriften II*, S. 32. – In einer anderen Erinnerungsdarstellung (vom September 1925) schrieb Marie Steiner-von Sivers über die Grundsteinlegung weiter: «Sein Wort, das er richtete an die Hierarchien, an die Geister in Ost, West, Nord, Süd, an die Elemente, an uns arme Menschen, in offener Natur, mitten im Aufruhr der Elemente. Wir armen Menschen verstanden nicht viel, ahnten nur das Große, Gewaltige, fühlten und empfanden, wussten, dass das machtvoll Tragende, das wir erlebten, weit über unser Verständnis ging. Und vielleicht war dies das beste an uns: dass wir uns nichts einbildeten […].» (Marie Steiner: «Zum 20. September 1925». In: *Erinnerungen von Marie Steiner. Aufsätze und Gedichte. Band II*, S. 42)

255 Rudolf Steiner: *Mantrische Sprüche. Seelenübungen Band II.* GA 268, S. 345.

256 Ebd.

257 Ebd.

258 Ebd., S. 345f.

259 Vgl. Peter Selg: *Rudolf Steiner und das Fünfte Evangelium.* Dornach 2005.

260 Schlussworte des vierten Mysteriendramas «Der Seelen Erwachen». Vgl. Rudolf Steiner: *Vier Mysteriendramen.* GA 14. Dornach [5]1998, S. 535.

261 Rudolf Steiner: *Mantrische Sprüche. Seelenübungen Band II*, S. 349f.

262 Zit. n. Hella Wiesberger: *Marie Steiner-von Sivers. Ein Leben für die Anthroposophie*, S. 322.

263 Vgl. Peter Selg: *Die Kultur der Selbstlosigkeit. Rudolf Steiner, das Fünfte Evangelium und das Zeitalter der Extreme.* Dornach 2006.

264 Vgl. Peter Selg: *Rudolf Steiner und das Fünfte Evangelium*, S. 28ff. bzw. *Die Kultur der Selbstlosigkeit. Rudolf Steiner, das Fünfte Evangelium und das Zeitalter der Extreme.* Dornach 2006, S. 75ff.

265 Vgl. zu den Vorgängen in der Theosophischen Gesellschaft um die Proklamierung der physischen Wiederkunft Christi in Jiddu Krishnamurti u. a. Hella Wiesberger: *Rudolf Steiners esoterische Lehrtätigkeit*, S. 155; zum Stand der «wissenschaftlichen» Leben-Jesu-Forschung vgl. dagegen David Hoffmann: «Von Jesus zu Christus. Rudolf Steiner und die Leben-Jesu-Forschung seiner Zeit.» In: Beiträge zur Rudolf Steiner Gesamtausgabe. Heft Nr. 102. Dornach 1989, S. 2ff.

266 «*Aus der Akasha-Chronik. Das Fünfte Evangelium.* Der Kurstitel wurde in München bekannt gegeben. Was man darunter verstehen sollte, war uns allen unklar. Wir konnten nur annehmen, dass dieses ‹Fünfte Evangelium› der Auseinandersetzung mit der Evangelienkritik gewidmet sein würde. So meinte vermutlich die Mehrzahl der Anwesenden. Ein im traditionell-akademischen Sinne hochinteressantes Thema; aber doch etwas anderes als ‹Die Schwelle der geistigen Welt› [Vortragskurs München, 24. 8. – 31. 8. 1913]; für die ‹Schwelle› kann man die Beschwernisse einer Reise nach München auf sich nehmen, sogar einer sehr weiten Reise; aber um einer ‹Kritik› willen bis nach Norwegen sich zu schleppen, dazu noch im Herbst, wenn man zum Saisonbeginn alle Hände voll zu tun hat – das ist schon etwas anderes. Das Blatt, auf dem man sich für den Kurs eintragen konnte, wies nur wenige Unterschriften auf.» (Andrej Belyj, zit. n. Peter Selg: *Rudolf Steiner und das Fünfte Evangelium.* Dornach 2005, S. 15)

267 Vgl. Peter Selg: *Rudolf Steiner und das Fünfte Evangelium.* Dornach 2005, S. 39ff.

268 In seiner Ansprache hatte Rudolf Steiner u. a. gesagt: «Es gibt etwas in der Welt für jeden, der als Dichter-Individualität vor uns steht, was ein Heiligtum ist, zu dem kein anderer Mensch als nur er selber kommen kann. Denn die Götter haben für jede solche Seele einen einsamen, isolierten Ort im weiten Weltenall geschaffen, wovon die Andern ausgeschlossen sind, wenn der Betreffende sich ihnen nicht nähert so, dass er sie zu seinem Heiligtume hinführt, wenn er sie nicht geistig an der Hand nimmt und hinführt.» (*Die Kunst der Rezitation und Deklamation.* GA 281. Dornach [3]1987, S. 206.). Rudolf Steiner sollte später Christian Morgensterns Begriff des «Eilands» aufgreifen und in einer Gedenkansprache nach dem Tod des Freundes am 10. 4. 1914 in Wien sagen: «Seine Gedichte haben Aura! Und fühlen konnte ich das oft, wie diese Gedichte Lebewesen sind, wenn ich Christian Morgenstern gegenüber es selbst versuchte, so recht in seine Seele einzudringen, in seine Seele, die mir so lieb geworden war, dass ich durch diese Liebe auch inniges Verständnis gewonnen habe, wenn ich versuchte, dahin mit der Seele zu gehen, wohin so viele seiner wunderbaren Gedichte führen: auf dieses einsame Eiland! Denn manche seiner Gedichte sind, wie wenn sie uns auf eine

einsame Insel führten, aber auf eine Insel, wo man sich mit dem, was durch das All wallt, eins fühlen kann.» (*Unsere Toten.* GA 261, S. 80f.)

269 Christian Morgenstern: *Ein Leben in Briefen.* Herausgegeben von Margareta Morgenstern. Wiesbaden [1]1952, S. 474f.

270 Des Weiteren erlebte Christian Morgenstern in Leipzig eine erste Eurythmie-Aufführung und wurde zudem in seinem kleinen Hotel- und Krankenzimmer von Rudolf Steiner und Marie von Sivers aufgesucht, wo Rudolf Steiner ihm die Grundelemente der Eurythmie durch die junge Eurythmistin Erna Wolfram demonstrieren ließ (vgl. den entsprechenden Bericht von Erna van Deventer-Wolfram «Eine Begegnung Christian Morgensterns mit der Eurythmie», in: Erika Beltle/Kurt Vierl [Hg.]: *Erinnerungen an Rudolf Steiner,* S. 166ff.)

271 Christian Morgenstern: *Werke und Briefe. Band II. Lyrik 1906–1914.* Stuttgart 1992, S. 204.

272 Zit. n. Camille Schneider: *Edouard Schurés Begegnungen mit Rudolf Steiner*, S. 30.

273 Zit. n. Marie Savitch: *Marie Steiner-von Sivers. Mitarbeiterin Rudolf Steiners*, S. 96f.; vgl. auch den Hinweis Fred Poeppigs auf die faktische Nicht-Rezeption respektive Verkennung der frühen Rezitationen Marie von Sivers' in der Theosophischen Gesellschaft («Man nahm die ‹Rezitationsbeigaben› Marie von Sivers' von Seiten der Hörer als ‹Beigaben› eben hin, die man auch hätte entbehren können. Es brauchte des ganzen Einsatzes von Seiten Dr. Steiners, genau wie in späteren Jahren bei der Begründung der Eurythmie, um langsam ein Verständnis bei den Mitgliedern der Anthroposophischen Gesellschaft für die Bedeutung des künstlerischen Einschlages wachzurufen.» *Marie Steiner. Ein Leben im Dienst der Wiedergeburt des Wortes,* S. 52f.) sowie Marie Savitchs Ausführungen über die Geringschätzung der Eurythmie noch in den Stuttgarter Verhältnissen des Jahres 1922 (*Marie Steiner-von Sivers. Mitarbeiterin Rudolf Steiners*, S. 138).

274 Rudolf Steiner: *Wege zu einem neuen Baustil.* GA 286. Dornach [3]1982, S. 47f.

275 Brief Marie von Sivers' an Mieta Waller, 2. 2. 1914. In: Rudolf Steiner/ Marie Steiner-von Sivers: *Briefwechsel und Dokumente,* S. 280f.

276 Assja Turgenieff: *Rudolf Steiners Entwürfe für die Glasfenster.* Dornach 1961, S. 11.

277 Zit. n. Nachrichten [Beiträge] der Rudolf Steiner-Nachlassverwaltung. Heft 17. Dornach 1967, S. 16.

278 Assja Turgenieff: *Erinnerungen an Rudolf Steiner und die Arbeit am ersten Goetheanum.* S. 55.

279 «Ich glaube, es gibt unter Ihnen solche Mitglieder, welche wissen, wie aus voller Liebe, aus berechtigtem Wohlwollen und berechtigter

Menschlichkeit heraus, diejenigen unserer Freunde, die etwas brauchen, das in Anspruch nehmen – ich darf es sagen: in Anspruch nehmen – dasjenige, was man Zeit nennt, was eben nicht elastisch ist und gedehnt werden kann. Indem ich dieses In-Anspruch-Nehmen als etwas absolut Berechtigtes hinstelle, ist doch die Tatsache nicht in Abrede zu stellen, dass ungeheure Mengen von Zeit verwendet worden sind, im unmittelbaren Verkehre von Mensch zu Mensch. Von Mensch zu Mensch ist die überwiegend meiste Zeit verwendet worden in unserer Arbeit.» (Rudolf Steiner, zit. n. Marie Savitch: *Marie Steiner-von Sivers. Mitarbeiterin Rudolf Steiners,* S. 89)

280 Brief Marie von Sivers', 15. 3. 1914. Zit. n. Nachrichten [Beiträge] der Rudolf Steiner-Nachlassverwaltung. Heft 10, S. 33.

281 Marie Steiner-von Sivers: «Bericht» (1925). In: *Rudolf Steiner und die redenden Künste. Gesammelte Schriften II,* S. 26.

282 In einem späteren Rückblick schrieb Marie Steiner-von Sivers: «Damals drohte der Weltkrieg die junge Kunst in ihrem Keime zu ersticken, kein Zweigleiter fand sich bereit, den jungen Mädchen in ihrer scheinbar unzeitgemäßen Arbeit zu helfen. Da nahm ich mich ihrer an.» (Nachrichtenblatt, 18. 10. 1925. Zit. n. Marie Steiner: *Briefe und Dokumente,* S. 57). In einer anderen Darstellung von ihr hieß es: «Um die junge Kunst zu retten und die Ausübenden aus ihrer Untätigkeit zu entreißen, wurde es nötig, dass ich mich ihrer annahm. Diese Aufgabe trat wie schicksalsgemäß mit Selbstverständlichkeit an mich heran, denn eine neue Art der Rezitation wurde für die Eurythmie notwendig, zu der ich die Wege finden und die ich ausgestalten musste. Ich erkannte die hohe Bedeutung der Eurythmie als Wiederbelebungsquell für alle Künste [...].» (Zit. n. Hella Wiesberger: *Marie Steiner-von Sivers. Ein Leben für die Anthroposophie,* S. 335). Nach Marie Steiner-von Sivers verfügt die Eurythmie über die Möglichkeit, Menschen «zu den Urkräften, den schöpferischen Kräften der Welt» zurückzuführen (Zit. n. Hella Wiesberger: *Aus dem Leben von Marie Steiner-von Sivers,* S. 77); 1922 schrieb sie in weiterer Erläuterung und in geschichtlicher Perspektive: «In der von Rudolf Steiner ausgehenden Eurythmie ist uns ein Impuls gegeben, der befruchtend auf alle Künste wirken kann. Wie einst der Tempeltanz dasjenige gewesen ist, von dem alle Künste ausgegangen sind, von dem heiligen Drama bis zur Architektur, und wieder hin zum klassischen Drama, so ist die eurythmische Bewegungskunst berufen, auch die anderen Künste aus ihrer Starrheit zu lösen [...].» (Marie Steiner-von Sivers: «Aphoristisches zur Rezitationskunst». In: *Rudolf Steiner und die redenden Künste. Gesammelte Schriften II,* S. 19)

283 Brigitte Schreckenbach (Hg.): *Tatjana Kisseleff. Ein Leben für die Eurythmie.* Borchen 2005, S. 114.

284 «[…] Wenn Steiner und Marija Jakovlevna [Marie von Sivers] verreist waren, wurde sogar im kleinen Esszimmer der Tisch zur Seite gerückt und geprobt.» (Andrej Belyj: *Verwandeln des Lebens. Erinnerungen an Rudolf Steiner,* S. 134). Belyj beschrieb in seinen detaillierten Erinnerungen an Rudolf Steiner auch die Atmosphäre von «Haus Hansi», verbunden mit einer seelischen Lebenscharakteristik seiner Bewohner, deren Nachbar und häufiger Besucher er über anderthalb Jahre gewesen war. Dabei hieß es im Anschluss an die zuvor gegebene Deskription der Berliner Motzstraße 17 (vgl. S. 90ff.) u. a.: «[…] Der Stil von geflügelter Eile blieb: die Zimmer waren ebenso klein, nur glühten sie von Farben und Blumen: es war wie im Atelier eines Malers, der aus nichts Farbigkeit entstehen lässt: hier ein achtlos hingeworfenes Tuch, dort ein mitten in den Raum gestellter Sessel. Von der Villa Hansi bleibt in meiner Erinnerung vor allem die liebenswerte Farbigkeit ihrer einfachen Einrichtung; statt der Remingtons – Rezitation und Blumen, die durch die offenen Fenster hereinschauten. – Ich halte mich bei der Beschreibung der Wohnung Steiners auf, weil eine Wohnung der Abdruck der Person ist, die in ihr wohnt; der Stil der Zimmer von Steiner, die ich gesehen habe, wies dieses unsichtbare Siegel auf: Anspruchslosigkeit, rasendes Arbeitstempo, ständiges Unterwegssein; und trotzdem ein Hauch Fröhlichkeit, bis zur Möglichkeit eines homerischen Gelächters in diesen Räumen. Und ich spürte ganz deutlich: würde der Doktor in fest verwurzelte Lebensformen kommen, er würde alles umkrempeln; und sogar in seinem eigenen beflügelten Zuhause muss es jemand geben, der für ihn sorgte und ihn … mäßigte. Es wird erzählt, dass er manchmal … zurechtgewiesen wurde von Marija Jakovlevna; sie soll bei einer solchen Gelegenheit (wie mir berichtet wurde) laut ausgerufen haben: ‹Ach, was sind Sie für ein …!› Das von ihr gebrauchte Wort war grotesk: aber Marija Jakovlevna war eine stürmische, explosive Natur; ihr Wirken hatte seinen Anfang auf der Bühne genommen; unter der Selbstbeherrschung, die in manchen Augenblicken als kalter Stolz erscheinen konnte, glühte das Feuer eines echten Vulkans; sie konnte mit heißer, unaufhaltsam strömender Liebe überschütten, sie konnte mit einem unangenehmen Gesichtsausdruck jemand wegen einer Kleinigkeit schikanieren, sie konnte ein eisbedeckter Ätna sein; wenn manchmal das ‹Fräulein von Sivers› erschien – nur Eis, reserviert, Siverko (nicht umsonst hieß sie Sivers!). Aber unter dem Eis funkelten die großen Augen: in Zorn oder Liebe. – Ich gebe folgenden Vorfall wieder, wie er mir erzählt wurde: außer sich vor Zorn über eine ihrer Verehrerinnen, die ihr eine Szene machte – bei aller Reserve war sie so, dass man ihr Szenen machen konnte –, warf Marija Jakovlevna irgendeinen Gegenstand nach ihr, den sie in die Hand bekam; die Verehrerin stürzte aus der Wohnung, Marija Jakovlevna hinter ihr her,

laut rufend: ‹Bringen Sie mir diese Frau zurück, sie wird sich sonst noch etwas antun!› – Viele ‹Tanten› konnten diese Verbindung von stürmischer Hingabe und verschlossener Förmlichkeit nicht begreifen: der ‹eisbedeckte Ätna› forderte eine Unzahl unwürdiger Vorwürfe heraus; und Marija Jakovlevna war auch nicht immer im Recht; aber dies alles wurde durch ihren herrlichen Schwung und die geistige Höhe, die Hingabe an die Sache und die Liebe zum Doktor kompensiert; wenn man diese Liebe zum Doktor und die Bereitschaft, mit der sie ihr Leben seiner Aufgabe opferte, im Auge behält, dann, nur dann, begreift man ihren Ausruf: ‹Ach, Sie sind ein ...› – Folgendes Beispiel beweist, dass der Doktor einen solchen Ausruf durchaus provozieren konnte: eines Tages sah er auf der Straße einen kleinen verwahrlosten Jungen, dreckig und verstört; das Kind tat ihm leid, er nahm es an die Hand und brachte es mit nach Hause, beschäftigte sich liebevoll mit ihm und tröstete es; schließlich spielten die beiden zusammen. Marija Jakovlevna kam nach Hause, ihr bot sich folgendes Bild: der Doktor lacht selbstvergessen und rollt den Jungen auf ihrem Bett hin und her ... Bei dieser Gelegenheit entschlüpfte wohl Marija Jakovlevna jenes: ‹Ach, Sie sind ein ...›» (Ebd., S. 134ff.)

285 Fred Poeppig: *Marie Steiner. Ein Leben im Dienst der Wiedergeburt des Wortes*, S. 72. – An anderer Stelle schrieb Poeppig: «Frau Marie Steiner hütete wie eine Priesterin, streng und voll Seelenwachsamkeit, die ihr anvertrauten Keime. Unter ihrem künstlerischen Auge wuchsen die ersten Eurythmistinnen heran. Rudolf Steiner besuchte selber fast täglich die Proben, um sich die neuen Leistungen anzuschauen. Er gab bei dieser Gelegenheit die ihm nötig erscheinenden Anweisungen, Korrekturen, Anfeuerungen.» (*Heiliges Vermächtnis. Erinnerungen an Rudolf Steiner.* Basel 1938, S. 134) – Rudolf Steiner kümmerte sich in dem von Poeppig genannten Sinne um viele Details der Arbeit, gegebenenfalls bis hin zum pünktlichen Probenbeginn: «Frau Dr. Steiner war in dieser Beziehung sehr unzufrieden mit uns, und da sie keine Besserung erzielen konnte, nahm Rudolf Steiner sich der Sache an. Wir mussten jetzt darauf gefasst sein, dass er immer am Anfang der Proben da war, und das hatte schon seine Wirkung. [Eine] Eurythmistin war indessen doch einmal wieder etwas zu spät, und so wollte sie sich möglichst unbemerkt zur Tür hinter der Bühne hineinschleichen. Als sie aber zaghaft einen Spalt öffnete, merkte sie, dass gerade in diesem Augenblick Dr. Steiner im Gang stand. Da schloss sie, wie sie glaubte unbemerkt, noch einmal die Tür und wartete ein paar Minuten. Sie dachte, er würde inzwischen in den Saal gehen. Als sie nach einer kleinen Weile dann die Tür wieder öffnete und vorsichtig hineinspähte, da sah ihr Dr. Steiners lachendes Gesicht entgegen. Er hatte sie das erste Mal wohl bemerkt und *auch*

hinter der Tür gewartet!» (Annemarie Dubach-Donath: «Aus der eurythmischen Arbeit.» In: Erika Beltle/Kurt Vierl [Hg.]: *Erinnerungen an Rudolf Steiner,* S. 177)

286 Zit. n. Marie Savitch: *Marie Steiner-von Sivers. Mitarbeiterin von Rudolf Steiner*, S. 97.

287 Rudolf Steiner: *Wege zu einem neuen Baustil.* GA 286, S. 113f.

288 «Unter dem Einfluss des Materialismus ging die Selbstlosigkeit der Menschheit in einer Weise verloren, wie es in zukünftigen Zeiten der Menschheit erst erkannt werden wird. Aber durch die Vertiefung in das Mysterium von Golgatha, die Durchdringung der Erkenntnis des Mysterium von Golgatha mit unserem ganzen Gefühl, unserem ganzen seelischen Wesen, können wir wiederum eine Kultur der Selbstlosigkeit aneignen. Und wir können sagen: Was Christus für die Erdenentwickelung getan hat, ist beschlossen in dem Grundimpuls der Selbstlosigkeit, und was er werden kann für die bewusste Entwickelung der menschlichen Seele, ist die Schule der Selbstlosigkeit! [...] In Bezug auf unser sittliches Leben, unser Weltverständnis und in Bezug auf dasjenige, was innerhalb unserer Bewusstseinsseele sich abspielt, müssen wir erst selbstlos werden. Das ist eine Aufgabe der jetzigen Kultur gegen die Zukunft hin. Die Menschheit muss immer selbstloser und selbstloser werden, darin liegt die Zukunft der richtigen sittlichen Lebenstaten, die Zukunft aller Liebestaten, die durch die Erdenmenschheit geschehen können.» (Rudolf Steiner: *Vorstufen zum Mysterium von Golgatha.* GA 152. Dornach [3]1990, S. 151f.; vgl. hierzu Peter Selg: *Die Kultur der Selbstlosigkeit. Rudolf Steiner, das Fünfte Evangelium und das Zeitalter der Extreme.* Dornach 2006)

289 In: Marie Steiner: *Rudolf Steiner und die redenden Künste. Gesammelte Schriften II*, S. 33.

290 Marie Steiner-von Sivers: «Von den Mysteriendichtungen Rudolf Steiners zum Dornacher Bau» (1936). In: Marie Steiner: *Rudolf Steiner und die redenden Künste. Gesammelte Schriften II*, S. 235. – Über eine Begegnung mit Rudolf Steiner nach seinem Dornacher Wiedereintreffen, am Morgen des 2. August, hielt auch Margarita Woloschina fest: «Er sah sehr ernst, ja bestürzt aus. Ich bedauerte, dass der Bau bis August, wie er es doch immer gewollt habe, nicht fertig geworden sei; jetzt werde es wohl schwer sein, ihn zu vollenden. Er aber antwortete, dass im Verhältnis zu dem, was diese Katastrophe für die Menschheit bedeute, dies nicht mehr so wichtig sei. ‹Es geht jetzt um noch ernstere Dinge, um furchtbare Dinge.›» (*Die grüne Schlange. Lebenserinnerungen*, S. 297)

291 Brief Marie Steiner-von Sivers' an Johanna Mücke, 6. 2. 1918. Zit. n. Hella Wiesberger: *Marie Steiner-von Sivers. Ein Leben für die Anthroposophie,* S. 214.

292 Brief Marie Steiner-von Sivers' an Johanna Mücke, 1921. Zit. n. Hella Wiesberger: *Marie Steiner-von Sivers. Ein Leben für die Anthroposophie,* S. 274.

293 Brief Marie von Sivers' an Rudolf Steiner, 15. 10. 1924. In: Rudolf Steiner/Marie Steiner-von Sivers: *Briefwechsel und Dokumente,* S. 428.

294 Zit. n. Christoph Lindenberg. *Rudolf Steiner. Eine Chronik,* S. 354.

295 Zit. n. Beiträge zur Rudolf Steiner Gesamtausgabe. Nr. 108. Dornach 1992, S. 8.

296 «Er sprach, als schmerze ihn alles; seine Stimme war wie erloschen, er schien wie aus Glas, alles an ihm war gestrafft und klingend vor Schmerz.» (Tagebucheintragung Margarita Woloschina, 11. 9. 1914. In: Erika Beltle/Kurt Vierl [Hg.]: *Erinnerungen an Rudolf Steiner.* Stuttgart [1]1979, S. 72)

297 Brief von Marie von Sivers' an Johanna Mücke, 27. 7. 1913, zit. n. Hella Wiesberger: *Marie Steiner-von Sivers. Ein Leben für die Anthroposophie,* S. 397. – Wie sehr Johanna Mücke mit Verlagsangelegenheiten in Berlin allein stand, wenn sich Marie von Sivers mit Rudolf Steiner auf Vortragsreisen befand – oder im Sommer in München war –, geht bereits aus einem drei Jahre zuvor geschriebenen Brief Marie von Sivers' indirekt hervor, in dem es aufrichtend hieß: «Ich bin dem Schicksal dankbar, das uns in Ihnen einen so starken Freund und treuen Helfer gegeben hat, und bin Ihnen dankbar für die hingebungsvolle Arbeit, die Sie natürlich besser verrichten, als irgend jemand es tun könnte. Mir kann deshalb der Gedanke an Trennung nicht kommen. Es tut mir nur so leid, dass Sie unter unserem furchtbar zerrissenen Leben auch zu leiden haben und es doch so schwer empfinden, wenn Sie so lange nicht von uns hören. Aber ich weiß, dass Sie dennoch einsehen, wie tief es in den Notwendigkeiten unserer Arbeit begründet ist. Und trotzdem wir immer in unseren eigenen Angelegenheiten zurückstehen müssen vor den Anforderungen der Vielen, wächst und gedeiht doch das Ganze. Sie werden mir verzeihen, wenn Sie wieder hier sind und wenn es möglich geworden ist, das ganze Werk auf die Füße zu stellen. So etwas Herrliches wie dieses Drama [‹Die Pforte der Einweihung›] ist noch nie gedichtet worden.» (Zit. n. Nachrichten [Beiträge] der Rudolf Steiner-Nachlassverwaltung. Heft 17. Dornach 1967, S. 8)

298 Vgl. hierzu die von Hella Wiesberger auszugsweise veröffentlichte Verlags-Korrespondenz Marie Steiner-von Sivers' mit Johanna Mücke (In: *Marie Steiner-von Sivers. Ein Leben für die Anthroposophie,* S. 385 ff.). In einem exemplarischen Dornacher Brief Marie von Sivers' vom 2. September 1914, in dem es um die Materialien von Vortragsnachschriften im Zusammenhang mit beabsichtigen Kurs-Editionen ging – und der die schwierige Lage Marie von Sivers' hinreichend verdeut-

lichte –, hieß es unter anderem: «Es hat sich unter des Dr.'s Sachen die Architektenhausserie 1910/11 gefunden; 1909/10 habe ich auch hier; 11/12 und 12/13 sind wohl auch schon in den Händen mehrerer Vorsitzenden. So dass vielleicht nur 1913/14 in einer Serie hier liegend, in der anderen bei Vegelahn – Berlin gut verteilt wären, – *falls* die Gepäckbeförderung eine sichere ist. Ich weiß nicht mehr genau, ob diese Serie bei Ihnen ist. Falls Sie meine Vorträge revidieren wollen, so müssen sie sich von Frau Walther das rosa Zimmer aufschließen lassen … Die Vorträge sind gleich rechts in den Sönnekenregalen, obere Fächer unter Glas offen. Sie sehen da die Zyklen aufgestellt in den blauen Einbänden, dazwischen Schachteln, da ist manches neueste drin … Aber der Dr. darf mir nichts stibitzen. Denken Sie, seine Nachschriften sind ganz zersprengt. Er hat hier Lukas-Evangelium 1–5, Okkulte Physiologie 1–3. Makrokosmos und Mikrokosmos fehlt plötzlich VI. Hoffentlich findet er das fehlende in Berlin. Ich hüte ihm seine Vortragsschätze doch besser und betrachte es als meine heiligste Pflicht.» (Zit. n. Hella Wiesberger, *Marie Steiner-von Sivers. Ein Leben für die Anthroposophie,* S. 400)

299 Assja Turgenieff: *Erinnerungen an Rudolf Steiner und die Arbeit am ersten Goetheanum,* S. 66.

300 «Was für Wellenschläge [die Trauung] im Kreise der Mitglieder (vornehmlich der weiblichen Mitglieder, aber nicht nur dieser!) hervorrief, war erschreckend. Von hysterischer Verzückung, hysterischer Verzweiflung bis zur Konstatierung eines ‹Abgleitens des Eingeweihten› waren die vielfältigsten Abwandlungen zu erleben!» (Adelheid Petersen: «Dornach in den Jahren 1914/1915». In: Erika Beltle/Kurt Vierl [Hg.]: *Erinnerungen an Rudolf Steiner*, S. 188). Vgl. hierzu die von Hella Wiesberger und Ulla Trapp zusammengestellte «Dokumentation zur Dornacher Krise vom Jahre 1915», in: Rudolf Steiner: *Probleme des Zusammenlebens in der Anthroposophischen Gesellschaft.* GA 253. Dornach [1]1989, S. 123 ff.

301 Zit. n. Hella Wiesberger: *Aus dem Leben von Marie Steiner-von Sivers,* S. 85.

302 Rudolf Steiner: *Kunst im Lichte der Mysterienweisheit.* GA 275. Dornach [3]1990, S. 69 f.

303 Adelheid Petersen: «Dornach in den Jahren 1914/1915». In: Erika Beltle/Kurt Vierl (Hg.): *Erinnerungen an Rudolf Steiner*, S. 188 f.

304 «Selbst als wir zu bauen schon angefangen hatten, bestand nicht die Absicht, den Mittelpunkt der gesamten Tätigkeit nach Dornach zu verlegen. Mittelpunkt für die Mysterienspiele, für festliche Veranstaltungen aller Art, sollte der Bau werden. Das Wirken in die Außenwelt hinein in seinen mannigfaltigen Verzweigungen sollte fortgesetzt werden wie

früher, von den alten Stätten aus, treu dem Prinzip der Kontinuität, das von Rudolf Steiner immer innegehalten worden ist. Er durchbrach es nie, solange er eine Möglichkeit hatte, es aufrecht zu erhalten: eine Grundbedingung für jede Wirksamkeit der Okkultisten sah er darin. – Durch den Krieg war Dornach schicksalsmäßig zum internationalen Mittelpunkt der geistigen Bewegung geworden.» (Marie von Sivers, zit. n. Marie Savitch: *Marie Steiner-von Sivers. Mitarbeiterin Rudolf Steiners*, S. 92)

305 Vgl. Andrej Belyj: *Geheime Aufzeichnungen. Erinnerungen an das Leben im Umkreis Rudolf Steiners.* Dornach [2]2002.

306 Andrej Belyj schrieb über die Persönlichkeit Marie Steiner-von Sivers' («Marija Jakovlevnas») in *«seherischer» Charakteristik* (Hella Wiesberger): «[…] Marija Jakovlevna erschien manchmal als Große Dame, das heißt, eine Dame mit einer riesigen Aura, einer Art Sonnenscheibe, so dass die Menschen mit zusammengekniffenen Auen herumliefen, mit den Händen fuchtelnd, und stöhnten. ‹Was haben Sie?›: – ‹Oh, Oh! Marija Jakovlevna!› Ich kannte diese ‹Oh's›. Sie blendete, sie versengte einen mit einer Sonnenatmosphäre von vielen tausend Grad, ohne dass die Umherstehenden es merkten. Und so blieb die ‹Große Dame› das Schwert, das von Anfang an in zwei Parteien trennte: die, welche Marija Jakovlevna nie im Strahlenglanz, verklärt, in ihrer Aura gesehen, und die anderen, die sie so gesehen hatten oder von der Pfauenfeder ihrer sonnenhaften Ausstrahlung berührt worden waren, wenn sie, einen Rosen- oder Maiglöckchenstrauß in der Hand, mit leuchtend blauen Augen und leuchtend goldenem Haar vorüberging und huldvoll lächelte, ein Lächeln, das manchmal wie die Sonne selbst war. So war sie für die ‹Sehenden›. Die ‹Nichtsehenden› jedoch sahen zuweilen ganz andere Seiten an Marija Jakovlevna: ‹Eine trockene, pedantische, ungerechte Deutsche!› Das sagten die Russen. Die Deutschen sagten etwas anderes: ‹Eine trockene, pedantische, ungerechte Russin!› – Der Streit zwischen diesen ‹Parteien› hielt jahrelang an! – Der Doktor liebte sie vorbehaltlos. Und sie liebte ihn, den wir alle mit höchster Hingabe liebten, mehr als wir alle: als ihren ‹inneren› Lehrer, als eine außerordentliche Welterscheinung; diese weißglühende Liebe wurde manchmal zu sengendem Eis, sobald sie vermutete, diese Erscheinung werde nicht in der rechten Weise gewürdigt. ‹So ist es, sie überbrühen den Doktor mit ihrer Liebe, um ihn dann im Stich zu lassen!› pflegte sie zu sagen, wenn sie unsere vor Begeisterung funkelnden Augen sah: sie hat in ihrem Leben vieles gesehen. – Rudolf Steiner schreibt in seinem Buch ‹Wie erlangt man Erkenntnisse der höheren Welten?›, dass die dort vorgeschlagenen instruktiven ‹Wegzeichen› für einen normalen, durchschnittlichen Menschen taugen könnten, dass es selbstverständlich auch andere Wege gebe, die als sel-

tene Ausnahmen jedoch unerwähnt bleiben sollten. Manchmal denke ich, Marija Jakovlevna war eine solche Ausnahme, die sich überhaupt nicht erfassen ließ, nicht einmal vom anthroposophischen Standpunkt aus – in ihren strahlenden Vorzügen ebenso wenig wie in ihren scharf konturierten Mängeln.» (Andrej Belyj: *Verwandeln des Lebens. Erinnerungen an Rudolf Steiner,* S. 293 f.). Belyjs Erinnerungen zeichnen in vielen Einzelheiten ein sehr differenziertes Bild von Marie Steiner-von Sivers («Marija Jakovlevna») – die von Belyj in all ihren «strahlenden Vorzügen» und «scharf konturierten Mängeln» persönlich erlebt und partiell auch erlitten worden war –, und unterscheiden sich in dieser Hinsicht von der überwiegend «polar» ausgerichteten Erinnerungsliteratur (zur geistigen Konfiguration der Persönlichkeit Marie Steiner-von Sivers' vgl. darüber hinaus die weiterführenden Ausführungen von Wilfried Hammacher, in: *Marie Steiner. Lebensspuren einer Individualität,* S. 131 ff. und Sergej O. Prokofieff, in: *Menschen mögen es hören. Das Mysterium der Weihnachtstagung,* S. 381 ff.). Madeleine van Deventer (1899–1983), die engste ärztliche Mitarbeiterin Ita Wegmans – und Leidensgenossin in den schweren Gesellschaftsauseinandersetzungen der 30er Jahre – formulierte kurz vor ihrem Tod in einem Erinnerungsmanuskript über Marie Steiner: «Frau Dr. Steiner lernte ich 1914 in Dornach kennen. Damals war sie noch Frl. von Sivers. Schlank, stolz und schön. – 1915 wollte ich Vorträge Rudolf Steiners in der Schreinerei hören. Ich fragte den damaligen Vorstand. Zuerst Dr. Unger, der mich an Frau Dr. Steiner verwies. Diese stellte sofort die fatale Frage nach meinem Alter [15 Jahre], zog die Augenbrauen hoch und sagte: da muss man den Doktor fragen. – Dr. Steiner fragte wieder nach meinem Alter und sagte dann, dass ich zuerst Mitglied werden müsste und dass dazu meine Eltern ihre Zustimmung geben müssten. Worauf ich zuversichtlich antwortete: ‹Dort steht ja meine Mutter, die ist sicher einverstanden.› Mit deutlichem Missfallen gab Dr. Steiner seine Zustimmung. – Im Verlauf des Sommers verstand ich sehr gut, warum Dr. Steiner so wenig ‹begeistert› war. Es trat nämlich eine richtige Gesellschaftskrise ein mit einer Dauer-Generalversammlung. Anlass waren u. a. einige verschrobene Briefe von älteren Damen, die von Rudolf Steiner astrale Kinder verlangten. Dr. Steiner las diese Briefe vor und schilderte in knappen Worten, dass er gerade, in Zusammenhang mit solchen Sachen, vor kurzem mit Frl. von Sivers zum Standesamt gegangen war, ‹sozusagen als Reinemachefrau›. Frau Dr. Steiner saß in der ersten Reihe und spielte – wie mir schien – nervös mit ihrer Rose. Ich hatte ein tiefes Mitgefühl für sie. – Rudolf Steiner verließ da-rauf zusammen mit Frau Dr. Steiner den Saal und überließ der Gesellschaft, mit dieser Sache fertig zu werden. Michael Bauer, der auch zum damaligen Vorstand gehörte, übernahm mit viel

Feingefühl die Leitung der Versammlung. Drei Tage lang dauerten die Gespräche. Viel ‹schmutzige Wäsche› wurde hervorgeholt. Viel Selbsterkenntnis geübt. Nach drei Tagen erbarmte sich Rudolf Steiner unser und mit wenigen klärenden Worten glättete er die Wogen. – Dass diese Themen – auch die Gösch-Affäre kam zur Sprache, wo Rudolf Steiner magische Beeinflussung vorgeworfen wurde – für mich nicht so geeignet waren, verstand ich sehr gut. Und doch bin ich dankbar für die Lebenserfahrung, die ich daraus gewann. – Öfters begegnete ich in den zwanziger Jahren Frau Dr. Steiner. Obwohl sie immer sehr freundlich war, konnte ich nie eine innere Beziehung zu ihr finden. Die Vorworte, die sie dann später schrieb zu den herausgekommenen Zyklen, kamen mir ‹alttestamentarisch› vor. Und ihre damals oft sehr angegriffene Stimme beim Rezitieren konnte ich schwer ertragen. – Dies wurde radikal anders, als es mir 1924 vergönnt war, zweimal einen Sprechkurs bei ihr mitzumachen. Da kam im kleinen Raum die volle Gewalt ihrer Stimme zur Geltung. Einmal rezitierte sie für uns den ‹Zauberlehrling›. Durch ihr Wort erstand der Inhalt des Gedichtes in fast greifbarer Gestaltung vor uns. – Dies war während des Sommerkurses in Oosternbeek. Damals fiel ich leider in Ungnade. Dr. Wachsmuth hatte mich nämlich gebeten, dafür zu sorgen, dass die Kursstunde rechtzeitig beendet würde, damit die zu Fuß Gehenden ohne Hetze in die anschließende Klassenstunde in Arnheim gelangen konnten. Als die Zeit zum Gehen heranrückte, zeigte mir Dr. Wachsmuth von der Terrasse her, wo er hinter Frau Dr.'s Rücken stand, seine Uhr. Ich stand prompt auf, ging zu Frau Dr. und zeigte ihr meine Uhr, und erklärte ihr, dass wir aufhören sollten wegen der Klassenstunde. Sie war sehr ungehalten und hat seither nie mehr mit mir gesprochen. – Die Bedeutung Frau Dr. Steiners gerade für die Entwicklung einer neuen Art des Sprechens, aber begann ich zu ahnen. – Wie sehr Rudolf Steiner dieser Zukunftsimpuls am Herzen lag, geht hervor aus seinen Worten im Eröffnungsvortrag zur Weihnachtstagung. Er spricht da die erschütternden Sätze, dass er in letzter Zeit *‹viel Blut hat schwitzen müssen über allerlei Diskussionen über jene Form des Rezitierens und Deklamierens, wie sie durch Frau Dr. Steiner ausgebildet worden ist.›* (‹Wir müssen unter dem Zeichen der vollen Wahrheit, auf welchem Gebiet es auch sei, als Vertreter des anthroposophischen Wesens in der Welt auftreten, und wir müssen uns bewusst sein, dass, insofern wir das nicht können, wir eben eigentlich die anthroposophische Bewegung nicht fördern können. Alles verschleierte Eintreten für die anthroposophische Bewegung führt doch zuletzt zu keinem Heil. [...] Ich will es an mehreren Beispielen klar machen, was ich meine. – Da ist die Eurythmie. Die Eurythmie wird so, wie ich es ja auch gestern im Beginne der Eurythmie-Vorstellung gesagt habe, wirklich aus den tiefsten Untergründen des anthroposophischen Wesens heraus geholt und gepflegt. Und dessen muss man sich bewusst sein, dass mit der Eurythmie, so unvollkommen sie heute noch sein mag, etwas in die Welt hineingestellt wird, was ein ganz Ursprüngliches ist, ein Primäres, und was in keiner Weise verglichen werden darf mit irgend etwas anderem, was scheinbar ähnlich heute in der Welt auftritt. Diesen Enthusiasmus müssen wir für unsere Sache aufbringen, dass wir die äußerlichen oberflächlichen Vergleichsmöglichkeiten ausschließen. Ich weiß, wie ein solcher Satz missverstanden werden kann, aber ich spreche ihn dennoch hier im Kreise von Ihnen, meine lieben Freunde, aus; denn er drückt eine der Grundbedingungen für das Gedeihen der anthroposophischen Bewegung in der Anthroposophischen Gesellschaft aus. – Ebenso habe ich zum Beispiel in der letzten Zeit viel Blut schwitzen müssen, möchte ich sagen – es ist natürlich symbolisch gemeint –, über allerlei Diskussionen über jene Form des Rezitierens und Deklamierens, wie sie in unserer Gesellschaft durch Frau Dr. Steiner ausgebildet worden ist. Ebenso wie die Eurythmie, ist der Grundnerv dieses Deklamierens und Rezitierens derjenige, der aus anthroposophischer Grundlage heraus geholt und gepflegt worden ist, und auf diesen Grundnerv muss man sich einstellen. Den muss man erkennen und nicht glauben, dass wenn man da oder dort irgendeinen Fetzen von dem, was nun gut oder sogar besser in anderen ähnlichen Formationen da ist, hineinführt, so käme etwas Besseres heraus. Dieses Ursprünglichen, dieses Primären, muss man sich bewusst sein auf allen unseren Gebieten.› Rudolf Steiner: *Die Weihnachtstagung zur Begründung der Allgemeinen Anthroposophischen Gesellschaft 1923/1924*. GA 260, S. 46f.) – Es kann die Frage in einem aufsteigen, ob Marie Steiners Wirken nicht erkannt werden muss als Vorbereitung für die Mission des Maitreya-Buddha, den ‹Bringer des Guten durch das Wort, durch den Logos [...], der in einer Sprache sprechen wird, die heute noch keinem Menschen eigen› ist (Rudolf Steiner: *Von Jesus zu Christus.* GA 131. Dornach [7]1988, S. 225f.). – Wirkte in ihr der jetzige Bodhisattwa? – In der Fragenbeantwortung in Penmaenmawr sagt Rudolf Steiner: ‹der Bodhisattwa wartet schon, aber die Menschen müssen erst in einer genügend großen Anzahl sich fähig machen, ihn zu verstehen›. – Wir haben in unserer Zeit durchaus zu erwarten, dass Götterwesen sich mit den geeigneten Menschen verbinden. Im dritten Bild der ‹Pforte der Einweihung› wird dies in dramatischer Weise geschildert in Bezug auf die Maria. Und gerade diese Rolle war es, die von Marie Steiner dargestellt wurde. – (Handschriftlicher Zusatz:) Herr Grosse erzählte mir folgende Äußerung R. St's: Bei einem Lunch im Hause Molt kam das Gespräch auf das Schreiben von Memoiren. Molt forderte Frau Dr. Steiner auf, ihre Biographie zu schreiben. Worauf R. St: Das kann sie nicht. Sie ist ein kosmisches Wesen. Liane (Collot-d'Herbois) erzählte mir, dass Frau Dr. Wegman mehr als einmal auf Spaziergängen mit ihr plötzlich stehen blieb, ihre Schulter anfasste und mit dem Stock schräg nach oben zeigend, selbst ganz entzückt, mit großem Nachdruck die Worte sprach: ‹Sie ist es.›» (Madeleine van Deventer: «Frau Dr. Steiner». Unvollständiges Manuskript, ca. 1981; Ita Wegman Archiv, Arlesheim. Rudolf Grosse war – als Waldorfschüler der 12. Klasse und Pensionsgast bei Molt – Teilnehmer des Mittagessen-Gespräches von Emil und Berta Bort mit Rudolf Steiner und Marie Steiner-von Sivers im Februar 1924, in dessen Verlauf Rudolf Steiner die zitierten Worte sprach. Grosse berichtete darüber in einem Vortrag am Goetheanum sowie einzelnen Menschen persönlich, darunter auch Madeleine van Deventer. Die Nichte Emil und Berta Molts, Lisa Dreher Monges, die ebenfalls an dem Essen teilnahm, veröffentlichte ihre Erinnerungen an den Gesprächsverlauf und den Kontext der Aussage Rudolf Steiners im Herbst 1980 – und schrieb: «Als leuchtende Erinnerungsbilder stehen vor meiner Seele die Mahlzeiten meines Onkels und meiner Tante, Emil und Berta Molt, an denen Dr. Steiner und Frau Marie Steiner teilnahmen. Auch ich durfte dabei sein. – Es herrschte eine frohe Stimmung während dieser Mahlzeiten. Als Rudolf Steiner einmal ein so genannter ‹gemischter Salat› angeboten wurde, lehnte er ihn ab mit den Worten: ‹Das kann ich ja nicht in meinem Magen unterscheiden.› – Des Öfteren, während der Nachtisch aufgetragen wurde, erzählte Dr. Steiner Witze. – Bei der letzten Anwesenheit von Herrn und Frau Dr. Steiner beim Mittagsmahl im Hause Molt – es war im Februar 1924 – befasste sich die lebhafte Unterhaltung mit Henry Ford, und Dr. Steiner sagte, dass er gerne in einem Ford-Automobil fahre. [Das war dazumal das so genannte ‹Modell T›.] Henry Ford hatte gerade seine Autobiographie veröffentlicht, und Dr. Steiner bemerkte: ‹Viele Leute haben jetzt memoiritis›, worauf Frau Doktor entgegnete: ‹Das kann man auch von Ihnen sagen ...› [Rudolf Steiner schrieb zu jener Zeit seinen *Lebensgang*, der in kurzen Abschnitten jede Woche in ‹Das Goetheanum› erschien.] Als Frau Doktor diese Bemerkung machte, änderte sich Dr. Steiners Gesichtsausdruck zu tiefem Ernst. Wie in weite Fernen schauend, sagte er mit seiner tiefen, wohlklingenden Stimme: ‹Ja, es soll nur schlicht und wahr sein.› – Nach einer kurzen Pause meinte Emil Molt: ‹Man sollte auch Frau Doktors Biographie schreiben›, worauf Rudolf Steiner erwiderte: *‹Das kann man ja nicht, Frau Doktor ist ein kosmisches Wesen.›»* In: Mitteilungen aus der anthroposophischen Arbeit in Deutschland. Heft Nr. 113. Michaeli 1980. Wilfried Hammacher widmete dieser Aussage Rudolf Steiners eine umfangreiche Studie: «Ein kosmisches Wesen». In: Wilfried Hammacher: *Marie Steiner. Lebensspuren einer Individualität,* S. 131–241)

307 «Die Arbeit an einer Szene begann mit einer Leseprobe, die Rudolf Steiner selber führte. Er las alle Rollen vor. Er gab alle Regie-Anweisungen [...]. Für die Eurythmie gab er den Charakter der Bewegung und die eurythmischen Gesten selber an, die für die einzelnen Wesen, die auf der Bühne erscheinen mussten, charakteristisch sind [...].» (Marie Savitch: *Marie Steiner-von Sivers. Mitarbeiterin Rudolf Steiners*, S. 112; vgl. diesbezüglich auch die Schilderungen Assja Turgenieffs, in: *Erinnerungen an Rudolf Steiner und die Arbeit am ersten Goetheanum*, S. 66ff.)

308 Andrej Belyj: *Verwandeln des Lebens. Erinnerungen an Rudolf Steiner*, S. 364ff.

309 Lea van der Pals betonte in diesem Sinne: «Wenn Frau Doktor zum Üben der Eurythmisten rezitierte, oder später mit den Rezitatoren die Eurythmiegedichte arbeitete und dabei oft ganze Passagen immer wieder selber sprach, gewöhnlich dann zum Schluss einmal das ganze Gedicht, weil sie selbst so davon begeistert war – da konnte einem aufgehen, wie im *Zusammenwirken* von Rezitation und Eurythmie das neue Kunstwerk entsteht. Von ihrer Rezitation fühlte man sich in der Bewegung getragen, man hatte immer genügend Zeit, trotz oftmals sehr schnellem Tempo, und man entdeckte neue Bewegungsmöglichkeiten. Die Glieder selber schienen eine Art Phantasie zu entwickeln, im Üben kamen einem neue charakteristische Gebärden, und viele technische Schwierigkeiten ließen sich auf einmal bewältigen.» (Zit. n. Wilfried Hammacher: *Marie Steiner. Lebensspuren einer Individualität*, S. 156f.). Auch die Eurythmistin Annemarie Dubach-Donath schrieb: «[...] Wie fühlte man sich getragen, wenn Marie Steiner selber den herrlichen Sprachstrom wie Flügel der Bewegung unterbreitete! Dabei nahm sie die größte Rücksicht in Bezug auf die Tempi usw. Sie zwang uns nie zu einer Änderung wegen der Rezitation, im Gegenteil; oft wenn ich ein neues Solo hatte, las sie es mir einige Male, auch wenn ich es noch nicht viel geübt hatte, und dann rief sie mich zu sich und sagte mit großer Freundlichkeit: ‹Nun müssen Sie mir Ihre Wünsche sagen, wo Sie Pausen haben wollen, oder wo es Ihnen zu schnell ist.› So durfte man sich ganz mit ihr verständigen, und Bewegung und Rezitation wurden dadurch zu einer Einheit. Man fühlte, wie sie voller Interesse jede Bewegung verfolgte und uns Schwung und Atem gab durch ihre Rezitation, die selber Eurythmie war.» (Annemarie Dubach-Donath: «Aus der eurythmischen Arbeit». In: Erika Beltle/Kurt Vierl [Hg.]: *Erinnerungen an Rudolf Steiner*, S. 178) – Über den Zusammenhang der Sprache mit der Bewegung des Menschen formulierte Marie Steiner-von Sivers 1936 in einem Aufsatz: «Die Gesichtspunkte für eine in höherem Sinne wahre Kunst dürfen nicht auf Nachahmung dessen beruhen, was im täglichen Leben geschieht, dürfen auch nicht

innerhalb des Vorstellungslebens verbleiben, das zwar reflektieren kann, was der Mensch wahrnimmt – also Spiegelbilder vermittelt, nicht aber zu wesenhafter Wahrheit durchstoßen kann, da es kein selbsteigenes Leben hat. Die Vorstellung als ein Ergebnis des Kopfdenkens ergreift nicht den ganzen Menschen; sie kann nur zum Abstrakt-Schattenhaften, zum Dozieren oder zur Sentimentalität führen. Die Vorstellung muss über den bloß reflektierten Zustand einer in das Gehirn zurückgeworfenen Wahrnehmung oder Empfindung hinauskommen, muss, von den Willenskräften ergriffen, in dynamisch vorwärts eilende Bewegung übergehen, sich von kosmischen Kräften erfassen lassen, durch die sie bewusst auch den Umlauf der eigenen Herz- und Lungentätigkeit erlebt und ihn der künstlerischen Gestaltung gefügig macht. Das Erleben der Rhythmenkreisläufe ist für den künstlerischen Schwung ein Maßgebendes. Herz und Lunge sind die physischen Organe, die Weltenpulsschlag und Sternenkräfteweben nicht nur reflektieren, sondern wesenhaft, wenn auch traumhaft miterleben. Das Feuer des Herzens und der den Atemstrom in Wachheit handhabende Luftmensch müssen deshalb zum Instrument des vom Ich aus die Seelenkräfte dirigierenden Sprachkünstlers werden. Und wird die Herzkraft von der Ichkraft erfasst, so dringt sie auch hinein in das sonst schlafende Bewusstsein des Gliedmaßenmenschen, der in der Schwere seine Wesenseinheit mit den Tiefenmächten erfühlt. Indem er in sie untertaucht, gewinnt er die Fähigkeit, sie zum Licht emporzuheben. In unsern vom Bewusstsein ergriffenen, schwingenden, formenden, tragend-lastenden, lösenden, befeuernden, den Seelenraum durchdringenden Kräften stoßen wir durch zum Wesen der Dinge. Wir werden eins mit dem Weltenall, und machen uns zum Instrument des Weltenlebens, das tausendstimmig durch uns erklingen kann. – So aus dem Innern heraus die Welt- und Wesensmächte erfassen, und durch sie auch die im Menschen wirkenden Schaffensmächte erkennend ergreifen, ist ein anderes, als aus einem abstrakten Vorstellungskreise an den Inhalt der Dichtungen herantreten, oder beim Rollenstudium vor dem Spiegel das Spiel der Muskeln beobachtend zu vollziehen: man dringt dabei ebensowenig zu den Quellen des Lebens durch wie beim Sezieren eines Leichnams; kommt höchstens so weit, als es die Pantomime verlangt, und setzt sich wiederum der Gefahr aus, durch eine zu starke Stilisierung des Körpers ins Mechanische hinein zu geraten. Erlebt man die Situation aus dem Worte heraus, aus seiner Gestaltung, lauscht man auf das, was hinter dem Worte steht und spricht, dann wird man hellhörig für die Stimme der objektiven Wesenhaftigkeit und kann sie auch wiedergeben in Sprache und Gebärde.» (Marie Steiner-von Sivers: «Rudolf Steiner und die Künste». In: Marie Steiner: *Rudolf Steiner und die redenden Künste. Gesammelte Schriften II,* S. 247ff.)

310 Assja Turgenieff: *Erinnerungen an Rudolf Steiner und die Arbeit am ersten Goetheanum,* S. 80f.

311 Rudolf Steiner: *Das Geheimnis des Todes.* GA 159. Dornach ^{2}1980, S. 296.

312 Rudolf Steiner: *Menschenschicksale und Völkerschicksale.* GA 157. Dornach ^{3}1981, S. 264f..

313 Rudolf Steiner: *Vom Menschenrätsel.* Dornach ^{5}1984, S. 19.

314 In seinem Tagebuch notierte Edouard Schuré an diesem Tag (30.3.1916): «Bruch mit Rudolf Steiner, den ich bewunderte und verehrte. Ein tragischer, aber notwendiger Akt, der mich zwei Jahre voll von Zweifeln und Erschütterungen gekostet hat, der aber dann ausgeführt wurde mit vollem Bewusstsein und ohne Schwäche. Ich muss hinzufügen: nicht ohne tiefen inneren Schmerz.» (Zit. n. Camille Schneider: *Edouard Schurés Begegnungen mit Rudolf Steiner,* S. 56)

315 Zit. n. Hella Wiesberger: *Marie Steiner-von Sivers. Ein Leben für die Anthroposophie,* S. 468.

316 «Der Chauvinismus lebte in [Edouard Schuré] als Leidenschaft, so leidenschaftlich, wie es nur bei einem zum Franzosen gewordenen Deutschen sein kann, der mit allen Kräften der Seele und deutscher Gründlichkeit das Adoptivland, das Wahlland umschließt. Er wollte sich während des Krieges von allen deutschen Schlacken in der Abstammung und dem geistigen Eintreten reinigen. Er verlor in dieser zur innern Rage gewordenen Seelenverfassung jedes Maß. Die Broschüre Rudolf Steiners *Gedanken während des Krieges* war der äußerliche Anlass, zugeflüsterte Verleumdungen, Bearbeitungen, Einflüsse, denen er unterlag, eine gewisse Verzweiflung – waren die Ursachen eines gewaltsam Sich-Losreißens von einer im deutschen Geistesleben wurzelnden Bewegung, deren Träger er beschuldigte, nur dem alldeutschen Gedanken zu dienen.» (Marie Steiner-von Sivers, zit. n. Hella Wiesberger: *Aus dem Leben von Marie Steiner-von Sivers*, S. 89f.)

317 Camille Schneider: *Edouard Schurés Begegnungen mit Rudolf Steiner,* S. 56.

318 Zit. n. Hella Wiesberger: *Marie Steiner-von Sivers. Ein Leben für die Anthroposophie,* S. 463.

319 «Dieser Wahnsinnsanfall [Schurés] war so schmerzlich, dass ich drei Tage regungslos lag und auch meine Lähmungserscheinungen von da her datieren. Sie meldeten sich dann bei allen Schocks und sind jetzt mein ständiger Zustand.» (Brief Marie Steiner-von Sivers', 23. 8. 1948. Zit. n. Marie Steiner: *Briefe und Dokumente,* S. 61). Drei Jahre vor dem letztzitierten Schreiben hatte Marie Steiner-von Sivers in einem weiteren Brief darauf hingewiesen, dass sie seit Jahrzehnten infolge «viel zu lang andauerndem Arbeiten über meine Kraft» mit einem Fußleiden

belastet sei – und hinzugefügt: «Zwei böse Verstauchungen, zugezogen bei spätem Ausgehen im Zustand äußerster Übermüdung, waren der Anlass, dass sich dann jeder Schock sozusagen auf die Füße warf und sie lähmte, bis ein Fußmuskelschwund entstand. Als es besser wurde, war ich dennoch darauf angewiesen, in Schienen gehen zu müssen.» (Ebd., S. 68)

320 Rudolf Steiner: *Die Geheimnisse der Schwelle.* GA 147. Dornach [6]1997, S. 12.

321 Rudolf Steiner, zit. n. Hella Wiesberger: *Marie Steiner-von Sivers. Ein Leben für die Anthroposophie,* S. 471.

322 Ebd., S. 473. – Fünf Jahre später, im September 1921, auf der ersten Generalversammlung der Anthroposophischen Gesellschaft nach dem Ersten Weltkrieg in Stuttgart, sagte Marie Steiner-von Sivers, dass sie 1916 von ihrem Amt zurückgetreten sei, «weil ich den Namen Dr. Steiners nicht verquicken wollte mit den tausend kleinen Angelegenheiten der Gesellschaft». (Zit. n. Friedrich Hiebel: *Entscheidungszeit mit Rudolf Steiner. Erlebnis und Begegnung.* Dornach [2]1987, S. 44)

323 Rudolf Steiner, zit. n. Hella Wiesberger: *Marie Steiner-von Sivers. Ein Leben für die Anthroposophie,* S. 472f.

324 «Ich habe nicht nur mitbegründet, sondern sogar diese Gesellschaft Zweig für Zweig aufgebaut im Sinne der anthroposophischen Bewegung Rudolf Steiners, bis sie zur Anthroposophischen Gesellschaft werden konnte und habe [auch] jene Arbeit geleistet, die zum Anschluss ausländischer Gruppen führte. Und so ist mir die Gesellschaft mehr ans Herz gewachsen als irgendjemandem sonst.» (Brief Marie Steiner-von Sivers', 12. 3. 1945. In: Marie Steiner: *Briefe und Dokumente,* S. 20)

325 Vgl. darüber hinaus die wesentliche Aufgabe Sophie Stindes in der von Rudolf Steiner veranlagten «Stiftung für theosophische Art und Kunst» (s. Anm. 208).

326 Rudolf Steiner: *Unsere Toten.* GA 261. Dornach [2]1984, S. 171.

327 Edouard Schuré: *Die großen Eingeweihten. Geheimlehren der Religionen.* München [12]1956, S. 11.

328 Marie Savitch: *Marie Steiner-von Sivers. Mitarbeiterin Rudolf Steiners,* S. 102.

329 Ebd., S. 102f.

330 Assja Turgenieff: *Erinnerungen an Rudolf Steiner und die Arbeit am ersten Goetheanum,* S. 84.

331 Natalie Turgenieff-Pozzo: *Zwölf Jahre der Arbeit am Goetheanum. 1913–1925.* Dornach 1942, S. 16f.

332 Zit. n. Christoph Lindenberg: *Rudolf Steiner. Eine Chronik,* S. 381.

333 Rudolf Steiner: *Von Seelenrätseln.* GA 21. Dornach [5]1983, S. 10.

334 Zit. n. Christoph Lindenberg: *Rudolf Steiner. Eine Chronik,* S. 387.

335 Mieta Waller stellte diesen Antrag am 21. Oktober 1917 innerhalb der 5. ordentlichen Generalversammlung des Johannesbau-Vereins – drei Tage, nachdem Rudolf Steiner in einem öffentlichen Basler Vortrag gesagt hatte: «Ich möchte diese [...] anthroposophische Weltanschauung, welche auf die Art wissenschaftlich entsteht, wie ich es angedeutet habe, am liebsten nennen nach den Quellen – wenn man nicht missverstanden werden würde, würde ich es auch immer so nennen –, nach den Quellen, aus denen sie für mich selber stammt; ich würde diese Weltanschauung am liebsten Goetheanismus nennen, so wie ich, wenn dadurch nicht Missverständnisse über Missverständnisse sich ergeben würden, den Bau in Dornach draußen, der dieser Weltanschauung gewidmet ist, am liebsten Goetheanum nennen würde.» (Rudolf Steiner: *Freiheit, Unsterblichkeit, Soziales Leben.* GA 72. Dornach [1]1990, S. 50)

336 Brief Marie Steiner-von Sivers' an Johanna Mücke, 19. 12. 1917. Zit. n. Hella Wiesberger: *Marie Steiner-von Sivers. Ein Leben für die Anthroposophie,* S. 402.

337 Bereits ein Jahr zuvor (Winter 1916/17) hatten Rudolf Steiner und Marie Steiner-von Sivers intendiert, früher in Berlin einzutreffen; seinen ersten Berliner Zweigvortrag vom 6. 2. 1917 hatte Rudolf Steiner damals mit den erläuternden Worten begonnen: «Lassen Sie mich zuerst meine tiefe Befriedigung darüber ausdrücken, dass ich nunmehr wiederum in Ihrer Mitte sein kann. Es würde eher geschehen sein, wenn es nicht eine dringende Notwendigkeit gewesen wäre, die Arbeit an der ja hier öfters besprochenen Gruppe, die im Osten des Dornacher Baues stehen soll, und die darstellt den Menschheitsrepräsentanten in Wechselbeziehung zu den ahrimanischen und luziferischen Mächten, so weit zu bringen, dass sie nun ohne mich weiter gearbeitet werden kann. In der gegenwärtigen Zeit ist es ja notwendig, für die Zukunft in einer gewissen Weise vorauszudenken, und es schien mir eben durchaus notwendig, gegenüber den Ereignissen, die da kommen können, diese Gruppe so weit zu fördern, als es jetzt hat geschehen können.» (Rudolf Steiner: *Bausteine zu einer Erkenntnis des Mysteriums von Golgatha.* GA 175. Dornach [2]1982, S. 19)

338 Brief Marie Steiner-von Sivers' an Johanna Mücke, 19. 12. 1917. Zit. n. Hella Wiesberger: *Marie Steiner-von Sivers. Ein Leben für die Anthroposophie,* S. 402.

339 So hatte beispielsweise der kranke Michael Bauer an den – ebenfalls schwer erkrankten – Christian Morgenstern am 25. September 1913 geschrieben: «Dass wir – *wenigstens in Gedanken* – wissend miterleben durften den Augenblick, wo nach zweitausendjähriger Entbehrung wieder eine Mysterienstätte die Erde weiht, das gehört wohl zum Wertvolls-

ten dieses unseres Lebens. Nun werden wir, wenn wir wieder einmal geboren werden, hoffentlich den Weg zu solcher Stätte um so sicherer finden.» (Zit. n. Peter Selg: *Michael Bauer. Ein esoterischer Schüler Rudolf Steiners.* Dornach 2006, S. 60; Hervorhebung v. V.)

340 Rudolf Steiner: *Die Polarität von Dauer und Entwickelung im Menschenwesen.* GA 184. Dornach [2]1983, S. 144f.

341 Am 4. November schrieb Marie Steiner-von Sivers an Johanna Mücke, dass sie wohl noch auf Monate mit Rudolf Steiner in Dornach bleiben müsse und nicht nach Berlin kommen könne – «denn die Skulptur- und Malerei-Arbeiten sind in einem solchen Stadium, dass die ohne Dr. St's Mitarbeit nicht weiter gedeihen können». Sie fügte dem noch hinzu: «Es tut mir ja sehr leid um Berlin, um Sie alle, unsere treuen Hausgenossen, um die Inaugurierung des neuen Arbeitsraumes [d. h. Zweigraumes in der Postdamer Straße] – es ist hart in solcher Zeit nicht zusammen zu sein. Aber – hier ist Arbeitsfeld und der Dr. ist da, wo er benötigt wird.» (Zit. n. Hella Wiesberger: *Marie Steiner-von Sivers. Ein Leben für die Anthroposophie,* S. 402)

342 Rudolf Steiner: *Mysterienwahrheiten und Weihnachtsimpulse.* Dornach [2]1980, S. 331/333.

343 Zit. n. Hella Wiesberger: *Marie Steiner-von Sivers. Ein Leben für die Anthroposophie,* S. 214.

344 Zit. n. Christoph Lindenberg: *Rudolf Steiner. Eine Chronik,* S. 399.

345 Marie Savitch: *Marie Steiner-von Sivers. Mitarbeiterin Rudolf Steiners,* S. 125.

346 Zit. n. Lidia Gentilli-Baratto: *Eine Erinnerung an Marie Steiner aus dem Jahre 1947.* Freiburg [2]1966, S. 21. – Bereits im Dezember 1911, bei der Thematisierung der veranlagten «Stiftung für theosophische Art und Kunst», hatte Rudolf Steiner die absolute Notwendigkeit betont, dass «tatsächlich hereinfließen muss in unsere Kultur dasjenige, was als Kunst innerhalb der theosophischen Bewegung – wenn wir diesen Ausdruck heute gebrauchen – figurieren soll.» (*Zur Geschichte und aus den Inhalten der ersten Abteilung der Esoterischen Schule 1904 bis 1914.* GA 264, S. 434)

347 Zit. n. Marie Savitch: *Marie Steiner-von Sivers. Mitarbeiterin Rudolf Steiners,* S. 130.

348 Marie Savitch: *Marie Steiner-von Sivers. Mitarbeiterin Rudolf Steiners,* S. 125ff.; vgl. a. die Schilderung entsprechender Störhandlungen durch Ilona Schubert: *Selbsterlebtes im Zusammensein mit Rudolf Steiner und Marie Steiner,* S. 43f.

349 Vgl. die Wiedergabe dieses Textes u. a. in Rudolf Steiner: *Die Erkenntnis-Aufgabe der Jugend.* GA 217a. Dornach [2]1981, S. 193ff.

350 Zit. n. Christoph Lindenberg: *Rudolf Steiner. Eine Chronik,* S. 402.

351 Rudolf Steiner: *Die soziale Frage als Bewusstseinsfrage.* GA 189. Dornach [3]1980.
352 Zit. n. Hella Wiesberger: *Marie Steiner-von Sivers. Ein Leben für die Anthroposophie,* S. 402 f.
353 Nach Alexander Strakosch wurde Rudolf Steiners persönlicher Einsatz in Stuttgart ihm von den bittenden Dreigliederungs-Aktivisten abgerungen – «Wie mir Carl Unger später erzählte, hatte sich Rudolf Steiner nur sehr schwer und nach wochenlangen, immer wiederholten Bitten dieser Menschen [aus der Dreigliederungs-Initiative] entschlossen, deren Ruf [nach Württemberg] Folge zu leisten. Er war sich klar bewusst, welche Folgen es für ihn und sein weiteres Wirken als Geistesforscher haben würde, wenn er sich mit diesem Schritt auf ein Kampffeld begebe, das seine Kräfte in ungeheurem Ausmaße in Anspruch nehmen würde, wobei der Erfolg in hohem Maße davon abhing, ob diejenigen, die ihn gerufen, und auch die, welche in der Folge sich der Arbeit anschlössen, nicht versagen würden. Doch welches auch immer die Folgen für ihn sein mochten, er war immer bereit, wenn es galt zu helfen, und dieser Schritt war der Beginn des großen Opfers, das dieses Erdenleben der großen Individualität krönen sollte.» (Alexander Strakosch: *Lebenswege mit Rudolf Steiner. Erinnerungen,* S. 241)
354 Rudolf Steiner / Edith Maryon: *Briefwechsel.* GA 263/1. Dornach 1990, S. 28.
355 Zit. n. Beiträge zur Rudolf Steiner Gesamtausgabe, Heft 27/28 («Das Jahr der Dreigliederungsbewegung und der Gründung der Waldorfschule»). Dornach 1969, S. 27 f.
356 Rudolf Steiner / Edith Maryon: *Briefwechsel.* GA 263/1. Dornach 1990, S. 29.
357 Zit. n. Beiträge zur Rudolf Steiner Gesamtausgabe, Heft 27/28 («Das Jahr der Dreigliederungsbewegung und der Gründung der Waldorfschule»). Dornach 1969, S. 43.
358 Rudolf Steiner: *Die Entstehung und Entwickelung der Eurythmie.* GA 277a, S. 164.
359 «Die Stunden begannen stets mit Sprachübungen, täglich kamen neue hinzu. Jeder, der Reihe nach, wiederholte die Übung und erhielt Weisungen, wie es noch besser zu machen sei. – An diesen Veranstaltungen nahm auch Marie Steiner teil. Rudolf Steiner legte Wert darauf, dass sie mit dieser Arbeit verbunden sei und in aller Form als zum Lehrerkollegium zugehörig betrachtet werde.» (Alexander Strakosch: *Lebenswege mit Rudolf Steiner. Erinnerungen,* S. 248)
360 Rudolf Steiner: *Konferenzen mit den Lehrern der Freien Waldorfschule 1919 bis 1924. Band II.* GA 300b. Dornach [1]1975, S. 255.
361 Vgl. George Adams: «Rudolf Steiner in England». In: In: M. J. Krück

von Poturzyn (Hg.): *Wir erlebten Rudolf Steiner. Erinnerungen seiner Schüler.* Stuttgart ³1967, S. 13ff. – Im Zusammenhang dieser Erinnerungen beschrieb George Adams auch die Stimmung Rudolf Steiners nach seiner Rückkehr aus Berlin und Stuttgart respektive seine unmittelbar gewonnenen Eindrücke von dem ihm bis dahin unbekannten Geisteswissenschaftler, der sich «in natürlichster Weise, zuvorkommend und freundschaftlich, mit uns unterhielt»: «Man sah ihm an, dass er glücklich war. Die Freude über die Waldorfschule und ihre Kinder, die er zum Ausdruck brachte, war das allererste, was ich im Gedächtnis behielt. ‹Die Kinder toben. Wenn ein Kind nicht toblustig ist, wird es nachher kein tüchtiger Mensch.› [...] Schon in jenen ersten Tagen hatte ich einen unerhört vielfältigen Eindruck von Rudolf Steiner. Einfach und freundschaftlich wie er uns begrüßt hatte, bekam man ihn künftighin bei mancherlei Zusammenkünften zu sehen; er ließ mich dann an die Erzählungen von großen Eingeweihten denken, die völlig schlicht und unerkannt unter den Menschen herumgegangen seien. Als Vortragenden erlebten wir ihn tief eindrucksvoll und ernst, zwischendurch hinüberwechselnd zu übersprudelndem Humor. Dann Dr. Steiner in esoterischer Versammlung: sehr ähnlich jenem Bilde, das der englischen Ausgabe der ‹Geheimwissenschaft› beigegeben ist, – der Eingeweihte aus zeitlosen Bereichen. Darüber hinaus gab es den Menschen Rudolf Steiner, den man persönlich und privat sprechen konnte, dem man von eigenen Schwierigkeiten und Idealen erzählen durfte und der die gestellten Fragen beantwortete. Dann kam ein tiefer, stiller Blick aus seinen Augen, Wärme und Ermunterung aus seiner ganzen Art, – oder auch nur die absoluteste Ruhe, so dass es völlig an einem selbst lag, was man vorbrachte und wie man es sagte; er gewährte dem Anschein nach keine weitere Hilfe als das stillschweigende Abwarten.» (Ebd.)

362 Rudolf Steiner: *Soziales Verständnis aus geisteswissenschaftlicher Erkenntnis.* GA 191. Dornach ³1989, S. 122f.

363 Zit. n. Emil Molt: *Entwurf meiner Lebensbeschreibung.* Stuttgart 1972, S. 193.

364 Rudolf Steiner: *Gegensätze der Menschheitsentwickelung.* GA 197. Dornach ³1996, S. 91.

365 Ebd., S. 90.

366 Zit. n. Christoph Lindenberg: *Rudolf Steiner. Eine Chronik,* S. 446.

367 Rudolf Steiner: *Die gesunde Entwickelung des Menschenwesens.* GA 303. Dornach ⁴1987, S. 20.

368 Marie Steiner-von Sivers: «Aus Rudolf Steiners Leben und Tod» (1925/26). In: *Erinnerungen von Marie Steiner. Aufsätze und Gedichte. Band I,* S. 31. – In einem anderen Text, der ebenfalls aus dem Jahre 1926 stammt, schrieb Marie Steiner-von Sivers über das erste Goethe-

anum: «Seine Kuppel wölbte sich über hochstrebenden Säulen, die in ihren Sockeln und Kapitälen und den sie verbindenden Architraven kosmisches Geschehen in steter Progression und Sublimierung, im kühnen Linienschwung und Formenwandel abfluten ließen. Vollendetes Ebenmaß verband sie mit den Kuppeln, die den Weltenwerdegang im Zauber der Imagination und des Farbenwirkens festhielten. Strahlendes vielfarbiges Licht flutete auf das weiche Holz durch die zu Bildwerken gestalteten Fenster aus monumentalen, mit demantenem Stift durcharbeiteten Scheiben. Alles atmete Friede, Milde, Schönheit, Geisterkenntnis, Erhabenheit. Nach außen hin senkte sich der Bau, dem Horizonte gleich, in sanfter, allmählicher Abflachung der Erde zu, ihre Werdeformen in sich aufnehmend. Ein gastliches Sich-Öffnen, ein freudiges Rufen, ein kühnes Emporsteigen zu den Höhen, ein liebendes Sich-Senken zu den Niederungen. Jedes Tor hatte in seinem Bogenschwung das Einladende, jeder Pfeiler das organisch Stützende und seelisch Hebende, jede Treppe in ihren Windungen und Linien das Emporlenkende. Das Lächeln Rudolf Steiners lag darin, sein freundliches Entgegenkommen, sein warmes Händeausstrecken, sein in Liebe aufleuchtender Blick. Alles in ihm und in seinem Werk führte, hob, tröstete, segnete.» (In: Marie Steiner: *Rudolf Steiner und die redenden Künste. Gesammelte Schriften II,* S. 76)

369 «[...] Von Edith Maryon haben wir bei den Arbeiten an der Gruppe gehört, dass Dr. Steiner sie [...] noch nicht aufstellen wollte: Die Zeit, die Mitgliedschaft seien dazu nicht geeignet; man müsse warten ... wiederholte sie seine Worte.» (Assja Turgenieff: *Was ist mit dem Goetheanumbau geschehen?* Basel 1957, S. 26)

370 Marie Savitch: *Marie Steiner-von Sivers. Mitarbeiterin Rudolf Steiners*, S. 114.

371 Ebd. – Auch Annemarie Dubach schrieb über die Eurythmie-Proben in der kleinen Kuppel des Goetheanum: «Welch ein Erlebnis war es, während man eurythmisierte, aufschauen zu dürfen zu den hochgeschwungenen Formen der Architrave! Wir bewegten uns in einer Welt schweigender Eurythmieformen, alles strömte Bewegung, Musikalität und Licht aus. Und wenn wir morgens in die Probe kamen, flutete durch die farbigen Glasfenster das Sonnenlicht von draußen in den herrlichsten Regenbogenfarben durch den Raum. Es war jedesmal eine Feier, in diesem Raum proben zu dürfen.» (*Die Kunst der Eurythmie. Erinnerungen*, S. 116)

372 Rudolf Steiner: *Mantrische Sprüche. Seelenübungen Band II*, S. 255f.

373 Marie Steiner-von Sivers schrieb später – nach der Brandzerstörung des Goetheanum – über dessen unwiderruflich verlorene, in sich «so warme» Akustik, «die wie durchpulst war vom Leben des sie einhüllenden, plas-

tisch durchgearbeiteten Holzes». (In: Marie Steiner: *Rudolf Steiner und die redenden Künste. Gesammelte Schriften II,* S. 263)

374 Zit. n. Hella Wiesberger: *Marie Steiner-von Sivers. Ein Leben für die Anthroposophie,* S. 324.

375 Rudolf Steiner: *Mantrische Sprüche. Seelenübungen Band II,* S. 257.

376 Marie Savitch: *Marie Steiner-von Sivers. Mitarbeiterin Rudolf Steiners,* S. 116.

377 Zit. n. Edwin Froböse: *Mein Weg zur Goetheanum-Bühne,* S. 131.

378 Über die vom Atelier zur Schreinerei mit Boten transportierten Blätter schrieb auch Annemarie Dubach-Donath in einer Erinnerung: «Die eurythmischen Formen für Dichtungen zeichnete Dr. Steiner [...] meistens im Atelier und schickte die Blätter dann durch Miss Edith Maryon oder durch eine andere Mitarbeiterin, Fräulein Kuçerowa, hinüber in die Probe, oder er brachte sie auch selber und übergab sie Marie Steiner, die sie dann uns für kurze Zeit zum Abzeichnen überließ. Wir waren dann sehr bemüht, den zarten, feurigen Schwung der Formen beim Durchpausen der Blätter nicht zu verderben.» Über direkt in der Schreinerei entstehende Formen Rudolf Steiners hieß es bei Annemarie Dubach-Donath in diesem Zusammenhang weiter: «Die Toneurythmieformen zeichnete Rudolf Steiner direkt vor unseren Augen. Er ließ sich das betreffende Musikstück in der Schreinerei vorspielen, und während er – im großen Korbsessel sitzend, von uns allen umringt – zuhörte, glitt der Bleistift mit einer ans Wunderbare grenzenden Sicherheit und Ruhe über das Blatt, das er auf den Knien hielt.» (Annemarie Dubach-Donath: «Aus der eurythmischen Arbeit». In: Erika Beltle/Kurt Vierl [Hg.]: *Erinnerungen an Rudolf Steiner,* S. 177)

379 Andere humorvolle Interventionen Rudolf Steiners zur Beendigung der Probe in der Mittagszeit beschrieb auch Annemarie Dubach: «Einmal, als er wie gewöhnlich die kleine Treppe, die zum Saal führte, hinaufkam, war Frau Doktor noch mitten im Lesen und machte nicht die leiseste Miene aufzuhören. Dr. Steiner setzte sich geduldig hin und blätterte in den verschiedensten Gedichtbüchern. Es lag ein kleines Inselbändchen mit Gedichten von Clemens von Brentano da, das ich Frau Doktor hingelegt hatte, da ich gerne eines davon eurythmisieren wollte. Nun sah ich, wie er zu diesem Bändchen griff, eine Weile darin las, dann seinen Bleistift nahm und etwas auf die letzte Seite schrieb. Ich war natürlich sehr neugierig geworden, und Frau Doktor, die es auch bemerkt hatte, hörte nun mit Lesen auf und wollte wissen, was Herr Doktor geschrieben hatte; da las er diese Zeilen vor: *O Gott wie ist die Welt so schön, / Wenn man gesunde Glieder hat, / Wenn man gut hören kann und sehn; / So schön ist es in keiner Stadt. / Die Häslein springen in den Klee / Und dienen der Natur zum Schmuck. / Die Fischlein schwimmen in dem*

See / Und bilden so das Gegenstuck. – Wir lachten alle, und Herr Doktor erklärte uns, dass dies ein Gedicht von Otto Erich Hartleben sei. Und dann erzählte er im gemütlichsten Plauderton von Weimar und von Otto Erich Hartleben [...].» An späterer Stelle ihrer Erinnerungen schrieb Annemarie Dubach im Hinblick auf eine andere Abholungssituation: «Mittags, wenn er [Rudolf Steiner] sie [Marie Steiner-von Sivers] abholen wollte, ließ sie ihn oft lange warten, denn sie fand kein Ende in der Arbeit. Dann nahm er manchmal ihren Hut, der neben ihr auf dem Tischchen lag und stülpte ihn ihr stillschweigend auf den Kopf. Das war dann das endgültige Zeichen zum Aufbruch!» (Annemarie Dubach: *Die Kunst der Eurythmie. Erinnerungen.* Dornach 1983, S. 105f./113f.)

380 Marie Savitch: *Marie Steiner-von Sivers. Mitarbeiterin Rudolf Steiners*, S. 106f.

381 Zit. n. Hella Wiesberger: *Marie Steiner-von Sivers. Ein Leben für die Anthroposophie,* S. 274.

382 Rudolf Steiner: *Die gesunde Entwickelung des Menschenwesens.* GA 303, S. 326.

383 Zit. n. Christoph Lindenberg: *Rudolf Steiner. Eine Chronik,* S. 491.

384 Zit. n. Rudolf Steiner: *Die Verantwortung des Menschen für die Weltentwickelung.* GA 203. Dornach [2]1989, S. 127.

385 Rudolf Steiner: *Die Anthroposophie und ihre Gegner 1919–1921.* GA 255b. Dornach [1]2003, S, 352f.

386 11. 2. 1922; zit. n. Christoph Lindenberg: *Rudolf Steiner. Eine Chronik,* S. 478.

387 Brief Marie von Steiner-von Sivers' an Rudolf Steiner, 26. 2. 1922. In: Rudolf Steiner/Marie Steiner-von Sivers: *Briefwechsel und Dokumente,* S. 325.

388 Ebd., S. 327.

389 Gerhard Klein, der ab dem Oktober 1922 dem Urpriesterkreis der Christengemeinschaft angehören sollte, beschrieb in seinen Erinnerungen an den Berliner Hochschulkurs unter anderem die an ihn ergangene Bitte Rudolf Steiners, kurzfristig für die erkrankte Mieta Waller die Rolle des Johannes Tomasius in zwei Szenen aus dem vierten Mysteriendrama zu übernehmen, deren Aufführung als Matinée im Deutschen Theater Max Reinhards geplant war – eine Bitte, die ihm durch Marie Steiner-von Sivers überraschend eröffnet wurde («Zu Frau Dr. Steiner befohlen zu werden, machte einen immer etwas bänglich. Bei aller Güte empfand man sie doch so wie eine Art ‹Hoheit›, und man fragt sich unwillkürlich, ob man etwas angestellt habe.»). Klein, der dem Wunsch Rudolf Steiners spontan nachkam, erhielt daraufhin Übungsstunden bei Marie Steiner-von Sivers und Hinweise von Rudolf Steiner in der Motzstraße 17: «Gleich im Anschluss [an eine unproduktive Versammlung des anthro-

posophischen Hochschulbundes] – ‹ich spürte, wie qualvoll dies alles für Dr. Steiner war und wie unangemessen er dies alles empfand angesichts der wichtigen Ziele, die sich der Bund ursprünglich gestellt hatte› – war ich bei Frau Steiner zum Üben. Da ging die Tür auf und Dr. Steiner trat ein in Mantel, Pelzmütze und den hohen Stiefeln, die er im Winter trug. Er sah sehr erschöpft aus. Frau Steiner sah auf und sagte: ‹Aber Sie wollten doch mit Herrn Klein ...›, da unterbrach er sie: ‹Das können Sie doch ebenso gut, ich gehe schon langsam voraus zum Vortrag.› Er grüßte mit einer leichten Handbewegung und ging. Frau Dr. Steiner nahm seufzend das Buch auf und ließ mich sprechen. Da vernahmen wir plötzlich auf der Treppe schwere Schritte, wieder ging die Tür auf, Dr. Steiner kehrte zurück, setzte die Mütze ab, ergriff wortlos das Buch und sprach mir die beiden Szenen vor. Dann ließ er mich wiederholen, verbesserte einiges und sprach sie noch einmal mit der ganzen Kraft der Ausdrucksfähigkeit, die ihm eigen war, so dass unmittelbar auf mich der Strom der künstlerischen Gestaltung überging. Dann sagte er: ‹Nun, so ungefähr können Sie es machen, üben Sie nun weiter mit Frau Doktor›, grüßte freundlich und verließ nun endgültig den Raum mit einem leisen Lächeln. Schon auf der Treppe hatte es ihn gereut, dass er Frau Marie Steiner im Stich gelassen hatte und war trotz seiner Erschöpfung wieder umgekehrt.» (Gerhard Klein: «Berlin im Frühjahr 1922». In: Erika Beltle/Kurt Vierl [Hg.]: *Erinnerungen an Rudolf Steiner*, 321f.)

390 In: Rudolf Steiner/Marie Steiner-von Sivers: *Briefwechsel und Dokumente*, S. 328.

391 Ebd., S. 328f.

392 Vgl. zu der realen Gefährdung Rudolf Steiners (unter Einschluss gezielter Mordabsichten) und dem auch diesbezüglichen Versagen der Stuttgarter Gesellschaftsführung insbesondere die Darstellung von Hans Büchenbacher: «München 1922», in: Erika Beltle/Kurt Vierl (Hg.): *Erinnerungen an Rudolf Steiner*, S. 323ff.

393 Annemarie Dubach: *Die Kunst der Eurythmie. Erinnerungen*, S. 124.

394 Nach Marie Steiner-von Sivers war der Wiener Kongress nicht nur ein «Glanzpunkt in der Entwickelungsgeschichte der Anthroposophischen Gesellschaft», sondern in erster Linie ein spezifischer Erfolg Rudolf Steiners: «Es war, als ob der Heimatboden Kräfte des Willkommens ausstrahlte, der Freude, der bewundernden Anerkennung desjenigen, der als Mensch vollbracht hat, was Österreich als Staat zu vollbringen nicht in der Lage gewesen ist: den Nationalitätenstandpunkt überwindend und aus dem Geiste heraus seine Probleme lösend, ein umfassendes, volles Menschentum darzuleben. Rudolf Steiner wurde während der Kongresstage von der Öffentlichkeit in seiner Bedeutung gewürdigt. Wenn er den großen überfüllten Konzertsaal betrat, dann erhoben

sich alle von den Sitzen und minutenlanger, brausender Beifall aus ernst ehrfürchtiger Gesinnung heraus begleitete sein Kommen und Gehen.» («Rudolf Steiner und Österreich». In: Marie Steiner: *Die Anthroposophie Rudolf Steiners. Gesammelte Schriften I,* S. 59). Über Rudolf Steiner und sein Heimatland schrieb Marie Steiner-von Sivers an späterer Stelle ihres Aufsatzes: «Undenkbar ist Rudolf Steiners Persönlichkeit aus einem andern Volkszusammenhang heraus. In Slawentum getauchtes Deutschtum innerhalb keltischer Ursprungsstammkraft: so konnte die Ich-Entfaltung jene Beweglichkeit und jenes Feuer gewinnen, die sie brauchte, um in das Fremde, den Andern, nicht nur liebend unterzutauchen, sondern es erkennend zu erlösen und seinen Aufgaben entgegenzuführen.» (Ebd., S. 64; vgl. hierzu auch die Ausführungen von Sergej O. Prokofieff: «Die Mysteriengeheimnisse um den Geburtsort Rudolf Steiners.» In: Sergej O. Prokofieff: *Von der Beziehung zu Rudolf Steiner.* Dornach 2006, S. 20f.).

395 Marie Savitch: *Marie Steiner-von Sivers. Mitarbeiterin Rudolf Steiners*, S. 132. – Auch Rudolf Steiner betonte in einem Dornacher Rückblick auf den Kongress, dass die Eurythmie und die Rezitationskunst Marie Steiner-von Sivers «niemals eigentlich so warm aufgenommen worden sind wie in Wien» (Zit. n. Friedrich Hiebel: *Entscheidungszeit mit Rudolf Steiner. Erlebnis und Begegnung*, S. 108).

396 Annemarie Dubach: *Die Kunst der Eurythmie. Erinnerungen,* S. 125f. (zu Josef Kitir vgl. a. Andrea Hitsch: *Inmitten ein einsamer Wanderer. Vergessene Künstler um Rudolf Steiner in Wien*. Dornach 2002, S. 80ff.).

397 Zit. n. Christoph Lindenberg: *Rudolf Steiner. Eine Chronik,* S. 489. Vgl. zur erschöpften und schmerzvollen Physiognomie Rudolf Steiners zu Beginn des Wiener Kongresses auch die Erinnerungen von Heinz Müller: «Lebenswege zu und mit Rudolf Steiner», in: Erika Beltle/Kurt Vierl (Hg.): *Erinnerungen an Rudolf Steiner*, S. 353f. («Als man zu Beginn der Tagung Rudolf Steiner zuerst sah, konnte man nur erschrecken. Es gibt auch ein Bild, auf dem er zwischen Albert Steffen und Ernst Uehli sitzt. So unendlich traurig und von tiefstem Schmerz gezeichnet, möchte ich glauben, gibt es kein zweites Bild von ihm. Mit übermenschlicher Anstrengung, so will es einem scheinen, wollte unser Lehrer dennoch das Steuer herumwerfen und mit äußerster Kraft sich dem allgemeinen Niedergang entgegenstemmen.» Ebd., S. 353).

398 Vgl. a. Anm. 394.

399 Marie Steiner-von Sivers: «Rudolf Steiner und Österreich» (1927). In: Marie Steiner: *Die Anthroposophie Rudolf Steiners. Gesammelte Schriften I.* Dornach 1967, S. 59.

400 Vgl. zu diesem Kurs insbesondere die Darstellung von Heinz Müller: «Lebenswege zu und mit Rudolf Steiner», in: Erika Beltle/Kurt Vierl

(Hg.): *Erinnerungen an Rudolf Steiner*, S. 356 ff. – Müller schilderte in seinen autobiographischen Erinnerungen an den Sprachkurs auch das unterschiedliche Auftreten Rudolf Steiners und Marie Steiner-von Sivers' gegenüber den Studierenden – und schrieb unter anderem: «Gegen Ende des Kurses konnten Rudolf Steiner und Frau Marie Steiner mit uns recht anspruchsvolle sprachliche Arbeiten wagen. So haben wir einzelne Chöre, z. B. aus Schillers *Braut von Messina* geübt, aber auch Rollen aus den Mysteriendramen vorgenommen. Von Lessingschen Fabeln aus, über lyrische und epische Gedichte, kamen wir auch zu den Märchen aus den Mysteriendramen. Ich bekam die Aufgabe, am nächsten Tag das ganze *Märchen vom Quellenwunder* zu lesen. Bei der Verabschiedung von Herrn und Frau Dr. Steiner verabredete diese sofort eine Extra-Übstunde dafür. Aus der einen zunächst geplanten Stunde wurden zwei oder gar noch mehr, denn der Schüler hatte sich eine bestimmte Art, das Märchen zu lesen, bereits allein erübt, von der er so wenig abgehen wollte wie Frau Marie Steiner von der ihren. Endlich gab ich nach, und die Lehrerin war sogar halbwegs zufrieden. Am nächsten Morgen aber stieß mich der Bock; ich wollte gar zu gern wissen, was Dr. Steiner zu meiner Auffassung sagte. Und so fing ich in der Art an, wie es mir gestern mühsam ausgetrieben worden war. Ein zorniger Blick und eine unmissverständliche Geste von Frau Marie Steiner waren die Antwort. Sogleich wehrte Dr. Steiner die Empörung ab und machte zu mir eine ermutigende Handbewegung. Nach der Lesung wendete er sich zunächst zu Frau Doktor und meinte, nun, so könne man es auch durchaus machen. Dann aber sagte er etwa: ‹Wie es Ihnen vorgeschwebt hat, möchte ich jetzt einmal Ihnen zeigen›, worauf er das ganze Märchen absolut in dem von mir angestrebten Sinne vorsprach. Freundlich wendete er sich dann an mich etwa mit den Worten: ‹Nicht wahr, so ungefähr haben Sie es sich gedacht!›, womit er uns wieder ein schönes Beispiel seiner großzügigen und freilassenden Art gab. Mit Frau Doktor allerdings hatte ich es ein wenig verdorben. Ihr schien sogar mein Name nicht mehr recht einfallen zu wollen, denn sie sprach von mir in den letzten Tagen des Kurses nur noch von dem ‹Langen aus Jena›.» (Ebd., S. 358)

401 Marie Savitch: *Marie Steiner-von Sivers. Mitarbeiterin Rudolf Steiners*, S. 130.

402 «Er (Schuré) hat alles getan, um die früheren Beziehungen wieder herzustellen, und kam zu diesem Zwecke nach Dornach. Der noch im Alter so lange jugendlich rüstig gebliebene Mann war nun ein müder Greis, die Welt hatte sich gewandelt, und andere Aufgaben neben den früheren nahmen Rudolf Steiner ununterbrochen in Anspruch. Man sah sich nicht mehr, aber der Seelenfriede von Schuré war wieder ermöglicht [...].» (Marie Steiner: *Briefe und Dokumente*, S. 67 f.)

403 Marie Savitch: *Marie Steiner-von Sivers. Mitarbeiterin Rudolf Steiners,* S. 131.
404 Zit. n. Christoph Lindenberg: *Rudolf Steiner. Eine Chronik,* S. 498.
405 In: Rudolf Steiner/Marie Steiner-von Sivers: *Briefwechsel und Dokumente,* S. 331.
406 Zit. n. Christoph Lindenberg: *Rudolf Steiner. Eine Chronik,* S. 500.
407 Ebd., S. 499f.
408 Lili Kolisko: *Eugen Kolisko – Ein Lebensbild.* Gerabronn-Crailsheim 1961, S. 68.
409 In: Rudolf Steiner/Marie Steiner-von Sivers: *Briefwechsel und Dokumente,* S. 335.
410 Vgl. hierzu Marie Steiner-von Sivers: «Aus Rudolf Steiners Leben und Tod.» (1925/26). In: *Erinnerungen von Marie Steiner. Aufsätze und Gedichte. Band I,* S. 27f.
411 Ebd., S. 29.
412 Ebd., S. 9.
413 Ebd., S. 29.
414 Marie Steiner-von Sivers, zit. n. Hella Wiesberger: *Aus dem Leben von Marie Steiner-von Sivers,* S. 103.
415 Marie Steiner-von Sivers: «Aus Rudolf Steiners Leben und Tod». (1925/26). In: *Erinnerungen von Marie Steiner. Aufsätze und Gedichte. Band I,* S. 30.
416 «Die Schreinerei stand praktisch unter Wasser, die Wände fühlten sich noch heiß an und alles war voller Ruß. Alle verstreuten Gegenstände mussten in umliegenden Häusern zusammengesucht werden, teils fand man sie auf den vereisten oder im aufgeweichten Schneematsch liegenden Wiesen wieder! Ob wir alles in Ordnung bekommen würden bis zum Nachmittag, war die große Frage, die sich jeder stellte.» (Ilona Schubert: *Selbsterlebtes im Zusammensein mit Rudolf Steiner und Marie Steiner.* Basel [2]1977, S. 59f.)
417 «Er hatte die ganze Nacht an der Brandstätte verharrt; seine einzigen Worte – so hat man es mir berichtet – waren: «Viel Arbeit und viel Liebe!» Nun fragte er, da wir in stummer Ehrfurcht vor seinem Schmerze da standen, ob die Darsteller wohl die Kraft finden würden, ob die Kostüme noch vorhanden seien, so dass noch am heutigen Abend das Dreikönigsspiel aufgeführt werden könne, genau wie es im Programm angekündigt war. Dies sei sehr wichtig, denn wenn wir imstande wären, unsere Arbeit nach dem festgesetzten Plane weiterzuführen, *dann* hätten die Gegner nicht erreicht, was sie mit der Vernichtung des Baues angestrebt hatten: die Unterbrechung der Kontinuität unserer Arbeit.» (Alexander Strakosch: *Lebenswege mit Rudolf Steiner. Erinnerungen,* S. 414)

418 Rudolf Steiner: *Ansprachen zu den Weihnachtsspielen aus altem Volkstum.* GA 274. Dornach [2]1987, S. 75.

419 Rudolf Steiner: *Über Gesundheit und Krankheit. Grundlagen einer geisteswissenschaftlichen Sinneslehre.* GA 348. Dornach [4]1997, S. 192.

420 Rudolf Steiner: *Das Schicksalsjahr 1923 in der Geschichte der Anthroposophischen Gesellschaft.* GA 259. Dornach [1]1991, S. 80.

421 Rudolf Steiner: *Lebendiges Naturerkennen. Intellektueller Sündenfall und spirituelle Sündenerhebung.* GA 220. Dornach [2]1982, S. 102.

422 Vgl. Peter Selg: «Das Schicksalsjahr 1923». In: Peter Selg: *Gerhard Kienle. Eine Biographie.* Dornach 2003, S. 25ff.

423 Brief von Marie Steiner-von Sivers an R. Steiner, 12. 3. 1923. In: Rudolf Steiner/Marie Steiner-von Sivers: *Briefwechsel und Dokumente,* S. 338.

424 «Der Goetheanum-Brand war neulich wegen der Versicherung im Solothurner Kantonsrat Gegenstand einer langen Verhandlung. Die Anthroposophie wurde von klerikaler Seite scharf angegriffen; doch gab es auf der andern Seite auch Verteidiger, die sogar recht wacker für das Goetheanum eintraten. – Ein Stück Bericht aber möchte ich Dir doch wörtlich mitteilen: Regierungsrat Affolter: ‹Ein anderer Bau hätte nur durch ein Baureglement von Dornach erzwungen werden können. Kürzlich ging das Gerücht, die Anthroposophen wollen wieder bauen und man hörte schon wieder Gerüchte, sie vergeben alle Arbeiten ins Ausland. Von alledem ist nichts wahr. Aber es werden alle möglichen Gerüchte über die Leute ausgestreut. Im Johannesbau waren keine Kulissen, keine Vorhänge und kein Bühnenbau. Sie brauchen das alles nicht für ihre eurythmischen Bewegungen (Heiterkeit, weil Affolter diese Bewegungen mit den Armen vorzudemonstrieren versucht).› Also, was will man mehr: Eurythmie im Solothurner Kantonsrat! Und Walliser hat gesagt: ‹Dreiviertel der Bevölkerung Dornachs und des Schwarzbubenlandes steht auf Seite der Anthroposophen.› Und Eckinger hat gesagt: ‹Steiner und die übrigen Anthroposophen haben sich nobel und korrekt benommen. Wir leben nicht mehr im Zeitalter der Hexenverbrennung und haben Geistesfreiheit.› Da verzeichnet der Bericht: (Bravos). – Im ganzen ging es bei der Debatte scharf her.» (Brief Rudolf Steiners an Marie Steiner-von Sivers, 15. 3. 1923. In: Rudolf Steiner/Marie Steiner-von Sivers: *Briefwechsel und Dokumente,* S. 340)

425 Ebd., S. 339.

426 Rudolf Steiner: *Das Schicksalsjahr 1923 in der Geschichte der Anthroposophischen Gesellschaft.* GA 259, S. 151.

427 Zit. n. Assja Turgenieff: *Erinnerungen an Rudolf Steiner und die Arbeit am ersten Goetheanum,* S. 107.

428 Marie Savitch: *Marie Steiner-von Sivers. Mitarbeiterin Rudolf Steiners,* S. 146.

429 Christoph Lindenberg: *Rudolf Steiner. Eine Chronik*, S. 504.

430 Ita Wegman: *An die Freunde.* Arlesheim [3]1986, S. 154.

431 M. Savitch: *Marie Steiner-von Sivers. Mitarbeiterin Rudolf Steiners*, S. 149.

432 Ebd., S. 148f.

433 Rudolf Steiner: «Ein Stück aus meiner englischen Reise». In: das Goetheanum. Nr. 5. 1923, S. 34; vgl. a. Rudolf Steiners ausführlichen Bericht über die besuchten Einrichtungen im Dornacher Vortrag vom 9. 9. 1923, in: *Initiationswissenschaft und Sternenerkenntnis.* Dornach [3]2002. GA 228, S. 98ff. – Margret Macmillan schrieb ihrerseits nach dem Besuch der Schule durch Rudolf Steiner an eine Freundin: «Es ist ein wunderbarer, herrlicher Mensch, alles erschien wie neu und verklärt, als er in den Raum trat. [...] Die ganze Welt flüstert ihm zu, und Schwingungen erreichen ihn, für die wir nicht einmal Namen haben.» (Zit. n. George Adams: «Rudolf Steiner in England». In: M. J. Krück von Poturzyn [Hg.]: *Wir erlebten Rudolf Steiner. Erinnerungen seiner Schüler*, S. 29; George Adams zufolge äußerte Rudolf Steiner nach seiner Rückkehr aus England, «hätte er Margret Macmillan ein oder zwei Jahrzehnte früher getroffen, so hätten sie zusammen eine pädagogische Weltbewegung machen können». Ebd., S. 29f.)

434 Vgl. hierzu Rudolf Steiners Berliner und Dornacher Gedenkworte für Olga von Sivers vom 21. August 1917 (Berlin) bzw. 7. Oktober 1917 (Dornach); in Dornach sagte Rudolf Steiner über die soziale Arbeit Olga von Sivers', der Darstellerin «Frau Baldes» in den Mysteriendramen: «Schwere Erlebnisse standen vor ihrer Seele, alle Schauer dieses furchtbaren Krieges, in dem sie eine wahrhaft humanitäre Tätigkeit bis in ihre letzten Krankenwochen hinein entwickelt hat, niemals an sich denkend, immer für diejenigen wirkend, die ihr aus dem furchtbaren Ereignis dieses Krieges heraus anvertraut waren, im edelsten Sinne Samariterdienst entwickelnd, durchdringend diesen Samariterdienst mit dem, was ihr ganzes Sinnen und Trachten aus unserer spirituellen Bewegung heraus durchsetzte.» (Dornach [2]1984, S. 334). In Berlin hatte Rudolf Steiner zuvor unter anderem betont, dass Olga von Sivers bis zuletzt ihre Gedanken auf den Dornacher Bau gerichtet hatte – und mit dem Satz geschlossen: «[...] Sie wird uns von der geistigen Welt aus in Treue weiterhelfen.» (Ebd., S. 217)

435 Assja Turgenieff: *Erinnerungen an Rudolf Steiner und die Arbeit am ersten Goetheanum*, S. 107f.

436 Marie Savitch: *Marie Steiner-von Sivers. Mitarbeiterin Rudolf Steiners*, S. 140.

437 Ita Wegman: Notizbucheintragung, 1931 (Ita Wegman Archiv, Arlesheim).

438 Ita Wegman: *An die Freunde,* S. 18.

439 Vgl. a. Anm. 483.

440 Anna Samweber: *Aus meinem Leben. Erinnerungen an Rudolf Steiner und Marie Steiner-von Sivers*, S. 44. – Nach Hans Büchenbacher hatten bereits im Mai 1922 nationalsozialistische Gruppen dem öffentlichen Vortrag Rudolf Steiners in München noch vor Steiners Ankunft unter der Parole: «Hoffentlich finden sich deutsche Männer, die verhindern, dass dieser Herr den Boden Münchens überhaupt betritt» den Kampf angesagt (Hans Büchenbacher: «München 1922», in: Erika Beltle/Kurt Vierl [Hg.]: *Erinnerungen an Rudolf Steiner*, S. 324).

441 Zit. n. Christoph Lindenberg: *Rudolf Steiner. Eine Chronik*, S. 541.

442 Anna Samweber: *Aus meinem Leben. Erinnerungen an Rudolf Steiner und Marie Steiner-von Sivers,* S. 44f.

443 Rudolf Steiner: *Mantrische Sprüche. Seelenübungen Band II,* S. 289ff.

444 Im Hinblick auf die Notwendigkeit des Verlagsumzuges und ihren eigenen Entschluss, nach Berlin zu reisen, schrieb Marie Steiner-von Sivers rückblickend: «Vieles wurde in Deutschland nun abgebaut! Auch wir konnten unsern Wohnsitz in Berlin nicht länger aufrecht erhalten. Und der Philosophisch-Anthroposophische Verlag musste, um weiterbestehen zu können, nach Dornach übergeführt werden. Sogar Fräulein Johanna Mücke, die zähnervige Berlinerin, sah keinen Ausweg mehr. Sie war in ihrer Verlassenheit der Verzweiflung nahe. Wir: immer auf Reisen oder in gehetztester Arbeit in Dornach; sie: ohne Antwort auf dringende Briefe und oft vor Entscheidungen gestellt, die sie nicht glaubte allein verantworten zu können. Dr. Steiner war bis aufs äußerste überlastet und musste nun die Weihnachtstagung vorbereiten, alle Schritte unternehmen für die internationale Verständigung und Neu-Konstituierung der Gesellschaft. Es musste aber Fräulein Johanna Mücke endlich geholfen werden. Die Sorge um sie und den Weiterbestand des Verlags machten die Arbeitsteilung notwendig: meine Pflicht war es, nach Berlin zu eilen und unsere Arbeitsstätte dort aufzulösen.» (In: *Marie Steiner-von Sivers: Briefe und Dokumente,* S. 75f.)

445 In: Rudolf Steiner/Marie Steiner-von Sivers: *Briefwechsel und Dokumente,* S. 344.

446 Marie Steiner-von Sivers: «Jahresausklang und Jahresende 1923/1924». In: Rudolf Steiner: *Die Weihnachtstagung zur Begründung der Allgemeinen Anthroposophischen Gesellschaft 1923/1924*. GA 260. Dornach [5]1995, S. 17.

447 «Es war ja selbstverständlich, dass dieser Teil der [Berliner Liquidierungs-]Arbeit mir zugefallen war. Die alte Form hatte aufgelöst werden müssen, bevor der Aufbau der neu zu konstituierenden Gesellschaft in

Dornach […] seine eigene Form erhielt.» (Marie Steiner-von Sivers: *Briefe und Dokumente,* S. 77)

448 Brief Marie Steiner-von Sivers' an Rudolf Steiner, 10. 12. 1923. In: Rudolf Steiner/Marie Steiner-von Sivers: *Briefwechsel und Dokumente,* S. 381.

449 Brief Marie Steiner-von Sivers' an Rudolf Steiner, 3. 12. 1923. In: Rudolf Steiner/Marie Steiner-von Sivers: *Briefwechsel und Dokumente,* S. 371.

450 Brief Rudolf Steiners an Marie Steiner-von Sivers, 13. 12. 1923. In: Rudolf Steiner/Marie Steiner-von Sivers: *Briefwechsel und Dokumente,* S. 385.

451 Brief Rudolf Steiners an Marie Steiner-von Sivers, 25. 11. 1923. In: Rudolf Steiner/Marie Steiner-von Sivers: *Briefwechsel und Dokumente,* S. 354.

452 In ein Notizbuch schrieb Ita Wegman kurz nach Rudolf Steiners Tod über die Situation der Anthroposophischen Gesellschaft vor und nach der Weihnachtstagung: «Ein Kreis von Menschen, die die Weihnachtsimpulse rückhaltlos in sich aufgenommen haben, die eingesehen haben, dass, wenn dasjenige, was in der Weihnachtstagung geschehen, nicht eingetreten wäre, die Anthroposophie eine Art Müdigkeit bekommen hätte, während […] Anthroposophische Gesellschaft langsam vertrocknet wäre. *Die Weihnachtsimpulse brachten neues Blut, eine frische Circulation im Körper der Anthroposophischen Gesellschaft.*» (Ita Wegman Archiv, Arlesheim; Hervorhebung v. V.)

453 In: Rudolf Steiner/Marie Steiner-von Sivers: *Briefwechsel und Dokumente,* S. 374f.

454 Brief Marie Steiner-von Sivers' an Rudolf Steiner, 27. 11. 1923. In: Rudolf Steiner/Marie Steiner-von Sivers: *Briefwechsel und Dokumente,* S. 358.

455 Brief Rudolf Steiners an Marie Steiner-von Sivers, 1. 12. 1923. In: Rudolf Steiner/Marie Steiner-von Sivers: *Briefwechsel und Dokumente,* S. 361.

456 Rudolf Steiner: *Die Weihnachtstagung zur Begründung der Allgemeinen Anthroposophischen Gesellschaft 1923/1924,* S. 94.

457 Bereits am 2. Dezember 1923 hatte Ita Wegman an ein führendes Stuttgarter Mitglied im Hinblick auf die Weihnachtstagung in aller Deutlichkeit geschrieben: «Liebes Fräulein Völker. – Ihren Brief an Mien [Viehoff] bekam ich zu lesen und ich möchte Ihnen heute selber darauf antworten. Sie können wohl verstehen, dass wir bis zum letzten Platz schon alles besetzt haben. Die Klinik ist sowieso schon längere Zeit immer besetzt und könnte zu Weihnacht doppelt besetzt werden, wenn wir nur die Möglichkeit dazu hätten. Auch der Surihof ist überbesetzt, sodass es mir diesmal nicht möglich ist, Sie für Weihnacht zu mir zu nehmen. Hoffentlich kann aber Fräulein Vreede für Sie noch einen Platz schaffen. Aber der Andrang ist so entsetzlich groß, dass wir tatsächlich nicht wissen, wie alle Leute zu bergen. – Etwas in Ihrem Briefe ist mir noch aufgefallen und zwar der Passus, dass Sie mit 3 andern Leuten Ihres Zweiges kommen wollen, um hier in Dornach Vorschläge

zu machen. Ich weiß natürlich nicht, worauf sich diese Vorschläge beziehen. Sollten sie sich aber auf die Gründung der internationalen Gesellschaft beziehen, dann möchte ich Ihnen im Vertrauen das Folgende sagen:
Die Sache wird diesmal ganz anders gemacht wie bisher bei den Gründungen der einzelnen Landesgesellschaften. Es ist jetzt hier Herr Dr. Steiner, der die ganze Sache in die Hand nehmen will, er wird sogar den Vorsitz führen und ganz die Sache leiten, wie er es für gut findet. Er wird auch die Statuten geben, und die Geschäfte der internationalen Gesellschaft werden unter seiner direkten Führung mit Hilfe von Mitarbeitern, die hier in Dornach leben und von Herrn Dr. persönlich gewählt werden, geführt. Vorschläge von andern kommen also hier gar nicht mehr in Frage, die Landes-Gesellschaften haben sich also nur anzuschließen oder nicht anzuschließen und sich nur mit der Frage, ob ja oder nein zu beschäftigen. Einzelne Gruppen oder Zweige haben also gar nichts damit zu tun, weil die Internationale aus den Landesgesellschaften heraus gegründet wird, und in diesen Landesgesellschaften sind die Zweige darin. – Sie können also ganz beruhigt sein, liebes Fräulein Völker, dass die Sache geht, so wie Herr Dr. es haben will. Und Sie werden wohl recht froh sein, dass Herr Dr. wieder einmal seinen Willen ganz energisch kundgibt, und wieder energisch die Gesellschaft führen will. Wir können Herrn Dr. nur dafür dankbar sein und alle Mitglieder sollten dies so hoch als möglich schätzen. – Die Geschäfte werden vom Tag der Gründung an nur von Dornach aus geführt werden, sodass jede Landesgesellschaft sich nach Dornach zu richten hat. Wir alle, die wir mit dem Dr. so eng jetzt verbunden sind, sind so hoch erfreut über den Entschluss von Herrn Dr. und hoffen, dass alle, die ihm treu zur Seite stehen wollen, mit uns sich freuen können. Lassen Sie also alle Vorschläge zuhause, kommen Sie zu uns nach Dornach als Gäste mit der besten Gesinnung und dem größten Enthusiasmus und Sie werden mithelfen aufzubauen eine dritte Phase der Anthroposophischen Gesellschaft, die, wenn jetzt nicht in dem rechten Fahrwasser gesteuert wird, ganz sicher auseinander fallen würde. Nach dem Jahrestag unseres schrecklichen Verlustes unseres Heimes sollte die Wiedergeburt sein einer starken anthroposophischen Bewegung, wozu jeder Einzelne seine Kraft und Arbeit geben soll. – Hoffentlich wird es gelingen, für Sie alle ein Plätzchen zu finden. Wir versuchen schon für alle die aus Deutschland kommen, eine Lösung zu finden, damit die Sache nicht allzu teuer kommt.
So hoffe ich auch Sie mit Weihnacht hier zu sehen und grüße Sie für heute freundlichst. – Ihre Ita Wegman, Dr. med.» (Ita Wegman Archiv)

458 Brief Marie Steiner-von Sivers' an Ehrenfried Pfeiffer, 6. 1. 1948. In: Marie Steiner-von Sivers: *Briefe und Dokumente,* S. 232.

459 Brief Marie Steiner-von Sivers' an Richard Dürich, 3. 9. 1947. In: Marie Steiner-von Sivers: *Briefe und Dokumente,* S. 331.

460 Vgl. zu Rudolf Steiners entsprechende Überlegungen, die aus dem Scheitern der Anthroposophischen Gesellschaft erwachsen waren, unter anderem die Erinnerungen Willem Zeylmans van Emmichovens an eine Gesprächsituation vom 17. November 1923 in Den Haag: «Am Abend vor der eigentlichen Gesellschaftsgründung [der holländischen Landesgesellschaft], als wir wieder in der Hotelhalle saßen, kam Dr. Steiner blass und ernst und zugleich so traurig herein, dass keiner von uns es wagte, das Gespräch zu eröffnen. Schließlich fragte Frau Dr. Wegman, ob etwas passiert sei? Ganz traurig und wie vor sich hin sprach er dann Worte, die zeigten, wie schwer es ihm zu schaffen machte, was er als Unverständnis der Mitglieder, bei allem subjektiv guten Willen, gegenüber den eigentlichen geistigen Notwendigkeiten erlebte: ‹Die Mitglieder wollen nicht ... Sie sind voller guter Absichten, aber ... Was soll ich tun ...? Soll ich denn einen Orden gründen?› – Wir saßen ganz zerschlagen da; wir mussten verspüren, welch tiefer Schmerz ihn erfüllte und welch schwere Sorge auf ihm lastete. Nur ganz langsam kam das Gespräch wieder in Gang, und Dr. Steiner erklärte deutlicher, inwiefern er von der Gesellschaft überall und immer wieder enttäuscht sei und was er in ihr vermisse.» (Zit. n. Emanuel Zeylmans: *Willem Zeylmans van Emmichoven.* Arlesheim [2]1979, S. 123 f.). Marie Steiner-von Sivers sagte über die gesellschaftsbezogenen Entscheidungsprozesse des Jahres 1923 in einem späteren Gespräch: «Als 1922 (1923) die deutsche Gesellschaft durch die Folgen des Krieges in die Brüche ging, das alte Goetheanum verbrannt war und die Gewalt der Gegenmächte alles zu zerstören drohte, wollten wir, Dr. Steiner und ich, uns von der Gesellschaft zurückziehen und wieder, frei von jeder gesellschaftlichen Bindung, uns der Bewegung widmen. Die vielen Fehler der Mitglieder hatten einen Stacheldraht um Dr. Steiner gelegt, er konnte sich nicht mehr bewegen, all seine Kräfte waren damit in Anspruch genommen ... Jedoch, die Mitglieder dauerten uns. Wir entschlossen uns, sehr, sehr kurz vor der Weihnachtstagung, zu einer Neugestaltung der Gesellschaft. Das ging aber nur, wenn er die Leitung der Gesellschaft auf sich nehmen würde. Dass dies sein Leben kosten würde, das war wohl ihm, nicht mir bewusst.» (Zit. n. Lidia Gentilli-Baratto: *Eine Erinnerung an Marie Steiner aus dem Jahre 1947.* Freiburg [2]1966, S. 24 f.)

461 Brief Marie Steiner-von Sivers' an Richard Dürich, 3. 9. 1947. In: Marie Steiner-von Sivers: *Briefe und Dokumente,* S. 333.

462 Rudolf Steiner: *Die Konstitution der Allgemeinen Anthroposophischen Gesellschaft und der Freien Hochschule für Geisteswissenschaft.* GA 260a. Dornach [2]1987, S. 110.

463 Marie Steiner-von Sivers: «Jahresausklang und Jahresende 1923/1924.» In: Rudolf Steiner: *Die Weihnachtstagung zur Begründung der Allgemeinen Anthroposophischen Gesellschaft 1923/1924*, S. 18.

464 F. W. Zeylmans van Emmichoven: *Der Grundstein.* Stuttgart [6]1990, S. 27f.

465 Fred Poeppig: *Heiliges Vermächtnis. Erinnerungen an Rudolf Steiner*, S. 145.

466 Ita Wegman: *An die Freunde*, S. 12/38.

467 Marie Steiner-von Sivers: «Rudolf Steiners Leben und Tod». In: *Erinnerungen von Marie Steiner. Aufsätze und Gedichte. Band I*, S. 8f.

468 Marie Steiner-von Sivers: «Jahresausklang und Jahresende 1923/1924». In: Rudolf Steiner: *Die Weihnachtstagung zur Begründung der Allgemeinen Anthroposophischen Gesellschaft 1923/1924*, S. 18f.

469 Vgl. hierzu die von Wilfried Hammacher zitierten Zeugnisse, in: Marie Steiner. *Lebensspuren einer Individualität,* S. 263 f., Marie Steiner-von Sivers' Gesprächschilderungen zu Lidia Gentilli-Baratto aus dem Jahre 1947 («Ich war in ein Gespräch mit Dr. Wachsmuth vertieft, als der Doktor plötzlich hereinkam, grün wie dieses Blatt. Er lehnte sich an den Türpfosten, schaute uns verzweifelt an und sagte: ‹Wir sind vergiftet!› – Ich war vom Schrecken wie gelähmt. Er fragte uns sofort, ob wir etwas getrunken hätten, und als ich verneinte und bemerkte, dass Dr. Wachsmuth nichts widerfahren war, atmete er erleichtert auf: ‹Also nur ich, das ist gut›, hauchte er und trat wankend in das Zimmer hinein. Dr. Wachsmuth wollte sofort eilen und einen Arzt rufen, aber Dr. Steiner verbot es ihm mit allem Nachdruck. Dr. Wachsmuth entfernte sich mit dem Versprechen, dass kein Mensch davon erfahren solle, dass kein Arzt gerufen werden dürfte. Der Doktor ließ sich dann alle Milch geben, die im Raume vorhanden war, und unternahm damit selber eine Magenspülung, während andere Milch aus der ‹Villa Hansi› geholt wurde. Alle vorhandene Milch wurde herbeigeschafft, und den ganzen Abend und die ganze Nacht setzte er diese Spülung fort …» *Eine Erinnerung an Marie Steiner aus dem Jahre 1947*. Freiburg [2]1966, S. 21) sowie die Darstellung von Sergej O. Prokofieff: «Die Tragödie vom 1. Januar 1924», in: Sergej O. Prokofieff: *Menschen mögen es hören. Das Mysterium der Weihnachtstagung.* Stuttgart [1]2002, S. 834ff. – Willy Kux, der als junger Mensch zu den wenigen männlichen Eurythmisten in Dornach gehört hatte, berichtete in seinen Erinnerungen, dass Rudolf Steiner in seinem Kräftezustand nach dem 1. Januar in zentraler Weise getroffen und geschwächt erschien; Kux zufolge kompensierte Steiner demnach in gewisser Weise das Brandgeschehen und den mit ihm verbundenen Eingriff in seine Gesamtkonstitution und wirkte noch auf der Weihnachtstagung überaus dynamisch («Seine schlanke Gestalt war elastisch

und voller Lebenskraft, sein Haar schwarz, seine Haltung aufrecht und willenskräftig, sein Schritt voller Initiative wie bei einem noch jüngeren Manne. Von seinem unterhalb des Baugeländes gelegenen Hause ging er jeden Tag zu Fuß den Berg hinan, ohne eine Anstrengung zu verraten.») – eine Situation, die sich durch den Zusammenbruch am 1. 1. 1924 drastisch veränderte: «Und nun geschah das Erschütternde, dass nach all den großen Weihnachtsereignissen das Bild des gesunden Mannes sich rasch in dasjenige eines kranken verwandelte. [...] Oft habe ich beobachten können, wie er mit dem Auto zu seiner Arbeitsstätte gebracht wurde. Diese lag erhöht und war über eine primitive, in die Erde gegrabene Treppe von etwa fünfzehn Stufen zu ersteigen. Da hinauf zog er sich mehr, als dass er sich stützte, ein erschütterndes Bild körperlicher Schwäche.» («Erinnerungen an Rudolf Steiner». In: Erika Beltle/Kurt Vierl [Hg.]: *Erinnerungen an Rudolf Steiner*, S. 425 f.)

470 Manuskript, zit. n. Marie Steiner: *Briefe und Dokumente,* S. 81.

471 Vgl. S. 20 und Anm. 34.

472 Vgl. hierzu meine exemplarische Ausarbeitung für den medizinischen Bereich: *«Die Medizin muss Ernst machen mit dem geistigen Leben». Rudolf Steiners Hochschulkurse für die jungen Mediziner.* Dornach 2006.

473 Marie Savitch: *Marie Steiner-von Sivers. Mitarbeiterin Rudolf Steiners*, S. 153.

474 Ita Wegman: «Das alte und das neue Goetheanum» (1925). In: Ita Wegman: *An die Freunde*, S. 20 f. – Vgl. hierzu die Ausführungen von Sergej O. Prokofieff, in: *Menschen mögen es hören. Das Mysterium der Weihnachtstagung*, S. 394 f.

475 Über die Atmosphäre in der Schreinerei unmittelbar nach dem Ende der Aufführung schrieb Friedrich Hiebel: «Die Zuhörerschaft nahm diese Aufführung anfänglich in regungslos schweigender Ergriffenheit und in selbstverständlich ehrfürchtiger Stille entgegen, bis Rudolf Steiner selbst demonstrativ aufstand und als Dank für die Leistung den Künstlern gegenüber dankend applaudierte, was erst dann eine allgemeine Akklamation nach sich zog.» (*Entscheidungszeit mit Rudolf Steiner. Erlebnis und Begegnung*, S. 300)

476 Rudolf Steiner: *Die Konstitution der Allgemeinen Anthroposophischen Gesellschaft und der Freien Hochschule für Geisteswissenschaft.* GA 260 a, S. 612.

477 Marie Savitch: *Marie Steiner-von Sivers. Mitarbeiterin Rudolf Steiners*, S. 151.

478 In: Rudolf Steiner/Marie Steiner-von Sivers: *Briefwechsel und Dokumente,* S. 396.

479 So notierte unter anderem Ernst Lehrs über eine Begegnung mit Rudolf

Steiner am 27. März 1924: «Da sah ich [...], wie er sich, schwer schleppenden Schrittes, am Geländer Stufe für Stufe mit der Hand emporzog.» (Zit. n. Christoph Lindenberg: *Rudolf Steiner. Eine Chronik*, S. 568) Ihren Eindruck von Rudolf Steiners Eintreffen Anfang Juni in Koberwitz hielt Johanna Gräfin Keyserling mit den Worten fest: «Ich erschrak, wie elend Rudolf Steiner aussah, ganz verändert.» (Ebd., S. 581). Willem Zeylmans erlebte Rudolf Steiner einen Monat später in Arnheim «todmüde und krank» (vgl. Anm. 488) – und Natascha Turgenieff-Pozzo schrieb: «Schon im Sommer [1924] konnte er schwer gehen, im Auto fuhr er herauf. Wir sahen manchmal in den Gängen der Schreinerei, wie er sich an die Wand lehnte, um Kräfte zu sammeln.» (*Zwölf Jahre der Arbeit am Goetheanum. 1913–1925*, S. 57)

480 In: Rudolf Steiner/Marie Steiner-von Sivers: *Briefwechsel und Dokumente,* S. S. 397.

481 Marie Savitch: *Marie Steiner-von Sivers. Mitarbeiterin Rudolf Steiners*, S. 153.

482 Mathilde Scholl: «Erinnerungen an Dr. Rudolf Steiner» (1931). Zit. n. Ekkehard Meffert: *Mathilde Scholl und die Geburt der Anthroposophischen Gesellschaft*, S. 417.

483 «Die Initiative zur esoterischen Michaelsschule kam, wie Rudolf Steiner sagte, von Frau Dr. Wegman. Mit der Aufnahme dieser Initiative war dann zwischen ihm und ihr die notwendige esoterische Schicksalseinheit geschaffen, welche die Mysterienbedingung der neueren Zeit ist.» (Ludwig Graf Polzer-Hoditz, Dornacher Rede vom 14. 4. 1935, zit. n. Thomas Meyer: *Ludwig Polzer-Hoditz. Ein Europäer.* Basel 1994, S. 600). In seinem letzten Gespräch mit Polzer-Hoditz vom 3. März 1925, vier Wochen vor seinem Tod, das sich unter anderem mit der ersten Klasse beschäftigte, sagte Rudolf Steiner zu dem Grafen: «Achten Sie auf das, was als Frage an Sie herankommt und wie eine Frage formuliert wird. Darin offenbart sich mehr vom Wesen einer Persönlichkeit als in allen anderen äußeren Gesten und Taten und Worten. Auf die Fragestellung kommt es an. Darin liegt auch die so entscheidende Bedeutung der Frage von Frau Dr. Wegman, als sie mich nach der neuen Esoterik fragte. Sie wollte nicht nur anknüpfen an das Alte, sondern sie stellte an mich die entscheidende Parzivalfrage nach der neuen Esoterik. Allein durch diese so gestellte Frage wurde es ermöglicht, die Michaelsschule auf Erden einzurichten. In dieser Schule liegt der Kern des Zukünftigen als Möglichkeit. Wenn dieses doch nur von den Mitgliedern verstanden würde: als Möglichkeit.» (Ebd., S. 565)

484 Brief Marie Steiner-von Sivers' an Albert Steffen, 5. 4. 1925. In: Marie Steiner: *Briefe und Dokumente,* S. 99. – Exakt ein Jahrzehnt später, am 14. 4. 1935, sagte Ludwig Graf Polzer-Hoditz in seiner Verteidigungsrede

für Ita Wegman während der Dornacher Generalversammlung: «Nicht nur Frau Dr. Steiner, sondern auch Frau Dr. Wegman steht mit Rudolf Steiner in einem großen Schicksale, welches mit allen Lasten und Leiden getragen werden muss.» (Thomas Meyer: *Ludwig Polzer-Hoditz. Ein Europäer,* S. 599)

485 In einer Karma-Meditation formulierte Rudolf Steiner für Ita Wegman: «Erinnerung von Jahrtausenden / An Mysa die lieblich milde / An Alexander den brausenden / Alles in dem lichten Geistesbilde / In gegenwärtiger Liebe / Verbunden durch Seelentriebe / Sie bilden die Kraft zum Schaffen / Sie schaffen der Seele Waffen.» (Zit. n. Peter Selg: *«Ich bin für Fortschreiten». Ita Wegman und die Medizinische Sektion.* Dornach [2]2004, S. 50)

486 Brief Rudolf Steiners an Ita Wegman, 11.6.1924. Zit. n. Peter Selg: *«Ich bin für Fortschreiten». Ita Wegman und die Medizinische Sektion*, S. 53.

487 Marie Savitch: *Marie Steiner-von Sivers. Mitarbeiterin Rudolf Steiners*, S. 152.

488 Über Rudolf Steiners Ankunft in Arnheim und die Situation der Bahnhofs-Begrüßung hielt Willem Zeylmans van Emmichoven, der holländische Arzt und Generalsekretär, in seinen späteren Erinnerungen fest: «Dr. Steiner hatte telegraphiert, dass er verspätet ankomme, also seinen ersten Vortrag nicht werde halten können, und als ich ihn zur angegebenen Stunde mit Pieter de Haan, Michael Tschechow und einem anderen russischen Schauspieler an der Bahn abholte, – es war der 17. Juli 1924 –, erschrak ich, wie todmüde und krank er aussah. Wir gingen zum Auto und noch ehe es anfuhr, sagte er zu mir: ‹Ja, ich habe also heute Morgen meinen ersten Vortrag nicht halten können, was meinen Sie, Herr Doktor, soll ich diesen Vortrag heute Nachmittag nachholen?› Ich hatte den Eröffnungsvortrag notgedrungen selbst halten müssen, weil sich verschiedene Autoritäten und namhafte Gäste eingefunden hatten. Dr. Steiner wusste davon. – Ein Nachholen komme nicht in Frage, weil der Herr Doktor von den verschiedenen Sitzungen in Stuttgart sehr erschöpft sei, erklärte Frau Marie Steiner; unbedingt müsse er heute Nachmittag ausruhen. Man konnte dies völlig mitempfinden. Dr. Steiner aber sah unverwandt nur mich an und wiederholte, ich müsse entscheiden, denn ich hätte die Verantwortung für diese Tagung. ‹Was meinen Sie, soll ich diesen Vortrag halten oder nicht?› – Erneut warf Frau Marie Steiner dazwischen, es sei unmöglich, und wiederum betonte Dr. Steiner, ich hätte zu entscheiden, es sei meine Verantwortung. Alles in mir schrie auf: Ruhen Sie sich aus, sagen Sie die ganze Tagung ab! Aber auf der anderen Seite dachte ich: hier walten andere Gesetze. Schließlich sagte ich: ‹Herr Doktor, ich glaube, Sie sollten den Vortrag halten›, und er entgegnete ruhig, es sei gut, er werde ihn halten.» (In: M. J. Krück

von Poturzyn [Hg.]: *Wir erlebten Rudolf Steiner. Erinnerungen seiner Schüler,* S. 268 f.). Über den physischen Zustand Rudolf Steiners Mitte Juli in Arnheim schrieb Zeylmans weiter: «Während dieser Tagung war nicht mehr zu verkennen, wie krank Rudolf Steiner war. Wenn andere vortrugen [...] war es herzbedrückend zu sehen, wie erschöpft er schien; auch bemerkte ich voll Schrecken, wie abgemagert er war. Allerdings stellte sich dann jedesmal heraus, dass seiner Aufmerksamkeit trotz aller Müdigkeit nichts entgangen war, und als er dann auf dem Podium stand, war er sprühend wie immer, begeistert, voll Leben, – man konnte nicht fassen, dass dies der gleiche Mensch sein sollte. Tief beeindruckend war, dass er sowohl in den pädagogischen Vorträgen wie in der Jugendansprache über Schiller und Schillers Tod sprach, über die Begeisterung, in der man sich verzehrt, über Schillers Herz, von dem schließlich kaum mehr physische Substanz vorhanden war. Man musste den Eindruck haben, dass man vor sich sah, worüber er sprach: die Flamme, die den Leib verzehrte.» (Ebd., S. 269)

489 Unmittelbar vor ihrem Aufbruch nach England hatte Ita Wegman noch an Eleanor Merry im Hinblick auf die notwendigen Begleitumstände von Rudolf Steiners Reise und Versorgung geschrieben: «Kurz vor unserer Ankunft will ich Ihnen doch noch einiges mitteilen, damit Sie es vielleicht noch arrangieren können. Es ist wegen Dr. Steiners Diät, worüber ich Sie schon einmal kurz in Paris gesprochen habe. Es ist der Doktor momentan in einem solchen Zustand, dass er unbedingt die allersorgfältigste Diät haben muss, damit er arbeitsfähig bleibt. Auf Reisen ist dies natürlich ein ungeheures Problem und der Aufenthalt in Holland, von wo wir jetzt vor einigen Tagen zurückgekommen sind, hat mir viel Sorgen und Mühen gekostet, all das zustande zu bringen, was für die Ernährung des Doktors notwendig war. Ich konnte es in der holländischen Küche fast nicht durchsetzen, das Richtige zu bekommen. Nun bin ich für England in der allergrößten Sorge, wie die Sache dort drei Wochen lang so durchzuführen ist, dass der Doktor alles hat, was nötig ist. Und nun habe ich mir gedacht, das Folgende zu tun. Ich werde eine Krankenschwester, die auch hier das Essen für den Doktor in der Klinik unter sich hat und dafür sorgt, dass alles in der richtigen Ordnung und Zusammenstellung geschieht, mit nach Torquay bringen, und ich werde dann alles das mitbringen an Esswaren, was wir bis jetzt immer verwendet haben. Das aber worum ich Sie nun bitten möchte ist, dass für diese Schwester irgendwo eine Gelegenheit gegeben wird, wo sie die Sachen kochen kann. Vielleicht ginge es, dass man mit elektrischem Steckkontakt oder einem Badezimmer oder vielleicht auch in der Hotel-Küche sich etwas einrichten könnte, wo die Sachen zubereitet werden können. Dies ist nach meinem Dafürhalten das Einzige, wodurch wir dem Dok-

tor das geben können, was er bis jetzt gewöhnt ist. Jegliche Veränderung in der Nahrung macht ihn geradezu krank, und würde also dadurch der Aufenthalt in Torquay nachteilig sein, und Sie werden wohl begreifen, meine liebe Misses Merry, dass wir alles tun wollen, um Doktors Gesundheit zu erhalten, weil er momentan noch so ungeheuer viel Großes zu geben und zu leisten hat. Ich glaube wohl, dass man wohl alles sehr gut arrangieren kann, wenn Sie vorher diese Abmachungen mit dem Hotel treffen können. Dass dann alles gut geht, was das Kochen und Essen betrifft, dafür werde ich dann Sorge tragen. – In der Hoffnung Sie bald in guter Gesundheit zu treffen, verbleibe ich – mit freundlichen Grüßen – Dr. med. Ita Wegman. – P. S. Wenn für die Schwester im Hotel selbst kein Platz ist, ist es nicht nötig, dass sie auch da wohnt, bequem wäre es natürlich schon.» (2. 8. 1924; Ita Wegman Archiv, Arlesheim)

490 «Die Vorstellungen und Vorträge fanden in einem stillosen, hässlichen Gebäude statt, so etwas wie die Räume eines Kursaales. Es stand hauptsächlich ein einziger großer Saal zur Verfügung. Alles war darin: Proben, Vorträge, Büchertisch, Besprechungen! Alles störte sich gegenseitig! Die Proben waren unruhig, denn der Büchertisch musste weitergeführt werden und die Menschen gingen ein und aus. Es traten Missverständnisse bei den Rednern auf, und bei der Organisation wurde manches aus dem Auge gelassen. [...] Die Hälfte des Publikums ging während der Eurythmie-Aufführungen baden, denn die Aufführungen waren festgesetzt für die beste Badezeit! Alles war schwierig!» (Marie Savitch: *Marie Steiner-von Sivers. Mitarbeiterin Rudolf Steiners*, S. 154)

491 Rudolf Steiner: *Die Konstitution der Allgemeinen Anthroposophischen Gesellschaft und der Freien Hochschule für Geisteswissenschaft.* GA 260a, S. 364.

492 «Wie krank Steiner damals schon war, konnte ein aufmerksamer Blick ohne weiteres erraten. Wenn er zu den Proben kam, so saß er in seinem Sessel meistens schweigsam, das dunkle, geistgewaltige Haupt in die Hand gestützt und nur selten ein Wort einwerfend. Oder er ging mit langsamen Schritten, immer diese merkwürdige fühlbare Stille um sich herum, hinter die Bühne, sah sich mit seinem zarten, gütigen Lächeln alles an, begrüßte Einzelne von uns und erkundigte sich, immer besorgt um andere, nach unserem Ergehen.» (Annemarie Dubach: *Die Kunst der Eurythmie. Erinnerungen*, S. 143 f.)

493 Nach Marie Steiner-von Sivers rang Rudolf Steiner «wie in einem letzten glanzvollen Aufleuchten seines Geistes dem im Feuer übersinnlichen Erlebens schon verglühenden Körper die äußerste Kraftleistung» ab – «Es war wie ein Zusammenfließen, eine Konzentration alles dessen, was er im Laufe seines vier Jahrzehnte langen Wirkens für die Erweckung der Menschheit getan hatte. Zugleich reife Frucht und in sich gedrängte

Zukunftskraft [...].» («Im Gedenken des Septembers 1924» [1936]. In: Marie Steiner: *Rudolf Steiner und die redenden Künste. Gesammelte Schriften II,* S. 375)

494 «Vierhundert Besucher zählte der Türwärter in der Zeit, wo er täglich vier Vorträge gab.» Marie Steiner-von Sivers: «Am Vorabend des Michaeli-Tages» (1925). In: *Erinnerungen von Marie Steiner. Aufsätze und Gedichte. Band II,* S. 47. – Auf welche Weise solche Gesprächsverabredungen mit Rudolf Steiner in diesen Wochen zunehmender Erschöpfung, ja letzter Kraftmobilisierung unter Umständen zustande kommen konnten, erinnerte Rudolf von Koschützki in exemplarischer Weise mit den Worten: «Als ich eines Tages durch den Vorraum der Schreinerei ging, kam Rudolf Steiner aus seinem Atelier. Da trat ein junger Mann auf ihn zu und bat ihn um eine Unterredung. ‹Muss das sein?›, sagte er, ‹ich bin augenblicklich sehr beschäftigt.› Der Jüngling ließ sich aber nicht abweisen, sagte, er sei von weither gekommen, um seinen Rat zu hören usw. Da wankte Rudolf Steiner in sein Atelier zurück und sagte – vielleicht das einzige Mal in seinem Leben: ‹Ich kann nicht mehr.› Nach einigen Minuten kam er heraus und gab dem jungen Manne die Zeit an, in der er ihm zur Verfügung stünde.» (Rudolf von Koschützki: «Erinnerungen eines Priesters». In: Erika Beltle/Kurt Vierl [Hg.]: *Erinnerungen an Rudolf Steiner,* S. 318)

495 «Alles war von Zukunfts-Hoffnungen und -Begeisterung erfüllt, in der Schreinerei saß man zusammen wie die Schülerschaft einer Weisheitsstätte alter Zeiten. Das hat um diese Wochen eine lebendige Aura gelegt. Die verschiedenen Kurse, der Priesterkurs, der für Priester und Ärzte gemeinsam gehaltene Pastoralmedizinische Kurs, unser Dramatischer Kurs, klangen an den Abenden zusammen in dem ungeheuren Akkord der Karmavorträge, und wie einen sozialen Gegenton empfand man, dass an manchen Vormittagen Rudolf Steiner zu der wachsenden Belegschaft der Goetheanumarbeiter sprach. Man musste oft an eins der großen Menschheitsgemälde denken, an Raffaels Darstellung von der Schule von Athen.» (Ernst Weissert: «Neustiftung der Dramatischen Kunst». In: Erika Beltle/Kurt Vierl [Hg.]: *Erinnerungen an Rudolf Steiner*, S. 487)

496 In: M. J. Krück von Poturzyn (Hg.): *Wir erlebten Rudolf Steiner. Erinnerungen seiner Schüler*, S. 270.

497 Annemarie Dubach: *Die Kunst der Eurythmie. Erinnerungen,* S. 142.

498 Rudolf von Koschützki: «Erinnerungen eines Priesters». In: Erika Beltle/Kurt Vierl (Hg.): *Erinnerungen an Rudolf Steiner*, S. 318.

499 Marie Steiner-von Sivers: «Am Vorabend des Michaeli-Tages» (1925). In: *Erinnerungen von Marie Steiner. Aufsätze und Gedichte. Band II,* S. 44.

500 Brief Rudolf Steiners an Marie Steiner-von Sivers, 6.10.1924. In: Rudolf Steiner/Marie Steiner-von Sivers: *Briefwechsel und Dokumente*, S. 413.

501 Friedrich Hiebel: *Entscheidungszeit mit Rudolf Steiner. Erlebnis und Begegnung*, S. 339f.

502 Rudolf von Koschützki: «Erinnerungen eines Priesters». In: Erika Beltle/Kurt Vierl (Hg.): *Erinnerungen an Rudolf Steiner*, S. 318.

503 Zum verzögerten Kursbeginn – durch dringende Verpflichtungen Rudolf Steiners in Stuttgart – und zur Gestaltung der ersten Kurstage durch Marie Steiner-von Sivers vgl. u. a. die Darstellung von Edwin Froböse: *Mein Weg zur Goetheanum-Bühne. Erinnerungen*, S. 79ff. – Auch Friedrich Hiebel schilderte die anfängliche Übungssituation unter Marie Steiner-von Sivers mit den Worten: «Marie Steiner nahm auf der Bühne [der Schreinerei] in einem für sie besonders bereitgestellten Korbsessel Platz. Sie leitete die Anfangsübungen zur Sprachgestaltung mit heroischer Strenge, aber auch mit einem den Tadel hilfreich überbrückenden Humor. – Um sie lag eine Aura von Unnahbarkeit, die zur Haltung einer Distanz aufrief, die sich unbestritten von selbst zu verstehen schien. Oft genügte ihr Kopfnicken oder das Senken der Augenlider für das, was sonst andere in langen Sätzen umständlicher Beurteilung vorbrachten. Ihre gesamte Haltung war Hingabe an die verschieden Sprechenden in Stimmlage, Lautansatz und Führung des Atems. Sie war dabei fern jeglichen Anflugs von Sentimentalität. Was manchmal uns Jungen noch als deklamatorisches Pathos erschien, war aber im Grunde schon aus einer Sphäre überpersönlicher Objektivität in strengster Selbstzucht geschult. – Die mit jeder Handbewegung und Kopfstellung Hoheit ausstrahlende Frau sah sich drei Tage lang allein aufgerufen, Rudolf Steiners Stelle zu vertreten, ohne ihn zu ersetzen, seinem Kurs den stilgerecht vorbereitenden Rahmen zu zimmern, ohne seiner Leistung vorzugreifen. – Mit Lob war sie so karg, wie sie an Tadel zu sparen suchte. Freilich legte sie höchste Maßstäbe an […].» (*Entscheidungszeit mit Rudolf Steiner. Erlebnis und Begegnung*, S. 337f.)

504 «[…] Als […] gegen Ende des Kurses, als man schon die Tage zu zählen begann, die noch vor einem lagen, Dr. Steiner eine Reihe von weiteren Vorträgen ankündigte, erhob sich ein nicht enden wollender Jubel. Der Zyklus war für 15 Tage angezeigt, es kamen noch vier Stunden hinzu. Als wir so lebhaft in die Hände klatschten, hob Dr. Steiner seinen Kneifer, den er an einer Schnur trug, und blickte erstaunt rund herum, wie wenn er sich diesen Beifall überhaupt nicht erklären könnte. Und so begann der Jubel noch einmal.» (Edwin Froböse: *Mein Weg zur Goetheanum-Bühne. Erinnerungen*, S. 88)

504a Rudolf Steiner/Marie Steiner-von Sivers: *Sprachgestaltung und dramatische Kunst*, GA 282. Dornach [4]1981, S. 383.

505 «Frau Doktor hatte für den 29. September vormittags eine Zusammenkunft aller Schauspieler angesetzt. [...] Ich erinnere mich nicht mehr an den genauen Verlauf. Aber schon bald erwähnte sie die Abreise der beiden Schauspielgruppen von Haaß-Berkow und Kugelmann, um zu unserem Erstaunen hinzuzufügen: ‹Nun, und unsere Berliner, die ja durch keine Verpflichtungen gebunden sind, werden noch einige Zeit hier bleiben, um mit dem Studium zu beginnen.› Wir konnten es kaum glauben und blickten uns dementsprechend an. Nachdem sich die anderen Schauspieler von ihr verabschiedet hatten, behielt sie uns noch etwas zurück. Sie sagte, sie habe Rudolf Steiner den Vorschlag eines Arbeitsbeginnes gemacht und auch schon einen Namen für diese kleine Gruppe gefunden, nämlich ‹Thespiskarren›. ‹Thespis›, so fügte sie hinzu, ‹war der erste, welcher das Drama aus dem Mysterium in die Welt brachte, und wir wollen versuchen, es wieder in das Mysterium zurückzubringen.› Dr. Steiner wäre ganz einverstanden gewesen. Wir dürften hier in unseren Zimmern weiter wohnen bleiben und könnten uns selbst verpflegen. Sie hätte mit Dr. Steiner einen Betrag von Fr. 2,– pro Person und pro Tag festgesetzt, und wir könnten unser Verpflegungsgeld und eine Summe zur Anschaffung von Ess- und Kochgeschirr und was sonst noch nötig war, bei Frau Bergengrün, der Kassiererin des ‹Vereins Eurythmeum›, die im Hause Friedwart wohne, abholen. Fräulein Zaiser, die nun auch zum Thespiskarren gehöre, würde uns täglich Sprechunterricht geben, und ebenfalls hätten wir täglich Eurythmie. Frau Kisseleff würde uns das Nötige sagen.» (Edwin Froböse: *Mein Weg zur Goetheanum-Bühne. Erinnerungen*, S. 92). Wilfried Hammacher schrieb zum «Thespis»-Begriff Marie Steiner-von Sivers' in weiterer Erläuterung: «Thespis war der erste dramatische Dichter und Schauspieler – so hat es Horaz überliefert –, der seinen ‹Karren› aus den Mysterien heraus auf die öffentlichen Plätze des gemeinen Lebens geschoben hat. Er spielte von einem Wagen herab. Das war im letzten Drittel des 6. Jahrhunderts v. Chr. Das ‹Stück› war zuerst ein dionysischer Dithyrambus, ein Loblied auf Dionysos, das von dem Dichter und Musiker Aron von Lesbos aus dem 7. Jahrhundert stammte. Thespis ließ aus seinem Chorlied einen Schauspieler heraustreten und eröffnete so den ersten dramatischen Dialog.» (*Marie Steiner. Lebensspuren einer Individualität*, S. 197)

506 Marie Steiner-von Sivers: «Am Vorabend des Michaeli-Tages» (1925). In: *Erinnerungen von Marie Steiner. Aufsätze und Gedichte. Bd. II*, S. 47.

507 Assja Turgenieff: *Erinnerungen an Rudolf Steiner und die Arbeit am ersten Goetheanum*, S. 108.

508 Marie Savitch: *Marie Steiner-von Sivers. Mitarbeiterin Rudolf Steiners*, S. 156. – 23 Jahre später, 1947, sollte Marie Steiner-von Sivers über ihre Abreise Ende September 1924 in einem Gespräch mit Lidia Gentilli-

Baratto sagen: «Dieses letzte Opfer [...], ihn so verlassen zu müssen, ist mir das Ärgste im Leben gewesen ...» (*Eine Erinnerung an Marie Steiner aus dem Jahre 1947*. Freiburg ²1966, S. 21)

509 Rudolf Steiner: *Die Konstitution der Allgemeinen Anthroposophischen Gesellschaft und der Freien Hochschule für Geisteswissenschaft.* GA 260a, S. 399.

510 In: Rudolf Steiner/Marie Steiner-von Sivers: *Briefwechsel und Dokumente,* S. 406f.

511 Ebd., S. 425; am 26. Oktober fügte Rudolf Steiner noch einmal hinzu: «Ich bin ja nun einmal, wie Du weißt, seit Januar 1923 meinem physischen Leib sehr entfremdet. *Daher* ist ja notwendig geworden die immer mehr eintretende Pflege.» (Ebd., S. 437)

512 Brief Rudolf Steiners an Marie Steiner-von Sivers, 4. 10. 1924. In: Rudolf Steiner/Marie Steiner-von Sivers: *Briefwechsel und Dokumente,* S. 409.

513 Ebd.

514 Ebd., S. 411.

515 Marie Savitch: *Marie Steiner-von Sivers. Mitarbeiterin Rudolf Steiners*, S. 156

516 Brief Rudolf Steiners an Marie Steiner-von Sivers, 4. 10. 1924. In: Rudolf Steiner/Marie Steiner-von Sivers: *Briefwechsel und Dokumente,* S. 408.

517 Ebd., S. 413.

518 Brief Rudolf Steiners an Marie Steiner-von Sivers, 26. 10. 1924. In: Rudolf Steiner/Marie Steiner-von Sivers: *Briefwechsel und Dokumente,* S. 437.

519 Ebd., S. 438.

520 Brief Rudolf Steiners an Marie Steiner-von Sivers, 15. 10. 1924. In: Rudolf Steiner/Marie Steiner-von Sivers: *Briefwechsel und Dokumente,* S. 425.

521 Ebd., S. 434.

522 «Nur dann leuchtete in dieser Zeit ihr Antlitz wieder auf, wenn man ihr einen Brief von Rudolf Steiner brachte. [...] Da wurde sie wieder für eine kurze Zeit entspannt – sonst war sie wie versteinert.» (Marie Savitch: *Marie Steiner-von Sivers. Mitarbeiterin Rudolf Steiners*, S. 156)

523 Brief Rudolf Steiners an Marie Steiner-von Sivers, 4. 10. 1924. In: Rudolf Steiner/Marie Steiner-von Sivers: *Briefwechsel und Dokumente,* S. 408.

524 Brief Rudolf Steiners an Marie Steiner-von Sivers, 12. 10. 1924. In: Rudolf Steiner/Marie Steiner-von Sivers: *Briefwechsel und Dokumente,* S. 427.

525 Brief Rudolf Steiners an Marie Steiner-von Sivers, 9. 10. 1924. In: Rudolf Steiner/Marie Steiner-von Sivers: *Briefwechsel und Dokumente,* S. 418.

526 Marie Savitch: *Marie Steiner-von Sivers. Mitarbeiterin Rudolf Steiners*, S. 157.

527 Brief Rudolf Steiners an Marie Steiner-von Sivers, 9. 11. 1924. In: Rudolf Steiner/Marie Steiner-von Sivers: *Briefwechsel und Dokumente,* S. 444.

528 «Anscheinend wurde mit großer Begeisterung dieses [Ereignis der

Weihnachtstagung] aufgenommen. Aber war sie wirklich in den Herzen der Menschen aufgenommen? Der Anruf der Elementargeister, in der Grundsteinlegung zu Zeugen aufgerufen, die Bitte, Menschen mögen es hören, haben nicht das erreicht, was sie hätten erreichen sollen, Menschen-Ohren blieben taub, und die Elementargeister erwarteten erwartungsvoll, was von Menschen kommen konnte und wurden unruhig, als nicht genügend Echo von Menschen ertönte, sagte mir Dr. Steiner. Dann sprach Rudolf Steiner von einem Versprechen, das er der geistigen Welt gegenüber gemacht hatte und es halten müsste, wenn die Dinge nicht anders würden.» (Ita Wegman: Konzept eines Vortrages über Rudolf Steiner [London, 27. 2. 1931], Ita Wegman Archiv; zit. n. Emanuel Zeylmans van Emmichoven: *Wer war Ita Wegman. Eine Dokumentation. Band 1.* Dornach [2]2000, S. 315)

529 Rudolf Steiner: *Die Konstitution der Allgemeinen Anthroposophischen Gesellschaft und der Freien Hochschule für Geisteswissenschaft.* GA 260a, S. 828f.

530 Ebd., S. 558.

531 Brief Ita Wegmans an Karl Schubert, 2. 11. 1924. Ita Wegman Archiv, Arlesheim.

532 Brief Ita Wegmans an Toni Völker, 29. 11. 1924. Ita Wegman Archiv, Arlesheim.

533 Rudolf Steiner: *Briefe Band II.* GA 39. Dornach [2]1987, S. 480f.

534 Brief Marie Steiner-von Sivers' an Rudolf Steiner, 8. 11. 1924. In: Rudolf Steiner/Marie Steiner-von Sivers: *Briefwechsel und Dokumente,* S. 443.

535 Rudolf Steiner: *Die Konstitution der Allgemeinen Anthroposophischen Gesellschaft und der Freien Hochschule für Geisteswissenschaft.* GA 260a, S. 400.

536 Ebd., S. 401.

537 Ebd., S. 402f.

538 Fred Poeppig: *Marie Steiner. Ein Leben im Dienst der Wiedergeburt des Wortes,* S. 98.

539 Ebd., S. 404.

540 Assja Turgenieff: *Erinnerungen an Rudolf Steiner und die Arbeit am ersten Goetheanum,* S. 110.

541 Rudolf Steiner: *Eurythmie. Die Offenbarung der sprechenden Seele.* GA 277. Dornach [3]1999, S. 491.

542 Brief Marie Steiner-von Sivers' an Rudolf Steiner, 25. 2. 1925. In: Rudolf Steiner/Marie Steiner-von Sivers: *Briefwechsel und Dokumente,* S. 449.

543 Marie Steiner-von Sivers hatte Rudolf Steiner am 25. Februar über ihre Eindrücke von dem Steffen-Roman *Bestimmung der Rohheit* geschrieben, der von Rudolf Steiner überaus positiv in der Wochenschrift «Das

Goetheanum» besprochen worden war, und u.a. formuliert: «Ich habe mich mit Mühe da durchgewunden und war erstaunt, welch herrlich Schönes Du da herausgeholt hast. Aber das ist das Schönste an dem Buche, der Honig, den Du herausgeschöpft hast.» In seiner Antwort vom 27. Februar betonte Rudolf Steiner daraufhin seine hohe Wertschätzung des künstlerischen Urteilsvermögen von Marie Steiner-von Sivers («[…] Schon war es mir eine Entbehrung, dass ich Dir die letzten Seiten des Steffen-Aufsatzes nicht vorlegen konnte, bevor sie [gestern] in Druck gingen. Denn innere Kompetenz gestehe ich für mich doch nur *Deinem* Urteil zu.»), eröffnete ihr jedoch auch einen vertieften Blick auf Steffens besondere Künstlerschaft durch einen karmischen Exkurs – und schrieb: «Verstehen muss man Steffen, indem man zurückblickt auf ihn als Giotto. Die ganze Wendung vom Cimabue zum G. ist doch die vom lichten Spiritualismus, von der Geistigkeit in Farbe, Auffassung und Form zum Naturalismus; und nur in Raphael und den Großen bleibt noch etwas von dem, was untergegangen ist und nur in Cimabue etwas aufbewahrt ist. Das alles drückt sich in der Psyche von Steffen aus. Er arbeitet mit den Kräften, die aus der damaligen Wendung ihm aufstoßen, geht auf die Wirklichkeit los, wie das im zwanzigsten Jahrhundert fast allein möglich ist. G. hatte die Schönheit vor sich, aus der er herausgewachsen ist. Das idealisiert seinen Naturalismus. Steffen hatte überall Unkunst um sich; das materialisiert den Spiritualismus, der in ihm von Anfang an schlummerte. Und dass Steffen bei uns ist: auch darin sehe ich ein bedeutsames Karma.» (In: Rudolf Steiner/Marie Steiner-von Sivers: *Briefwechsel und Dokumente,* S. 449ff.)

544 Ebd. S. 450.

545 Brief Rudolf Steiners an Marie Steiner-von Sivers, 5.3.1925. In: Rudolf Steiner/Marie Steiner-von Sivers: *Briefwechsel und Dokumente,* S. 452.

546 Brief Marie Steiner-von Sivers' an Rudolf Steiner, 18.3.1925. In: Rudolf Steiner/Marie Steiner-von Sivers: *Briefwechsel und Dokumente,* S. 457.

547 Brief Rudolf Steiners an Marie Steiner-von Sivers, 20.3.1925. In: Rudolf Steiner/Marie Steiner-von Sivers: *Briefwechsel und Dokumente,* S. 458.

548 Brief Rudolf Steiners an Marie Steiner-von Sivers, 23.3.1925. In: Rudolf Steiner/Marie Steiner-von Sivers: *Briefwechsel und Dokumente,* S. 463.

549 Assja Turgenieff: *Erinnerungen an Rudolf Steiner und die Arbeit am ersten Goetheanum,* S. 110.

550 In: Rudolf Steiner/Marie Steiner-von Sivers: *Briefwechsel und Dokumente,* S. 464.

552 Brief Marie Steiner-von Sivers' an Richard Dürich, 3.9.1947. In: Marie Steiner: *Briefe und Dokumente,* S. 339.

553 Marie Savitch: *Marie Steiner-von Sivers. Mitarbeiterin Rudolf Steiners,* S. 191.

554 Brief Marie Steiner-von Sivers' an Leopoldine Steiner, 3. 5. 1925. In: Rudolf Steiner/Marie Steiner-von Sivers: *Briefwechsel und Dokumente,* S. 465.

555 Brief Marie Steiner-von Sivers' an Richard Dürich, 3. 9. 1947. In: Marie Steiner: *Briefe und Dokumente,* S. 334. Auch in ihrem Vorwort zur Erst-Edition des Bandes *Die Weihnachtstagung zur Begründung der Allgemeinen Anthroposophischen Gesellschaft* (GA 260) schrieb Marie Steiner-von Sivers: «Die tiefste Esoterik könnte darin bestehen, bisher divergierende frühere geistige Strömungen in einigen ihrer Repräsentanten jetzt zum harmonischen Ausgleich zu bringen. Das wäre eine esoterische Aufgabe gewesen, die im Zusammenwirken mit Dr. Steiner durch seine überragende Einsicht, Kraft und Liebesfähigkeit hätte gelöst werden können.» (Ebd., S. 79)

556 Brief Marie Steiner-von Sivers' an Ehrenfried Pfeiffer, 6. 1. 1948. In: Marie Steiner: *Briefe und Dokumente,* S. 230.

557 «Diese Dramen sind zukunftsbildend und können auf ihre Anerkennung warten.» (Marie Steiner-von Sivers: «Bühnenkunst am Goetheanum» [1936]. In: Marie Steiner: *Rudolf Steiner und die redenden Künste. Gesammelte Schriften II,* S. 251)

558 Marie Steiner-von Sivers: «Sorgende Gedanken zwischen Michaeli und Weihnachten 1928». In: Marie Steiner: *Rudolf Steiner und die redenden Künste. Gesammelte Schriften II,* S. 146. – Nach Edouard Schuré bezeichnete Rudolf Steiner seine Mysteriendramen expressiv verbis als «Grundpfeiler» der Hochschule. (Zit. n. Camille Schneider: *Edouard Schurés Begegnungen mit Rudolf Steiner,* S. 50)

559 Marie Steiner-von Sivers: «Bericht» (1925). In: Marie Steiner: *Rudolf Steiner und die redenden Künste. Gesammelte Schriften II*, S. 25. – In einer von Edwin Froböse 1973 erstmals veröffentlichten Notizblatt-Aufzeichnung schrieb Marie Steiner-von Sivers in prägnanter Darstellung über das kosmische Wesen der Sprache und das Worterleben des Menschen: «Das Erleben des Wortes führt zu Intimitäten des geistigen Erkennens, die wie eine Entsiegelung wirken der im Menschen verborgenen Geheimnisse. Der Mensch tritt uns hier entgegen seinem innersten Wesen nach, aus den Urgründen des ihn erschaffenden Seins heraus, so wie ihn zusammengefügt haben die richtunggebenden Kräfte der Wandelsterne, der Planeten, der Ruhesterne, des Tierkreises, die in den Lauten ihre Zeichen, in den Zeichen ihre Siegel haben. Ergreifen wir ihr zusammenfassendes Erklingen innerhalb der dem Menschen durch die Götter gegebenen Sprache, so erleben wir neue Bewusstseinszustände. Und diese Bewusstseinszustände entreißen uns der Erstarrung durch übermäßige Intellektualisierung, bringen uns dem Urquell des Seins näher. Tauchen wir unter in die Laute, so befreien wir

auch den Gedanken aus seiner Umkapselung durch das graue Gehirn, das ihm sein Leben aussaugt, das aus dem gefügigen, bildsamen Werkzeug, das es bleiben sollte, ein Vampir geworden ist, der den Gedanken ertötet. Bringen wir wieder den Gedanken in die Sprache zurück, die ihn geboren hat, in ihre Laute, ihre Lichter und Schatten, ihre Farben, ihre Bilder, ihren Pulsschlag, ihre Klanghebungen und -senkungen, ihre Bewegungstendenzen, ihre Tiefen-, Weiten- und Höhenrichtungen, ihre Zonen, ihre plastische, elastische, ballende, schnellende Kraft – ja dann erlebt man Welten, die umso schöner und reicher sind, als wir in der Lage sind, sie zu trennen von unserem subjektiven Erleben und unterzutauchen in das Leben des Weltenalls. Wie arm erscheinen wir uns selbst mit unserem engen Gefühlsleben, verglichen mit dem Reichtum, den wir erfassen durch das Untertauchen im objektiven Weltenleben. Und Wege zu diesem Erfassen weist uns die Sprache. Denn in ihr berühren wir die göttlichen Kräfte, die uns erschaffen haben und die unsere Meister und Führer sind. Schaffende Mächte berühren wir, die sich im Menschen ein Gebild erschaffen haben.» (Edwin Froböse [Hg.], a. a. O., S. 104f.)

560 Marie Steiner-von Sivers: «Sektion für redende und musikalische Künste» (1926). In: Marie Steiner: *Rudolf Steiner und die redenden Künste. Gesammelte Schriften II*, S. 77f.

561 Vgl. die von Edwin Froböse gesammelten und auszugsweise wiedergebenen Pressestimmen der Sprechchor-Tourneen der Jahre 1928 und 1934, in: Edwin Froböse (Hg.): *Marie Steiner. Ihr Weg zur Erneuerung der Bühnenkunst durch die Anthroposophie,* S. 155ff. bzw. 194ff.

562 «Aus Mangel an finanziellen Mitteln konnten [...] 1928 nur Dekorationen und Kostüme für die ersten beiden Dramen aufgebracht werden; so dass erst 1930 die Inszenierung aller vier Dramen auf die Bühne gelangte.» (Wilfried Hammacher: *Marie Steiner. Lebensspuren einer Individualität*, S. 212)

563 Zit. n. Edwin Froböse (Hg.): *Marie Steiner. Ihr Weg zur Erneuerung der Bühnenkunst durch die Anthroposophie,* S. 218.

564 Fred Poeppig: *Marie Steiner. Ein Leben im Dienst der Wiedergeburt des Wortes,* S. 124.

565 In: Marie Steiner: *Briefe und Dokumente,* S. 100.

566 Marie Steiner-von Sivers: «Private Mitteilung (19. 5. 1925)». In: Marie Steiner: *Briefe und Dokumente,* S. 104.

567 Marie Steiner-von Sivers: «An die Mitglieder der Anthroposophischen Gesellschaft in der Schweiz». In: Nachrichtenblatt. 19. Jahrgang, Nr. 51. 20. 12. 1942. Ita Wegmans – wohlerwogene (vgl. Peter Selg: *Die letzten drei Jahre. Ita Wegman in Ascona. 1940–1943*, S. 126ff.) – Antwort vom 15. Februar 1943 lautete: «Sehr geehrte Frau Dr. Steiner. – Bitte,

verzeihen Sie, wenn ich Sie [Ihnen] schreibe. Ich habe Ihren Artikel an die Mitglieder, den Sie kurz vor Weihnachten 1942 geschrieben haben, im Beiblatt des Goetheanum gelesen. – Ihr Artikel wird so verschieden gedeutet. Ich erlaube es mir nicht ein Urteil darüber zu haben. Ich wünsche nur so sehr mit diesen Zeilen zum Ausdrucke zu bringen, dass Ihre Worte einen tiefen Eindruck auf mich gemacht haben, sie sind groß und zukunftsvoll. Seien Sie, geehrte Frau Dr. Steiner, hierfür gedankt. Mit vorzüglicher Hochachtung. Ergebenst Ita Wegman» (Ebd., S. 128)

568 Vgl. Edwin Froböse (Hg.): *Marie Steiner. Ihr Weg zur Erneuerung der Bühnenkunst durch die Anthroposophie,* S. 280f.

569 Brief Marie Steiner-von Sivers' an Ehrenfried Pfeiffer, 15. 9. 1948. In: Marie Steiner: *Briefe und Dokumente,* S. 309.

570 Brief Marie Steiner-von Sivers' an Ehrenfried Pfeiffer, 15. 7. 1948. In: Marie Steiner: *Briefe und Dokumente,* S. 282.

571 Brief Marie Steiner-von Sivers' an Ehrenfried Pfeiffer, 15. 9. 1948. In: Marie Steiner: *Briefe und Dokumente,* S. 309.

572 Brief Marie Steiner-von Sivers' an Ehrenfried Pfeiffer, 5. 12. 1948. In: Marie Steiner: *Briefe und Dokumente,* S. 316.

573 Brief Marie Steiner-von Sivers' an Olga von Freymann, 19. 9. 1948. In: Marie Steiner: *Briefe und Dokumente,* S. 354ff.

574 Brief Marie Steiner-von Sivers', 25. 1. 1946. In: Marie Steiner: *Briefe und Dokumente,* S. 212.

575 Vgl. hierzu Marie Steiner-von Sivers' exemplarisches Veto gegen eine intendierte Kunstpublikation Emil Hamburgers – «wirklich, ich kann meine Einwilligung zu einer solchen Ausgabe nicht geben» – in ihrem Brief an Hilde Boos-Hamburger vom 13. 7. 1948. (In: Marie Steiner: *Briefe und Dokumente,* S. 214ff.)

576 Brief Marie Steiner-von Sivers' an J. S. Streicher, 27. 11. 1948. In: Marie Steiner: *Briefe und Dokumente,* S. 221.

577 Brief Marie Steiner-von Sivers' an M. Flüeler, 1. 2. 1948. In: Marie Steiner: *Briefe und Dokumente,* S. 346.

578 Brief Marie Steiner-von Sivers' an J. S. Streicher, 27. 11. 1948. In: Marie Steiner: *Briefe und Dokumente,* S. 221.

579 Brief Marie Steiner-von Sivers', 30. 3. 1948. In: Marie Steiner: *Briefe und Dokumente,* S. 351.

580 Brief Marie Steiner-von Sivers' an Richard Dürich, 3. 9. 1947. In: Marie Steiner: *Briefe und Dokumente,* S. 339.

581 Brief Marie Steiner-von Sivers' an J. S. Streicher, 27. 11. 1948. In: Marie Steiner: *Briefe und Dokumente,* S. 222.

582 Vgl. Peter Selg: *Die letzten drei Jahre. Ita Wegman in Ascona. 1940–1943,* S. 122ff.

583 Fred Poeppig: *Marie Steiner. Ein Leben im Dienst der Wiedergeburt des Wortes,* S. 141.
584 Beilage eines Briefes an Ehrenfried Pfeiffer, 18.6.1948. In: Marie Steiner: *Briefe und Dokumente,* S. 293.
585 Ebd., S. 298.
586 Ebd., S. 297.
587 Selbst in dem Gedicht, mit dem Marie Steiner-von Sivers 1925 ihr Nachwort zur Erstausgabe von Rudolf Steiners *Lebensgang* beschloss, hieß es an einer Stelle: «*Unsre* Schwäche, / sie war das Hemmnis seines Fluges, / sie legte sich wie Blei um seine Füße ...» (In: *Erinnerungen von Marie Steiner. Aufsätze und Gedichte. Band II,* S. 43; Hervorhebung v.V.)
588 Brief Marie Steiner-von Sivers' an Ehrenfried Pfeiffer, 6.1.1948. In: Marie Steiner: *Briefe und Dokumente,* S. 234.
589 Brief Marie Steiner-von Sivers' an Richard Dürich, 3.9.1947. In: Marie Steiner: *Briefe und Dokumente,* S. 334.
590 Brief Marie Steiner-von Sivers' an Ehrenfried Pfeiffer, 18.6.1948. In: Marie Steiner: *Briefe und Dokumente,* S. 277.
591 Brief Marie Steiner-von Sivers' an Helga Geelmuyden, 21.7.1948. In: Marie Steiner: *Briefe und Dokumente,* S. 353.
592 Vgl. Peter Selg: *Geistiger Widerstand und Überwindung. Ita Wegman 1933–1935.* Dornach 2005, S. 162ff.
593 Brief Marie Steiner-von Sivers' an Helga Geelmuyden, 21.7.1948. In: Marie Steiner: *Briefe und Dokumente,* S. 353.
594 Brief Marie Steiner-von Sivers' an Ehrenfried Pfeiffer, 6.1.1948. In: Marie Steiner: *Briefe und Dokumente,* S. 234. – Nahezu exakt sieben Jahre zuvor, am 20.1.1941, hatte Ita Wegman an Madeleine van Deventer aus Ascona nach Arlesheim geschrieben: «Glauben Sie wirklich, dass es so unbedingt nötig ist, dass wieder Klassenstunden gegeben werden? Mir kommt das so veraltet vor, wenn nichts Neues in den Menschen entstanden ist. Die Klasse muss neu auferstehen, in einer anderen Art von Menschen empfangen werden. [...] Ich möchte so gerne etwas Neues bringen, es lebt in mir, aber es ist so schwierig, wenn man nur hört, die Klasse haben zu wollen in der alten Art. Es muss aber eine Reife dazu kommen, so dass die Klasse durch die Menschen auf eine höhere Stufe zu stehen kommt. Ich arbeite immer daran und bin auch in vielen Dingen in der Weihnachtszeit weiter gekommen.» (Zit. n. Peter Selg: *Die letzten drei Jahre. Ita Wegman in Ascona 1940–1943,* S. 103)
595 Rudolf Steiner: *Der Goetheanumgedanke inmitten der Kulturkrisis der Gegenwart.* GA 36. Dornach [1]1961, S. 332.
596 «Eine Klasse II für Sektionsleiter und Sektionsmitglieder sowie für Vortragende, Landesleiter, initiativ-tätige Mitglieder, welche also noch

einzurichten sein wird, werde ich durch Frau Doktor leiten lassen.» (Rudolf Steiner zu Ludwig Polzer-Hoditz, 11.11.1924; Tagebucheintragung von Ludwig Polzer-Hoditz, zit. n. Marie Steiner: *Briefe und Dokumente,* S. 80f.)

597 Brief Marie Steiner-von Sivers' an Richard Dürich, 3.9.1947. In: Marie Steiner: *Briefe und Dokumente,* S. 336f.

598 Brief Marie Steiner-von Sivers' an Wilhelm Salewski, 5.11.1948. In: Marie Steiner: *Briefe und Dokumente,* S. 341.

599 Ebd., S. 342.

600 Ebd.

601 Brief Marie Steiner-von Sivers' an J. S. Streicher, 17.12.1948. In: Marie Steiner: *Briefe und Dokumente,* S. 345.

602 In: Marie Steiner: *Briefe und Dokumente,* S. 367.

603 Marie Steiner-von Sivers: «Aus Rudolf Steiners Leben und Tod (1925/26)». In: *Erinnerungen von Marie Steiner. Aufsätze und Gedichte. Band I.* Dornach 1949, S. 19f.

Studien zu esoterischen Schülern Rudolf Steiners

1. Band

PETER SELG

Michael Bauer

2006, 200 Seiten
ISDN 3-7235-1266-6

Aus dem Inhalt:

I. Der Weg zu Rudolf Steiner
II. Krankheit und Lebenswende
III. Breitbrunn
IV. Die letzten Lebensjahre nach Steiners Tod

Ita Wegman Archiv
für anthroposophisch-medizinische Grundlagenforschung

Schriftenreihe des Ita Wegman Archivs

Band 1 «Ich bin für Fortschreiten»
Ita Wegman und die Medizinische Sektion
(Dornach 2002)

Band 2 Helene von Grunelius
und Rudolf Steiners Kurse für junge Mediziner
(Dornach 2003)

Band 3 Die letzten drei Jahre
Ita Wegman in Ascona. 1940–1943
(Dornach 2004)

Band 4 Der Engel über dem Lauenstein
Siegfried Pickert, Ita Wegman und die Heilpädagogik
(Dornach 2004)

Band 5 Sterben, Tod und geistiges Leben
Die Kondolenzbriefe Ita Wegmans
und das Todesverständnis
der anthroposophischen Geisteswissenschaft
(Dornach 2005)

Band 6 Geistiger Widerstand und Überwindung
Ita Wegman 1933–1935
(Dornach 2005)

Band 7 Die Briefkorrespondenz der «jungen Mediziner»
Eine dokumentarische Studie zur Rezeption von
Rudolf Steiners «Jungmediziner»-Kursen
(Dornach 2005)

Band 8 Ita Wegman und Arlesheim
(Dornach 2006)

Natura Verlag im Verlag am Goetheanum

Veröffentlichungen von Peter Selg im Verlag am Goetheanum

Eigenständige Arbeiten

Vom Logos menschlicher Physis. Die Entfaltung einer anthroposophischen Humanphysiologie im Werk Rudolf Steiners. Dornach 2000

Anfänge anthroposophischer Heilkunst. Dornach 2000

Krankheit und Christus-Erkenntnis. Dornach 2001

«Ich bin für Fortschreiten.» Ita Wegman und die Medizinische Sektion. Dornach 2002

Gerhard Kienle. Leben und Werk. Dornach 2003

Helene von Grunelius und Rudolf Steiners Kurse für junge Mediziner. Dornach 2003

Mysterium cordis. Dornach 2003

Die letzten drei Jahre. Ita Wegman in Ascona. 1940–1943. Dornach 2004

Der Engel über dem Lauenstein. Siegfried Pickert, Ita Wegman und die Heilpädagogik. Dornach 2004

Krankheit, Heilung und Schicksal des Menschen. Über Rudolf Steiners geisteswissenschaftliches Pathologie- und Therapieverständnis. Dornach 2004

Die «Wärme-Meditation». Geschichtliche Hintergründe und ideelle Beziehungen. Dornach 2005

Sterben, Tod und geistiges Leben. Die Kondolenzbriefe Ita Wegmans und das Todesverständnis der anthroposophischen Geisteswissenschaft. Dornach 2005

Ita Wegman Archiv
für anthroposophisch-medizinische Grundlagenforschung

Veröffentlichungen von Peter Selg im Verlag am Goetheanum

Eigenständige Arbeiten (Fortsetzung)

Geistiger Widerstand und Überwindung. Ita Wegman 1933–1935. Dornach 2005

Friedrich Schiller. Die Geistigkeit des Willens. Dornach 2005

Die Briefkorrespondenz der «jungen Mediziner». Dornach 2005

Christliche Medizin. Dornach 2005

«Eine grandiose Metamorphose.» Zur geisteswissenschaftlichen Anthropologie und Pädagogik des Jugendalters. Dornach 2005

Der therapeutische Blick. Rudolf Steiner sieht Kinder. Dornach 2005

Rudolf Steiner und das Fünfte Evangelium. Dornach 2005

Die Kultur der Selbstlosigkeit. Dornach 2006

Michael Bauer. Dornach 2006

Karl König und die Anthroposophie. Dornach 2006

Der geistige Weg von Hans und Sophie Scholl. Dornach 2006

Willfried Immanuel Kunert. Zur Lebens- und Therapiegeschichte eines Kindes aus dem «Heilpädagogischen Kurs». Dornach 2006

«Die Medizin muss Ernst machen mit dem geistigen Leben.» Rudolf Steiners Hochschulkurse für die «jungen Mediziner». Dornach 2006

Ita Wegman und Arlesheim. (Dornach 2006)

Ita Wegman Archiv
für anthroposophisch-medizinische Grundlagenforschung

Veröffentlichungen von Peter Selg
im Verlag am Goetheanum

Herausgegebene Werke

Anthroposophische Ärzte. Lebens- und Arbeitswege im 20. Jahrhundert.
Dornach 2000

Eugen Kolisko: Das Wesen und die Behandlung der Maul- und Klauenseuche.
Dornach 2001

Eugen Kolisko: Vom therapeutischen Charakter der Waldorfschule.
Dornach 2002

Georg von Arnim: Meditative Aufzeichnungen.
Dornach 2002

Ita Wegman Archiv
für anthroposophisch-medizinische Grundlagenforschung

Ita Wegman Archiv
für
anthroposophisch-medizinische
Grundlagenforschung

Forschungs- und Lehrinstitut für
anthroposophische Geisteswissenschaft und Medizin
Pfeffingerweg 1A, CH-4144 Arlesheim

Die Arbeiten des Ita Wegman Archivs werden von
verschiedenen Stiftungen
– in erster Linie der Software AG-Stiftung (Darmstadt) –
sowie einem internationalen Freundes- und Förderkreis unterstützt.